천국의 임재를 경험하는 길

천국의 중심원리

정원 지음

영성의 숲

서문

오늘날 이 세상에 많은 그리스도인들이 있습니다. 그들은 정기적으로 예배를 드리며 주님을 우리 삶의 주인이며 구주라고 고백합니다.
그들은 천국에 대한 소망을 가지고 있으며 언젠가 이 땅에서의 삶이 끝난 후에 천국에서 영광스러운 삶을 살게 될 것을 믿습니다.
그러나 이 땅의 삶에 있어서는 어떠한가요? 그들은 이 세상에서도 그 천국의 삶을 누리고 있으며 그 천국의 영광과 빛을 경험하고 있을까요? 유감스럽게도 이에 대한 대답은 그리 긍정적이지 않습니다.

이상하게도 이 땅의 삶, 지금 이 순간의 삶에서 천국의 기쁨과 평화를 누리는 그리스도인들은 그리 많지 않은 것같이 보입니다. 많은 그리스도인들이 지치고 피곤하며 눌린 삶 가운데 있으며 천국으로부터 오는 진정한 기쁨과 자유에 대해서 알지 못합니다. 그 이유는 무엇일까요?
그것은 많은 그리스도인들이 입으로는 주님을 시인하고 고백하지만 그들의 중심의 삶에 있어서 영의 원리, 천국의 원리를 따라 살고 있지 않기 때문입니다.

천국은 지금 이 순간에도 실재하는 것입니다. 그리고 그 안에 거하며 그 원리를 이해하고 그 영으로 사는 이들은 분명히 그 영광의 세계를 누리고 맛보게 됩니다.
영의 세계, 곧 천국과 지옥의 세계는 이 땅에서 멀리 있는 것이 아닙니다. 주님은 천국은 우리 마음 속에 있다고 말씀하셨습니다. 즉 우리는 육체의 눈으로는 천국을 볼 수 없으나 우리의 마음, 심령을 통하여 천국을 느끼고 경험할 수 있는 것입니다.

우리는 그 천국을 경험해야 합니다. 나중에 죽은 후에야만 비로소 그 기쁨과 영광의 세계를 경험할 것으로 생각할 필요는 없습니다. 우리가 그 천국의 중심 원리를 발견하고 그것을 우리의 삶에 적용한다면 우리는 진정 그 놀라운 평화와 기쁨과 행복감을 얻을 수 있게 될 것입니다.

구원이란 무엇입니까?
그것은 우리가 어두움의 영계에서 벗어나 천국의 영계에 속하게 되어 그 기쁨과 영광의 세계를 맛보고 경험하고 누리는 것을 의미합니다.
그리고 그 기쁨은 지금 맛볼 수 없는 저 멀리 미래의 것이 아니며 지금도 여전히 경험하고 누릴 수 있는 세계입니다.
우리가 그 천국의 기쁨을 실제적으로 누리게 된다면 우리는 예수를 믿는 것, 그 이름을 부르고 그를 추구하며 사모하는 것이 이 우주에서 가장 아름답고 위대하고 놀라운 일인 것을 분명히 깨닫게 될 것입니다. 그리고 더 깊은 천국과 그 영광을 향하여 나아가게 될 것입니다.
그 천국의 빛과 영광이 이 책을 읽는 모든 독자들에게 임하기를 기대합니다.

할렐루야!

2003. 10. 정원.

Contents

서문
1부 천국의 첫째 원리 - 주님을 높임

1장 선명한 메시지 /8
2장 찬양과 영광의 고백이 있는 천국 /12
3장 천국과 지옥의 분별 기준 /15
4장 모임에서 주의 영을 소멸시키는 것 /18
5장 양과 염소의 분별 /24
6장 영적 도둑질과 영적 하강 /31
7장 사역자들의 위험성 /36
8장 하나님의 왕국과 사람의 왕국 /47
9장 예배를 통하여 열리는 천국 /57
10장 천국과 지옥의 중심 원리 /65
11장 교회와 사역의 회복 원리 /72

2부 천국의 둘째 원리 - 주님께 굴복됨

1장 주님의 권위 아래 굴복됨 /80
2장 주님의 통치를 벗어날 때 어둠의 영이 온다 /82
3장 굴복은 천국을 여는 비밀의 열쇠 /85
4장 굴복되지 않은 이들의 여러 증상들 /89
5장 굴복되지 않은 이들의 묶임과 중독 /96
6장 묶임에서 벗어나다 /103
7장 모든 모순의 회복 /107

8장 포기하는 것의 능력 /111
9장 감사와 찬양의 원리 /120
10장 부르짖는 기도의 원리 /126
11장 진정한 소유권자 /135
12장 위에서 오는 구원 /137
13장 굴복된 자에게는 권세가 있다 /148
14장 주님의 다루심 /156
15장 영적 성장의 세 가지 단계 /169
16장 순복과 주되심에 대한 고백의 적용 /181
17장 영감의 회복 /202
18장 더 깊은 연합을 위하여 /212
19장 고백 후의 현상들 /222
20장 천국의 사람 /233

3부 천국의 셋째 원리 - 근원되신 주를 구함

1장 세상에서 가장 부유한 사람 /237
2장 생명은 근원적인 것이다 /241
3장 눈앞의 필요와 참된 근원 /244
4장 천국의 보화는 감추어져 있다 /253
5장 천국은 내적인 세계이다 /262
6장 외적인 의식과 내부 의식 /277
7장 육체의식과 영혼의식 /284
8장 물질과 지옥, 내면과 천국 /297
9장 주님 자신을 추구함이 천국의 근원이다 /308

4부 천국과 지옥의 속성

1장 천국과 지옥의 전쟁 /324
2장 빛의 천국과 어두움의 지옥 /329
3장 빛과 어두움의 영계 /342
4장 진실의 천국과 거짓의 지옥 /349
5장 사랑의 천국과 미움의 지옥 /365
6장 섬김의 천국과 지배의 지옥 /372
7장 봉사의 천국과 게으름의 지옥 /381

5부 적용 및 결언

1장 공간을 주님께 드리는 훈련 /393
2장 정팅에서의 대화, 메시지 /407
3장 주되심에 대한 고백과 적용의 일지 /432
결언 /444

1부

천국의 첫째 원리 - 주님을 높임

천국은 주님의 영광이 거하시는 곳입니다.
그러므로 천국에는
주님의 빛과 거룩함과 영광이 가득합니다.
모든 천사들은 주님의 영광을 소리쳐 노래함으로
주님의 영광과 거룩하신 임재를 경험합니다.
이 땅에서도 순수한 마음으로
주님을 높이고 영광을 돌린다면
그 곳이 어디든지 천국의 빛과 영광을
경험할 수 있게 될 것입니다.
그러므로 오직 주를 높이는 곳에
천국의 영광이 임한다는 것
이것이 천국의 첫 번째 원리입니다.

1장 선명한 메시지

8-9년쯤 전 나는 소수의 젊은이들을 데리고 기도모임을 인도하며 기도훈련을 하고 있었습니다.
나는 우리가 일방적으로 주님께 기도를 드리는 것에서 좀 더 나아가서 주님의 응답과 메시지를 기다리며 그러한 주님의 감동과 인도하심에 따라 듣는 기도를 드릴 것을 훈련하고 있었습니다.

기다리는 기도를 연습한 결과 젊은이들은 쉽게 여러 가지 주님의 감동과 메시지를 받게 되었습니다. 어떤 환상이나 이미지가 떠오르는 사람도 있었고 메시지가 떠오르는 사람도 있었습니다. 모두들 그러한 내면의 감동과 인도를 따라 기도하는 것이 보통의 일반적으로 드리는 기도보다 더 재미있고 흥미진진하며 영적으로 자유롭고 기쁨이 넘치게 되는 것을 느끼게 되었습니다.

그러나 아내는 열심히 듣는 기도를 훈련했지만 별 다른 느낌을 얻지 못했습니다. 그녀는 몹시 안타까워했습니다.
나는 그녀에게 긴장을 풀고 부드럽고 편안한 자세로 듣는 기도를 할 것을 권했습니다. 그렇게 자연스러운 자세를 가지고 분명히 주님께서 말씀하신다는 것을 믿으면 어떤 감동이 올 것이라고 이야기해주었습니다. 아내는 다시 혼자서 기도를 해보기로 했습니다.
혼자서 어두운 기도실에서 조용한 찬양을 틀어놓고 주님의 음성을 기다리며 기도하던 그녀는 갑자기 너무나 선명한 메시지들이 떠오르는 것을 느끼게 되었습니다.
갑자기 누가 옆에서 말을 하는 것 같이 선명한 감동들이 그녀의 속에서 일어나기 시작했습니다.

'너는 내가 이렇게 곁에 가까이 있는데 왜 나에게 모든 것을 묻지 않느냐? 나는 구하는 자에게 아무 것도 아끼지 않는다..' 그러한 메시지들이 그녀의 심령 속에 느껴지기 시작했습니다.

그녀는 놀랐습니다. 그리고 감동을 받았습니다. 주님께서 이렇게 가까이 계시며 그녀의 기도와 모든 것에 관심을 가지고 계신다는 것을 너무 선명하게 깨닫게 되었습니다. 그리고 그 좋으신 주님과 삶의 구체적인 부분을 나누지 않은 것을 후회하였습니다.

그녀는 그 때부터 열심히 주님께 묻는 기도를 드리기 시작했습니다. 마치 새로운 보물을 얻은 것처럼 그녀가 새로 받은 것을 열심히 활용하기를 원했습니다.

그녀는 그녀의 여러 가지 관심사와 아는 사람들의 영적 상태를 돕기 위해서 다른 이들을 위한 중보의 기도를 드리기 시작했습니다.

그녀는 그러한 기도들에 대해서 곧 선명한 메시지를 받게 되었습니다. 어떤 상황에 대한 새로운 깨우침과 통찰력을 받게 되었으며 각 사람의 영적 상태와 문제들에 대해서 갑자기 새로운 메시지를 받게 되었습니다. 그러한 인식과 통찰력들은 평소에는 한 번도 생각을 해본 적이 없는 것들이 대부분이었습니다. 그러므로 그러한 메시지들이 우리로부터 나오지 않은 것이 너무나 분명하게 느껴졌습니다.

이렇게 되자 아내는 날마다 설레임과 기대를 가지고 기도를 드리게 되었습니다. 그녀는 노트와 펜을 가지고 기도를 시작했습니다. 새로운 통찰력과 메시지를 받기 위한 것이었지요.

어느 날 그녀는 우리가 잘 알고 있던 A 부인에 대하여 기도했습니다. 그녀는 지식이 많고 열정이 있었으며 지혜가 있어서 가르치는 일을 많이 맡았으며 즐기고 있었습니다.

그런데 아내가 그녀를 위하여 듣는 기도를 드렸을 때 아내가 A 부인에 대하여 받은 메시지는 충격적인 것이었습니다.

"나는 그녀의 기도와 설교를 좋아하지 않는다. 그녀의 설교는 나에게 영광을 돌리는 것이 아니다. 그녀는 오직 자신의 지식과 지혜를 자랑할 뿐이다. 그리고 그녀의 지혜를 통하여 다른 이들의 어리석음을 드러내는 것뿐이다. 그것은 나의 보좌에까지 올라오지 않는다.."

아내는 이 메시지를 받고 몹시 놀랐습니다. 그리고 그녀는 나에게 그녀의 노트에 적은 것을 보여주었습니다. 나도 그 글을 보고 놀랐습니다.
우리는 그런 식으로 생각해본 적이 없었기 때문에 그 메시지에 대해서 많은 충격을 받았습니다.
그러나 우리는 계속적으로 영성에 대하여 추구하며 사람의 마음에 대해서, 내면의 동기에 대해서 점차로 예민해지게 되면서 그 메시지가 잘못된 것이 아님을 깨닫게 되었습니다. 아니, 오히려 그러한 메시지에 대해서 깊이 알게 되었습니다.

오늘날 사람들은 어떤 이들이 영적으로 많은 훈련을 받았으며 많은 지식을 가지고 있으며 사람들에게 인정을 받으며 많은 열정을 가지고 있다면 당연히 그러한 사람은 신앙이 아주 좋으며 주님께서 그들을 인정하실 것이라고 생각합니다.
그러나 과연 그럴까요? 영의 세계는 우리가 살고 있는 이 물질 세계와 달라서 겉으로 보이는 것이 아니고 사람의 마음, 곧 숨은 동기가 드러나는 곳입니다. 그리고 그렇게 드러나는 사람의 마음과 동기는 우리가 흔히 눈에 보이는 대로 생각하는 것과 아주 다를 수 있습니다.
분명한 것은 영적인 세계에서의 평가는 이 땅에서 사람들이 흔히 알고 있는 평가와 다르다는 것입니다. 사람들의 시각과 주님의 시각은 전혀 다를 수도 있습니다.

그리스도인들이 무엇을 하든지, 기도를 하든지 선행을 하든지 가장 중요한 것은 그 중심의 동기입니다. 그는 왜 기도를 하고 선행을 하고 전도를 하고 집회에 열심히 참석할 까요? 그것은 어떠한 목적에 기인한 것일까요? 어떤 이들은 오직 주님을 동기로 그렇게 할 것입니다. 그들은 오직 주님께 영광을 돌리기 원합니다.

그러나 반면에 어떤 이들은 자신에게 영광을 돌리기 원할 것입니다. 그들은 자신을 드러내기 원합니다. 자신이 인정받기를 원합니다.

누구에게 영광을 돌릴 것인가.. 주님인가? 아니면 자신인가?
이것은 간단한 것 같지만, 그리고 아무 것도 아닌 것 같지만 그의 현재와 영원을 결정지을 수 있는 가장 중요한 기준이며 동기입니다.
바로 그 차이에서 그는 천국의 영광을 경험하느냐, 아니면 지옥의 영들에게 사로잡히고 시달리며 온갖 고뇌와 시련 속에서 살아가야 하느냐가 결정되는 것입니다.
이 간단한 기초를 반드시 기억해두십시오. 그리고 부디 조심하십시오. 그렇게 할 때 당신은 결코 천국의 기쁨과 영광을 잃어버리지 않게 될 것입니다.

2장 찬양과 영광의 고백이 있는 천국

이사야 6장에는 이사야가 처음으로 하나님을 체험하며 사명을 받는 장엄한 장면이 묘사되고 있습니다.
이사야는 기도 중에 갑자기 영이 열리며 놀라운 영적 세계가 그 앞에 펼쳐지는 것을 보게 됩니다. 그 광경은 주님께서 보좌에 앉으셨고 천사들이 하나님과 그 영광을 소리높이 외치며 찬양하는 모습이었습니다.
천사들은 계속 반복하여 외칩니다. '오, 주님.. 당신은 거룩하십니다. 당신의 영광이 온 땅에 가득합니다. 할렐루야..'

거룩하다 거룩하다 거룩하다
만군의 여호와여
그 영광이 온 땅에 충만하도다 (사6:3)

그리고 그들의 찬양과 외침을 인하여 거룩한 영의 움직임이 연기처럼, 구름처럼 강력하게 움직입니다.
이 장엄한 모습 속에서 이사야는 엎드러집니다. 그리고는 탄식합니다.
'오, 주님.. 큰일입니다..저는 악하고 더러운 사람입니다. 그런데 이렇게 거룩하고 놀라우신 영광의 주님을 뵈옵다니..저는 이제 죽었군요.'

그 때에 내가 말하되
화로다 나여 망하게 되었도다
나는 입술이 부정한 사람이요
입술이 부정한 백성 중에 거하면서
만군의 여호와이신 왕을 뵈었음이로다 (사6:5)

육체를 가지고 있는 사람이 그 거룩하고 영광스러운 모습을 보게 된다면 아마 그러한 두려움, 경외감을 가지는 것이 당연할 것입니다.
나는 이 구절을 수 없이 대하면서 '천사들은 이게 무슨 재미가 있는 일이라고 동일한 찬송, 동일한 말을 계속 반복하는 것일까.' 하고 생각했던 적이 있었습니다.
그러나 조금씩 영적 감각이 깨어나기 시작하면서 이렇게 주님을 높이고 찬양하며 경배하는 것이 천국과 주님의 영광스러운 임재를 여는 열쇠이며 인간이 할 수 있는 가장 아름답고 놀라운 일이라는 것을 깨닫게 되었습니다.
입술로 그 찬양과 경배의 언어를 반복할수록 심령 속에서 꿀같이 흐르는 기쁨의 생수가 터지고 증폭되는 것을 알게 되었습니다. 그렇게 반복하여 찬양과 경배를 드리면 드릴수록 우리의 영혼이 높이 천계의 영광을 향하여 올라간다는 것을 경험하고 깨닫게 되었던 것입니다.

찬양과 경배를 드릴 때 천국의 문은 활짝 열립니다.
그렇습니다. 찬양에는 하나님의 영광과 임재가 있습니다. 그러므로 그것은 하나의 진리이며 비밀입니다.
주님의 보좌가 계시는 곳은 바로 천국입니다. 그리고 그 곳에는 항상 찬양과 경배가 있습니다.
요한이 주님의 계시로 인하여 영이 들어 올려져서 천국으로 올라가게 되었을 때 그는 하늘의 보좌를 보았습니다.
보좌 앞에는 번개와 음성과 뇌성이 있었습니다. 천사들은 그 보좌 앞에서 경배를 계속 드렸으며 그 주위에 있었던 이십 사 장로들은 그 보좌 앞에 엎드려 경배하며 자신의 면류관을 보좌 앞에 던졌습니다. 그들이 받은 면류관은 가장 귀하고 가치 있는 것이었고 그들의 영광이었으나 그들은 그러한 가장 귀한 것을 주님께 기쁨으로 드리며 주님께 경배하는 것으로 만족했던 것입니다.

천국의 주인은 누구신가요? 바로 그 천국을 지으신 주님입니다. 천국의 모든 것은 주님의 다스리심과 통치를 받습니다. 그러므로 천국에는 그 빛과 영광이 가득하며 행복감과 만족감이 영원하고 충만한 것입니다.
우리가 사는 이 땅에 지옥 적인 고통과 번민이 가득한 이유는 사람들이 주님의 다스리심 속에 들어가지 않았기 때문입니다. 그리하여 자기중심적으로 살며 자기 멋대로 삶을 살아가기 때문입니다.
그러나 이 땅에 거하면서도 주님의 다스리심 속에 들어가 있는 자들은 세상이 알지 못하는 만족과 행복감과 초월적인 평화를 누리게 되는 것입니다.

천국은 주님의 주인되심과 왕되심을 시인하고 고백하고 높이는 이들로 형성됩니다. 그러므로 천사들과 천국에 거하는 백성들은 오직 주님께 찬양과 경배를 드리며 영광을 돌릴 때 한없이 쏟아지는 천국의 영광과 빛을 누리고 경험하게 되는 것이며 그러한 찬양과 고백 중에 심령 속에 말로 표현할 수 없는 희열과 행복을 맛보게 되는 것입니다.

오늘날 그리스도인들은 영으로 드리지 않는 찬양, 습관적이고 형식적으로 드리는 무기력하고 따분한 찬양에 아주 익숙해져 있습니다.
그러나 그리스도인들이 그 심령의 감각이 깨어나고 영적인 세계를 이해하고 경험하며 실제적으로 주님을 알아가기 시작할 때 그들이 영으로 중심으로 드리는 찬양과 주님께 대한 영광의 고백과 시인은 바로 천국의 세계를 열어주며 인간이 누릴 수 있는 최대의 희락을 누리게 한다는 것을 깨닫게 될 것입니다.
천국은 주님의 영광을 시인하고 높이는 이들이 가는 곳입니다. 천국은 그와 같이 주님을 높이고 시인하는 것을 통하여 기초가 세워지고 유지됩니다. 우리가 이것에 대해서 좀 더 이해하고 적용할 수 있을 때 우리는 살아있는 천국의 영광을 좀 더 깊이 누릴 수 있게 될 것입니다.

3장 천국과 지옥의 분별 기준

사람은 영혼과 육체를 가지고 있습니다. 주님을 시인하는 그리스도인들은 그 영혼에 광채와 영광을 가지고 있습니다. 그러나 그들은 육체를 가지고 있기 때문에 그 영광의 빛은 보이지 않습니다. 다만 영혼의 감각이 발달하여 영감이 예민한 사람들은 그것을 감지하고 느낄 수 있습니다.
그러나 천사들은 육체를 가지고 있지 않습니다. 그러므로 그들의 모습에는 하나님의 영광이 나타납니다. 그것은 아름답고 찬란하며 영광스러운 모습입니다. 그러므로 그 천사의 모습을 본 사람들은 너무나 압도되어 무릎을 꿇고 경배를 드리려고 하였습니다.
주목해야 할 것은 이 때 천사들이 취했던 태도입니다. 천사들은 하나같이 그것을 거절하며 받아들이지 않았습니다. 만약 그들이 그러한 경배를 받았다면 그들은 천국에 거할 수 없었을 것입니다.

요한은 천사가 그에게 보여준 장엄한 천국의 영광을 보고 감격하여 그 천사의 발 앞에 경배하려고 하였습니다. 그러나 천사는 그를 제지하면서 자신은 다만 종에 불과할 뿐이며 오직 하나님께 경배하라고 말하였습니다. (계22:8-9) 이처럼 어떠한 높임도 받기를 거절하며 오직 하나님의 주 되심을 높이며 하나님만을 경배하기를 원하는 것 - 그분이 모든 선과 지혜와 능력과 부의 근원이심을 고백하는 것 - 그것이 천국의 기초입니다. 그렇지 않고는 천국의 빛과 영광을 유지할 수 없는 것입니다.
만약 어떤 천사들이 하나님께 받은 자신의 지혜와 힘에 대하여 자랑하며 높임을 받기를 원하였다면 그는 그 즉시로 온 몸이 무기력해지며 시체와 같이 될 것입니다. 그것은 그가 가지고 있는 모든 것, 모든 아름다움과 풍성함이 주님께로부터 오는 것이므로 그것을 자신의 것이라고 여기는 순간에 그 모든 힘과 에너지와 지혜가 사라지기 때문입니다. 그러므로 천계에서는 자신에게 영광을 돌린다는 것은 생각할 수도 없는 것입니다. 그것은 단지 천국에서의 일만은 아닙니다. 이 땅에 육체를 가지고 살고 있는 이라고 할지라도 어느 정도 영혼이 깨어나고 영적 감각이 있는 사람이라면 다른 이들에게 칭찬과 인정을 받고 높임을 받게 되면 고통을 느끼게 됩니다. 천계와 주님과 실제적인 교제를 가지고 있는 사람이며 주님에 속한 사람은 그렇게 느끼게 됩니다.

그러나 오히려 그 반대이며 그러한 인정과 칭찬을 즐기고 좋아하는 사람이라면 어떨까요? 그의 영혼은 아직 주님께 속한 것이 아닙니다. 그는 다른 근원으로부터 에너지를 얻고 있는 것입니다.

하나님의 영광이 가득한 천계에서 마귀는 자신의 힘과 지혜를 높이기 원했습니다. 그리고 그 순간 그는 하늘에서 거처를 잃게 되었고 떨어지게 되었습니다. 그는 하나님의 왕국, 하늘의 왕국에서 축출되었습니다. 그리고 그 자신이 왕이 되는 왕국을 형성하였습니다. 그것은 바로 어두움의 왕국이며 지옥계입니다.

예수께서 이 땅에 오셔서 공생애를 시작하시기 전에 광야에서 금식하시며 마귀에게 시험을 받으실 때 마귀는 이런 시험을 한 적이 있었습니다. 그것은 자기에게 엎드려 경배를 하라는 것이었습니다.

얼마나 어처구니없는 일일까요! 한낱 피조물인 천사가 타락한 후에 이 우주의 왕이시며 주인인 분에게 경배를 받기 원하다니! 그것은 정말 놀라운 일입니다. 그런데 그것이 바로 마귀의 특성이며 지옥에 속한 이들의 특성이기도 합니다.

천국에 속한 천사들은 결코 아무에게도 경배와 영광을 받기를 원하지 않습니다. 그들은 모든 영광과 찬양과 감사를 오직 주님께 돌리기를 원합니다. 그러나 마귀는 경배를 받기를 원합니다. 그들은 칭찬과 인정을 원합니다. 그들은 자신이 주인이며 자신이 높은 자라고 인정받고 싶어합니다. 귀신들도 절을 받는 것을 좋아합니다. 성경은 이방인의 제사하는 것은 귀신에게 하는 것이라고 말씀합니다. (고전10:20) 그들은 자신을 조상이라고 가장하여 제사를 받고 싶어합니다. 절을 받고 싶어합니다. 그리고 그렇게 하는 것이 복을 받는 비결이며 그렇지 않으면 자손들에게 화가 있을 것이라고 가르칩니다. 세상의 많은 종교들이 그렇게 가르칩니다. 너무나 많은 사람들이 삶에 어려움을 겪게 되면 조상을 잘 섬기지 않아서 그렇다고 생각합니다. 우주의 왕이신 주님을 예배하지 않고 높이지 않는 것에 대해서는 전혀 인식하지 못하고 죽은 조상을 잘 모셔야 복을 받는다고 여깁니다. 이러한 어리석음의 배후에는 거짓과 혼미함으로 속이는 악한 영들이 있는 것입니다.

이것은 아주 간단하고도 중심적인 분별의 기초입니다. 천국은 모든 영광을 주님께 돌리는 곳이며 지옥은 오직 자신에게 영광을 돌리는 곳입니다. 이것은 각 사람이 어떠한 영계와 교통하고 있는 지를 분별할 수 있는 아주 단순한 기준입니다.
즉 주님께 속한 사람은 결코 존경을 받으려고 하지 않습니다. 그러나 주님께 속하지 않은 사람, 지옥에 속한 이들은 어떻게 하든지 인정과 존경을 받으려고 합니다. 그리고 그렇지 못하면 분노와 억울함을 가집니다. 오, 그들은 자신의 신앙의 기초를 돌아보지 않으면 안 됩니다. 그렇지 않으면 그들의 영원한 운명은 결코 안전하지 않습니다.

 우리 영혼의 안전은 결코 우리의 신앙적인 지위나 경력을 통해서 보장받을 수 없습니다. 그것은 주님과의 실제적이고 살아있는 교제를 통해서, 그리고 우리의 중심 동기와 성향은 어떠한지에 의해서, 삶의 열매를 통해서 확인할 수 있는 것입니다. 진정한 천국의 기쁨과 영광을 경험하기 위해서 우리는 이 기초가 분명해야 합니다. 자신에게로 오는 어떠한 명예와 인정받음과 존경도 거절하고 면류관을 거절하고 오직 모든 선함과 지혜와 아름다움과 영광을 주님께만 드려야 하는 것입니다.
이것은 천국이 형성되는 기초입니다. 그리고 이 기초 안에서 우리가 살아갈 때 우리는 실제적인 천국의 영들을 경험할 수 있게 될 것입니다.

4장 모임에서 주의 영을 소멸시키는 것

나는 가끔 영성 집회를 인도하곤 합니다. 집회를 통하여 모든 이들과 함께 온 힘과 중심을 다하여 주님을 높이고 찬양하면 그 찬양과 경배 가운데 주님의 임재가 나타납니다 그것은 곧 천국의 임함과 같습니다.
우리들은 그 주님의 임재와 영광 앞에서 울고 웃으며 감격과 행복감에 사로잡힙니다.

그러나 집회에서 하나 아쉬운 점이 있다면 그것은 인도자 혼자서 일방적으로 이끌어야 한다는 것이며 서로의 교제와 나눔을 충분히 가질 수 없다는 것입니다.
그래서 나는 집회 못지 않게 소규모의 모임을 좋아합니다.
가끔 후원회원들이나 독자들과 함께 시간을 내어 모임을 갖곤 하는데 이때는 내가 혼자 일방적으로 이끌지 않고 서로 교제와 대화를 나눌 수 있기 때문에 아주 즐겁고 재미있는 시간이 될 수 있습니다.

영적 성장을 위해서는 이와 같이 일방적으로 드리는 예배뿐만 아니라 소그룹으로 모여서 서로 대화를 나누며 교제하는 것이 꼭 필요합니다.
메시지를 듣고 집회에서 은혜를 받을 때는 다 좋고 감동이 되지만 막상 삶 속에서는 그러한 은혜와 감동을 다 잃어버리게 되는 것이 보통입니다. 그러므로 일방적으로 집회에 참여해서 은혜를 받고 메시지를 받는 것도 좋지만 자신의 입으로 고백하고 시인하고 서로 감상을 나누고 삶에 대해서 이야기하며 주고 받고 나누는 교통이 꼭 필요한 것입니다. 구체적으로 자신의 입으로 나누는 것은 좀 더 영적으로 실제가 될 수 있기 때문입니다.
나는 많은 가정에서 이러한 소규모 모임을 가지고 찬양과 교제와 메시지를 함께 나누었습니다. 모임을 가진다고 몇몇 사람들에게 연락을 취하면 순식간에 사람들은 모여들었고 이렇게 함께 모일 수 있다는 사실에 감격하곤 했습니다.
우리의 모임에는 항상 눈물과 웃음과 감격이 있었고 헤어질 때는 진한 아쉬움을 가지고 다음의 만남을 기약하느라고 떨어지지 않는 발걸음으로 한참 동안이나 작별을 해야 했었습니다.

다만 이러한 만남에 여러 어려움 들이 있었습니다. 그것은 대화를 서로 나누는 과정에서의 일이었습니다.
우리가 같이 기도와 찬양을 함께 나눌 때는 모임 가운데 항상 신선함과 기름 부으심이 있었습니다. 그것은 마치 천국이 이 땅에 내려온 것과 같았습니다. 아무리 조용하고 부드럽게 찬양을 드려도 사람들이 울고 난리를 치는 바람에 나는 항상 너무 지나치게 우는 분들을 말리느라고 조심을 해야했었습니다.
그러나 문제는 이것이었습니다.
그러한 기도와 찬양이 끝나고 서로 대화와 교제를 나누기 시작하면 이상하게도 좌중에는 언제부터인지 모르게 무기력과 지루함과 어두움의 기운이 임하기 시작하는 것이었습니다.

집회의 인도나 가정에서의 소규모 그룹의 인도나 그 원리는 비슷합니다. 그것은 인도자가 항상 영적인 예민함을 가지고 깨어있어야 하며 좌중의 영을 잘 분별하고 주님의 이끌리심 속에서 인도해야 한다는 것입니다.
좌중의 영이 무기력하면 강한 찬양과 기도를 통해서 그 무기력을 깨뜨려야 합니다.
좌중의 영이 너무 세속적이면 주님께 대한 순결한 사랑의 고백을 통해서 거룩한 기름부음과 아름다움이 임하도록 이끌어야 합니다.
사람들이 너무 무거운 짐을 지고 있으면 그 배후에 있는 근심과 누르는 영들을 결박해야 하며 또는 너무 경직되어 있을 때는 부드러움의 영을 구하고 공급해야 하며 또한 영이 너무 흥분하고 올라가 있을 때는 조용하고 안식하는 기도와 고백과 찬양을 통해서 그것을 잔잔하게 이끌어야 합니다. 흥분 상태는 별로 아름다운 열매를 맺을 수 없기 때문입니다.
물론 이러한 분별과 인도는 사역자가 개인적인 경험들을 통해서 그의 영이 열어져야 하며 영을 분별하고 인도하고 공급할 수 있는 통로가 될 수 있도록 훈련되어야 한다는 것을 의미합니다. 그렇게 주님의 이끌리심 속에서 주님의 현존하시는 임재가 나타나게 될 때 사람들은 천국의 영광과 주님의 황홀하심에 사로잡히게 되는 것입니다.

나는 내가 찬양과 기도를 인도하고 있을 때는 좌중과 사람들의 영적 상태를 분별해서 그것을 밝고 풍성한 상태로 이끌 수 있었습니다. 그러나 일단 사람들에게 발언권을 주고 그들이 자유롭게 말을 할 수 있도록 내버려두면 어느 정도까지는 괜찮지만 시간이 흐를수록 좌중에는 영적인 어두움이 임한다는 것을 느끼게 되었습니다.
사람들이 말하는 내용에는 별로 문제가 없었습니다. 주로 은혜 받은 간증 형태의 이야기나 기도해야 할 문제들을 나누곤 하였습니다. 문제는 그들의 말하는 내용이 아니라 그들의 영적인 상태에 있는 것이었습니다. 나는 사람들이 이야기할 때 그 사이에 끼어들어서 분위기가 어두운 곳으로 가지 않고 맑고 밝은 상태를 유지할 수 있도록 세심한 주의를 기울여야 한다는 것을 알았습니다. 일방적으로 메시지를 전하는 것이 아닌 대화와 나눔을 통한 영의 공급, 신선한 영의 유지 - 그것은 정말 쉽지 않은 일이었습니다.

나는 후에 사람들의 대화를 통해서 나타나는 이러한 어두움의 기운은 주로 어떤 것이 문제일까 하는 것에 대해서 생각해 보았습니다. 그리고 두 가지의 근본적인 원인에 대해서 알 수 있었습니다.
첫 번째의 문제는 부정적이고 어두운 고백과 표현이었습니다.
오늘날 대부분의 그리스도인들은 대체로 자신의 영적 상태를 맑고 신선하게 유지하는 데에 그다지 주의를 기울이지 않고 있습니다. 그러므로 외부에서 어떤 생각과 감정이 자신의 안에 들어오는 지에 대해서도 그리 민감하지 않습니다. 그러므로 그들의 생각은 어둡고 부정적이고 눌려 있는 경우가 많이 있습니다.

그래서 그렇게 눌려 있는 상태 그대로 두려움이나 낙담이나 자기 연민과 같은 것들을 고백하고 시인하게 되면 그는 그 악한 기운에 눌리게 됩니다. 그리스도인들의 교제에 있어서 감사와 희망과 신뢰의 고백이 아닌 이러한 어두운 고백과 대화를 나누다 보면 당연히 그 공간은 어두워지고 심령은 눌리게 됩니다. 말을 하면 할수록 점점 더 심령이 답답해지게 되지요.

이와 같이 부정적이고 불 신앙적인 대화나 고백은 오히려 믿지 않는 이들 보다 그리스도인들에게서 더 많이 볼 수 있습니다. 너무나 안타까운 일이지요.

그러나 이러한 어두움의 고백들은 무지와 연약함에서 기인한 것입니다. 그것은 영적 실체를 바로 깨닫고 체험하게 되면 쉽게 회복되고 자유롭게 될 수 있습니다. 좀 더 심각한 문제는 두 번째 유형의 대화입니다.

대화에서 나타나는 두 번째의 중요한 문제점은 무엇일까요? 그것은 자신을 드러내는 것입니다. 그것은 자신을 높이고 자랑하는 것입니다.

간증을 하든지 자신의 의견을 이야기하든지 자신을 높이고 드러내는 것은 우리가 어디서나 쉽게 접할 수 있는 것입니다. 세상에서는 오히려 그러한 자기 피알을 권장하는 것을 우리는 잘 압니다.

그러나 그리스도인들의 모임은 그것과 전혀 다른 것입니다.

우리가 주의 이름으로 모일 때 그 곳에는 주님의 임재가 있습니다. 주님께서 우리의 고백과 찬양을 받기 원하시며 우리 가운데 나타나기 원하십니다. 그러나 우리가 주를 드러내지 않고 자신을 드러내기 원할 때 그와 동시에 주님의 임재는 소멸되고 마는 것입니다.

나는 주님의 임재와 풍성함이 있는 공간에서 어떤 이들이 자신을 드러내는 이야기를 할 때 순식간에 그 아름답고 풍성한 임재가 소멸되는 것을 많이 보았습니다. 천사들이 사라지고 어두움의 영들과 그 기운이 그 공간에 덮이기 시작하는 것을 보았습니다.
주로 사람들이 간증을 할 때 그러한 것을 많이 볼 수 있었습니다.
어떤 이들은 자신의 경험을 자랑하기 원했습니다. 자신의 지식을 자랑하기 원했습니다. 그러면 그 순간 그 곳은 이미 천국이 아니었습니다. 전체의 영혼은 땅으로 떨어지고 그 공간에는 어두움의 기운들이 운행하고 돌아 다녔습니다.

이러한 것들은 눈에 선명하게 드러나는 것은 아닙니다. 그러므로 영적으로 예민하지 못한 대부분의 사람들은 아무 것도 느끼지 못하고 모임과 집회를 마치고 집으로 돌아갈 것입니다. 그러나 어떤 이가 영적으로 예민하며 오직 주님께만 영광을 돌리기 원하는 마음을 가지고 있다면 그 주님의 영은 너무나 순결하고 예민한 영이며 사람들의 시선이 조금이라도 주님을 떠나고 자신을 향한다면 그 곳에서 사라지는 것을 느낄 수 있을 것입니다.

어떤 이들이 경험한 은혜가 주님께로부터 온 것이라면 그가 주님께 영광을 돌리지 않고 자신을 드러내는 순간 그는 심령에 깊은 통증을 느끼게 됩니다. 그는 심한 고통과 불쾌감을 느끼게 되어 도대체 왜 영적인 분위기가 갑자기 이렇게 되었는지를 생각하게 될 것입니다.
그러나 그렇게 자신을 드러내면서도 아무런 고통도 느끼지 않는다면 그것은 그의 영혼이 마비된 것을 보여주는 것입니다. 바로 코앞에 지옥의 영들이 와 있는데 그가 아무 것도 느끼지 못한다면 그것은 그의 영이 이미 병든 것이기 때문입니다.

나는 자신의 믿음과 지식과 체험에 대하여 자신감과 긍지를 가지고 있는 이들을 수도 없이 보았습니다. 그들은 자신의 신앙에 대해서 인정받기를 원했습니다. 그들은 자신이 얼마나 깊은지 얼마나 놀라운 경험을 했는지 남들이 알아주기를 원했습니다.
내게는 수많은 독자들이 전화를 합니다. 그 가운데는 적지 않은 이들이 자신의 경험을 자랑하며 자신의 영성에 대하여 거들먹거리곤 합니다.
어디서 무슨 훈련을 받았으며 자신의 상태가 어떻다고 열심히 설명을 하곤 합니다.
그러나 분명한 것은 그러한 이들은 주님과 너무나 먼 거리에 있다는 사실입니다. 주님께 속한 이들은 결코 자신의 신앙이 좋다고 생각하지 않습니다. 그리고 자신의 영성이 깊다고 생각하지도 않으며 남들에게 인정을 받거나 존경을 받고 싶어하는 마음도 없어지게 됩니다. 그러한 것들은 전혀 천국으로부터 온 것이 아니기 때문입니다.

그리스도인들의 집회와 모임과 만남에 있어서 우리들이 온전히 주님만 드러내기를 원한다면, 우리가 모든 아름다움과 선함과 지혜와 능력의 원천으로서 그분만을 높여 드린다면, 우리의 모임 가운데에는 주님의 임재와 영광이 가득하게 임할 것입니다.
오늘날 그리스도인들의 집회와 모임 가운데 그분의 영광과 임재가 너무나 부족한 이유는 사람의 영광이 너무나 많이 나타나 있기 때문입니다. 그것은 주님의 왕국이 아니고 사람의 왕국이며 지옥입니다. 그리고 그러한 곳에는 주님께서 임하실 수가 없습니다.
순결하고 온전한 마음으로 오직 주님만을 거룩하다고 외치고 찬송하며 감사할 때 그분의 영광은 나타날 것입니다. 교회와 그리스도인들은 능력과 생기와 자유함과 능력을 회복할 것입니다. 우리가 사람의 영광을 거절하고 오직 주님께만 영광을 돌리게 될 때 우리는 진정한 천국의 임재를 경험하게 될 것입니다.

5장   양과 염소의 분별

주님께서는 심판의 날에 모든 민족과 사람들을 모으고 그들의 영적 상태를 분별하여 나누실 것입니다.
그리고 그러한 주님의 분류는 아주 간단하게 이루어집니다. 즉 어떤 이들은 양으로 분류되어 주의 오른편에 두시며 어떤 이들은 염소로 분류되어 주의 왼편에 두십니다.
그리고 나서 양으로 분류된 이들을 축복하시고 칭찬하시며 그분의 왕국을 상속하게 하십니다. 그러나 염소로 분류된 이들은 꾸짖으시며 심판을 받도록 하십니다. (마25:31-46)

여기서 발견할 수 있는 놀라운 사실은 염소로 분류된 이들이 주님을 잘 알고 있는 사람들이라는 것입니다. 게다가 그들은 자신이 염소로 분류될 것이라고 한번도 생각해본 적이 없는 사람들이라는 것입니다.
그들은 하나같이 자신의 신앙이 아주 좋다고 여기는 사람들입니다. 그들은 자신이 주님을 무척 사랑한다고 생각합니다. 그들은 자신들이 열심히 주님의 일을 하며 주님을 기쁘시게 한다고 생각합니다. 만일 주님께서 어려움 가운데 처해있다면 그들은 당연히 주님을 돕고 섬길 것이며 그냥 지나칠 리가 없다고 생각합니다.
그러나 그들은 자신들의 신앙이 좋다고 생각하고 자신의 믿음이 깊다고 생각하며 남들을 가르치려고 애를 쓰고 남들에게 인정을 받으려고 애를 썼을 뿐 실제로 주님과는 너무나 먼 곳에 있다는 것을 깨닫지 못했습니다. 그들은 다른 이들을 판단하고 경멸하며 함부로 대했으나 그것이 곧 주님을 대적하는 일인 것을 알지 못했습니다.
그들은 자신에게는 놀라운 상급이 있을 것을 기대했던 사람들이었습니다. 그들은 아주 많은 확신을 가지고 있었습니다.

그러니 주님께서 그들을 그토록 매몰차게 대하신다는 사실을 그들은 믿을 수 없었습니다.
우리가 언젠가 겪게 될 주님의 심판대에서 염소로 구분이 될 수도 있다는 사실은 정말로 소름이 끼치는 일입니다. 그것이야말로 사람이 겪을 수 있는 가장 비극적인 일이 될 것입니다.

양과 염소는 많은 차이점이 있습니다.
양은 어리석은 동물이며 염소는 그보다는 똑똑한 동물입니다.
양은 별다른 무기도 없고 스스로의 방어 능력도 없어서 보호자가 필요한데다가 별로 지혜롭지 못해서 아무나 따라가는 경향이 있습니다.
그들은 별로 앞서 가려는 성향이 없습니다. 누가 앞에서 가면 그저 멍청하게 따라갑니다.
염소의 특성은 그와 정 반대입니다. 염소는 꼭 앞서서 가는 것을 좋아하며 들이받는 것을 좋아합니다. 그것은 양과 염소를 구분 짓는 가장 선명한 특성입니다.

이러한 특성을 보면 어리석고 무지하고 연약한 이들이 염소가 될 가능성은 그리 많지 않아 보입니다. 그들은 자신을 잘 방어하지 못하며 자신의 이익을 잘 챙기지도 못하고 그저 멍청하게 남들에게 잘 속습니다.
그러나 어떠한 이들은 앞에 나서는 것을 좋아합니다. 그리고 잘난 척을 하는 것을 좋아합니다.
그들은 설치려고 합니다. 그들은 남들이 자신보다 나아 보이는 것을 견디지 못합니다. 그들에게 교회나 모임에서 리더를 시키지 않으면, 대표 기도를 시키거나 연설을 할 기회를 주지 않으면 상처를 받습니다. 이러한 기질의 사람들은 자신이 염소가 될 수 있는 가능성이 상당히 많다는 것을 기억해야 합니다. 오, 그러니 염소가 되는 것보다는 멍청한 것이 훨씬 낫습니다!

자신을 유능하다고 생각하는 사람은 염소가 될 가능성이 많이 있습니다. 남들이 설교하는 것이나 말하는 것이 너무 멍청하고 답답하다고 여기는 사람들은 염소가 될 가능성이 많이 있습니다. 자신이 옳은 데 왜 사람들은 자신의 이야기를 듣지 않으며 지도자도 왜 자신을 무시하는지 속이 상한다고 느끼는 사람은 염소가 될 가능성이 많이 있습니다.
그는 주님께 속한 사람이 아닙니다.
주님께 속한 사람은 조금이라도 자신이 스포트라이트를 받게 되면 이를 견디지 못합니다. 그는 자신이 얼마나 부족하고 무능하며 연약한 존재인지 압니다. 그는 오직 주님의 긍휼히 여기심만을 사모할 뿐입니다.

나는 자기 자랑을 입에 달고 사는 이들을 많이 보았습니다.
자신이 자신을 칭찬할 수 없으니까 남들의 입을 빌어서 누가 자신을 이렇게 칭찬했다고 열심히 이야기하는 이들을 많이 보았습니다.
그들은 자신에 대한 좋은 평가를 아무리 오랜 세월이 지나도 결코 잊지 않았습니다.
그들은 주님께 속해있지 않습니다. 그들이 어떤 은사를 체험했더라도 어디서 무슨 영성 훈련을 받았더라도 그들이 큐티를 어떻게 하고 성경을 어떻게 연구하며 무슨 대단한 비밀을 깨달았다고 하더라도 그들은 주님께 속해있지 않습니다. 주님께 속한 이들은 결코 자신을 드러내기를 원하지 않기 때문입니다.

나는 처음 만나는 사람이라도 잠시만 이야기를 해보면 아주 마음이 편해지는 이들을 많이 보았습니다. 그들은 자신을 높일 줄 몰랐습니다.
그들은 자신을 방어할 줄 몰랐습니다. 싫은 것을 잘 거절할 줄도 몰랐고 불이익을 겪어도 어떻게 해야 할지 잘 몰랐습니다. 그들은 자기의 권리를 주장하는 데에 익숙하지 않았습니다. 반면에 자신이 해야 할 의무가 있으면 그것을 해결할 때까지 잠도 잘 자지 못했습니다.
어떤 면에서 그들은 무능한 것에 가까웠습니다. 그들은 진정 주님의 은총과 돌보심이 필요한 사람들이었습니다. 아마 그들은 양과에 속한 것 같았습니다. 그들은 가식이 없었고 그러한 것에 익숙하지 않았습니다. 그러므로 이러한 이들과 대화를 나누고 교제를 하다보면 마음이 편안해지고 쉽게 많은 것들을 나눌 수 있었습니다.

그러나 그 반대의 성향을 가진 이들도 있었습니다. 이들은 자신을 높이는 것을 좋아했습니다. 자신을 드러내고 싶어했습니다.
그들은 재능이 있었습니다. 지혜가 있었고 능력이 있었고 매력이 있었습니다.
그들은 처음 만나자마자 자신을 과시하기 위해서 상대방에게 자신을 부각시키기 위해서 여러 노력을 기울이곤 했습니다. 자신이 얼마나 수준이 있는 사람인지 교양이 있고 품위가 있으며 지적 수준이 있고 믿음의 깊이가 있는 사람인지 나타내고 싶어했습니다.
이러한 이들은 자신이 무시되었다고 느낄 때 분노하고 상대방들을 증오했습니다. 물론 이럴 때 합리화를 위해서 성경도 인용되고 여러 논리적인 이유가 제시되는 것도 흔한 일입니다. 그들은 자신이 왜 상대를 미워하는지, 자신이 얼마나 억울하게 당했는지에 대해서 충분히 상대방들에게 납득시키는 것을 좋아합니다. 이처럼 자신의 입장을 이해시키기 위하여 열변을 토하는 것은 얼마나 비참한 일인지 모릅니다. 하지만 지혜롭고 유능한 이들 가운데 이러한 이들이 많이 있었습니다.

어리석은 이들은 티를 내고 잘난 척을 해서 사람들에게 미움을 삽니다. 그러나 지혜로운 이들은 그런 식으로 드러내지 않고 은근히 자신을 높입니다. 거칠은 태도와 목소리로 자신을 드러내는 이들도 있지만 우아하고 교양있는 자세로 자신을 높이는 이들도 있습니다. 분명한 사실은 이들이 아무리 많은 시간을 기도하고 봉사를 한다고 해도 그들은 주님과 상관이 없거나 아주 먼 거리에 있다는 사실입니다. 자신을 괜찮은 사람으로 여기는 이들에게는 주님은 가까이 계실 수가 없기 때문입니다.

나는 이러한 이들을 만나면 머리가 많이 아팠습니다. 그리고 심장이 아 팠습니다. 자신의 믿음이 아주 좋은 것으로 여기고 툭하면 남들에게 무 엇인가를 가르치기를 원하는 이들을 만나면 심장이 더욱 아팠습니다. 나는 그들의 영원한 운명이 결코 안전하다고 느낄 수 없었습니다.

나는 그들이 자신을 칭찬하며 높일 때 그들의 입에서 어두움의 기운들이 나오는 것을 보았습니다. 주의 영이 소멸되는 것을 느꼈습니다. 하지만 그들의 영은 마비되어 주의 임재와 영과 그의 마음에 대하여 알지 못했 고 느낄 수 없었습니다.

이들 중에는 여러 가지 방언이나 통역이나 예언이나 신유와 같은 성령의 은사들을 경험했던 이들이 많이 있었습니다. 하지만 이들은 그러한 은사 들이 영성의 외곽에 속한 것이며 보다 내면적이고 생명 적인 주님의 세 계가 있다는 것을 거의 알지 못했습니다.

나는 자신의 영성이 세계 최고라는 식으로 말하는 이들을 많이 보았습니 다. 자신이 인도하는 영성 훈련이 세계적이고 우주적이라고 하는 이들도 보았습니다. 자신이 세계에서 몇 손가락 안에 든다고 하는 이들도 보았 습니다.

이런 이들은 이미 제 정신이 아닌 사람들입니다. 그들은 주님께 속해 있 지 않습니다. 이런 이들은 어둠의 영들에게 속고 있는 것에 불과합니다. 주님께 속한 이들은 조금만 칭찬과 인정을 받아도 그것을 부끄러워하며 불편해합니다. 그들이 천국의 빛을 알고 있는 사람이라면 그는 그 순간 에 그 빛이 사라지기 시작한다는 사실을 잘 알고 있기 때문입니다.

한 단체가 흔들리고 한 교회가 깨어지는 것은 결코 수많은 어리석은 양 들 때문이 아닙니다. 양들은 무엇이 옳은지 잘 분별하지 못합니다. 그래 서 여기 저기 우왕좌왕 합니다.

염소에 속한 소수의 몇 사람들 때문에 교회나 단체는 어려움을 겪게 됩 니다. 그들은 확신 가운데 거하는 이들입니다.

염소에 속한 이들은 분명히 자신이 옳으며 진리 가운데 있다고 생각합니다. 그래서 그들은 많은 사람들을 자기편으로 끌어당기고 싶어합니다. 그들은 자신이 교회의 수호자이며 신앙의 수호자라고 생각합니다.
그러나 그들은 사실 자신의 지배욕을 만족시키기를 원하는 것입니다.
그들은 자신의 동조자를 구합니다. 그들은 반대편과 원수를 맺으며 자기에 속한 이들을 지배하려고 합니다. 그들은 높은 위치를 원하며 남들이 알아주는 것을 원합니다. 그래서 그것을 실현시키려고 합니다. 그리고 이러한 과정에서 교회나 단체는 깨집니다.

칭찬이나 비난을 받을 때의 반응을 보면 그의 영혼이 천국의 영향을 받고 있는지 지옥의 영향을 받고 있는지 쉽게 알 수 있습니다.
천국에 속한 이들은 칭찬 받기를 두려워하며 비난에 대해서도 그다지 마음을 두지 않습니다. 그러나 지옥에 가까운 이들은 그 칭찬을 오래 동안 기억하며 즐거워합니다. 그리고 자신을 비난하는 이들을 결코 용서하지 않습니다. 그들은 분노하며 원망합니다. 그들은 염소의 영을 가지고 있기 때문입니다.

염소가 되는 것은 얼마나 두려운 일인지요!
함부로 지도자가 되는 것은 얼마나 두려운 일인지요!
그러한 이들은 자신이 주님을 위한다고 생각하지만 실제로는 주님을 대적할 가능성이 많이 있는 것입니다.
우리는 결코 염소가 되어서는 안 됩니다.
부디 염소가 되지 마십시오.
자신이 대단한 존재라고 생각하지 마십시오.
자신이 남들보다 지혜로운 존재라고 여기지 마십시오.
남들이 어리석다고 함부로 생각하지 마십시오.
자신이 믿음이 좋으며 그래서 남들에게 자신의 깨달음을 전해야 한다고 생각하지 마십시오.

자신이 인정받지 못한다고 억울하게 생각하지 마십시오.
그러다가는 염소가 되는 수가 있습니다.
그것은 정말 두려운 일입니다.
오직 주님의 발 앞에 엎드려 주님께 경배하는 이들만이 그러한 재앙에서 벗어날 수 있습니다.
오직 주님의 손안에 굴복되어 살든지 죽든지 자신이 인정을 받든지 말든지 오직 주님의 원하심과 영광만을 구하는 이들이 그러한 두려움에서 벗어날 수 있습니다.
우리는 자신을 드러내어 주님의 영광을 빼앗는 일을 정말 조심하지 않으면 안 됩니다. 그러한 일에 고통을 느끼지 않는다면 우리의 영혼은 점점 마비되어 나중에는 정말 염소가 될 수 있습니다.

양들은 무능하며 연약합니다.
그러므로 때로는 자신의 연약함에 대하여 낙심이 되며
유능한 염소가 되고 싶은 마음이 들 수도 있습니다.
적어도 세상은 그렇게 가르칩니다.
그러므로 우리가 비록 연약하고 부족할지라도
우리는 여전히 양으로서 살아야 합니다.
우리의 목자이신 주님이
우리의 빛이며
우리의 지혜이며 능력이 되시기 때문입니다.

부디 이 사실을 기억해두십시오.
유능하고 지혜로운 염소가 되는 것보다
어리석고 무능하지만 신실한 양이 되어서
오직 주를 따라가며 주님의 능력으로 살아가는 것이
훨씬 더 좋은 것이며
아름답고 행복한 삶을 살 수 있는 비결이라는 것을 말입니다.

6장 영적 도둑질과 영적 하강

사람들이 잘난 척을 한다는 것은 가벼운 일이 아닙니다. 영리하기 때문에 눈치가 빨라서 그것을 드러내지 않고 자연스럽게 자신을 높일 수 있는 사람도 있지만 그것도 결과는 마찬가지입니다. 중요한 것은 그의 내면의 동기이기 때문입니다.

누구든지 자신을 높이게 되면 그는 순간에 영계의 어두운 곳으로 떨어지게 됩니다. 그의 육신은 물질적으로는 여전히 같은 장소에 있지만 그러나 그의 영혼은 같은 곳에 있지 않습니다. 그의 영혼은 아래로 떨어집니다.

사람의 영혼은 항상 영계와 교통을 하고 있습니다.

위로 올라갈수록 빛의 영계입니다. 성경은 하늘을 하나님의 보좌가 있는 곳이라고 말씀합니다. (사66:1)

마귀는 자신을 높이다가 땅 아래로 떨어졌습니다. (사14:12-15)

그처럼 지옥의 영계는 아래를 향하고 있습니다.

마귀가 가장 높은 곳으로 오르려고 하다가 가장 낮은 영역인 음부 구덩이의 맨 밑으로 떨어진 것처럼 스스로 높아지려고 하는 이들은 아래로 떨어지게 됩니다.

주님의 실상을 가까이 경험하며 그분과의 살아있는 교제를 가지고 있는 이들은 자신을 높일 수 없습니다. 그러한 사람은 은근히 자기 자랑을 하다가는 갑자기 숨이 막히는 것을 느끼게 됩니다. 그는 마음이 불안해지며 불쾌해집니다. 그는 주의 임재가 사라지며 자신의 영혼이 어두운 곳으로 떨어지고 있는 것을 느끼게 됩니다. 그는 주 앞에 무릎을 꿇고 용서를 빌기 전까지는 숨도 제대로 쉴 수 없습니다. 그의 영혼이 그것을 느끼게 되기 때문입니다.

타락한 루시퍼가 '나의 보좌를 높이리라' 하고 마음먹은 것처럼 악한 영들은 본능적으로 높은 곳으로 오르려는 속성을 가지고 있습니다. 그러므로 무릇 모든 높아지려고 하는 이들은 마귀와 같은 파장을 가지게 되어 그들과 같이 교통하게 되며 그들의 먹이가 될 수밖에 없는 것입니다.
주님은 하나님이시며 이 우주의 주인이시지만 비천하고 낮은 모습으로 오셨습니다. 그러므로 그처럼 자신을 낮추고 겸손한 모습을 가지려고 할 때 그는 주님과 영적 속성이 일치함으로 주님의 임재를 누리게 됩니다.

어떤 이들은 대화 중에 자신이 가지고 있는 지혜를 남들에게 보여주기를 원합니다. 이들은 자기가 알고 있는 것을 남들이 먼저 말하는 것을 견디지 못합니다. 이들은 그럴 경우에 자기는 그것을 전부터 알고 있었다고 이야기를 해야 속이 풀립니다. 자기는 어떤 사람이 그것을 발표하기 몇 년 전부터 그것을 알고 있었다고 말하고 싶어합니다.
자신을 높이며 자신의 지혜를 높이며 자신의 재능을 자랑하는 것이 왜 어둠의 영계로 떨어지는 이유가 될까요?
그것은 그것이 주님의 영광과 주님의 소유를 도둑질하는 것이 되기 때문입니다.

모든 선함과 모든 지혜와 모든 아름다움의 근원은 오직 하나입니다. 그 근원은 오직 창조주이시며 구속자이신 주님이십니다. 아름다움도 지혜도 선함도 그 어떤 좋은 것도 다 주님께로부터 나옵니다. 우리는 다만 은혜로 그 어떤 것들을 누리고 있을 뿐입니다.
그러므로 그것을 자기 소유인 것으로 여기고 자랑하면 그것은 주님의 소유를 도둑질하는 것과 같은 것입니다. 도둑은 어둠에 속한 사람이며 그는 천계의 빛을 견딜 수 없기 때문에 그 빛으로부터 멀리 떨어지게 됩니다. 천국은 모든 선함의 근원이 주님이신 것을 시인하며 그에게 영광을 돌리는 것을 통해서 형성이 되기 때문에 그가 천국의 질서를 깨뜨린다면 그는 그 천국의 영계로부터 단절되게 되는 것입니다.

외모가 아름다운 여인은 이러한 질문을 많이 받습니다. '당신의 몸에서 어떤 부분이 가장 자신이 있나요?'
여인은 '눈입니다' 또는 '코입니다' 하는 식으로 대답합니다. 그러나 그녀가 그러한 것에 대해서 주님께 감사하고 찬송을 하지 않고 자부심을 가지며 다른 외모가 뛰어나지 않은 이들보다 자신을 낫게 생각한다면 그녀는 빛의 세계에서 떨어지게 될 수밖에 없는 것입니다. 그것은 중심의 문제입니다.
어떤 이들은 지혜를 주님께 받았습니다. 그들은 지식을 즐기며 책을 좋아합니다. 이러한 이들이 단순하고 소박한 이들을 마음 속으로 판단하며 그들의 무지와 무식함을 경멸하며 비웃고 자신의 지혜를 자랑한다면 그도 역시 천국에 거할 수 없습니다.
그는 자신을 섬기는 사람이며 주님을 섬기는 사람이 아니기 때문에 그는 천국의 빛을 견딜 수 없는 것입니다. 그러므로 그는 빛이 보이지 않는 어두운 곳에 거하게 됩니다.
지적 교만 때문에 이러한 상태에 떨어져 있는 이들은 아주 많습니다. 그러나 영적으로 마비상태에 있으므면도 그들은 자신의 그러한 상태에 대해서 알지 못하게 됩니다.

우리는 모든 선함과 아름다움의 근원으로서의 주님을 계속 끝없이 바라보고 찬양하며 높여야 합니다. 그것이 더 깊은 선함과 아름다움과 지혜로 나아가는 길입니다. 그러나 그 근원을 시인하지 않고 자신을 시인한다면 그는 어두운 곳에 처하게 되는 것입니다.
축구 경기에서 골을 넣거나 어떤 대회에서 입상한 이들에게 소감을 물을 때 '하나님께 모든 영광을 돌립니다' 하고 말하는 경우가 많이 있습니다.
그것은 아주 아름다운 일입니다. 하지만 중요한 것은 그러한 표현과 고백은 모든 삶의 순간 순간에 이루어져야 한다는 것, 그리고 더 깊이 그 마음 안에서 깨달아져야 한다는 것입니다.

영적 성장이란 곧 주님이 모든 힘과 지혜와 아름다움의 근원이 되신다는 것에 대한 철저하고도 통렬한 깨달음입니다. 이에 대한 인식의 수준이 깊어질수록 우리는 더욱 더 간절하게 주님을 구하고 사모하게 되며 의지하게 됩니다. 그리하여 더 깊고 놀랍고 풍성하신 주님의 자비 가운데, 천국의 빛 가운데로 들어가게 되는 것입니다.

왜 주님을 시인하지 않고 자신을 시인하게 될 때 그는 어둠의 영계로 순식간에 떨어지게 될까요? 그것은 주님이 인격적이신 분이며 아귀다툼을 하지 않는 분이시기 때문입니다.

그분은 우리에게 억지로 영광을 돌릴 것을 강요하지 않습니다. 그분은 천사들과 함께 우리와 항상 같이 계시지만 우리가 그분을 높이지 않고 자기 중심으로 산다면 조용히 소멸되십니다. 그분은 일시적으로 우리를 떠나십니다.

그분은 우리를 위협하고 억제하여 우리를 무릎꿇게 하시지 않습니다. 그분은 조용히 사라지십니다. 그분은 우리가 원하는 것을 막지 않으십니다. 그러므로 우리가 악을 선택하고 자신을 시인하고 선택할 때 조용히 우리를 떠나시며 우리의 마음이 바뀔 때까지 기다리십니다.

그분과 그분의 천사가 우리를 떠나는 순간 우리의 영혼은 어둠 속으로 곤두박질치기 시작합니다. 그리고 악한 영들은 우리에게 다가옵니다. 그리고 우리를 지배하며 억압하기 시작합니다.

그러므로 자신을 높이고 자랑하는 이들은 금방 기분이 나빠지고 싸움이 생기고 불쾌해지며 불안하고 여러 가지 고통스러운 증상이 생기기 시작하는 것입니다.

그것은 그가 천국을 거부하고 지옥과 지옥의 영들을 받아들이고 있기 때문입니다.

우리는 기억해야 합니다. 영계는 결코 이 땅의 세계와 멀리 떨어져 있는 것이 아닙니다.

우리가 처해 있는 이 곳에 바로 접하여 있습니다. 그러므로 동일한 물질 세계에 살면서도 어떤 이들은 천국에 속하여 그 빛을 받으며 어떤 이들은 지옥에 속하여 그 재앙과 고통을 받으며 삽니다.

부디 주님의 선과 아름다움과 은총을 도둑질하지 마십시오.
결코 천국의 빛 가운데에서 떨어지지 마십시오.
절대로 절대로 자신의 지혜와 아름다움을 높이지 마십시오.
자신의 탁월함을 자랑하지 마십시오.
그것은 당신을 가장 비참하게 만들게 할 것입니다.
어떤 사람들이 당신을 칭찬할 때 당신은 아주 위험한 상태에 있다는 것을 기억해야 합니다. 당신은 겸손함으로, 온유함으로 그 위기에서 벗어나야 합니다.

우리는 오직 주님을 드러내야 합니다.
모든 아름다운 열매의 근원으로서
오직 주님을 시인하며 높여야 합니다.
감사와 찬송을 쉬지 말아야 합니다.
그렇게 할 때 우리는 천국의 빛을 유지할 수 있으며
언제나 그 빛 속에서 살아갈 수 있을 것입니다.
이 세상에는 많은 근심과 두려움이 있으나
그렇게 주님의 임재 안에서 천국의 빛 가운데 거하는 사람은
세상이 알 수 없는 놀라운 기쁨과 행복을 맛보며 살게 될 것입니다.

7장 사역자들의 위험성

나는 영혼의 감각이 깨어나기 위한 기본적인 원리와 훈련에 대한 책이나 글을 많이 썼었습니다. 영혼의 감각이 깨어나는 것은 그리 깊은 성숙의 단계는 아니지만 기본적으로 그러한 깨어남을 통한 감각의 회복이 필요하였기 때문입니다.

이러한 감각이 부족한 사람은 영적으로 둔하여 주님의 임재가 오는지 가는지, 언제 그 영이 임하시는지 소멸되는지 악한 영들의 공격이 있는지 없는지에 대하여 아무런 느낌이 없기 때문에 영적인 이해와 발전에 어려움이 있는 것입니다.

그래서 나는 부르짖는 기도, 호흡기도, 방언기도, 신체에 임하는 기름 부으심을 요청하는 기도, 상상의 기도 등에 대한 내용들을 책이나 홈페이지에 많이 언급하였습니다.

그저 글을 읽고 지나간 이들도 많이 있었지만 또한 적지 않은 이들이 그러한 원리와 방법을 실제로 적용하고 훈련을 하였습니다. 그리고 그러한 이들은 영혼이 깨어나는 과정에서 많은 경험들을 하게 되었습니다.

주님의 임하심에 대해서, 기름 부으심에 대해서, 영적인 전쟁이나 기운에 대해서 많은 것을 느끼고 알게 되었습니다.

다만 여기에는 문제점들도 있었습니다. 그렇게 영적 감각이 생겨나기 시작한 이들은 사람을 볼 때 점차적으로 그들의 상태를 알고 느끼게 되었다는 사실입니다.

영혼의 감각이 일어나게 될수록 사람들은 다른 이들의 내적인 상태와 내면의 동기에 대해서 알게 됩니다. 그리고 그가 영적으로 어떠한 수준과 상태에 있는지 분별하고 느낄 수 있게 됩니다.

그런데 여기에는 다소 문제의 소지가 있었습니다. 사람들은 다른 이들을 대할 때 주로 내면의 모습을 보지 못하고 외적으로 보여지는 상태로 사람을 평가합니다. 사람의 신앙이나 영적 상태를 볼 때도 외형으로 드러나는 모습, 그들의 지위라든가 나이라든지 사회 경력, 신앙 경력을 통해서 판단합니다. 그런데 영혼의 감각이 눈을 뜨게 되면 그러한 외형의 모습과 전혀 다른 그들의 영적 상태를 느낄 수 있게 됩니다. 그리고 바로 그것이 문제의 요인이 될 수 있었던 것입니다.

어느 정도 영혼의 감각이 열리게 되면 사역자들이 설교를 하거나 예배를 인도할 때 그들의 영혼이나 몸, 입에서 흘러나오는 기운을 통해서 그들의 영의 상태를 파악하게 됩니다. 그런데 외형적으로 유능하고 유명한 사역자라고 하더라도 실제의 영적 기운은 별로 좋지 않은 경우가 많이 있기 때문에 이들은 고통을 느끼게 되었던 것입니다.

많은 사역자들이 그들의 입으로 전하는 메시지의 내용은 나쁘지 않습니다. 성경적이고 좋은 메시지입니다. 그러나 그러한 좋은 메시지와는 상반되게 그들의 영은 눌리고 어둡고 답답한 상태에 있는 경우가 많이 있습니다. 그것은 그들이 실제적으로 영의 흐름이나 움직임에 대해서 잘 알지 못하며 영으로 사역을 하는 것보다는 논리적으로 사역을 하기 때문입니다. 그러므로 그들은 머리로는 말씀을 이해하고 적용하려 애쓰지만 실제로 그들의 영은 어두움의 기운에 눌려서 근심과 두려움과 분노와 무기력한 기운에 잡혀서 사는 경우가 많이 있습니다. 물론 그러한 것이 영의 문제라는 사실 자체도 인식하지 못하는 경우가 많지요.

영의 감각이 어느 정도 열리기 시작하게 되었을 때 예배를 통해서 이러한 흑암의 기운을 느끼고 고통하는 이들을 나는 많이 보았습니다.
전에는 아무 감각도 없이 무슨 말씀을 듣든지 그저 대충 아멘, 아멘.. 하면서 지나가던 이들이 이제는 영의 흐름을 느끼고 분별하게 되면서 머리가 아프고 가슴도 힘들고 답답해지는 등의 고통을 겪게 되었던 것입니다. 물론 이러한 이야기는 어디서 함부로 할 수도 없는 일입니다. 괜히 그러한 이야기를 했다가는 교만하다느니, 신비주의라느니, 심지어 귀신이 붙었다는 말까지 들을 수 있기 때문입니다.

사역자들은 흔히 말하기를 영이 건전하다면 어디에 가서든지 무조건 은혜를 받을 수 있어야 한다고 말하곤 합니다. 그러므로 자신이 인도하는 예배에서 은혜를 받지 못한다면 그것은 성도의 잘못이며 그들이 마음을 열지 않았기 때문이라고 주장하곤 합니다. 물론 그러한 이야기는 영적 무지에 근거한 것입니다.
영적으로 잘못되었거나 교만해서 사역자를 함부로 판단하는 이들도 있을 수 있겠지만 고통을 당하고 눌리는 모든 이들이 그러한 상태에 있다고 볼 수는 없기 때문입니다.
사역자가 말씀을 머리로만 이해하지 않고 실제적으로 그의 영혼이 깨어나고 맑아져서 그 말씀의 실체를 경험하게 된다면 그의 사역 가운데에는 풍성한 주의 임재가 나타나게 됩니다. 그 집회는 바로 천국이 임하는 것과 같이 됩니다. 그러나 그가 실제적인 영혼의 자유를 별로 알지 못하는 이라면 아무리 입으로 좋은 성경의 말씀을 전해도 그가 가지고 있는 어두움의 영, 어두움의 기운이 흘러나오기 때문에 그것은 사람의 영혼을 답답하게 만들고 질식하게 하는 것입니다.

그러므로 영혼이 눈을 뜨기 시작하고 감각이 살아나기 시작하면 이러한 경우에 많은 고통을 느끼게 됩니다. 예배를 통해서 영이 풀려나고 기쁨과 자유함을 얻기보다는 오히려 영이 억압되고 눌리기 때문입니다. 이렇게 예배를 통해서 고통을 겪게 되면 나중에는 예배를 꺼려하게 될 수도 있는 것입니다. 이것은 너무나 비극적인 일이지만 유감스럽게도 이 시대에 너무나 흔하게 볼 수 있는 현상이기도 합니다.
어찌 생각하면 영적인 감각을 느끼지 못했을 때가 더 좋았을지도 모릅니다. 이러한 고통과 갈등이 없었을 테니까요. 실제로 내게 그러한 하소연을 하는 이들이 많이 있었습니다. 하지만 그러한 고통들은 실제적으로 하나님께서 임재하시고 역사하시는 집회, 교회들이 이 땅에 세워지기 위한 하나의 과정이라고 할 수 있을 것입니다. 우리의 영혼이 깨어날수록 우리는 우리의 모든 교회와 모든 집회 가운데 주님의 영이 흐르고 실제적인 천국의 빛이 임하는 것을 사모하게 될 것이며 그러한 갈망들이 증가될수록 그것은 그러한 기도를 일으키고 그러한 역사들을 끌어당길 것이기 때문입니다.

많은 사역자들을 접하고 대하면서 나는 사역자들의 영적 수준이나 영혼의 상태가 평신도나 믿지 않는 자들보다 더 낮고 어두운 상태에 있는 경우가 적지 않은 것을 느꼈습니다. 그것은 말로 표현하기가 아주 난처한 것이었습니다.
그들의 입에서는 성경적이고 영적인 언어들이 쉽게 등장했지만 그들의 영혼의 상태는 평신도나 심지어 불신자에 비해서도 오히려 그리스도와 더 멀리 떨어져 있는 것 같은 느낌을 많이 받았었습니다.
그것은 실로 아이러니한 일입니다. 그러나 그러한 모습은 성경에서도 아주 많이 찾아볼 수 있었던 일이었습니다.
주님께서는 모든 사람들이 다 악하고 더러운 존재로 보았던 세리와 창기들과는 거리낌없이 어울리셨습니다. 그러나 모든 이들이 존경해 마지않던 종교 지도자들에게는 아주 매섭고 냉정한 평가를 하신 적이 많았습니다. 이 백성이 그 입으로는 내게 가까우나 그 마음은 멀다고 말씀하셨습니다.(막7:6)
이것은 외형적인 가까움과 영적이고 실제적인 가까움은 다르다는 것을 보여 줍니다. 그리고 이것은 신약 성경에서 쉽게 접할 수 있는 주님의 메시지였습니다.
널리 알려진 탕자의 이야기를 보아도 이러한 메시지는 쉽게 입증됩니다. 집안에서 아버지 옆에 머물러 있으면서 아버지의 명을 어김이 없었던 탕자의 형은 외형적으로는 분명히 신앙적인 모범생이었습니다. 그는 당연히 자신의 믿음이나 행동이 탕자보다 우월하며 칭찬을 받아 마땅한 것이라고 생각했습니다. 그랬었기 때문에 아버지가 자신보다 탕자를 더 우대하는 듯이 보이자 아버지를 향해서 분노를 터뜨렸던 것입니다.

그는 외형적으로는 아버지의 명령을 준행했고 아버지와 가까이 있는 것 같이 보였지만 아버지의 마음에 대해서는 잘 알지 못했습니다. 그러므로 그는 심령적으로는 아버지와 아주 먼 거리에 있었던 것입니다.

몸으로, 행동으로는 가까운 것 같지만 실제적으로 영적으로는 주님과 다른 사람들보다 오히려 더 멀리 있을 수 있다는 것, 그것은 성경 안에서만이 아니라 기독교 역사에서도 이 시대에서도 여전히 발견할 수 있는 진실입니다.

거기에는 여러 가지 이유가 있을 것입니다. 사역자들은 일단 그의 사역이 성공하기를 원합니다. 좀 더 많은 사람들이 그의 메시지를 듣고 감동을 받으며 그가 사역하는 교회가 좀 더 많은 사람들에게 영향을 끼치고 발전하기를 바랍니다. 이러한 욕망은 그가 주님 자신을 알고 그의 마음에 들어가는 것 보다 외적 사역 자체에 빠질 수 있는 위험성을 열어주는 것입니다.

평신도는 은혜를 받고 감동을 받고 주님께 가까이 나아가기 위해서 교회에 갑니다. 그리고 성경을 읽습니다. 그러나 사역자는 가르치기 위해서 말씀을 읽고 은혜를 끼치기 위해서 교회에 가야 합니다. 자신의 영적 상태가 좋던 나쁘던 시간이 되면 강대상에 올라가야 합니다. 이것은 그가 다른 이들보다 주님을 피상적으로 접할 수 있는 하나의 구조적인 원인이 될 수 있는 것입니다. 즉 직업적으로 주님을 대할 수 있다는 것입니다.

오늘날 많은 사역자들은 자신의 사역에 대해서 무력감을 느낍니다. 자신 안에서 은혜와 감동이 사라지고 주님과의 거리에 무엇인가 막힌 담이 있는 것을 느낍니다. 그래서 그들은 괴로워합니다. 이들은 비교적 건강한 사역자들입니다.

그러나 또한 적지 않은 사역자들은 그들과 주님과의 거리와 관계 자체보다 그들의 사역이 외형적으로 별로 열매맺지 못하는 모습을 통하여 실족하고 낙담합니다. 이것은 그들의 영혼이 좀 더 많이 병들어 있음을 보여주는 것입니다.

사역자들의 영적 어두움은 교회의 가장 큰 문제입니다. 많은 사역자들이 평신도들에 비해서 영적인 어두움의 상태에 머물러 있다는 것은 정말 중대한 문제입니다. 사역자들의 영혼이 맑고 아름다우며 주의 풍성한 임재와 살아계심을 드러낼 수 있다면 그것은 정말 복 받은 교회입니다. 그러나 그렇지 못하다면 그것은 비극인 것입니다.
교회에 어떤 영의 흐름이 있을 때 주님의 나타나심이 있었을 때 이에 대해서 일반 평신도들이 반대하는 경우는 거의 없습니다. 그것을 거스르는 이들은 대부분 사역자들 이거나 평신도 지도자들입니다. 주님과 주의 제자들을 공격했던 이들도 이와 같은 종교 지도자들이었습니다. 교회의 역사에 있어서도 이것은 마찬가지였습니다.

평신도들이 은혜 받고 변화되고 성장했다는 이야기는 흔히 많이 듣게 됩니다. 그러나 사역자들이 변화되고 새로워졌다는 이야기는 별로 듣기가 쉽지 않습니다.
이처럼 사역을 한다는 것, 사역자가 된다는 것은 정말 두렵고 어려운 일입니다. 가장 두려운 것은 사역자가 쉽게 주님을 대적할 수 있다는 사실입니다. 자신은 열심히 하나님을 위한다고 생각하면서 실제로는 주님을 십자가에 못박으며 대적할 가능성이 사역자들에게는 많이 있다는 사실입니다. 실제로 자신이 주님을 대적한다고 생각하며 주의 영을 거스르는 이들은 없습니다. 그것은 대부분 영적 무감각과 무지에 의하여 이루어지는 것입니다. 이러한 사역의 위험성은 어디에 근거한 것일까요? 생명을 살리는 도구가 되는 사역자이기 때문에 악한 영들의 공격을 많이 받기 때문일까요? 아마 그것도 중요한 이유가 될 것입니다.

그러나 나는 근원적인 것으로서 사역자의 위치에 그 이유가 있다고 생각합니다. 사역자는 앞에 서서 가르치고 인도하는 역할을 맡은 사람입니다. 그들은 구조적으로 자신을 드러내기가 쉽습니다.

그들은 어쩔 수 없이 앞에 서게 되고 드러나게 되는 위치에 있습니다. 그러다 보면 주님을 전한다고 하면서도 실제적으로 자신이 드러나기를 기대하기가 쉽습니다. 주님의 통로가 되고 싶다고 생각하지만 은근히 스스로 영광을 취하고 싶은 마음이 생길 수 있습니다.

그래서 주님께서 자신을 크게 사용하기를 기대합니다. 다른 이들보다 자신이 좀 더 주님께 쓰여지고 싶은 마음이 생기게 됩니다. 다른 이들이 주님으로부터 크게 쓰여지고 사랑을 받는다면 그는 기분이 별로 좋지 않습니다. 그러므로 그는 '주님.. 도대체 저는 뭡니까? 왜 저는 사용하시지 않습니까?' 하고 하소연하게 됩니다. 이렇게 된다면 이미 그가 구하는 것은 자신의 영광이지 주님의 영광은 아닌 것입니다.

그리고 바로 그것, 자신이 주의 영광을 취하고 싶은 마음, 거기에서부터 모든 재앙이 시작되는 데 사역자는 그러한 위험성을 구조적으로 가지고 있는 위치에 있다는 것입니다.

자신이 드러나는 것만큼 무서운 것은 없습니다. 자신이 영광을 취하는 것만큼 두려운 일은 없습니다. 사역자가 이러한 두려움에 대해서 눈을 뜨지 않으면 그의 영원한 미래는 얼마나 비참해질지 알 수 없는 일입니다.

자신이 주님을 잘 안다고 생각하더라도 주님은 그에 대해서 전혀 알지 못한다고 말씀하실 수도 있습니다. '주님. 그럴 리가 요! 주님은 거리에서 우리를 가르치시지 않았습니까..' 하고 항의를 하지만 주님은 너희를 알지 못한다고 말씀하시는 내용이 성경에 여러 번 등장합니다.

그러한 메시지가 우리와 전혀 상관이 없다고 생각하는 것은 오히려 더 위험한 것입니다.

우리는 우리의 기도와 예배가 실제적인 것인지, 우리의 찬양과 기도 가운데 주님이 친밀하게 임하시며 우리 가운에 그분의 풍성함을 드러내시는지, 아니면 어떤 벽과 거리가 느껴지는지 분별해야 합니다. 이 땅에서 지금 우리가 주님을 멀게 느끼고 있다면 영원한 세계에 간다고 해서 그 관계가 갑자기 아름답고 친밀하고 풍성한 관계로 바뀌게 될 것이라고 기대할 수는 없는 것입니다.

사역자들은 어디에 있든지 항상 가르치려고 하는 자세를 지니고 있는 것이 보통입니다. 많은 사역자들이 상대방들이 듣기를 원하는지 주님이 인도하시고 허용하시는 상황인지에 상관없이 그저 가르치고 싶어합니다. 자신이 깨달은 지혜를 남들에게 드러내고 싶고 사람들이 자신의 말에 감동을 받고 좋아하는 모습을 보고 싶어합니다.
그래서 사역자들이 끼어있는 성경공부모임이나 기도 모임은 잘 되기가 어렵습니다. 그렇게 자신을 드러내거나 가르치려고 하는 자세를 가지고 말을 하게 되면 그 순간에 흑암의 영들이 그 공간을 덮게 되기 때문이지요. 그래서 영적으로 예민한 이들은 심령이 답답해지고 무기력해지게 되는 것입니다.
오랜 기간동안 사역을 하면서 충분한 실패의 경험을 가지고 있지 않은 젊은 전도사들이나 신학생들은 그러한 증상이 더 심한 경향이 있습니다. 그래서 그러한 모임에서 자신이 가지고 있는 약간의 지식이나 머리로 깨달은 것들을 자랑하고 늘어놓고 싶어합니다.
물론 그렇기 때문에 그 공간에는 주님이 임하시지 않습니다. 그것은 결국 어두운 모임이 되지요. 주님을 높이지 않는 모임은 아무리 그리스도인들이 모여있다고 하더라도 악한 영들이 장난을 치는 공간이 되는 것입니다.

지도자의 위치에 서게 된다는 것은 참으로 두렵고 조심스러운 일입니다. 바리새인과 서기관들이 주님을 대적하게 된 것도 그들이 지도자의 위치에 있었기 때문입니다. 그들이 만일 평신도의 입장에 있었다면 그들은 주님을 박해하는 도구가 되지 않았을 것입니다. 그들은 항상 존경을 받으며 가르치는 위치에 있는 사람들이었습니다. 그런데 많은 사람들이 주님을 사랑하며 따르게 되자 그들은 시기, 질투와 분노에 사로잡혔던 것입니다. 이처럼 자신의 위치와 입장에 많은 관심을 가지고 있는 이들은 언제나 주님을 대적할 수 있는 도구가 될 수 있습니다.

언젠가 어떤 연세가 드신 목사님과 대화를 나누게 되었습니다. 이분은 학식도 많고 신학교에서 교수님으로 사역하시면서 목회를 하시는 분이셨는데 한동안 몹시 억울한 모습으로 하소연을 늘어놓았습니다. 유명하게 알려져 있는 어떤 사역자에 대해서 이야기하면서 자신이 그 사람보다 모든 면에서 부족한 면이 전혀 없는데 왜 그 사람은 성공했고 자신은 이 모양이냐는 것이었습니다.

과연 무엇이 성공의 기준인지 나는 이해가 가지 않았습니다. 유명하다고, 사람들에게 많이 알려져 있다고 해서 그것이 과연 온전한 성공이 되는 것인지 그것은 알 수 없는 일입니다.

하여튼 분명한 것은 이 교수님이 가지고 있는 억울함과 상처는 자신의 성공과 명예에 대한 것이었고 주님의 영광과 원하심에 관계된 것은 아니라는 것이었습니다. 그것은 사역자로서 아주 비참한 일이 아닐 수 없었습니다.

나는 진정한 사역자는 성공이나 명예나 사람들이 알아주는 것에 그다지 관심을 기울이지 않을 것이라고 생각합니다. 그의 관심은 주님을 알아가는 것에 있으며 주님의 마음을 알아주고 주님의 원하심에 순종하는 것입니다.

그가 진정 주님을 사랑하고 순종한다면 주님은 개인적으로 자신을 그에게 나타내십니다. 그러므로 그의 영혼은 세상이 주지 못하는 초자연적인 기쁨과 만족을 경험하게 됩니다. 그리하여 그는 주님이 허락하신 그 귀한 교제와 주님 자신으로 기뻐하고 만족하게 되며 자신의 입장이나 삶이나 죽음 같은 것에 대해서 그다지 관심을 가지지 않게 되는 것입니다.
오늘날 주님께 모든 영광을 돌리지 않고 자신이 영광을 취하고 싶어하는 사역자들은 많이 있습니다. 그것이 사역자들이 주님의 깊으신 은총과 교제를 충분히 누리지 못하는 중요한 이유입니다.
오늘날 많은 사역자들이 낮아지기를 원치 않으며 자신을 내세우고 싶어 합니다. 많은 사역자들이 자신의 영성을 과장합니다. 체험하지 않은 것을 체험했다고 하며 알지 못하는 것을 아는 듯이 이야기합니다.
어디서 무엇을 배웠다고 말하는 것을 좋아하지 않으며 스스로 깨달은 것처럼 이야기하거나 주님께서 직접 가르치셨다고 말하는 것을 좋아합니다. 이러한 과장과 거짓의 영들은 근본적으로 자신이 높은 곳에 있기를 원하는 사람들에게 자유롭게 들어올 수 있는 것입니다.

사역이란 주님께서 허락하신 너무나도 귀하고 아름다운 것입니다.
사역자가 순진하고 순수하며 오직 주님 앞에 엎드려 있기를 원하며 자신이 영광과 존경을 받는 것을 두려워한다면 주님은 그에게 임하시고 그를 사용하실 것입니다. 그것은 너무나 영광스러운 일입니다. 거기에는 천국의 임함이 있습니다.
그러나 사역자가 자신을 드러내는 것을 좋아하며 영광을 받는 것을 사모한다면 거기에는 지옥의 임함이 있습니다. 그리고 모든 재앙은 시작됩니다. 그것은 너무나 두려운 일입니다.

주님께 모든 영광과 존귀를 돌릴 때 그곳에는 천국이 임합니다. 천사들이 오며 능력과 역사와 거룩함과 아름다움이 이루어집니다.
그러나 사람이 드러나게 될 때 그 곳에는 지옥이 임하는 것입니다.
거기에는 교만과 분쟁과 탐욕과 흥분과 거칠음과 판단과 미움과 각종 세상의 영들이 오게 됩니다. 아무리 예수의 이름을 부르고 소리 높여 기도하고 찬송을 불러도 그것은 지옥의 영들을 위협하지 못합니다. 그러므로 사람들은 잠시 은혜를 받고 흥분하는 것 같지만 내적으로는 별로 변화되지 않습니다. 사역자들이 자신을 내려놓고 주님 앞에 온전하게 엎드러지게 될 때 그는 진정 아름답고 놀라운 천국과 빛의 통로가 될 수 있을 것입니다. 그것은 진정 아름답고 행복한 일입니다.

그는 빛을 경험하게 될 것이며 그 빛을 나누어주게 될 것입니다. 그리고 그러한 빛을 받은 이들은 천국의 영광이 거룩함이 얼마나 놀라운 것인지 느끼고 맛보고 깨닫게 될 것입니다.

사역자가 주의 도구와 통로가 된다는 것 - 그처럼 복스러운 상태도 또 없을 것입니다.

사역자가 단순히 주님과 천국에 대한 개념을 전달하는 자가 아니라 실재하는 천국을 보여주며 나누어주는 자가 된다면 그것은 진정 영광스러운 일일 것입니다. 그리고 그렇게 천국의 빛과 영광은 확산되어 나가게 될 것입니다.

8장   하나님의 왕국과 사람의 왕국

이스라엘의 초대 국왕인 사울은 하나님의 귀한 통로였습니다. 그의 가문은 이스라엘 가운데 별로 유력하지 않았고 그는 그 집안에서조차 그리 주목받는 존재는 아니었습니다.
그러나 어느 날 그는 도망 나간 암나귀를 찾으러 집을 떠나서 여행을 하다가 선지자 사무엘을 만나게 되었고 사무엘로부터 그가 이스라엘의 왕이 될 것이라는 예언을 듣게 됩니다.
그는 그것을 두려워하였고 믿지도 않았습니다. 그는 자신이 왕이 된다는 것을 한번도 생각하거나 꿈꾸어 본적이 없었습니다.

얼마 후에 제비뽑기로 이스라엘의 왕을 결정하는 날이 되었을 때도 그는 그 자리에 가기는 갔지만 행구 사이에 숨어있었습니다. 그는 자신이 왕이 될 자격도 없을뿐더러 혹시라도 정말 왕으로 뽑히게 되면 어떡하나 하고 걱정이 되었던 것입니다.
그가 자신에 대해서 확신이 없었던 것처럼 적지 않은 백성들도 그를 왕의 자격이 있는 사람으로 인정하지 않았습니다. 그러므로 그가 왕으로 뽑힌 후에도 어떤 이들은 그를 비웃었던 것입니다.

그러나 얼마 후에 이스라엘에 위기의 상황이 닥쳐왔을 때 그에게 임하셨던 하나님의 능력과 기름부음은 위력을 발휘하기 시작했습니다.
암몬 사람 나하스가 길르앗 야베스를 침공하였을 때 모든 사람들은 두려워하였고 울기만 할 뿐이었습니다. 그들은 당시 강대국이었던 암몬을 감히 대적할 엄두를 내지 못했던 것입니다.
그러나 그 이야기를 들은 사울은 갑자기 분노가 치밀어 올랐습니다.
그는 그 즉시로 전 이스라엘에게 충동원령을 내렸고 그렇게 군대를 소집

하고 조직하여 암몬을 단숨에 격파하고 이스라엘을 위기에서 구원하였던 것입니다. 이것은 사울 자신에게도 정말 믿을 수 없는 일이었습니다. 이 사건은 사울 왕의 자격과 위치에 엄청난 변화를 가져왔습니다. 모든 백성들이 사울을 진정한 왕으로 인정하게 되었으며 전혀 왕으로서의 자격이 없다고 느끼고 있었던 사울 자신도 용기와 자신감을 갖게 되었던 것입니다.

사울, 그는 이제 예전의 시골 청년이 아니었습니다. 하나님의 사람 사무엘이 그를 부르자 잔뜩 겁을 집어먹고 어쩔 줄 몰라하는 그러한 소극적이고 무기력한 청년이 아니었습니다. 그는 이제 당당한 이스라엘의 왕이었으며 그의 언행에서는 왕의 위엄과 권위가 넘쳐나게 되었습니다.
물론 왕이 된 사람이 언제까지나 촌스럽고 어눌하게 행동한다면 그것은 바람직하지 않은 일일 것입니다. 그러나 그렇다고 해도 그가 시골 청년의 순박한 모습, 그 때의 겸손한 마음을 어느 정도 유지할 수 있었다면 얼마나 좋았을까요! 그러나 그는 왕이 되고 그러한 승리를 경험하면서 서서히 마음이 높아지기 시작했습니다.

그는 백성들의 칭송과 존경에 서서히 익숙해지기 시작했습니다. 그것은 그가 왕으로서 마땅히 받아야 할 것이라고 여기기 시작했습니다.
그는 전쟁에 대비하기 위하여 강한 군대를 조직해야 했습니다. 그러므로 유력한 사람을 보면 그를 수하에 끌어들였습니다. 물론 그들은 이스라엘의 군인입니다. 그러나 그들은 차츰 사울 왕을 섬기는 개인적인 사병과 같은 위치로 전락하게 되었습니다.
마음이 높아진 사울은 이제 더 이상 하나님의 명령을 두려워하지 않았습니다. 하나님의 메신저인 사무엘을 보고도 그는 전혀 두려워하지 않았습니다.
사무엘은 그에게 있어서 후견인과 같은 사람이었고 아버지와 같은 사람이었고 이전의 그에게 있어서는 두려움의 대상이었으나 그는 이제 사무엘이나 그의 말을 한쪽 귀로 듣고 흘리고 있었습니다.
사울은 전쟁을 치르고 승리하며 마음이 더욱 더 높아졌습니다. 그는 이제 하나님의 명령을 준행하지 않았습니다. 그의 말씀을 제멋대로 해석하여 자기 편리한대로 행동했습니다. 그는 이제 더 이상 하나님의 종이 아니었습니다. 그는 하나님의 사람이 아니었습니다.

하나님께서는 그를 선택하시고 기름부어 세우셨습니다. 분명히 그것은 하나님의 뜻입니다. 그러나 하나님께서 그를 세우신 것은 그의 백성 이스라엘을 섬기게 하기 위해서 세운 것입니다. 단순히 그에게 부귀 영화를 주고 명예를 주기 위하여 부르신 것은 아닙니다. 그는 주님의 종으로서 부름을 받은 것이지 팔자가 늘어지는 삶을 살기 위해서 부름 받은 것이 아닙니다.
그가 하나님의 명령을 우습게 여기기 시작하면서부터 그의 왕권은 약해지기 시작했습니다. 그의 기름부음은 소멸되기 시작했습니다.
순종하지 않는 이에게 더 이상 기름부음과 능력과 하나님의 임재는 존재하지 않는 것입니다.
그는 하나님의 왕국을 세우기 위해서 부름을 받았습니다.
하나님이 진정한 왕이시며 백성을 스스로 통치하시는 그러한 하나님의 왕국을 세우기 위해서 그는 부름을 받은 것입니다.
그러나 왕이 된 후에 그는 더 이상 하나님의 왕국을 세우려고 하지 않았습니다. 그는 그런 데에 관심이 없었습니다. 그는 대신에 자신의 왕국을 세우려고 했습니다. 그리고 그것이 바로 멸망의 시작이었습니다.

여호와의 신이 사울에게서 떠나고 여호와의 부리신 악신이 그를 번뇌케 한지라 (삼상16:14)

사울이 더 이상 하나님의 말씀을 듣지 않자 하나님의 신은 그에게서 떠나셨습니다. 하나님의 신이 그에게서 떠났다는 것 - 이것처럼 두려운 일은 없을 것입니다. 너욱 더 두려운 것은 하나님의 신이 그에게서 소멸되는 것으로 끝이 나는 것이 아니라 악한 다른 영이 그에게 들어와 그를 사로잡게 되었다는 것입니다.

영계에는 공백이 없습니다. 하나님의 영으로 사로잡혀 있었던 어떤 사람이 그 기름부음을 잃어버리게 된다면 그는 하나님의 영을 대신하여 그 자리를 메꾸는 악한 영들에게 사로잡히게 됩니다.

사람들은 천국 아니면 지옥, 이러한 극단적인 갈림을 싫어합니다. 그래서 연옥과 같은 중간 지대를 만들고 싶어합니다. 그러나 사람들의 기대와는 달리 영계에는 그러한 중간 지대가 없습니다. 천국에 속하든지 지옥에 속하든지 그 둘 중의 하나입니다.

마찬가지로 우리는 하나님의 영에 사로잡히든지, 아니면 악한 영에 사로잡히든지 그 둘 중의 하나를 선택해야 합니다. 그 중간의 영역은 없는 것입니다.

어떤 사람이 하나님의 영에 사로잡히고 그 영의 도구가 되는 것은 좋은 일입니다. 그러나 그가 그러한 상태에 계속 머물러 있지 않고 제 멋대로 움직이게 되면 주의 거룩한 영은 점차로 소멸되시고 떠나시게 됩니다. 그리고 그분이 역사하셨던 그 공백의 공간에 다른 영들, 악한 영들이 들어오게 되는 것입니다. 이것이 한때 여러 가지 은사를 경험하였던 영성 사역자들이 나중에 실족하여 악한 영들에게 사로잡히고 타락하곤 하는 이유인 것입니다.

이 성경의 본문을 문자 그대로 하나님께서 악한 영들을 사용하신 다고 이해할 필요는 없습니다. 영들이 오는 것은 본인 자신의 선택이기 때문입니다. 분명한 것은 어떤 사람이 자기의 의사로 주님을 섬기기를 원하지 않을 때 주님은 더 이상 그에게 머물러 계시지 않는다는 사실입니다. 그리고 그의 영적 상태는 어두움에 속하여 악한 영들을 끌어당기게 되기 때문에 악한 영들은 자연히 그를 사로잡을 수 있게 된다는 것입니다.

어떤 이가 성령님의 임재와 기름 부으심을 경험했다면 그는 조심할 필요가 있습니다. 그는 어떠한 일이 있어도 그 기름 부으심을 잃어버려서는 안됩니다. 만일 그가 교만해져서 주의 영이 소멸된다면 그 공백의 공간을 악한 영들이 채울 수가 있기 때문입니다.

성령님의 기름 부으심이 임할 때 그것은 그 사람에게 놀라운 평화와 기쁨을 줍니다. 그리고 강한 자신감과 확신을 일으킵니다. 그러므로 사울은 주의 권능이 임했을 때 담대하게 대적의 무리를 깨뜨릴 수 있었던 것입니다.
그러나 주의 영이 떠나시자 상황이 달라졌습니다. 그는 번뇌에 사로잡히기 시작했습니다. 이것저것 아주 사소한 일에도 그는 불안하고 신경이 예민해졌으며 생각이 복잡해졌습니다.

블레셋의 군대가 쳐들어왔을 때 그는 이미 그러한 상태에 있었습니다. 그는 불안했습니다. 주의 강력한 임재는 이제 그에게 없었습니다.
예전의 그라면 그는 전혀 두렵지 않았을 것입니다. 그러나 그는 이제 더 이상 담대하지 않았습니다. 블레셋의 강력한 장수 골리앗이 큰 소리로 위협해왔을 때 그는 두려움을 느꼈으며 감히 그에게 맞설 용기가 생기지 않았습니다.

하나님의 사람 다윗이 등장하고 그가 예상을 뒤엎고 골리앗을 쓰러뜨리자 전장의 상황은 바뀌었습니다. 이스라엘의 군대는 졸지에 사기가 충천하게 되었고 그들은 드디어 블레셋의 군대를 격파하고 승리를 차지할 수 있었습니다.
사울은 놀랐습니다. 그리고 기뻤습니다. 그는 다윗을 통하여 이스라엘의 왕국을 지킬 수 있었습니다. 그리고 사울은 자신의 왕위를 유지할 수 있게 되었습니다.
그렇습니다. 그런 의미에서 다윗은 그의 은인이었습니다. 아마 다윗이 아니었더라면 사울은 죽임을 당했을지도 모릅니다. 그들이 전쟁에서 패했더라면 블레셋의 장수들은 아마 상대 국가의 왕인 사울을 살려주지는 않았을 것입니다.

사울은 아마 얼마 동안은 다윗에 대하여 아주 감사하게 여겼을 것입니다. 그러나 그로부터 얼마 되지 않아서 사울은 다윗을 미워하게 되었습니다. 그것은 백성들의 다음과 같은 고백으로 인한 것이었습니다.

무리가 돌아올 때 곧 다윗이 블레셋 사람을 죽이고 돌아올 때에 여인들이 춤추며 소고와 경쇠를 가지고 왕 사울을 환영하는데
여인들이 뛰놀며 창화하여 가로되
사울의 죽인 자는 천천이요
다윗은 만만이로다 한지라 (삼상18:6,7)

여인들은 아마 별 생각 없이 순진하게 눈에 보이는 대로 느껴지는 대로 표현을 했을 것입니다. 누가 보아도 이 전쟁의 승리의 으뜸가는 공신은 다윗이었으니까요.
그러나 그 말은 사울에게 분노를 일으켰습니다. 그는 그 순간부터 다윗을 정치적인 경쟁자로 여기게 되었습니다.

사울이 이 말을 듣고 심히 노하여 가로되 다윗에게는 만만을 돌리고 내게는 천천만 돌리니 그의 더 얻을 것이 나라밖에 무엇이냐 하고
그날 후로 사울이 다윗을 주목하였더라
그 이튿날 하나님의 부리신 악신이 사울에게 힘있게 내리며 그가 집 가운데서 야료하는 고로 다윗이 평일과 같이 손으로 수금을 타는데 때에 사울의 손에 창이 있는지라
그가 스스로 이르기를 내가 다윗을 벽에 박으리라 하고 그 창을 던졌으나 다윗이 그 앞에서 두 번 피하였더라 (삼상18:8-12)

사울은 화가 났습니다. 그는 이대로 있다가는 다윗에게 그의 왕위를 빼앗길 것이 틀림없다고 생각했습니다.

사실 아직 그 때까지는 그의 왕위가 위협을 받는 상황은 아니었습니다. 다윗도 그럴 마음이 전혀 없었고 백성들도 그렇게 까지는 생각하지 않았습니다. 사울의 민감한 반응이 오히려 문제를 복잡하게 만들어버린 것입니다. 그것은 사울이 자초한 일이었습니다. 아직 사울은 회개를 하고 하나님의 기름 부으심을 회복할 기회가 있었던 것입니다.

하지만 사울은 그렇게 하지 않았습니다.

그는 분노했습니다. 그는 다윗을 노려보았습니다.

그리고 바로 그 다음날 다시 악한 영이 그를 사로잡았습니다. 원망과 분노는 악한 영을 끌어당기게 됩니다.

처음의 분노는 악한 영의 것이 아니었습니다. 그의 분노였습니다. 그러나 그 분노와 시기는 악한 영을 자석이 못을 끌어당기듯이 끌어당겼습니다. 이윽고 악한 영에게 사로잡힌 사울은 거의 정신이 나가버린 사람처럼 충실한 장수 다윗을 죽이려 애를 쓰게 되었습니다. 그리고 여기에서부터 비극은 시작되었습니다. 그는 돌이킬 수 없는 비극의 수렁으로 빠져 들어가게 된 것입니다.

문제는 어디에서부터 시작된 것이었을까요? 그것은 사울이 자기의 본분을 잃어버리는 순간에서부터였습니다.

사울은 하나님의 왕국을 지키기 위해서 부름을 받았습니다.

그는 왕이지만 동시에 하나님의 종이어야 했습니다. 그는 하나님의 왕국을 지키는 문지기에 지나지 않았습니다.

그러나 그는 왕이 되는 순간 더 이상 하나님의 왕국을 세우려고 하지 않았습니다. 대신에 그는 자신의 왕국을 세워가기 시작했습니다.

이제 그는 더 이상 종이 아니었습니다. 그는 이미 자신이 왕이었습니다. 하나님의 왕국의 측면에서 보면 다윗은 그의 은인이었습니다. 그 유능한 장수 때문에 하나님의 왕국은 승리했고 유지되었던 것입니다.

그러나 사울 개인의 왕국의 차원에서 보면 다윗은 경쟁자였고 유력한 정적이었습니다. 그가 제거되지 않으면 그의 왕국은 무사하기 어려울 것이라고 그는 느꼈습니다.

하나님의 왕국을 세우는 것을 거절하고 자신의 왕국을 세우려고 하는 바로 그 순간부터 사울의 멸망은 예정되었던 것입니다. 그때부터 그의 운명은 멸망을 향하여 빠르게 줄달음질치기 시작했습니다.

이것은 우리에게 너무나 선명한 교훈을 줍니다. 누구든지 어떤 지혜나 능력이나 은사나 재능을 받았든지 그것을 통하여 하나님의 왕국을 세우지 않고 자신의 왕국을 세우기를 원한다면 그는 멸망을 향하여 달려가게 된다는 것입니다.

오늘날 교회와 지도자들이 주님의 왕국을 세우기 원한다면 그것은 안전한 길입니다. 거기에는 놀라운 하나님의 능력과 역사와 임재와 천국의 풍성함이 임하게 됩니다.

그러나 교회나 영적 단체가 어떤 개인의 왕국이 되기 시작한다면 그것은 실로 무서운 일입니다. 하나님의 영은 떠나시고 다른 악한 영들이 그 곳에 임할 수 있습니다. 그리고 번뇌와 불안과 분쟁과 각종 악한 영들의 역사가 시작됩니다.

하나님을 높이지 않고 자신을 높이며 하나님의 왕국을 세우지 않고 자신의 왕국을 세우는 것처럼 위험한 일도 없습니다. 그것은 곧 지옥의 왕국의 시작이며 재앙의 시작입니다.

오늘날 교회나 영적인 단체가 주님의 왕국이라기 보다는 사람의 왕국과 같은 분위기를 풍기는 곳이 적지 않은 것이 사실입니다.

그러한 곳에서는 지도자를 지나치게 높이며 그 교회나 단체를 지나치게 높이고 자랑스러워합니다. 그들은 자신들이 하나님의 특별한 부름을 받은 사람들이며 아주 영적인 사람들이라고 생각합니다.

그러므로 그들에 속하거나 그들에게 온 사람들은 아주 복을 받은 자들이며 그들을 떠나게 되는 것은 아주 잘못된 일이라고 생각하거나 그렇게 생각하도록 가르칩니다. 물론 그것은 바르지 않은 생각입니다. 그렇게 개인이나 단체가 높임을 받는다면 그것은 위험합니다.

교회나 영적인 단체에서 사역자들 사이에 시기와 경쟁이 있는 모습은 오늘날 어디에서나 흔히 볼 수 있습니다. 예를 들어 부사역자가 인기가 있을 때에 견제를 받는다든지, 부사역자는 또한 사람들을 자기편으로 끌어들이려고 하는 경향 등입니다. 또한 평신도의 대표격인 이들과 사역자들과의 긴장과 갈등이 있는 곳도 많습니다.
이러한 현상들은 이미 그 교회나 단체가 사람의 왕국이 되어가고 있음을 보여주는 표지입니다. 그리고 그러한 곳에서는 주님의 임재가 그 곳에 나타나실 수 없습니다. 성령님은 비둘기와 같이 온유하고 민감하신 영이며 아주 쉽게 소멸되시기 때문입니다.
교회와 영적 단체의 능력은 물질이나 조직이 아니고 오직 순결함에 있으며 그 순결함이 소멸되고 사람이 주인노릇하면 그 곳에서는 더 이상 기대할 것이 없는 것입니다.
사람의 왕국은 외형으로 보기에는 거대하고 힘이 있어 보이지만 악한 영과의 영적 전투에서는 아주 무기력하며 그렇기 때문에 사람들은 죄에서의 자유함과 승리의 삶을 경험할 수 없게 됩니다. 그저 무기력하고 습관적인 종교행사를 되풀이하는 종교적인 신자들을 양산할 수 있을 뿐인 것입니다.

교회나 영적인 단체들이 점차 사람의 왕국이 되어 가는 이 시대의 성향 때문에 주님의 놀라우신 아름다움과 영광의 나타남을 교회나 영적 단체에서 보는 것이 점점 어려워지고 있습니다.
그러나 주님께서 진정 높임과 영광을 받으신다면, 우리가 그 무엇보다도 주님의 왕국의 회복을 사모하고 추구한다면, 그 주님의 영광은 임하실 것입니다. 천국의 빛은 이 땅에 오게 될 것입니다 사울은 한 때 몹시 겸손한 사람이었습니다. 그는 자신이 왕이 될 자격이 전혀 없는 사람이라고 생각했습니다. 그리고 그러한 자신이 하나님의 왕국을 세우는 데에 쓰여지는 것에 대해서 몹시 감격하고 기뻐하였습니다. 그가 그 초심의 상태를 계속 유지하였더라면 그는 계속적으로 풍성한 주님의 은총 속에 있었을 것이며 주님의 아름다운 통로가 되었을 것입니다.
그러나 그는 자신이 자격이 없다고 생각했던 왕의 자리에 일단 앉고 나자 그 자리를 유지하기 위해서 비열하고 악한 방법을 사용하기 시작했습니다. 그 결과 마음의 평안이 사라지고 악한 영들에게 사로잡히게 되었으며 점점 하나님을 대적하는 사람이 되어 마침내 비참한 죽음으로 그의 삶을 마치고 말았던 것입니다.

오늘날 교회는 진정한 천국을 세우고 경험하기 위하여 사람의 왕국에 속한 모든 것들을 버려야 합니다.
교회에서 오직 주님만이 높임을 받으시며 주님만이 우리의 목표가 되고 사모함의 대상이 될 수 있도록 해야 합니다.
교회가 오직 주님의 왕국, 하나님의 왕국이 될 때 우리는 살아 움직이는 천국의 실상을 보게 될 것입니다.
하나님의 살아계심과 그 거룩하심을 맛볼 수 있게 될 것입니다.
나는 그러한 날들이 가까이 오고 있음을 믿습니다. 그리고 기도할 것입니다.

9장 예배를 통하여 열리는 천국

그리스도인과 비 그리스도인의 삶을 가장 확실하게 구분하는 것은 무엇일까요? 그것은 바로 예배입니다.
그리스도인들의 삶의 중심은 예배라고 할 수 있습니다.
한 주간의 피곤한 일을 마치고 휴일이 되었을 때 비 그리스도인들은 자신의 성향과 취향에 따라 휴식이나 오락, 취미 생활로 시간을 보냅니다. 그러나 그리스도인들은 주일이 되면 가장 먼저 예배로부터 하루를 시작하게 됩니다. 그 뿐만이 아닙니다. 그리스도인의 삶에 있어서 어떤 중요한 일이 있을 때 그것은 항상 예배를 통하여 표현됩니다.

사랑하는 이를 만나고 결혼을 하게 될 때 그리스도인들은 결혼예배를 드립니다. 그것은 결혼식이 아니고 결혼 예배입니다. 그것은 그들이 새로 시작하는 가정이 주님의 지도와 인도하심 가운데 있기를 기대하며 그 가정의 주인이 주님이심을 고백하는 것입니다.
또한 사업을 시작하게 되었을 때 그리스도인들은 개업 예배를 드립니다. 사업장에 여러 믿음의 자녀들이 모여 같이 찬송을 부르고 기도하고 말씀을 들으며 주님께서 그 사업장의 주인이 되어 주시고 그 공간에 임재하시기를 기원합니다.
사랑하는 이들이 먼저 하늘 나라에 부름을 받게 되었을 때도 믿음의 사람들은 예배를 드립니다. 그것은 장례예배입니다.
단순히 사랑하는 이들의 떠나감을 슬퍼하기만 하는 것이 아니라 앞으로의 미래에 하나님의 나라에서 다시 만나게 될 것을 기대하며 그들의 삶을 주장하셨던 주님께 대한 감사와 신뢰를 고백하는 예배를 드리게 되는 것입니다.
또한 이뿐 아니라 여러 가지 크고 작은 일에 대해서도 그리스도인들은 즐겨 예배를 드리게 됩니다. 이사를 하게 되면 이사예배, 여행을 가게 되면 떠나면서 예배를 드리며 도착해서도 도착예배를 드립니다.
아침에 잠시 드리게 되는 큐티를 통한 말씀의 묵상도 일종의 예배라고 할 수 있으며 하루를 마친 후 잠자리에 들어가기 전에 잠시 드리는 기도의 시간도 역시 넓은 의미의 예배라고 할 수 있습니다.
이처럼 그리스도인들의 모든 삶의 중심에는 예배가 있습니다. 그것은 정상적인 그리스도인들의 당연한 삶의 모습입니다.

그러나 비 그리스도인들은 하나님께 예배를 드리지 않습니다. 그들은 하나님을 의지하지 않으며 삶의 중심에 모시지도 않습니다. 그들은 자신의 힘으로 살며 자신이 좋아하는 대로 삶의 목표를 결정하고 추진합니다.
비 그리스도인들이 예배를 대치하여 드리는 것이 있다면 그것은 조상을 위한 제사입니다. 그들은 하나님에 대하여 알지 못하고 섬기지 않으므로 일의 잘 되고 못됨이 조상의 복에 의하여 좌우된다고 생각하는 경향이 있습니다. 그래서 그들은 명절이 되어 가족들이 함께 모이면 제사를 드리곤 합니다. 그러나 성경의 가르침은 명백합니다. 제사는 하나님의 금하시는 것이며 그것은 조상에게 드리는 것이 아니라 귀신에게 하는 것이라고 경고하고 있습니다.

대저 이방인의 제사하는 것은 귀신에게 하는 것이요 하나님께 제사하는 것이 아니니 나는 너희가 귀신과 교제하는 자 되기를 원치 아니하노라
너희가 주의 잔과 귀신의 잔을 겸하여 마시지 못하고 주의 상과 귀신의 상에 겸하여 참예치 못하리라
그러면 우리가 주를 노여워하시게 하겠느냐 우리가 주보다 강한 자냐 (고전 10:20-22)

제사를 드릴 때는 조상의 영들이 오는 것이 아니라 귀신의 영들이 와서 그 제사를 받으며 제사를 드린 영혼을 사로잡게 됩니다. 그것은 자신과

자신의 가정을 귀신들에게 드리는 행위입니다. 이처럼 하나님께 예배를 드리느냐, 귀신들에게 제사를 드리느냐 하는 것은 그 영혼의 소속을 천국으로 하느냐 지옥으로 하느냐를 결정하는 것입니다.

그리스도인들이 드리는 예배의 중심 의미는 무엇일까요? 그것은 단순히 하나의 의식에 그치는 것일까요? 물론 그렇지 않습니다. 예배의 형식 가운데는 기도가 있고 찬송이 있습니다. 그리고 성경을 읽고 그 말씀을 나누는 시간이 있습니다. 그러나 그것들이 다 있다고 해서 온전한 예배가 다 드려진 것은 아닙니다. 예배란 근본적으로 주님을 높이는 것입니다. 하나님의 영광을 높이고 찬미하는 것입니다. 로마서 12장 1,2절에는 예배의 중심 의미가 잘 기록되어 있습니다.

그런즉 형제들아 내가 하나님의 모든 자비하심으로 너희를 권하노니 너희 몸을 하나님이 기뻐하시는 거룩한 산 제사로 드리라 이는 너희의 드릴 영적 예배니라 (롬12:1,2)

메시지는 명백합니다. 예배란 곧 우리 자신을 주님께 드리는 것입니다.
비 그리스도인들의 삶은 삶의 모든 중심이 자기 자신입니다.
자신을 위하여 살며 자신이 원하는 대로 자신의 힘으로 삽니다.
그러나 그리스도인들은 예배를 드리는 데 그것은 자신을 하나님께 양도하는 행위입니다. 그리하여 삶의 모든 중심에 하나님이 계시게 됩니다. 그리하여 모든 삶, 모든 목적과 의미의 중심에 주님이 계신 것입니다. 자기 스스로가 주인이었던 삶에서 내려와 주님 앞에 무릎을 꿇고 자신의 몸과 영혼을 주께 드리는 것입니다. 그리고 그렇게 주님께 드려진 자로서 주님을 높여드리고 그분께 영광과 찬송을 드리는 것입니다.
그리스도인들은 자신을 높이지 않습니다. 아마 믿기 전에는 그렇게 살았을 것입니다. 그러나 주님을 믿고 그분을 삶의 중심으로 시인한 후에는 더 이상 그렇게 할 수 없습니다. 그것은 그 이전의 삶에 속한 것입니다.

어떤 그리스도인 형제가 믿은 지 얼마 되지 않았을 때 이런 이야기를 한 적이 있습니다. 믿고 나서 생각해보니 자신이 친구들과 더불어 여태까지 많은 이야기를 하고 듣고 했는데 모든 사람들의 이야기가 결국은 자기가 잘났다고 하는 이야기였다는 것입니다.

그것은 재미있는 통찰력이고 깨달음입니다. 사실 그렇습니다. 아직 거듭나지 않은 사람들은 매사에 자신을 높이기 원하며 자신이 인정받기 원하며 자신을 드러내기 원합니다. 그러므로 그들은 어두움의 영계, 지옥계에 속해 있는 것입니다.

그러나 주님을 알고 영혼의 눈이 뜨여질수록 그는 자신을 높이기를 원치 않습니다. 그리고 매사에 오직 주님을 의지하고 사랑하며 그분만을 높이게 됩니다. 그리고 그것이 바로 예배의 삶인 것입니다.

예배의 중심은 자신을 주님께 드리는 것이며 주님을 높이는 것입니다. 그리고 그렇게 할 때 그에게 천국의 영계가 열려지게 됩니다. 즉 그의 육체는 아직 이 땅에 있으나 그의 영혼은 천국의 빛을 경험하게 되는 것입니다. 이것이 그리스도인들이 예배를 드리며 기쁨과 행복감으로 가득하게 되는 이유입니다.

사람들이 자신을 높이며 잘난 척을 할 때 그의 육체는 그대로 이 땅에 있으나 그의 영혼은 어두운 곳으로 떨어지게 됩니다.

어떤 이들이 주를 시인하고 영접하여 그의 주인으로 고백하게 되면 그는 영적으로 새로 태어나게 되며 몸은 이 땅에 살지만 천계와의 교류를 가지기 시작하게 됩니다. 그리하여 천사들이 그를 돕기 위하여 파송되며 그를 둘러싸게 됩니다.

그런데 그가 그렇게 자신을 높이며 잘난 척을 하게 된다면 천사들은 귀를 막고 사라지게 됩니다. 그들은 그러한 것들을 견뎌낼 수 없기 때문입니다. 그렇기 때문에 그 순간에 그의 영혼은 어두운 곳으로 떨어져 악한 영들이 그를 누르고 사로잡게 됩니다. 그는 천사들이 곁을 떠났기 때문에 보호를 받을 수 없으며 영적인 어두움 속에서 고통을 겪게 되기 시작하는 것입니다.
영감이 아주 둔하고 마비된 사람은 그것을 잘 감지할 수 없습니다.
피상적으로 주를 믿으며 영적 세계로부터 오는 은총과 능력을 알지 못하는 이들도 영들이 오는지 가는지 잘 모를 것입니다.
그러나 어느 정도 영감이 있는 사람은 곧 그것을 느낄 수 있습니다. 즉 어떤 사람이 자기 자랑을 시작할 때 주위의 공간은 흑암으로 채워지기 시작한다는 것을, 그리하여 곧 영혼의 느낌이 허무하고 삭막해지며 머리가 아파지고 심장에는 고통과 압박감이 오기 시작한다는 것을 느끼게 되는 것입니다.

자신을 높이게 될 때 거기에는 지옥의 영들이 오게 됩니다. 그러므로 그 공간에서는 지옥이 시작됩니다. 지옥의 영들은 누구든지 자신을 높이며 자기가 주권자인 것처럼 여기는 이들을 사로잡을 수 있는 영적 권세를 가지고 있습니다. 그것은 하나의 영적 법칙입니다.
세상 사람들이 서로 잘난 척을 하고 자신을 높이며 남을 비난하는 등의 대화를 나눌 때 그 곳에는 어두움의 영들이 가득 채워져 있으며 활동하고 있는 것입니다. 그러므로 사람들이 거기서 상처를 받고 불쾌함을 느끼며 헤어지게 되는 것은 당연한 것입니다.

물론 영이 아주 마비되어 지옥의 영으로 사는 이들은 그것을 전혀 느끼지 못하며 오히려 남을 비난하고 자신을 높이는 데서 기쁨을 얻기도 할 것입니다. 남들이 인정하는 것을 통해서 기쁨을 얻기도 할 것입니다.
그것은 그가 지옥의 영으로 살고 있기 때문에 내면의 영적 감각이 마비되어버렸기 때문입니다. 그러나 주님과의 따뜻하고 아름다운 교통의 기쁨을 알고 내면의 영적 기쁨이 무엇인지 아는 이들은 그러한 교제와 대화가 몹시 고통스러우며 심령이 몹시 아픈 것을 느끼게 되는 것입니다.

주님을 높이게 될 때 거기에는 천사들이 오며 순결한 기쁨과 천국의 빛과 영광으로 채워지게 됩니다. 그것은 대화를 통해서든 예배의 형식을 통해서든 마찬가지입니다.

예배는 곧 이러한 천국의 빛과 영광을 경험하고 맛보기 위한 놀라운 통로입니다. 즉 예배는 어떤 형식 자체에 의미가 있는 것이 아니라 예배를 드리는 이들의 심령과 중심의 동기에 의해서 주의 영이 임할 수 있는 것이며 혼자서 드리던 둘이서 드리던 회중이 드리던 간에 그 천국의 영광을 경험할 수 있는 통로가 되는 것입니다.

나는 오래 전에 어디서인가 이런 간증을 읽어본 적이 있습니다.

어떤 신실한 그리스도인 남자가 독일에 유학을 가서 공부를 하게 되었습니다.

낯선 땅에서 공부를 하며 생소한 문화에 적응하는 것은 그에게 쉬운 일이 아니었습니다. 해야할 과제는 많았고 진도를 따라잡는 것도 쉽지 않았습니다. 무엇보다도 힘든 것은 마음을 터놓고 대화를 나누고 교제할 대상이 전혀 없어서 너무나 외로웠다는 것이었습니다.

그는 자주 무력감과 고독에 사로잡혔습니다. 그는 이제 우울증에 걸릴 지경이었습니다.

몹시도 지치고 힘들었던 어느 날 저녁 그는 무심코 길을 걷다가 한 비어 있는 교회에 들어가게 되었습니다.

교회에서 처량하게 앉아 있다가 그는 갑자기 찬송을 부르고 싶어졌습니다. 그래서 그는 아무도 없는 교회당에서 큰 소리로 찬송을 부르기 시작했습니다. 그런데 이상한 일이었습니다. 그렇게 지치고 피곤하고 슬프고 외롭던 마음이 이상하게 찬송을 부르면 부를수록 힘이 나고 마음이 회복되는 것이었습니다.

그는 무려 두 시간동안 그렇게 찬송을 불렀습니다. 그리고 나서 교회 문을 나와 집으로 돌아가는데 그는 조금 전에 지쳐서 교회에 들어왔을 때와는 아주 다른 사람이 되어 있었습니다. 그는 외로움과 슬픔, 낙담, 무기력이 다 사라지고 그의 심령 속에서 생기와 기쁨이 넘치는 것을 경험하게 되었던 것입니다.
그 체험 이후 그는 자주 시간이 날 때마다 교회에 혼자 와서 몇 시간이고 찬송을 부르곤 했습니다.
그리고 나서 힘을 얻어서 돌아가곤 했습니다.
귀국한 후에도 그는 계속 그렇게 혼자서 큰 소리로 하나님을 찬양하는 습관을 가지게 되었다는 것입니다. 그리고 그것은 그의 삶에 아주 중요한 활력소가 되고 있다는 것이었습니다.

이것이 무엇일까요? 바로 예배의 능력입니다. 하나님을 큰 소리로 힘을 다하여 찬송하는 것.. 그는 그렇게 예배를 드렸던 것입니다. 그는 자신이 깨닫지 못하던 순간에 예배의 능력을 경험하게 되었던 것이며 주님께서는 그 예배를 통하여 그에게 임하시고 그에게 하늘의 위로와 힘을 부어 주셨던 것입니다.
예배는 우리가 사는 이 땅에 살아있는 천국을 가져다 주는 천국의 놀라운 비밀입니다. 우리가 순결한 마음으로 우리 자신을 주께 드리고 주님을 높이고 찬송하며 고백할 때 그 곳에는 천국의 임재가 시작됩니다.
이상하게도 피곤하고 힘들고 낙심이 되다가도 계속 주님께 감사와 찬양을 고백드릴 때 우리는 어느 순간 그 공간이 바뀌어지는 것을 느끼게 됩니다. 우리의 영은 신선해지며 천국의 기쁨으로 채워지게 됩니다. 그것은 천사와 주님의 성령이 그 공간에 임하시고 우리에게 새로운 능력과 천국의 광채로 채우기 때문인 것입니다.
예배가 있는 곳에는 천국이 있습니다. 주님을 높이는 곳에는 반드시 빛의 영들이 오게 됩니다.
그 예배가 반드시 음악과 노래를 동반해야만 하는 것은 아닙니다. 그저 입술의 고백으로 드릴 수도 있으며 마음 속의 언어로 드릴 수도 있습니다. 그러나 드려지는 형식이 어떠하든지 그 중심의 고백과 헌신에 따라 천국의 영과 임재는 오기 시작합니다.

천국과 영계는 보이는 물질계에 속한 것이 아닙니다. 그러므로 모든 이들이 다 똑같은 영계를 경험하는 것은 아닙니다. 같은 물리적인 공간에 있으며 같은 예배를 드린다고 하더라도 각 자가 경험하는 천국의 빛과 영계는 많은 차이가 있습니다.

그것은 자신을 주께 드리며 주님을 높이고 앙망하는 그 중심의 자세의 차이에 달려있을 것입니다.

즉 좀 더 깊이 중심으로 주님을 높이기 원하는 이들에게는 좀 더 강력한 천국과 기름부음이 임할 것이며 그러한 갈망이 그다지 크지 않은 이들은 천국의 외곽의 작은 빛을 경험할 것입니다.

분명한 사실은 주님 앞에 엎드려 경배하며 주님을 높여드리는 예배를 통해서 우리는 천국의 빛과 영광을 경험할 수 있다는 사실입니다. 그것은 우리에게 끝없이 만족감과 행복감, 사랑과 평화와 기쁨을 안겨주며 주님의 임재에 대한 더 깊은 인식을 허락해줍니다.

오늘날 많은 이들이 외형적으로는 주님을 믿지만 그의 심령은 지옥과 같은 상태에서 삽니다. 불안과 근심과 분노와 음란과 탐심과 온갖 악성과 눌림 속에서 살고 있습니다.

그것은 그들이 주님을 높이지 않고 자신을 높이기 때문입니다. 주님을 예배하지 않고 자신을 예배하기 때문입니다. 그러므로 천국의 영들이 그에게서 멀리 떨어지며 지옥의 영들은 그에게 가까이 다가와 여러 재앙의 생각과 감정을 집어넣고 있는 것입니다.

예배의 중심은 주님을 높이는 것입니다. 천국의 중심도 주님을 높이는 것입니다. 그러므로 바른 예배를 통해서 천국의 세계는 열리며 우리는 그 영광의 세계 속에 들어가게 됩니다.

우리는 모두 진정한 예배자로서 살아가야 하며 더 깊은 예배와 영광을 주님께 돌려야 합니다. 우리가 그렇게 예배와 주님을 높이는 것에서 발전할 수 있을 때 우리는 천국의 중심과 실제를 좀 더 많이 누리고 맛 볼 수 있게 될 것입니다.

10장 천국과 지옥의 중심 원리

주님은 천국의 주인이십니다. 모든 빛과 영광과 지혜와 아름다움, 모든 좋은 것은 오직 주님으로부터 옵니다. 천국은 이것을 시인하고 높이는 것에 의하여 이루어집니다.
그러므로 이것을 시인하고 주님을 높이는 이들은 그 영혼이 천국의 영계와 연결되며 그러므로 천국으로부터 오는 모든 풍성함을 누리고 맛볼 수 있습니다.
그러나 모든 좋은 것을 자기의 것으로 시인하고 자신을 높이는 이들은 천국의 그 빛과 차단됩니다. 그러므로 그는 어두움의 세계로 떨어지게 됩니다.
비록 그가 지금 어떤 좋은 것을 가지고 있다고 해도 그는 그것을 잃어버리게 됩니다. 모든 좋은 것은 주님으로부터 오는 것이기 때문에 그는 그것을 유지할 수 없습니다.

그러므로 주님을 높이는 데에서 천국이 시작되며 자신을 높이는 데에서 지옥이 시작됩니다. 그렇기 때문에 모든 잘난 척 하는 사람은 결국 멸망할 수밖에 없는 것입니다. 어떤 사람이 지금 여러 가지 면에서 아주 번성해 보인다고 하더라도 그가 잘난 척을 하는 사람이라면 그는 언젠가는 반드시 망하게 됩니다.

이러한 원리를 아주 잘 보여주는 것이 느부갓네살 왕의 이야기입니다.
그는 세계 최강의 대국 바벨론의 왕이었습니다. 그는 모든 영광과 부를 가지고 있으며 무한한 권세를 누리고 있는 왕이었습니다.
그러나 그는 그 모든 것들을 통해서 주님께 영광을 돌리지 않았습니다. 그는 교만했습니다.

그는 꿈으로 경고를 받고 그 꿈을 해석한 다니엘로부터도 경고와 조언을 받았습니다. 그러나 높은 마음으로 가득한 그는 그 조언을 받아들이지 않았습니다. 그리고 기한이 차자 갑자기 순식간에 멸망이 찾아왔습니다.

> 열 두 달이 지난 후에 내가 바벨론궁 지붕에서 거닐 새 나 왕이 말하여 가로되 이 큰 바벨론은 내가 능력과 권세로 건설하여 나의 도성을 삼고 이것으로 내 위엄의 영광을 나타낸 것이 아니냐 하였더니
> 이 말이 오히려 나 왕의 입에 있을 때에 하늘에서 소리가 내려 가로되 느부갓네살왕아 네게 말하노니 나라의 위가 네게서 떠났느니라
> 네가 사람에게서 쫓겨나서 들짐승과 함께 거하며 소처럼 풀을 먹을 것이요 이와 같이 일곱 때를 지내서 지극히 높으신 자가 인간 나라를 다스리시며 자기의 뜻대로 그것을 누구에게든지 주시는 줄을 알기까지 이르리라 하더니 그 동시에 이 일이 나 느부갓네살에게 응하므로 내가 사람에게 쫓겨나서 소처럼 풀을 먹으며 몸이 하늘 이슬에 젖고 머리털이 독수리 털과 같았고 손톱은 새 발톱과 같았었느니라 (단4:29-33)

두려운 꿈을 꾼 후에 그 꿈에 대한 해석을 다니엘로부터 얻게 된 후에도 느부갓네살왕은 여전히 교만한 마음을 가지고 자신을 높이는 언행을 일삼았습니다. 그는 어느 날 왕궁의 지붕을 거닐며 그의 눈앞에 펼쳐지는 바벨론 왕국의 찬란함을 보며 마음이 즐거워져서 스스로 자랑합니다.

> 이 큰 바벨론은 <u>내가</u> 능력과 권세로 건설하여 <u>나의</u> 도성을 삼고 이것으로 <u>내</u> 위엄의 영광을 드러낸 것이 아니냐 (단4:30)

내가, 나의,, 내.. 말끝마다 등장하는 나 자신에 대한 의식과 높임.. 이것은 천사가 타락하여 사탄이 되어버리게 한 말과 아주 흡사한 것입니다.

너 아침의 아들 계명성이여 어찌 그리 하늘에서 떨어졌으며 너 열국을 엎은 자여 어찌 그리 땅에 찍혔는고
네가 네 마음에 이르기를 내가 하늘에 올라 하나님의 뭇별 위에 나의 보좌를 높이리라 내가 북극 집회의 산 위에 좌정 하리라
가장 높은 구름에 올라 지극히 높은 자와 비기리라 하도다
그러나 이제 네가 음부 곧 구덩이의 맨 밑에 빠치우리로다 (사14:12-15)

가장 높은 곳으로 올라서 영광을 받으려 하다가 가장 비참한 곳으로 떨어지게 된 사탄의 종말.. 그것은 모든 높아지기를 원하는 이들의 공통된 운명이라고 할 수 있는 것입니다. 여기서 나타난 악한 영들의 말에도 내가, 나의 보좌, 내가.. 이러한 표현이 그 중심에 있는 것입니다.
악한 영들은 말합니다. 내가.. 하리라.. 내가.. 하리라..
그러나 하나님의 허락하심이 아니고는 이 우주 안에서 아무도 스스로 할 수 있는 이는 없는 것입니다.
느부갓네살왕의 말도 비슷합니다. '
내가.. 했다.. 내가.. 했다..'
그것은 하늘의 왕, 우주의 주인이신 주님을 모독하는 말이었습니다.
그 말이 떨어지기도 전에 갑자기 심판은 왔습니다.

이 말이 오히려 나 왕의 입에 있을 때 하늘에서 소리가 내려 가로되 (단 4:31)

그의 말이 떨어지는 바로 그 순간부터 재앙은 시작되었습니다.
그는 정신을 잃고 미친 사람이 되어 화려한 왕궁을 떠나 숲으로 가서 짐승처럼 살게 되었던 것입니다.
그것은 주를 높이지 않고 자신을 드러내기 원하는 사람의 영혼은
짐승과 같이 본능적인 수준의 영계로 떨어지게 되는 것을 보여주는 것입니다.

이 사건과 뚜렷이 대조되는 사건이 사도행전 16장에 기록된 사건입니다. 바울과 실라는 복음을 전하다가 잡혀서 감옥에 들어가게 됩니다. 그런데 한 밤중에 바울과 실라는 기도와 찬양을 시작하고 그 순간 갑자기 큰 지진이 일어납니다.

무리가 일제히 일어나 송사하니 상관들이 옷을 찢어 벗기고 매로 치라 하여 많이 친 후에 옥에 가두고 간수에게 분부하여 든든히 지키라 하니 그가 이러한 영을 받아 저희를 깊은 옥에 가두고 그 발을 착고에 든든히 채웠더니 밤중쯤 되어 바울과 실라가 기도하고 하나님을 찬미하매 죄수들이 듣더라 이에 홀연히 큰 지진이 나서 옥터가 움직이고 문이 곧 다 열리며 모든 사람의 매인 것이 다 벗어진지라 (행16:22-26)

느부갓네살왕이 갑자기 미친 것은 자연적인 사건으로 보기 어려운 일입니다. 그것은 영계의 개입이 있는 사건입니다. 사람이 극도의 불안감과 중압감에 시달리다가 미친다는 것은 어느 정도 이해할 수 있는 일이지만 아주 느긋하고 기분이 좋은 상태에서 갑자기 정신이 돌아버렸다는 것은 자연스러운 사건은 아닙니다.

마찬가지로 여기에서 일어난 지진도 자연적인 것으로 보기는 어렵습니다. 지진이 하필 죄수들이 갇혀있는 감옥에서만 일어난 것도 이상하고 게다가 문이 저절로 열리고 모든 사람들의 손과 발에 매인 것들이 다 벗어진 것을 보면 이것은 보통의 지진이 아닌 것을 알 수 있습니다. 이것은 영계의 개입이며 천사들이 직접 역사한 것이라고 볼 수 있는 것입니다.

이 사건을 통해서 크게 놀란 간수는 자살을 시도하려다가 바울의 제지를 받고 결국 복음을 받아들이고 주님을 믿게 됩니다. 바울은 죄수의 신분에서 갑자기 그를 구원으로 인도하는 영적 지도자의 위치에 서게 되지요. 그러한 극적인 전환의 중심에 있는 사건이 이 지진이었습니다.

바울과 실라가 한참 찬양을 드리고 있을 때 갑자기 지진이 생긴 것은 우연이 아닙니다. 자기를 높이는 표현이 하늘의 개입을 불러서 심판을 가져왔듯이 어려운 여건 속에서도 주님을 찬양하는 그 고백과 표현이 하늘의 개입을 불러서 모든 묶임이 사라지게 되었던 것입니다.
이 지진 사건은 단순히 바울과 실라가 죄수의 위치에 있다가 간수에게 좋은 대접을 받게 된 것으로 끝이 나지 않습니다. 그는 그 다음날 무사히 풀려날 뿐만 아니라 오히려 큰 소리를 치면서 당당히 옥을 나가게 되고 그를 가두었던 이들은 두려워하며 공손한 태도를 보입니다.
이것은 그 전날 바울과 실라가 매를 심하게 맞고 목숨이 어찌될지 보장할 수 없었던 상황과는 너무 달라진 것입니다.

빌립보에서 그들은 배척을 당하고 고통을 겪었습니다. 복음의 열매도 별로 없었고 많은 위협이 그들에게 있었습니다. 그런데 불과 하루만에 그러한 분위기는 너무나 확연하게 달라진 것입니다. 적대적이고 위협적인 분위기는 현저하게 힘을 잃고 말았습니다. 과연 그 이유는 무엇일까요? 바로 바울과 실라의 기도와 찬미를 통해서 하늘이 열리고 천사들이 이 땅에 개입하였으며 그러므로 악의 영들이 결박되었기 때문입니다. 지진을 통해서 모든 묶임이 풀어지게 된 것은 그것을 상징적으로 잘 보여주고 있는 것이었습니다.

중심으로 드리는 감사와 찬양은 하늘의 문을 열게 합니다. 그것은 천국의 능력과 영광을 이 땅에 임하게 합니다.
그러므로 어떠한 묶임이 있을지라도 그 천국의 임함을 통하여 어두움을 통한 묶임은 사라지게 됩니다.
바울과 실라의 상황은 결코 좋은 상황이 아니었습니다. 그들은 열심히 주의 일에 헌신했으나 그들을 기다리고 있던 것은 증오와 채찍과 감옥뿐이었습니다. 그들은 아마 원망을 할 수도 있었을 것입니다.

그러나 그러한 상황에서 드리는 감사와 찬미는 평탄한 환경에서 드리는 찬미보다 더 순결하고 아름다운 것이었기에 하늘의 문은 활짝 열렸고 그들은 지옥을 깨뜨리는 영적 권세의 능력을 경험할 수 있었습니다. 찬미의 제사 앞에서 지옥의 권세는 무력해질 수밖에 없는 것입니다.

주를 높이는 것은 이 우주 안에서 가장 강력하고 놀라운 능력입니다. 그것은 지옥의 모든 힘을 무력화시킵니다. 그것은 이 땅에 천국의 영광이 오게 합니다.
나는 집회를 통해서 찬양과 경배를 주님께 드리기 시작하면 바로 그 순간부터 사람들이 울고 전율하며 통곡을 하고 쓰러지는 것을 많이 보았습니다.
그들의 그러한 감동과 감격은 무엇 때문일까요? 갑자기 그들은 심장이 벅차 오르는 것을 느끼게 됩니다. 갑자기 그들은 눈물을 주체할 수 없게 됩니다. 그들은 눈물을 흘리며 주님께 사랑의 고백을 드리게 됩니다. 그러한 감동은 왜 오는 것일까요?
그들이 갑자기 부자가 된 것도 아닙니다. 무슨 문제가 해결된 것도 아닙니다. 모든 상황들은 그대로입니다. 그러나 그들은 감격과 기쁨을 느낍니다. 그것은 외부 환경에서 오는 감격이 아니고 심령에서 오는 감격입니다. 그 감동의 근원은 무엇일까요?

나는 그 이유를 잘 알고 있습니다. 그것은 천국의 임함입니다. 우리가 주님을 높일 때 그분의 거룩하심과 영광을 찬송할 때 그 한량없는 은혜를 기뻐하며 높일 때 우리는 우리 안에서 어떤 일이 생기는 것을 느끼게 됩니다. 그것은 천국의 임재입니다.
그 공간은 달라집니다. 그 공간에는 천사들이 옵니다. 하늘 문이 열리며 천국의 영광과 빛이 임하기 시작합니다. 찬양과 주를 높이는 것은 언제나 항상 천국의 역사를 일으키기 때문입니다.

천국과 지옥의 중심 원리는 너무나 간단하고 선명한 것입니다. 어떤 사람이 자신을 드러내고 자랑하며 높이기 시작하면 그에게는 하늘이 닫히기 시작할 것입니다. 지옥의 영들이 오며 그를 사로잡기 시작할 것입니다. 아직 그 일이 이루어지지 않았다고 하더라도 그의 영혼에는 그러한 재앙이 차곡차곡 쌓여지고 있는 것입니다. 그에게는 곧 지옥이 시작될 것입니다.

또한 어떤 사람이 주를 찬송하고 높이기 시작하면 그에게는 천국이 열리기 시작할 것입니다. 그가 어떤 상황에 있든지 감옥에 있든지 빚더미에 있든지 그에게는 천국의 문이 열리기 시작할 것입니다. 천사들은 그를 도울 것입니다. 왜냐하면 그가 주님을 높이는 순간 그의 영혼은 천계를 향하여 날게 되며 천국의 질서 안에 거하게 되기 때문에 그에게 붙어있는 모든 어두움에 속한 것들은 천국의 빛이 다 제거해 버리기 때문입니다.

지옥의 중심은 자신을 높이는 것이며 천국의 중심은 주를 높이는 것입니다. 이 간단한 차이가 모든 이들의 영원한 운명을 결정하고 이 땅의 삶을 결정하게 되는 것입니다. 이 사실을 충분히 인식하고 적용할 수 있다면, 우리의 모든 삶 속에서 순간 순간 적용할 수 있다면 우리는 천국의 빛과 영광을 쉽게 누릴 수 있게 될 것입니다.

11장 교회와 사역의 회복 원리

교회는 이 땅에 있는 천국입니다. 예배는 이 땅에 천국의 실상이 임하는 비결이며 원리입니다.

사람들은 흔히 가장 좋은 것, 가장 좋은 상태를 천국과 같다고 표현합니다. 만약 실제적인 천국의 영광과 빛이 예배 가운데에 임하며 교회에서 그것을 누리고 경험할 수 있다면 사람들은 교회에 가는 것을 가장 즐거워하게 될 것입니다. 예배가 시작되기 전부터 사람들은 길게 늘어져 줄을 서게 될 것입니다.

하지만 현실에서 그러한 모습을 보는 것은 드문 일입니다. 사람들은 눈에 보이는 교회에서, 예배에서 천국의 빛과 영광을 잘 경험하지 못합니다. 천국의 기쁨을 잘 누리지 못합니다.

많은 사람들이 천국이 이 땅의 교회와 같은 곳이라면 별로 매력적인 장소라고 생각하지 않을 것입니다. 우리가 드리는 예배를 천국에서 날마다 드린다면 천국은 매우 지루한 곳이 아닐까 하고 생각합니다. 그 이유는 무엇일까요? 그것은 실제적인 천국의 임함을 교회에서나 예배에서 별로 보지 못하기 때문입니다.

이 땅에 많은 교회가 있습니다. 많은 사역이 있습니다.
제자 훈련이 있고 전도 훈련이 있으며 여러 특강이 있고 은사 운동, 성령님의 기름 부으심 운동, 각종 세미나들이 교회에는 넘쳐 납니다. 그 중 어떤 사역은 훌륭하며 어떤 사역은 답답합니다.

어떤 교회에는 어느 정도의 자유함이 있습니다. 어떤 교회에는 많은 묶임과 눌림이 있습니다.

어떤 예배에는 어느 정도의 기쁨과 해방이 있습니다. 그리고 어떤 예배에는 답답함이 있습니다. 그 차이는 어디에서 올까요?

그것은 그 교회에, 그 집회에, 그 사역에 임하는 영의 종류에 의한 것입니다. 만약 어떤 교회에, 어떤 집회에, 어떤 사역에 주님께 대한 경외와 높임이 있다면 거기에는 주님의 임재가 나타납니다. 천국의 역사가 임합니다. 거기에는 천사들이 와서 많은 일을 하게 되며 천국의 빛과 영광을 그 경배와 높임의 순수성에 비례해서 임하게 됩니다.

그러나 어떤 교회에, 집회에, 사역에 주님을 드러내지 않고 사람이 드러나게 된다면 거기에는 아무리 뜨거운 기도와 열정이 있어도 빛의 영들이 오지 않을 것입니다. 그 곳에는 지옥의 기운들이 사람의 영혼을 질식하도록 누를 수 있을 뿐입니다. 거기에 외적으로 아무리 놀라운 흥분과 뜨거움이 있다고 하더라도 집회를 마치고 집에 돌아왔을 때는 오직 허무함만이 남게 될 것입니다.

사역의 순수함이란 무엇입니까? 그것은 오직 주님을 기쁘시게 하고 높여드리기 위한 마음을 통해서 나타나는 것입니다. 그렇지 않고 자신이 드러나기를 원하며 자신이 인정받기를 원하며 자신이 중심이 되어 있다면 그것은 혼탁함을 일으킵니다. 그것은 어두움의 기운이 들어오는 통로가 됩니다. 그것은 순결하지 않습니다. 그러므로 순결과 혼탁함의 기준은 주님을 높이는 마음의 동기에 달려있는 것입니다.

오늘날의 교회와 집회와 사역에서 사람들이 순수한 천국의 빛을 경험하는 것이 드문 이유는 그것들이 많이 오염되었기 때문입니다. 사람 중심, 사람을 높임, 사람을 의식하는 것으로 많이 오염되었기 때문입니다. 그것은 영적 기운을 어둡게 하며 사람의 영혼을 질식시킵니다.

100% 완전하게 주님을 높이는 것은 육체를 가진 인간으로서 불가능할 것입니다.

또한 100% 완전히 자신을 높이려고 하는 이도 없을 것입니다.

모두들 어느 정도는 주님을 높이기 원하는 순결한 마음을 가지고 있으며 어느 정도는 자신을 드러내기를 좋아하는 불결한 요소를 가지고 있습니다. 그러므로 모두들 어느 정도 섞여있습니다. 그 섞여있는 순수성의 정도에 따라서 그가 경험하는 천국의 빛의 차이가 있는 것입니다. 불결함이 제거될수록 천국의 빛과 영광에 그 영혼은 가까워지게 됩니다.

많은 동역 사역이 있습니다. 여러 명의 동역자가 각자 자기의 달란트를 가지고 서로 힘을 합하여 주의 사역을 하기를 원합니다.
처음에는 순수하게 시작합니다. 그러나 시간이 흐르고 여러 갈등들이 생기기 시작합니다. 동역자들 가운데 시기와 오해, 편당과 분쟁이 생기게 됩니다. 그리고 그 사역은 깨어집니다.
그것은 어디에서부터 시작되었을까요?
간단합니다. 어느 순간 사람들은 순수하게 주님을 높이는 것을 잊어버리고 자신을 향하게 됩니다. 그들은 자신이 대접받기를 원하며 다른 이들이 자신을 소홀히 대하는 것을 견디지 못합니다.
그들은 서로 주도권을 잡으려 합니다. 그리고 그렇게 주님을 높이려는 마음이 무너지는 순간 그 사역은 끝이 나며 그것은 인간의 왕국이 되며 지옥의 문이 열리게 됩니다. 순수성이 사라지면 사역도 같이 끝나게 되는 것입니다.

그렇게 자신의 입장을 드러내게 되면 악한 영들이 그들을 사용합니다. 그러한 상황에서 예수 이름으로 악한 영들을 대적하고 예수의 보혈로 외치고.. 그러한 것은 아무런 소용도 없는 일입니다. 예수의 이름과 그 피는 인격적으로 우리 안에 이루어질 때 사용할 수 있는 것이며 하나의 부적과 같이 사용할 수 있는 것은 아니기 때문입니다. 이스라엘 백성이 하나님을 떠나있을 때 그들이 가지고 있는 하나님의 법궤는 전쟁의 승리에 아무런 도움이 되지 않았습니다.

어떤 사역이나 교회가 순수하게 주님만을 높이기 원할 때 그 사역가운데는 천국의 거룩함과 밝음과 아름다움과 신선함이 항상 있습니다. 그러므로 사역자들이 더욱 더 순결한 동기로 주님 앞에 나아갈 때 거기에는 지옥의 영들이 들어올 수 없습니다.

그러므로 악한 영들은 사역자들이 자신의 입장에 빠지게 되기를 원하고 유혹하며 그리하여 그 사역과 교회를 깨뜨리려고 노력합니다.

그것이 성공하게 될 때 교회나 사역의 외형이 사라지는 것은 아닙니다. 그러나 교회와 사역은 그 생명력을 잃고 형식만 남아서 천국의 빛과 능력과 기쁨을 알지 못하는 죽은 신자만을 양산하게 되는 것입니다. 그러므로 사역에 있어서 무엇보다 더 중요한 것은 순수함, 순결성을 유지하는 것입니다. 주만을 높이기 원하는 순결성이 사라진다면 그것은 이미 죽은 사역입니다.

나는 인터넷을 통하여 많은 홈페이지, 클럽, 카페를 돌아다녀 보았습니다. 그것은 넓은 의미의 사이버 교회와 같았습니다. 그것은 하나의 왕국이었습니다. 나는 이러한 사이버 교회에서도 지상의 교회와 비슷한 모습을 많이 보았습니다.

사이버 공간에서도 오직 순결하게 주를 드러내기 원한다면 그 공간에는 천국의 빛과 영광이 임합니다. 그리고 그 곳에 참여한 이들은 그러한 놀라운 은총을 경험하는 것을 보았습니다.

나는 사람들이 채팅으로 모임을 가지고 채팅으로 기도를 하며 찬양을 할 때에도 참석자들이 놀라운 기쁨과 전율을 느끼고 성령님의 역사를 통해서 그 임재 속에서 어지러움을 느끼고 충격을 받고 영적 충전을 얻는 모습을 많이 보았습니다. 사이버 공간이든, 실제의 공간이든 주를 높이는 곳에는 주의 영이 임한다는 것 - 그것은 너무나 실제적인 현상인 것입니다.

그러나 그 반대의 경우도 마찬가지로 존재합니다. 나는 그러한 그리스도인들의 홈페이지가 사람의 왕국이 되는 것을 많이 보았습니다. 자신을 드러내고 다른 곳과 경쟁하기를 원하며 스스로 최고가 되고 싶어하는 그러한 곳들을 보았습니다. 그러한 글에는 흑암이 있었습니다. 악하고 어두운 기운이 그러한 글을 통해서도 강력하게 흘러나가는 것을 나는 선명하게 느낄 수 있었습니다.

몇 가지의 재능이 있고 몇 가지의 은사를 경험했으며 음악에 재능이 있거나 글 솜씨가 있다고 해서 자신을 대단한 존재로 생각하는 이들도 있습니다. 그러한 이들은 위험합니다. 그들은 주님의 통로가 되는 것 보다는 사람들의 영을 누르고 정죄하는 지옥의 도구로 쓰여질 가능성이 더 많이 있는 것입니다. 사이버 공간 역시 순결하고 낮은 마음이 없이는 악한 기운의 통로가 될 수 있는 것입니다.

이 시대의 교회와 사역 가운데 천국의 실제가 부족하여 많은 육신의 열매들이 나타나고 있습니다. 혈기, 분노, 분쟁, 경쟁, 음란, 욕심.. 이러한 많은 열매들은 지옥으로부터, 육체로부터 오는 것이며 결코 천국의 열매가 아닌 것입니다.

그리하여 많은 이들은 개혁을 외치고 있습니다. 많은 개혁의 방법들을 외치고 있습니다. 어떤 이들은 제도적인 개혁을, 어떤 이들은 여러 가지 테크닉과 방법론을 주장하기도 합니다.

그러나 진정한 개혁의 방법은 오직 한 가지입니다. 그것은 주님 앞에 엎드리지며 주님 앞에 낮아져서 오직 그분만을 높여드리기를 원하는 것입니다. 그 자세가 합당하다면 거기에는 천국의 영들이 옵니다. 천사가 오며 성령님께서 임재하십니다. 그가 오실 때 천국의 영광과 빛을 가지고 옵니다. 그리고 교회와 사역은 새로워집니다. 그분은 우리의 중심을 청소하십니다. 그것이 유일한 개혁의 방법입니다.

물이 높은 곳에서 낮은 곳으로 흐르는 것처럼 주님의 영, 천국의 빛은 낮고 상한 심령 가운데 흘러 들어옵니다. 그러므로 거기에서부터 천국의 실제가 시작되는 것입니다.

오늘날 사람들의 심령은 너무 높아져 있습니다. 그래서 쉽게 대적하며 비방하는 것을 좋아합니다. 권위를 거스르는 것을 거리낌없이 하며 순복하지 않습니다. 그러므로 그들은 지옥의 기운에 가까우며 천국의 순결한 빛과 거룩한 영광에 대해서 알지 못합니다.
그러나 사람들이 자신을 낮추고 주님을 높이기 시작할 때 그들은 다시금 천국의 빛과 영광을 경험하기 시작할 것입니다.

오늘날 사역이나 교회가 순결한가 아닌가의 기준은 바로 그것입니다. 자신을 낮춤과 주님을 높임입니다.
오늘날 사역에 주님의 깊으신 복이 임하는 원리도 같은 것입니다. 그것은 자신을 낮추고 주님을 드러내는 것입니다. 이 원리에 분명하다면 거기에는 반드시 천국의 임함이 있습니다.
지금 이 시대의 교회는 너무나 어둡습니다. 너무나 인간적이고 혼탁한 영들, 어두운 기운들이 교회 안에 많이 들어와 있습니다. 천국의 빛이 오기 어려운 인간의 냄새가 많이 풍기고 있습니다.

오늘날 너무나 많은 불결함이 교회 안에 그리스도인들의 모임 안에 있습니다. 인간이 너무 높아졌으며 잘난척하고 사람을 드러내는 일이 너무 많습니다. 그래서 많은 교회와 단체들이 사람의 왕국이 되어 버렸습니다. 그래서 사람들은 천국과 영광의 세계를 잘 알지 못합니다.
자신을 주께 굴복시키고 주를 따르며 순결하게 주께만 영광을 돌리게 될 때.. 거기에서 바로 천국이 옵니다.
순결한 기도와 순결한 찬양.. 거기에는 황홀한 아름다움이 있습니다. 이러한 순결함이 회복될 때 사람들은 천국의 기쁨과 행복이 무엇인지 알게 될 것입니다.
만약 교회가 천국과 지옥을 가르는 이 간단한 원리를 이해하고 적용한다면 이를 통하여 주님의 교회는 회복될 것입니다. 주님의 임재와 천국의 임재는 회복될 것입니다.

이 간단한 일, 사람들이 진정 자신을 낮추고 주님 앞에 엎드릴 수 있다면, 오직 주님께만 경배를 드리기 원하게 된다면 우리의 교회와 집회와 사역은 회복될 것입니다. 우리는 집회에서 기쁨과 신선함을 회복하게 될 것입니다.
우리는 천국의 영광을 누릴 수 있게 될 것입니다. 그리고 그 후에는 세상의 쓰레기들을 구하러 다니지 않게 될 것입니다.

교회는 주님의 천국입니다.
교회는 주님의 왕국입니다.
교회와 사역에서 인간이 드러나지 않을 때, 주님이 높임을 받으실 때 우리는 실제하는 천국을 경험할 수 있습니다.
그리고 그 영광은 경험한 자만이 알 수 있는
거룩하고 아름답고 놀라운 세계인 것입니다.

2부

천국의 둘째 원리 - 주님께 굴복됨

주님은 천국을 다스리시며
오직 그분께 굴복된 자만이
천국의 세계에 거할 수 있습니다.
오늘날 우리가 천국의 영계에 거하느냐,
지옥의 영계에 거하느냐 하는 것은
우리의 삶에 있어서
주님이 주인이냐,
내가 주인이냐 하는 데에 달려있는 것입니다.

1장 주님의 권위 아래 굴복됨

주님은 천국의 주인이십니다. 그분은 천국의 모든 곳을 통치하십니다. 주님은 모든 지혜와 능력과 부와 사랑의 근원이십니다.
그러므로 모든 천국에 속한 이들은 아름다움과 선함과 지혜의 근원으로서 주님을 시인하여야 하며 주님을 높여야 합니다. 자신을 시인하고 자신을 높이는 이들은 천국의 영광에 거할 수가 없습니다. 그러나 주님을 시인하지 않고 자신을 시인하며 자신에게 영광을 돌리는 이들이 많은 이유는 무엇일까요? 그것은 주님을 시인하고 주님을 높이기 이전에 먼저 주님의 주되심에 의하여 굴복이 이루어져야 하기 때문입니다.

천국에 속해 있는 이들이 선과 아름다움과 지혜와 성공의 근원으로서 주님을 시인하지 않고 자신을 시인한다면 그 순간 숨이 막히고 힘이 없어져서 견디기가 어렵게 됩니다. 그러나 그가 천국의 영계에 거하지 않고 있다면 그는 자신을 시인하고 자신이 영광과 명예를 얻을 때 그것을 아주 즐겁게 여길 것입니다. 그는 자신의 말이나 의견이 높은 평가를 받고 칭찬을 받게 될 때 그것을 아주 기뻐할 것입니다. 그것은 그의 영혼이 어두운 곳에 속해있음을 보여줍니다.

모든 것에서 주님을 시인하고 주님을 높이는 것은 쉽고 간단한 일 같지만 사실 그렇지 않습니다. 그것은 그의 영혼이 발전하고 천국의 영광에 깊이 함몰되어야 가능한 일입니다. 물론 외적으로 그러한 흉내를 낼 수는 있을 것입니다. 그러나 심령을 다해 중심으로 그분을 시인하고 높이는 것은 천국의 빛을 받고 어느 정도 영적으로 성장했을 때에 비로소 가능한 것입니다. 즉 어떤 이가 주님의 깨닫게 하심을 통하여 모든 것의 근원이 되시는 주님을 시인하고 높일 때 그에게는 더 깊고 풍성한 천국의 영광이 거하게 되는 것이며 그 결과로 그는 더욱 더 주님을 시인하고 높이기를 원하게 됩니다. 그리고 그렇게 그는 성장해 가는 것입니다.

그러한 시인과 영광을 돌리는 것이 어려운 이유는 그 이전에 먼저 그 영혼이 주님의 손에 굴복되어야 하기 때문입니다. 먼저 그 영혼이 주님의 권위 아래 온전히 굴복되고 사로잡힐 때만이 사람은 주님을 진정 사랑하며 시인하며 높일 수 있습니다. 주님의 깊은 터치를 통해서 주님의 손에 굴복된 이만이 진정한 천국의 빛과 영광을 경험할 수 있으며 주님이 어떠한 분이신지 알게 됩니다. 그러므로 더 깊이 주님께 속하기를 원하고 주님께 굴복되기를 원하는 것입니다.

그러나 그러한 주님의 터치를 경험하지 않은 이들은 본능적으로 자신을 높이며 자신을 드러내기 원합니다. 그것은 사람이 빛을 받기 전까지는 아직 어두움의 영계, 지옥계로부터 더 영향을 받기 때문입니다.

천국은 주님이 다스리시는 세계입니다. 모든 천국에 속한 이들은 그의 손안에 굴복됨으로 그 빛을 받을 수 있습니다. 그러나 그의 손에 굴복되지 않은 이들은 천국의 빛을 받을 수 없으므로 무지와 어두움 속에서 거하여 악한 영들의 지배 속에서 노예처럼 살게 됩니다.

우리는 이 땅에 와서 인생의 여러 고난과 역경의 경험들을 통하여 훈련을 받는 목적이 결국은 주님의 손안에 굴복되어 천국의 영광과 빛을 더 충분히 누리고 천국에 가까이 가기 위한 것임을 인식해야 합니다.

주님의 손에 의하여 지배를 받으며 주님의 깨닫게 하시는 빛을 통하여 모든 것의 주인 되신 주님을 인식하게 될 때 우리는 점점 빛에 가까워지게 됩니다. 그러므로 점차로 모든 것에서 주님을 시인하며 주님께만 영광을 돌리게 되는 것입니다.

주님을 시인하고 높이는 것은 천국의 중심입니다. 그러나 그 이전에 먼저 주님의 손안에 굴복되고 지배되지 않으면 안 됩니다. 그렇게 주님의 주되심을 경험하고 굴복되어 갈수록 그는 천국의 영계와 가까워지게 되며 그리하여 모든 풍성함들을 맛볼 수 있게 되는 것입니다.

2장 주님의 통치를 벗어날 때 어둠의 영이 온다

천국은 주님이 통치하시는 곳입니다. 천국에 있는 모든 자들은 주님의 주권과 권위 아래 완전하게 굴복하고 순종합니다.
천국에서는 아무도 주님의 권위를 거스르지 않습니다. 주께 원망하는 자나 함부로 대하는 자가 없으며 불평하지 않습니다. 그러므로 천국은 완전한 아름다움과 기쁨과 평화가 가득합니다.
모든 빛과 영광은 주님으로부터 오며 그것을 반대하고 방해하는 요소가 천국에는 없기 때문입니다.

주님은 빛이십니다. 그분에게서 모든 선한 열매들이 풍성하게 나타나게 됩니다. 주를 시인하고 높이고 고백하는 이들은 그러한 열매들이 자신 안에서 열리는 것을 경험하게 됩니다. 그것은 자신의 열매가 아니고 주님을 시인함을 통해서 얻어지는 열매들입니다.
그러나 주님을 대적하며 원망하는 이들은 그 빛을 가리우게 되기 때문에 열매를 맺을 수 없습니다. 햇볕을 받지 못하는 식물이 말라서 죽어 가는 것처럼 그들의 영혼은 파리하고 죽어가게 됩니다.
그들은 빛을 피하여 어두운 곳에 떨어지게 됩니다. 지혜의 빛이 그들에게 비추어지지 않기 때문에 그들은 무지와 거짓 속에서 진리를 알지 못하고 속으며 살게 됩니다.

타락이란 무엇입니까? 그것은 주님이 지으신 인간이 주님의 통치와 질서를 싫어하여 스스로 독립해서 나간 것입니다. 스스로 주님의 권위 아래서 순종하며 사는 것을 싫어하여 나간 것입니다.
그러므로 구원이란 주님의 주권과 권위 밖으로 나가서 제 멋대로 살고 있는 이들이 다시 주님의 주권 가운데로 들어가는 것을 말합니다.

영적 성숙이란 어떤 사람이 주님께 사로잡히는 수준에 의해서 결정되는 것입니다. 주님의 권위에 굴복하지 않고 떨어져 나가서 제 멋대로 사는 것이 곧 타락입니다.

인간은 주님께 굴복할 필요 없이 스스로 신이 될 수 있다는 사탄의 거짓말에 속아서 주님으로부터 떨어져 살게 되었습니다.

그러나 그것은 거짓말이었습니다. 인간이 주님으로부터 벗어나게 되자 인간은 사탄의 종이 되어버렸던 것입니다.

그렇습니다. 사람이 주님을 떠난 것은 자유가 아니라 예속이었습니다. 그것은 거짓의 악한 영들에게 묶이는 삶을 낳게 되었습니다.

영계에는 공백이 없습니다. 모든 영계에는 어떤 종류의 영들이 채워져 있습니다. 우리는 이쪽의 영의 영향을 받지 않으면 다른 쪽의 영향을 받게 됩니다. 모든 인간은 영혼을 통해서 영계와 연결되어 있고 영계의 에너지를 얻게 되며 영계와의 연결이 끊어지면 누구나 단 1초도 살아있을 수가 없습니다.

천국과 지옥은 중간이 없습니다. 모든 이들은 천국과 지옥의 어떤 한 군데에 속하게 됩니다. 천국도 싫고 지옥도 싫을 수는 없습니다. 주님의 통치 속에 거하며 천국의 빛 가운데 있든지 아니면 주님의 통치를 거절하고 스스로 살면서 지옥의 영들에게 잡혀서 어둠 속에 살든지 그 두 가지 선택 외에는 없는 것입니다.

분명한 사실은 이것입니다. 즉 어떤 사람이 주님의 손안에 굴복되고 그 권위 아래에 순종하지 않는 다면 그는 악하고 속이는 영들에게 굴복될 수밖에 없다는 것입니다. 그것은 주님께서 자신을 거절하는 이들에게 순복을 강요하지 않으시며 그들이 다른 영들을 선택하고 그들에게 잡혀 사는 것을 내버려두시기 때문입니다.

주님께 굴복되는 이들은 진정한 자유함을 누리게 되며 천국의 빛 가운데 거할 수 있습니다. 그러나 그 권위 아래서 벗어나는 이들은 자신은 알지 못하지만 많은 묶임 속에서 노예와 같이 삽니다. 다만 악한 영들은 숨어서 은밀하게 통치하기 때문에 사람들이 그것을 잘 모를 뿐입니다.
주님의 주권 안에 들어가는 것은 얼마나 행복한 일인지 모릅니다.
그러나 이러한 행복을 알지 못하고 스스로 자유와 독립을 찾다가 속이는 영들에 의해서 지배를 받는 이들은 얼마나 많은지 모릅니다.
그것은 무지에 의해서 생기는 일이며 그 사실에 대해서 눈을 뜨게 된다면 더 이상 악한 영들에게 속지 않을 것입니다.

주님의 권위 아래 있지 않는 이들은 많은 증상과 후유증을 그들의 삶 속에 경험하게 됩니다. 그러한 부분들을 좀 더 나누어 보겠습니다. 우리의 눈이 열려서 그러한 증상에서 벗어나 진정 우리를 자유케 하시는 주님의 품으로 좀 더 가까이 나아갈 수 있도록 말입니다.

3장 순복은 천국을 여는 비밀의 열쇠

주님은 천국뿐만 아니라 모든 우주를 지으셨으며 다스리십니다. 산천 초목과 모든 우주의 별들이 주님의 말씀과 권위에 순복하여 움직입니다.
우리는 자연 안에 있을 때 평화로움을 느끼게 됩니다.
삶에 지치고 피곤한 이들이 야외로 나가서 휴식을 가지고 자연 속에 있다 보면 잃어버린 활력을 회복하고 생기가 넘쳐나게 되는 것을 느끼게 됩니다.
어떻게 자연은 사람들에게 생기와 휴식과 활력을 공급할 수 있을까요? 그것은 자연이 타락하지 않았으며 그러므로 주님의 손에서 벗어나지 않고 주님이 지으신 창조의 질서 속에서 순복하여 움직이고 있기 때문입니다. 물론 자연은 인격을 가지고 있지 않기 때문에 그것을 순복이라고 하는 것은 이상할지도 모릅니다. 그러나 분명한 사실은 그 자연은 그들이 창조되었을 때와 똑같이 주님이 지으신 궤도 속에서 움직이고 있다는 사실입니다.

밤하늘에 가득한 별을 보면 그 무수하게 많은 별들이 하나같이 어떤 궤도 속에서 움직이고 있는 것을 알 수 있습니다. 그들 각자는 주님께서 그들에게 지정하신 궤도를 알고 있습니다. 그리고 그 궤도를 따라서 움직입니다.
만약 어떤 별에 인격이 있어서 '나는 이 궤도가 싫다'고 생각한다면? 그래서 자신이 여태껏 움직여온 궤도를 거절하고 혼자 스스로의 길을 개척하여 움직이기 시작한다면? 그 결과는 어떻게 될까요?
아마 그 별은 파괴될 것입니다. 다른 별과 부딪치게 될지도 모르지요. 궤도에 따라 자연스럽게 움직이는 내적인 법칙을 따라 가는 것은 그리 어려운 일이 아닐 것입니다.

그러나 그러한 내적인 법칙에 따라 움직이지 않고 별이 스스로 생각하여 움직인다면 별은 너무 신경을 써야 할 것이 많을 것입니다. 이 별과도 부딪치지 말아야 하고, 저 별과도 부딪치지 말아야 하고.. 그리고 어디로 가야 과연 바른 길인지.. 아마 별이 생각하는 존재라면 정신병원에 입원을 해야할지도 모르는 일입니다.

이 우주에 엄청나게 많은 별들이 있습니다. 그러나 우리는 우주에서 교통 사고가 발생했다는 이야기는 들어보지 못했습니다. 그들은 하나같이 주님이 정하신 길을 따라 움직이고 있기 때문입니다. 주님께서 모든 피조물의 움직임과 한계를 정하셨고 피조물들은 그 법칙에 순종한다는 것은 성경이 우리에게 가르치고 있는 진실입니다.

*주께서 물의 경계를 정하여 **넘치지 못하게 하시며 다시 돌아와 땅을 덮지 못하게 하셨나이다** (시104:9)*

모든 자연이 조화와 질서를 유지하고 있는 것은 주님께서 주신 그 법칙과 질서를 따라 운행되고 있기 때문입니다.
그러므로 그 질서를 거부한다면 그것은 곧 혼돈과 무질서와 파괴가 될 것입니다.
모든 물질의 기본적인 구성요소가 되는 원자도 우주와 같은 모형을 가지고 있습니다.
가운데에 원자핵이 있고 그 주위를 전자들이 회전합니다. 거대한 우주나 가장 미세한 물질에도 중심이 있고 수많은 입자들이 그 중심을 향하여 회전하고 있다는 것은 분명한 메시지를 가르쳐 줍니다.
즉 만물에는 중심이 있으며 모든 것들은 그 중심을 향하여 운행하고 있다는 것, 그리고 그 중심을 향하여 돌지 않는다면 우주나 모든 물질은 파괴된다는 것을 보여주고 있는 것입니다.

이것은 그 중심이 의미하고 있는 것이 바로 주님이며 그 주위에서 돌고 있는 입자들은 피조물인 것을 의미합니다. 즉 중심과 주변의 관계는 주님과 피조물의 관계를 보여주는 것이며 주님의 지배 속에서 살지 않는 모든 것들은 무질서와 혼돈과 파괴가 진행된다는 사실을 간접적으로 가르쳐주고 있는 것입니다.

만약 그러한 질서가 유지되지 않는다면 모든 물질은 파괴됩니다. 그러나 모든 물질은 주님의 법 가운데 움직이고 있습니다. 그러므로 자연 속에서 평화로움과 조화와 균형을 발견할 수 있는 것입니다.

물론 그 자연의 순복은 인격적인 순복이 아니고 기계적인 순복입니다. 지구는 하나의 생명과 같고 하나의 파장을 가지고 있지만 그가 자신의 의식을 가지고 자신을 주께 드려 순복함으로 태양을 돌고 있는 것은 아닙니다. 그러므로 그 자연에서 누릴 수 있는 평화와 조화는 생명적이고 진리적인 것은 아닙니다.

그러나 인간은 인격을 가지고 있으며 그 인격과 의지를 자유롭게 사용할 수 있기 때문에 인간이 그 인격과 의지를 주님께 자발적으로 드림으로써 순복을 할 수 있다면 그것은 상상조차 할 수 없는 놀라운 천국의 조화와 영광과 아름다움을 누릴 수 있게 되는 것입니다.

주님의 손에 굴복되고 순복하는 것은 천국의 모든 영광과 보화를 경험할 수 있는 하나의 비밀의 문과 같은 것입니다.

누가 어떤 귀한 선물을 받았는데 그 선물 상자 안에 천하에서 얻기 어려운 보물이 들어있다면 그는 그 상자를 열기를 소원할 것입니다. 그러나 만약 그 보물이 들어있는 상자가 아주 단단한 자물쇠로 잠겨져 있어서 오직 열쇠를 통해서만 그 상자를 열고 보물을 얻을 수 있다면 그는 간절한 마음으로 그 열쇠를 얻으려고 할 것입니다.

천국은 우리에게 주어진 보물 상자와 같습니다. 그리고 순복은 그 보물 상자를 여는 열쇠와 같은 것입니다.

천국에는 무한한 풍성함의 놀라운 역사들이 있습니다. 하늘의 보화가 있습니다. 하나님의 생명이 담겨있는 무한한 영광의 세계가 있습니다. 그것을 여는 문이 바로 굴복과 순복입니다. 순복하는 자는 누구나 그 영광의 세계를 경험할 수 있게 됩니다. 그것은 하늘로부터 하나의 길이 열려진 것과 같습니다. 그러나 순복되지 않은 이들은 아무리 구하여도 천국의 파장과 그 심령이 연결되지 않기 때문에 그 빛을 경험하지 못할 것입니다.

우주의 주인에게 순복하는 이는 하늘로부터 무한한 공급을 얻게 될 것입니다. 그러나 순복되지 않는 이는 하늘의 빛이 막히고 어두워져서 어둠에 속한 영들에게 눌리고 속으며 많은 어려움을 겪게 될 것입니다.

우리는 무지하여 겪고 있는 많은 고통의 증상을 이해하고 분별해야 합니다. 그리하여 천국의 빛을 받을 수 있어야 합니다. 비췸을 받을수록 우리는 새로운 깨달음을 얻게 될 것이며 진정한 자유와 풍성함의 세계에 더 가까이 나아가게 될 것입니다.

4장 굴복되지 않은 이들의 여러 증상들

하나의 별이 궤도를 벗어나 자기 마음대로 움직인다면 그 별은 많은 문제점과 증상을 가지게 됩니다. 그것은 인간도 마찬가지입니다.
인간은 피조물입니다. 그러므로 창조주로부터 빛과 에너지를 계속 받아야 바르게 살아갈 수 있습니다. 그러나 그가 세계의 주인이신 주님을 믿지 않으며 믿더라도 피상적인 관계를 가질 뿐 자신의 마음대로 살아간다면 그는 충분한 빛과 지혜와 에너지를 얻을 수 없습니다. 그래서 각종 부작용들을 경험하게 됩니다.

그러한 증상 중에서 가장 대표적인 것은 혈기, 분노입니다.
주님께 굴복되지 않은 이들은 아무 것도 아닌 일에 쉽게 분노가 치밀어 오르며 그것을 통제할 수 없습니다.
분노의 원인에 대해서는 다양한 견해들이 있습니다. 상처라든가, 타고난 기질이라든가, 하는 여러 이야기들이 있습니다.
그러한 모든 견해들이 전혀 틀렸다고 할 수는 아닙니다. 그러나 그것들은 근원적인 이유는 아닙니다.
가장 중요한 분노의 근원은 그들이 주님 앞에서 충분히 굴복되지 않았다는 것입니다. 그들은 거룩하신 주님의 임재 속에서 살아가는 사람이 아닙니다. 만약 그들이 주의 영을 감지할 수 있다면 그는 주님의 거룩하심 앞에서 함부로 분노할 수 없기 때문입니다.
그들은 매사에 쉽게 짜증이 납니다. 상황이 자신의 원하는 대로 되어 가지 않으면 쉽게 속이 상합니다. 물론 이러한 증상은 자신이 인생의 주인이 되어 있기 때문이며 범사에 주의 뜻을 헤아려 순종하려는 자세가 되어 있지 않기 때문입니다. 그러므로 그들은 마음의 평화가 쉽게 깨어지는 것입니다. 그들은 분노와 짜증이 많으며 그러므로 사람들의 연약함과 약점을 잘 포용하지 못합니다. 그래서 남들의 사소한 잘못에도 마음이 상하기 마련입니다. 다른 이들의 장점보다는 약점을 잘 보게 되며 자신의 성향에 맞는 이들은 좋아하지만 그렇지 않은 이들은 싫어합니다. 그러므로 이들은 사람을 통해서 상처와 불쾌감을 많이 겪게 됩니다.

이러한 증상들, 사소한 상황으로 인하여 화가 치밀어 오르며 사람을 포용하지 못하고 마음의 평화가 쉽게 깨어지는 것 - 이것은 그의 영혼이 어두운 곳에 있으며 어두운 곳들의 영들에게 지배를 받고 있는 것을 보여주는 것입니다. 자신의 의지를 주께 드려 주님 앞에 순복하기 전까지 그는 결코 마음의 평화를 얻을 수 없을 것입니다.

자, 어떤 사람이 있습니다. 그는 지금 가족들과 함께 외출하여 즐거운 시간을 보내려고 합니다. 그래서 집을 나가려고 합니다.
그런데 그 순간 바로 사소한 어떤 것이 생각납니다. 그가 나가기 전에 그 물건을 찾으려고 합니다. 하지만 이상하게도 그 물건이 보이지 않습니다. 그는 화가 납니다. 그래서 소리를 지릅니다. 도대체 이 물건을 어디에다 두었느냐고, 누가 건드렸느냐고 화를 냅니다.
아내는 그것은 지금 중요하지 않으니 일단 나갔다가 나중에 찾으면 되지 않느냐고 말합니다. 하지만 그는 고집을 부립니다. 지금 그 물건을 찾아야겠다고 주장합니다. 그러나 물건은 찾을 길이 없습니다.
그도 마음이 상하고 가족들 모두 마음이 상합니다. 이제는 모두가 다 기분이 나빠져서 외식이고 뭐고 다 마음이 사라져버렸습니다. 그의 쓸데없는 고집과 분노로 인하여 모처럼의 즐거운 시간이 엉망이 되어버린 것입니다. 자, 그러한 분노와 고집은 어디서 나오는 것일까요?

어떤 이가 자신을 비난하는 이야기를 듣습니다. 그는 순간에 기분이 상해버립니다. 그는 자신도 남을 쉽게 비판을 해왔습니다.
그러나 그것은 남의 일이지 자신의 일은 아닙니다. 하지만 막상 자신이 당해보니 그것을 견디기가 쉽지 않습니다.

이러한 이들은 누군가가 자신을 조금만 비난해도 그것을 견디지 못합니다. 그는 속이 상하고 분노를 터뜨립니다. 그 이유는 무엇일까요?
두 가지 사례가 다 하나의 이유를 가지고 있습니다. 그것은 그들이 자기 중심이며 주님 앞에서 그들의 성질이 다루어지지 않았다는 것입니다.
그들은 자신이 인생의 중심이기 때문에 모든 것이 자신의 원하는 대로 이루어져야 합니다. 그러므로 조금만 그 계획에 차질이 생겨도 그것을 견딜 수 없습니다. 또한 자신이 이 우주의 중심이기 때문에 누군가가 자신의 기분을 상하게 한다는 것은 있을 수 없는 일입니다. 그러므로 그들은 마음이 상하고 분노하게 됩니다.

이러한 이들은 매사가 자기 뜻대로 되지 않으면 분노하며 주님을 원망합니다. 그들은 말합니다. '하나님. 정말 이럴 수가 있어요?'
그것은 바른 영이 아닙니다. 그것은 악한 영, 주를 대적하는 영입니다. 영이 바른 사람이라면 죽을지언정 그렇게 생각하고 원망할 수 없습니니다. 그것은 그가 악한 영들에게 잡혀 있음을 보여주는 것입니다.
그러한 이들은 너무 높아져 있는 것입니다. 그들이 자유함을 얻기 위해서는 속히 그 위치에서 밑으로 내려와야 합니다. 그리고 주님 앞에 무릎을 꿇어야 합니다. 그전까지 그들은 마음의 평화를 얻을 수 없습니다. 그는 자신의 위치를 바꾸어야 만이 악한 영들에게서 벗어날 수 있습니다.
혈기, 분노는 아주 단순한 현상이지만 그것은 영계에서의 그의 위치, 주님과의 관계를 선명하게 보여주고 있는 것입니다.

나는 어떤 부인이 남편과 부부싸움을 하는 것을 본 적이 있습니다.
신앙의 스타일에 대한 이야기를 하다가 남편은 마르다 스타일보다는 마리아가 중요하다는 이야기를 했고 아내는 자기는 마르다가 좋다고 이야기를 했습니다.
평온한 분위기 속에서 남편이 그녀에게 '지나치게 주장하는 것은 아집'이라고 이야기하자 갑자기 그녀가 폭발해버린 것입니다.

그녀는 울고불고 소리를 지르고 악을 썼습니다. 아무튼 난리가 시작되었는데 남편은 거기에 익숙해 있는 것 같았습니다. 남편은 그녀를 달래었고 그녀는 시간이 흐르고 나서 진정하자 자신에게 '아집' 과 같은 단어를 사용하는 것은 도저히 견딜 수 없다고 토로하는 것이었습니다.

그녀는 자신에 대한 비판을 견디지 못하는 사람이었습니다.

그녀는 조금이라도 자신에 대한 악평이라고 생각되는 것을 듣게 되면 울며불며 자신이 아는 모든 사람들에게 전화를 해서 억울함과 부당함을 호소했습니다. 물론 그녀 자신은 아주 쉽게 다른 이들에게 판단과 비방을 하곤 했습니다. 그녀는 신앙을 아주 중요시하며 봉사에 힘쓰며 많은 시간을 기도하는 사람이었지만 그녀는 자신의 마음을 잘 다스리지 못했습니다.

이러한 문제는 기본적인 인격의 문제라고 생각할 수도 있습니다.

좀 더 지혜로운 이들은 그녀와 같이 폭발하지는 않을 것입니다. 그들은 기분이 상하더라도 그것을 표면에 드러내지 않고 합리적으로 자신의 입장을 설명할 것입니다. 그러나 겉으로 드러냈든 그것을 감추었든 그러한 분노와 마음의 상함은 그들의 영적인 위치를 보여주는 것입니다.

이렇게 사소한 것에 분노하며 폭발하는 이들은 자유롭지 않은 영혼입니다. 그들은 그러한 분노와 상처를 일으키는 하나의 영들에게 잡혀 있는 것입니다.

그러한 이들은 항상 긴장이 되어 있습니다. 마르다가 바로 곁에 주님이 계실 때도 바쁘고 긴장되며 마음이 쫓겼던 것처럼 그들은 마음이 항상 바쁘고 쫓깁니다.

그것은 그들이 주님께 모든 것을 맡기고 의탁하지 않고 자신이 중심이 되어 모든 것을 하려고 하기 때문입니다. 그러므로 그들은 마음에 여유를 가지고 삶을 누리고 즐기지 못하고 진정한 안식 가운데 들어가지 못하고 있는 것입니다.

이러한 이들은 인생의 중심을 주님께 드려야 합니다. 자신의 감정과 심장을 주님께 드려야 합니다. 자신의 명예도 주님께 의탁해야 합니다.
긴장을 풀고 지금 거하고 있는 높은 곳에서 아래로 내려와야 합니다.
자신의 힘으로 살지 말고 주님 발 앞에서 주님의 인도와 감동으로 사는 것을 배워야 합니다. 그는 주인의 입장에서 종의 입장으로 내려와야 합니다.
자신이 주인이 되어 움직이는 상황에서는 결코 마음의 평화를 얻을 길이 없으며 지속적으로 그러한 분노의 영과 악한 영의 세력에 사로잡혀 고통을 겪을 수밖에 없을 것입니다.
그러나 그것들을 주님께 드리고 자신이 아래로 내려오면 그들은 진정한 자유와 해방을 경험하게 됩니다. 그리고 매사에 주님을 의뢰하며 순종하는 가운데 마음의 평화와 여유를 얻을 수 있게 되는 것입니다.

주님께 굴복되지 않은 이들의 또 다른 증상은 두려움입니다.
오늘날 많은 사람들이 그 심령 속에 두려움을 가지고 있습니다.
그들은 항상 여러 가지 사소한 근심과 두려움이 마음 속에서 일어나고 있으며 이로 인하여 고통을 겪고 있습니다.
그들은 항상 어떤 염려거리를 가지고 있으며 이 문제만 해결되면 얼마나 좋을까 하고 생각합니다. 그러나 시간이 지나서 그 문제가 사라져버려도 그들의 근심은 사라지지 않으며 다시 다른 문제에 대한 염려와 근심이 그 자리를 대신할 뿐입니다.
염려와 근심, 두려움은 그 심령의 상태이며 영적인 문제이지 결코 환경적인 문제가 아닙니다. 그것은 그들의 심령이 바뀌지 않는 한 죽을 때까지 따라다니는 문제입니다.
의학과 심리학은 불안과 두려움의 근원에 대한 많은 견해를 제시하고 있습니다. 그러나 그들의 의견들은 전혀 근거가 없는 것이라고 할 수는 없지만 문제의 깊은 근원을 밝혀주지는 못합니다. 그것은 피상적이고 표면적인 이유를 제시할 뿐입니다. 사람은 영적 존재이며 모든 근원적인 문제는 결국 영혼과 그 상태에 의하여 생겨나는 것입니다. 사람의 표면의식에는 사람과의 관계, 환경과의 관계 등이 각인되어 있지만 깊은 심층의식에 들어갈수록 그것은 영계와의 관련성을 가지고 있으며 그 근원은 하나님과의 관계에서부터 시작되는 것입니다. 그러므로 인간이 가진 모든 증상들도 하나님과의 관계를 다룸으로서 근원적인 해결이 되는 것입니다. 그렇기 때문에 과거의 상처, 환경에서의 고통.. 이런 부분만을 터치해서는 근원적인 치유와 회복이 가능하지 않습니다. 인간 의식의 모든 근원은 영계와 하나님에게서 시작되기 때문입니다.

잠언 28장 1절에 보면 악인은 **쫓아오는** 자가 없어도 도망하나 의인은 사자같이 **담대하니라** 는 말씀이 있습니다.
성경에서 말하는 악인이란 주님을 의뢰하지 않고 자신의 능력으로 사는 사람을 의미합니다. 모든 선의 근원은 주님이신데 자기 스스로 살게 되면 선을 공급받을 수 없으니 악인이 될 수밖에 없는 것입니다.
그러한 사람의 마음은 언제나 항상 불안합니다. 불안한 상황도 아니고 어떤 이유가 있는 것도 아닌데 항상 마음이 쫓기고 걱정 근심이 끊이지 않는 것입니다. 그것은 그의 영혼이 주님의 빛을 받지 못하기 때문에 나타나는 현상인 것입니다. 반대로 주님을 의뢰하고 그 손안에 굴복된 이들은 언제 어떠한 상황이 와도 흔들리지 않고 담대하며 평안합니다. 남들이 크게 낙담하며 어쩔 줄 몰라할 상황이 온다해도 그는 마음의 평화를 유지하지요. 그것은 그가 주를 의뢰하며 주안에 있기 때문에 주님으로부터 오는 빛과 풍성함이 그 영혼을 지키고 있기 때문입니다.

어떤 이들은 큰 두려움을 가지고 있으며 어떤 사람들은 작고 사소한 일에 대하여 지속적으로 염려합니다.
어떤 이들은 자신이 해야할 의무가 있을 때 그것에 집중하지 못하고 항상 다른 것으로 도피하는 경향이 있습니다. 예를 들어 학생은 시험을 앞에 두고 준비를 해야 하는데 티브이에 몰두하거나 컴퓨터의 게임에 빠지는 등입니다. 이러한 증상도 두려움에 기인한 것입니다. 그는 두려움에 잡혀 있으며 그래서 현실과 직접 부딪히는 것을 두려워합니다. 그래서 잠시 그 두려움을 잊기 위해서 다른 일에 몰두하는 것입니다.

이러한 영혼의 묶임을 가지고 있는 이들은 아주 많습니다. 그러므로 그들은 항상 마음이 불안하여 기쁨과 행복을 맛볼 수가 없습니다. 그들은 인생을 아주 힘들게 살게 됩니다. 이러한 두려움도 역시 그의 인생의 중심을 주님께 드리고 모든 부분에서 주님의 왕되심과 주되심을 경험할 때에만 해결될 수 있습니다. 인간이란 주님의 지배와 통치 속에서 살지 않으면 여기 저기가 망가질 수밖에 없는 존재인 것입니다.

주님의 지배 가운데 있지 않은 이들의 또 다른 증상은 부족감입니다.
주님의 지배 속에서 천국의 빛과 은총을 경험하고 있는 이들은 그 심령에 만족감이 넘치게 됩니다. 그래서 점차로 주님 외에 아무 것도 구하지 않게 됩니다.

그러나 주님께 지배되지 않는 이들은 항상 마음에 부족감과 공허감이 있으므로 세상의 허탄한 즐거움들을 추구하게 됩니다. 그리고 탐욕에 빠지게 됩니다. 아무리 먹어도 배부르지 않으며 아무리 얻어도 만족을 주지 못하는 것들을 그들은 지속적으로 추구하게 되는 것입니다.

우리가 우리의 의지와 삶을 주님께 드리고 그 지배 안에 들어가게 될 때 지금껏 얼마나 많은 묶임 속에서 살고 있었는지 깨닫게 될 것입니다. 주님의 지배 가운데 들어가는 것은 우리에게 예전에 알지 못했던 엄청난 자유와 행복을 주기 때문입니다.

주님의 지배 안에서 살지 않을 때 겪게 되는 증상들은 이 외에도 너무나 많이 있습니다. 우리는 그 증상들에 대해서 발견하면 할수록 더 놀라운 자유의 세계로 나아가게 될 것입니다. 왜냐하면 어떤 증상이 있을 때 거기에는 반드시 해결책이 있기 때문입니다. 그 해결책은 오직 주님이며 우리는 그것을 곧 발견할 수 있게 될 것입니다.

5장 굴복되지 않은 이들의 묶임과 중독

영의 세계가 열려지지 않은 사람들은 영들의 움직임에 대해서 무지하여 어떠한 영들이 자신들에게 영향을 끼치는 데에 대해서 잘 알지 못합니다. 그들은 자신의 인생을 자기 스스로 사는 것으로 여깁니다. 생각도 감정도 오직 자신 안에서 일어나고 있는 것으로 여깁니다.
그러나 그것은 사실이 아닙니다. 인간은 영을 통한 에너지의 공급이 아니고는 잠시도 생존할 수 없으며 영들은 사람들의 생각과 감정을 자극하며 인간은 항상 그 영향을 받고 살아가는 것입니다.

그러므로 어떠한 영들이 그 사람에게 영향을 주고 있느냐 하는 것이 그 사람의 삶의 질과 상태를 결정짓는 것입니다.
거룩한 하나님의 영이 그에게 충만하게 임하시고 이끌어 가신다면 그는 이 땅에 살면서도 천국적인 삶을 누리게 될 것입니다. 자유와 행복과 풍성한 삶의 열매를 경험하면서 살게 되겠지요.
그러나 하나님의 영이 아닌 악한 영들, 속이는 영들, 세상의 영들의 영향 속에서 산다면? 그것은 정말로 비참한 일이 되겠지요. 거기에는 어두움과 눌림과 묶임, 부자유가 당연히 따라오게 되니까요.

많은 이들이 주님을 믿고 주의 이름을 부르며 주를 따르기 원하지만 그들의 삶에 있어서도 많은 묶임들을 가지고 있는 이들이 있습니다.
그렇다면 그 이유는 무엇일까요? 그것은 그들이 주를 믿으며 주를 부르지만 영으로, 그 중심으로 주를 구하지 않고 피상적이고 형식적이고 습관적으로 주를 구하고 있기 때문입니다.
그러한 상태는 아직 그 사람의 영과 주님의 영이 서로 실제적으로 부딪친 것이 아닙니다. 그는 표면적으로 주를 따를 뿐이며 실제적으로 는 악한 영들, 속이는 영들에게 눌리고 사로잡혀 있는 것입니다. 이러한 경우에 그는 명목적인 신자일 뿐이며 실제의 삶 속에서 천국의 자유와 행복을 누리지는 못합니다. 그러므로 그의 영성이 눈을 떠야 하며 주님의 영과의 실제적인 접촉, 지배관계가 형성되어야 하는 것입니다.

주님의 이름을 부르며 예배를 드리기는 하지만 여전히 그의 삶의 주도권을 자신이 가지고 있다면 그는 주님께 굴복된 사람이 아닙니다. 그리고 그러한 이들은 악한 세상의 영들에게 묶여서 살수밖에 없습니다.
우리는 우리 안에 자유의지를 가지고 있습니다.
무엇이든지 원하는 것을 할 수 있도록 우리는 설계되어 있지요.
서울역에 가고 싶으면 서울역에 가고 전화를 하고 싶으면 전화기를 들고 전화를 할 수 있습니다.
그러나 구체적인 삶의 영역에서 아주 많은 이들이 그러한 자유를 누리지 못합니다. 자신이 원하는 것을 하지 못하고 자신이 원하지 않는 것을 하게 되는 그러한 부자유한 삶을 살고 있는 것입니다. 그것은 그의 영혼이 묶여있는 것을 보여줍니다. 팔을 마음대로 자기가 원하는 대로 움직일 수 없다면 그것은 무엇인가에 묶여있는 것입니다.

앞의 장에서 언급했던 것처럼 자주 분노를 폭발시키는 사람이 있습니다. 물론 그는 그것을 원하지 않습니다. 그는 자신의 감정을 다스리고 싶어 합니다.
그러나 일단 한번 분노가 치밀어 오르면 그는 그것을 다스릴 수 없습니다. 그는 시간이 지난 후에 그것을 후회하면서 다시는 그렇게 하지 않겠다고 다짐하지만 그것은 아무 소용이 없는 일입니다. 다시 시간이 지나서 분노의 주기가 되면 그는 다시 분노를 터뜨리게 되기 때문입니다.
그것은 상황의 문제가 아닙니다. 그의 안에 일정한 시간의 리듬을 가진 분노의 주기가 있는데 그때가 오면 그는 다시 노예처럼 분노를 터트려야 합니다.

그는 자유인일까요? 물론 아닙니다. 그는 다른 부분에서는 자유로울지 모르지만 적어도 그 부분에 대해서만큼은 묶여 있습니다. 그가 아닌 그보다 더 강한 힘에 의해서 묶여 있는 것입니다.

어떤 사람은 주기적으로 근심에 사로잡힙니다. 그리고 그는 그것을 통제할 수 없습니다. 그는 원하지 않지만 자신의 마음을 다스리지 못합니다. 그는 자유인일까요? 물론 그렇지 않습니다.
그가 자유한 사람이라면 그는 자신이 원할 때 그것을 할 수 있고 원하지 않을 때 그것을 멈출 수 있어야 합니다.
그가 자신이 원하는 대로 할 수 없다는 것은 그가 그보다 더 강한 존재에게 굴복되어 눌려서 살고 있다는 것을 보여주는 것입니다.

어떤 이들은 음란한 생각이나 행동을 통제할 수 없습니다. 그는 자신을 혐오하면서도 주기적으로 그러한 생각이나 행동에 사로잡힙니다. 그러한 이들은 다시는 그러한 일에 빠지지 않겠다고 결심하고 열심히 기도하기도 합니다. 그들은 일시적으로 승리를 경험하기도 합니다.
하지만 그것은 대부분 근본적인 승리가 아닙니다.
그것은 하나의 주기에 따른 것입니다.

물질계에 따른 모든 것들은 주기를 가지고 있습니다.
달도 차면 기울고 파도는 밀려 왔다가 밀려갑니다. 모든 현상들은 주기를 가지고 있습니다.
음란성도 혈기성도 주기를 가지고 있습니다. 각 사람마다 주기의 기간이나 강도는 다르지만 주기를 가지고 있습니다.
그래서 음란성이나 악성이 약한 주기에서는 그것을 극복하는 것 같이 보입니다. 그러나 조금 더 시간이 지나서 강한 주기가 오면 그들은 넘어지게 됩니다. 그리고 그렇게 투쟁과 실패의 주기를 반복하면서 시간이 지나갈수록 그 속박의 정도는 심해집니다.

이 사람은 자유한 사람인가요? 물론 그도 묶여있는 사람입니다.
아마 어떤 경로를 통해서 음란성의 영이 그에게 들어왔겠지요.
이 시대는 더러운 영을 공급하는 문화적인 장치가 너무 많이 있기 때문에 그러한 영을 받아들이는 것은 하나도 이상한 일이 아닙니다.

오늘날 많은 이들이 중독에 빠져 있습니다.
그 증상은 비슷하지요. 도박 중독이든 알콜 중독이든 그 특성은 자신이 그것의 노예가 되어있다는 것입니다. 자신이 콘트롤할 수 있다면 그것은 중독이 아닙니다. 그러나 그들은 그것을 콘트롤할 수 없습니다. 그들은 후회하고 절망하면서도 그것을 끊지 못합니다. 그것은 너무나 비참한 노예생활입니다. 안타까운 것은 그들을 부리고 있는 자들의 정체를 알지 못하고 그 비극적인 노예상태의 삶을 반복하고 있다는 것입니다.

나는 빚도 많고 경제적으로 몹시 어려운 아가씨가 막상 월급날이 되면 그녀가 감당할 수 없는 비싼 가격의 옷을 충동적으로 사고는 낙심하고 절망하는 모습을 보았습니다. 하지만 아무리 절망하고 후회해도 그것은 어쩔 수 없는 일입니다. 그녀는 다음 달의 월급날이 되면 다시 똑같은 일을 반복할 테니까요.
다른 이들은 생각할 것입니다. 그러면 그런 옷을 사지 않으면 되지 않을까.. 그리고 착실하게 돈을 저축해서 빚을 갚아나가면 될 텐데.. 라고요.
물론 그것은 중독의 영을 모르는 사람의 생각입니다. 일단 한번 들어온 그 영은 그렇게 쉽게 그녀를 놓아주지 않습니다. 그녀는 고양이에게 잡힌 쥐와 같아서 더 강력한 주인을 만나기 전까지는 그 영으로부터 벗어날 수가 없는 것입니다.
나는 어떤 형제가 식탐으로 인하여 고통을 겪는 것을 보았습니다.
그는 음식에 대한 욕망을 이길 수가 없으며 심지어 울면서도 빵을 먹는다고 했습니다. 이것도 보통 사람으로서는 이해하기 어려울 것입니다.
아니, 먹기 싫으면 그만 이지.. 울면서까지 먹어야 하는가.. 그러나 그것도 역시 중독의 영에 대해서 모르기 때문입니다. 그들은 몹시 잔인한 영이며 그들의 포로를 쉽게 놓아주지 않습니다. 애굽의 바로는 모세가 와서 하나님의 강력한 능력으로 애굽을 초토화시키기 전까지 결코 이스라엘 백성을 놓아주지 않았습니다.

그가 이스라엘 백성을 놓아준 것은 그보다 더 강한 하나님의 능력에 어쩔 수가 없었기 때문입니다. 그는 힘이 부족했기 때문에 이스라엘 백성을 놓아준 것이지 결코 마음에 변화가 생겼기 때문인 것은 아닙니다. 이처럼 구원과 해방을 위해서는 우리를 누르는 이들보다 더 강력한 능력이 필요한 것입니다.

사사기에서도 비슷한 일들이 등장합니다. 이스라엘 백성은 여러 주변의 민족들에게 지배를 받으며 살았습니다. 미디안, 불레셋 등에 의해서 고통을 겪으면서 살았습니다.

그들은 하나님의 백성이었습니다. 그들은 가나안 땅에서 살고 있었습니다. 그러나 그들은 대부분 명목상의 신앙을 가지고 있었을 뿐이며 그러므로 하나님의 직접적인 터치를 알지 못하는 이들이었습니다.

그래서 그들은 하나님이 보내신 사사를 통해서 승리를 경험하기 전까지는 여전히 노예의 삶을 살고 있었습니다.

그러한 노예의 삶은 명목상으로는 신자이지만 중심이 주님께 지배되고 통제되지 않는 오늘날의 신자들이 실제적으로 악한 영들의 지배와 통치 속에서 사는 것과 같은 모형을 보여주고 있는 것입니다.

오늘날 많은 교회가 있으며 많은 그리스도인들이 있습니다. 그러나 승리하는 삶을 누리고 있는 신자는 소수에 불과합니다. 대부분의 그리스도인들은 눌려있으며 묶여 있습니다.

많은 이들이 원치 않는 중독에 빠져 있으며 좋지 못한 습관을 가지고 있으며 자신을 다스리지 못합니다. 자신의 감정이나 생각을 다스리지 못하며 삶을 지배하지 못하고 끌려 다닙니다.

또한 그러한 묶임의 삶을 살고 있으면서도 그것이 평범하고 당연한 일인 줄로 압니다. 그 배후에 있는 영적 어두움의 존재에 대해서 알지 못하며 그러므로 해방의 삶이 있다는 사실 자체도 잘 모릅니다.
이것은 매우 비극적인 일입니다. 그리스도께서 우리에게 주시고자 하는 삶은 진정한 자유와 초월의 삶인데 그러한 묶임 속에서 만족하고 있는 것은 너무나 어리석은 일이기 때문입니다.

해방을 얻기 위해서 우리는 모든 묶임의 배후에 악한 영들이 있다는 사실을 깨달아야 합니다. 그 영들이 우리의 의지를 누르고 있기 때문에 우리가 노예생활을 하고 있다는 사실을 인식해야 합니다. 자신의 증상을 객관적으로 이해할 수 없다면 해결을 얻을 수 없는 것입니다.
또한 우리는 그러한 악한 영들이 우리를 지배하고 누르는 유일한 이유가 사랑의 주님의 통치를 벗어났기 때문이라는 사실을 깨달아야 합니다. 우리가 이 우주 안에서 진정한 해방과 자유의 삶을 살아갈 수 있는 유일한 방법은 바로 그 주님의 지배와 통치 안에 들어가는 것이라는 사실을 깨달아야 합니다.

주님은 우리를 통치하시기를 원하십니다.
그분은 우리의 주인이시며 왕이십니다.
그러나 그분의 통치는 아름다운 사랑의 통치입니다.
선하고 풍성하고 빛과 열매가 가득한 통치입니다.
악한 영들은 우리를 유혹하며
육체의 쾌락을 빌미로
세상의 명예와 권세를 빌미로 속이며
우리의 영혼을 은밀하게 사로잡습니다.
그래서 그들이 있는 곳에 신음과 묶임과 고통이 있습니다.
오늘날 이렇게 묶여 있으며 고통 당하는 그리스도인들은
얼마나 많은지요!

그러나 주의 영이 계신 곳에는 자유함이 있습니다.
진리가 있는 곳에는 자유함이 있습니다.
우리는 온전히 자신을 굴복시켜
그 주님의 영광스러운 통치 안으로 들어가야 합니다.
우리가 그 진리와 주님의 통치 안에 굴복되고 들어갈 때
우리는 비로소 살아 움직이는 천국의 영광과 빛이
얼마나 놀라운지 찬란한지
깨닫고 체험하게 될 것입니다.

6장 묶임에서 벗어나다

대부분의 사람들은 자신의 삶 가운데 자기의 힘으로 어쩌지 못하는 부분을 한 가지 이상 가지고 있습니다. 자신의 힘으로 통제할 수 없는 그러한 것들을 가지고 있습니다.

그것은 습관일 수도 있습니다. 또는 다른 약점일 수도 있습니다. 그것을 넓게 보면 하나의 중독이라고 할 수도 있습니다. 아무튼 많은 사람들이 그러한 부분들을 가지고 있습니다. 이것이 좋지 않다는 것을 알고 다시는 하지 않겠다고 결심합니다. 하지만 다시 동일한 일을 반복하는 자신을 발견하게 됩니다. 그리고 그러한 상황이 되풀이되면 좌절과 고통, 무력감을 느끼게 됩니다.

내게도 그러한 문제들이 있었습니다. 지금은 감사하게도 대부분의 문제들이 해결되었지만 그 원리에 대해서 이해하지 못하고 있었을 때는 오랫동안 그러한 묶임의 상태에 있었고 그래서 그러한 상태가 어떤 것인지 잘 알 수가 있었습니다.

그 중의 하나가 바둑에 대한 것이었습니다. 나는 바둑을 좋아했습니다. 어릴 때부터 가정 환경이 어려웠고 나에게는 바둑이 하나의 돌파구가 되었습니다.

나는 고등학교를 다니다가 그만 두고 프로기사가 되기 위해 연구생의 길을 가게 되었습니다. 결국 몇 년의 노력 끝에 포기하고 말았지만 그 때문에 바둑 실력은 거의 수준급이 되었습니다.

신학대학을 다니고 있었을 때도 나는 가끔 기원에 갔었습니다. 기원에 가면 동네에서 보기 드문 고수이기 때문에 나는 항상 귀빈 대접을 받았고 그래서 기원은 나의 휴식처가 되었습니다. 기원의 빈방에서 글을 쓰거나 리포트를 작성하기도 하였지요.

나는 가르치는 것을 좋아하는 편이었으며 약간의 재능을 가지고 있었습니다. 학교에 다닐 때도 아이들은 선생님의 이야기를 들으면 어려운 데 나의 설명을 들으면 이해가 쉽다고 말하곤 했습니다. 나는 바둑을 가르치는 것도 재미있게 했기 때문에 사람들에게 인기가 많았습니다.

신문에 낸 광고를 보고 바둑을 배우기 위해서 기원에 오는 아주머니들이 가끔 있었는데 어쩌다 가르치는 사범이 없어서 내가 대신해서 한 두 번 가르치게 되면 아주 좋아했으며 그 다음부터는 내가 아니면 배우지 않겠다고 고집을 부려서 곤란을 겪기도 했습니다.

나는 그들에게 말하기를 나는 가르치는 것을 좋아하지만 나의 전공은 바둑이 아니고 성경을 가르치는 것이다.. 그런 식으로 설명을 해서 성경 공부 반을 만들기로 하기도 했습니다. 그들은 불신자들이었지요. 그 계획은 내가 결혼을 해서 다른 곳으로 이사를 가는 바람에 이루어지지 않았지만 아무튼 그러한 경로로 복음이 증거되기도 했습니다. 조금 친해지면 나에게 상담을 요구하는 이들도 있었지요.

언젠가 방학이 되었을 때 나는 기원에서 많은 시간을 보내곤 했습니다. 거기에서 글을 쓰기도 했고 사람들에게 전도가 되기도 했습니다. 하지만 내가 기원에 있어도 좋을 아무리 그럴 듯한 이유를 갖다 붙여도 나의 양심은 별로 편안하지 않았습니다. 밤에 교회에 가서 무릎을 꿇고 기도를 드릴 때 나의 영혼은 전혀 평안하지 않았습니다.

나는 내 자신이 도무지 이해가 되지 않았습니다. 나는 그 무렵에는 이미 은사체험도 많이 했었고 성경공부도 많이 했으며 전도의 열매도 많았고 기도의 경험들도 많았습니다. 악한 영들도 많이 쫓아냈었습니다.

그런데 이렇게 쓸데없이 시간을 낭비하고 있다는 사실이 이해가 가지 않았습니다. 문제는 잘 알면서도 내가 그것을 통제할 수 없었다는 사실입니다.

나는 기도를 드리며 내일은 가지 말아야지, 하고 결심을 하곤 했습니다. 하지만 소용이 없는 일이었습니다. 그 다음 날이 되면 나는 이미 기원을 향해서 걸어가고 있는 자신을 발견하곤 했습니다. 그것은 정말 비참한 일이었습니다.

어느 날 나는 정말 화가 났습니다. 그래서 오늘은 분명히 이 문제를 해결하고 넘어가야겠다고 생각했습니다. 그래서 나는 일찍이 교회에 갔습니다. 그리고 아무도 없는 기도실에 들어갔습니다. 그리고 나는 주님 앞에 무릎을 꿇었습니다. 그리고 고백하기 시작했습니다.

"주님.. 당신은 저의 주인이십니다. 당신은 나의 왕이십니다. 저는 바둑을 두고 싶지 않습니다. 저는 이 부분을 주님께 드리기 원합니다. 주님께서 이 부분을 통치하시기 원합니다. 그 동안 저는 이 부분을 다스리고 통치하려고 애를 썼습니다. 하지만 실패했습니다.
저는 이것에 대해서 저의 주권을 내려놓습니다. 당신은 저를 통치하실 수 있으며 이것도 다스릴 수 있습니다. 저를 다스려 주십시오. 저는 당신의 종이며 당신은 저의 왕이시고 주인이십니다."

나는 내가 주님의 종이며 주님이 나의 주인이신 것을 표현하기 위해서 하루 종일 그렇게 무릎을 꿇고 엎드리고 있었습니다. 나는 여호수아가 아이성의 전투에서 패한 후에 하루 종일 주님 앞에서 엎드려 있었던 것을 기억했습니다.
그는 하루 종일 주님 앞에서 엎드려 있었습니다. 그리고 주님께서 여호수아에게 일어나라고 말씀하셨을 때 비로소 일어났습니다. 우리는 주님 앞에서 무릎을 꿇어야 하며 오직 주님만이 우리에게 일어나라고 명하실 수 있는 것입니다. 왜냐하면 그분이 주인이시기 때문입니다!
나는 그처럼 하루 종일 주님 앞에서 엎드려 있었습니다. 나는 어느 순간 나의 기도가 주님께 올려졌다고 느꼈습니다.
밤이 되어 나는 집으로 돌아왔습니다. 그리고 그 다음에 어떻게 되었을까요? 나는 그 다음날부터 기원에 가지 않았습니다. 나는 더 이상 기원에 가느냐 마느냐로 싸움을 할 필요가 없었습니다. 기원에 가는 것이 싫어졌기 때문입니다. 재미가 없어졌기 때문에 더 이상 바둑을 두고 싶지 않았습니다. 그 이후에도 나는 가끔 바둑을 둔 적이 있습니다. 그러나 그것은 그 전과 전혀 다른 것이었습니다. 나는 더 이상 묶이지 않았고 나는 그것을 자유롭게 통제할 수가 있었습니다.

이것은 한 예에 불과합니다. 나는 그 외에도 나의 삶 속에서 많은 묶임을 가지고 있었습니다. 사실 지금에서야 아는 것이지 그 때에는 그러한 일들이 묶임 가운데 있는 것이라는 사실을 알지도 못했습니다.
그러나 그러한 모든 부자유와 묶임에 대해서 나는 비슷한 기도를 통해서 거의 다 회복될 수가 있었습니다. 주님의 왕되심, 주되심의 기도는 진정 우리에게 놀라운 자유와 해방을 가져다주는 것이었습니다.

나는 지금도 많은 사람들이 내가 경험했었던 그러한 비슷한 묶임에 있을 것이라고 생각합니다. 그들도 역시 수 없이 결단하고 노력하지만 자기 힘으로 할 수 없는 문제들이 있을 것입니다.
만약 그들이 이러한 것에 대해서 이해하게 된다면, 그 배후의 영의 존재를 이해한다면 그들은 자기보다 강한 존재와 싸우고 있는 것이며 그 전쟁에 승산이 없다는 것을 알게 될 것입니다.
하지만 유일한 승리의 방법이 있는데 그것은 주님의 왕되심을 인정하는 것입니다. 그러므로 그들이 그 원리를 깨닫고 실천하게 된다면 그들은 자유를 경험하게 될 것입니다. 그들은 더 이상 묶임 가운데 있지 않게 될 것입니다.
왜냐하면 주님은 우리에게 자유를 주시는 분이시기 때문입니다. 그러므로 누구든지 그분의 통치 안에 들어오기만 하면 그는 그러한 자유와 기쁨을 누리고 맛 볼 수가 있는 것입니다.
나는 나의 경험을 통해서 그 진리를 분명하게 입증할 수 있습니다. 그리고 당신도 시도해보면 그것이 사실인 것을 알 수 있게 될 것입니다.
할렐루야. 아멘.

7장 모든 모순의 회복

나는 일상의 삶 속에서 경험하는 많은 묶임과 무질서, 부자유, 혼돈들이 주님의 주되심과 왕되심을 고백하면서 회복되고 치유되는 것을 많이 경험하였습니다. 도대체 어떻게 그러한 일이 일어날 수 있는 것일까요? 그것은 바로 주님의 통치가 천국의 중심원리이기 때문입니다.

천국은 주님이 왕이시며 통치하시는 공간입니다. 그러므로 그곳은 모든 아름다움과 질서와 선한 열매가 가득합니다.

그러나 지옥과 이 세상은 아직 주님의 온전한 통치가 이루어지지 않고 있습니다. 사람들은 복음과 진리에 대한 특별한 깨달음이 없는 한 본능적으로 자신의 마음대로 살며 주님의 통치 가운데 들어가려고 하지 않습니다.

보이지 않는 악한 영들은 이러한 사람들, 주님의 주되심과 왕되심에 굴복되지 않은 이들을 지배하고 통치합니다. 그러므로 그들의 삶 속에는 항상 부조화와 무질서와 혼돈이 있습니다.

사람은 하나님의 형상을 따라 지어졌습니다. 그러므로 선함과 진리와 질서와 아름다움에 만족과 기쁨을 느낍니다. 겉사람으로는 악을 따라 살지만 또한 영을 가지고 있기 때문에 조화와 아름다움을 보고 즐거움을 느낍니다. 조화가 깨어진 것을 보면 그것을 아름답게 느끼지 않습니다.

그런데 악한 영들이 개입된 곳에는 항상 그러한 부조화와 무질서의 열매가 있게 됩니다. 예를 들어서 어떤 외모가 참 아름다운 여인이 있습니다. 그런데 그녀의 코는 너무나 커서 크기가 정말 주먹만합니다. 그럴 경우에 그것을 아름답게 느끼는 사람은 없습니다. 누구나 그것을 부자연스럽고 아름답지 않게 느끼게 됩니다. 사람은 불균형과 부조화를 보고 고통을 느끼게 됩니다.

정서적으로도 사람은 조화를 유지하기 원합니다. 예를 들어서 어떤 감정이 과다한 어머니가 별것 아닌 일로 자녀들에게 분노를 터뜨렸습니다. 그런데 시간이 지나면 어떻게 될까요? 그녀는 자신이 한 일에 대해서 후회하며 미안한 마음을 가지게 됩니다. 그리고 자녀들에게 보상을 하고 싶은 마음을 가지게 됩니다. 그 이유는 무엇일까요?

그것은 그녀가 자신이 감정적으로 치우쳤다고 느끼기 때문입니다. 그것을 보상함으로써 그 치우친 것을 다시 조화시키고 회복하고 싶은 영혼의 본능이 작용하기 때문입니다. 그래서 그 다음에는 자녀들에게 아주 잘해주고 싶은 마음이 생기게 됩니다.

물론 이 경우에도 지나치게 되면 다시 추는 반대쪽으로 기울게 되어 조금 시간이 지나면 다시 아무 것도 아닌 일에 폭발하게 됩니다. 그러한 일을 계속적으로 반복하는 이유는 영혼이 항상 조화와 균형을 추구하는 성질을 가지고 있기 때문입니다.

영이 어느 정도 자란 사람은 자신의 감정과 지성을 다스릴 수 있으며 한쪽으로 치우쳐서 반대쪽으로 보상을 해야하는 악순환에 빠지지 않게 됩니다.

그러나 마음이 고요하고 잔잔하지 않은 이들은 바다의 표면에 항상 파도가 있는 것처럼 흥분하고 한쪽으로 치우치므로 반대편 쪽으로 가야만 균형을 유지하게 됩니다. 그러므로 그들은 이리 갔다 저리 갔다 하면서 정서적인 방황이나 생각의 변화들을 경험하게 되는 것입니다. 이것은 어린 영혼이 좀 더 성숙한 영혼으로 가는 과정에서 어쩔 수 없이 겪게 되는 일들입니다.

사람은 공의와 진리에 대한 본능적인 의식이 있기 때문에 억울한 일을 당하면 상처를 받게 됩니다. 마땅히 당할 일을 당하면서 상처받는 이들은 드뭅니다. 주님께서 세상을 온전하게 통치하신다면 세상에는 억울하거나 조화와 균형이 깨지는 일은 없게 됩니다. 그러나 사람들이 주님의 통치를 떠나서 악령의 지배 속으로 들어오게 되었고 그러므로 세상에는 공평하지 않은 일들이 많이 이루어지게 되는 것입니다. 그러므로 그 모든 무질서와 혼돈의 근원은 오직 주님의 통치를 벗어난 데서 시작된 것이 분명한 사실입니다.

주되심의 고백은 이러한 무질서와 부조화를 근원적으로 바꾸게 됩니다. 그것은 그러한 고백을 통하여 주님의 왕되심이 회복되기 때문입니다. 비록 부분적이기는 하지만 그 부분에 대해서 악한 영들이 쫓겨나고 주님께서 개입하시기 시작하는 것입니다. 그리고 공평과 정의와 질서가 이루어지게 되는 것입니다. 그것이 바로 문제의 해결입니다.

사람들은 이 세상이 왜 그리 불합리하고 악한 일들이 많이 있느냐고 질문합니다. 대표적인 것들이 전쟁과 전쟁 고아에 대한 이야기입니다. 도대체 하나님은 어디에 계시냐고 항의합니다. 자신의 삶에 왜 그리 억울하고 불공평한 일이 많으냐고 의문을 표시합니다. 주님이 세상을 지으시고 인도하신다면 왜 이 모양이냐고 묻습니다.

이런 이야기가 있습니다. 어떤 사람이 세탁소에 세탁물을 맡겼습니다. 급하니까 빨리 해달라고 하자 세탁소 주인이 말했습니다.
"아. 지금 바쁩니다. 열흘은 걸려야 되요."
그러자 손님이 큰 소리로 항의합니다.
"열흘이나 걸린다고? 하나님은 세상을 6일만에 만들었는데?"
세탁소주인은 볼멘 소리로 대답합니다.
"아, 그건 나도 알아요. 그러니까 세상이 이 모양이 아니겠소."

물론 이것은 우스개의 이야기입니다. 그러나 이러한 이야기의 배경에는 세상의 무질서와 혼돈의 책임이 하나님께 있다는 항변이 저변에 깔려 있습니다. 그것은 정말 어리석은 이야기입니다. 우리가 진정 주님의 통치를 경험하고 싶다면, 우리의 삶에 있는 불가능과 무질서와 혼돈과 상처를 치유 받고 싶다면 우리는 우리의 삶의 주권을 주님께 다시 드려야 합니다. 그리고 고백해야 합니다.

우리가 멋대로 살고 있기 때문에 단순히 그 이유 때문에 우리의 삶은 엉망이 되고 세상은 엉망이 되고 있다는 것을 우리는 반드시 깨달아야 합니다. 그러므로 우리가 주인의 위치를 포기하고 주님의 앞에 엎드릴 때 우리는 주님의 통치가 회복되며 모든 것들이 회복되고 모든 모순들이 사라지기 시작하는 것을 볼 수 있게 될 것입니다.

마치 요술 방망이와 같이 주되심의 고백들은 놀라운 역사들을 일으킵니다. 주님의 지배와 통치가 우리의 삶에 구체적으로 개입되기 시작할 때 우리는 그것이 바로 천국인 것을 체험하게 됩니다.

어떤 이들은 하나님을 하늘에 계신 강력한 독재자 정도로 생각합니다. 그래서 힘이 부족해서 할 수 없이 복종하기는 하지만 이에 대해서 불만을 가지고 있는 이도 있습니다.
그러나 그들은 주님을 잘 모르고 있는 것입니다.
주님은 사랑이시며 주님의 다스리심은 사랑의 통치입니다.
그러므로 주님의 통치가 회복되는 것은
모든 아름다움의 회복과 같은 것입니다.
우리가 진정 주님 앞에 엎드려
주님의 사랑의 통치 속으로 들어가게 된다면
우리는 깨닫게 될 것입니다.
주님의 통치는 바로 천국의 임함이라는 것을,
그리고 그 천국의 통치는 너무나 달콤하고
아름답고 행복한 것이라는 사실을
우리는 충분히 깨달을 수 있게 될 것입니다.

8장 포기하는 것의 능력

어떤 부부가 있었습니다. 이 부부는 신실하게 주님을 섬기는 부부였습니다. 그런데 이 부부의 어린 딸이 어느 날 갑자기 아프기 시작했습니다. 원인을 알 수 없는 열이 심하게 나기 시작했던 것입니다.
아이의 부모는 아이를 병원에 입원시켰습니다. 그리고 각종 검사를 하고 치료를 받기 시작했습니다. 그러나 아이의 상태는 점점 더 심각해갔지만 병원에서는 그 원인을 발견할 수 없었습니다.
병원에서는 최선을 다했지만 그들은 아무 것도 보장해줄 수 없었습니다. 아이의 부모는 그저 주님께 열심히 기도를 드리는 것 외에는 아무런 방법이 없었습니다. 그들은 그저 간절한 마음으로 주님의 치유의 능력이 임하기를 기도할 뿐이었습니다.
그렇게 기도하던 어느 날 밤이었습니다. 아이의 어머니에게 갑자기 어떤 생각이 떠올랐습니다. 그리고 그녀는 그것을 남편에게 이야기했습니다.
"여보.. 참 이상한 것 같아요. 우리는 지금 이 아이를 치유해달라고 주님께 간구하고 있어요. 그런데 정말 이상한 일이 아닌가요?
우리는 마치 주님께 떼를 쓰는 것처럼 이 아이를 제발 살려달라고 애걸하고 있어요.. 하지만 주님께서는 우리보다 더 이 아이를 사랑하실 텐데 그분에게 우리가 이렇게 애걸을 할 필요가 있을까요?
그것보다 이 아이를 만드시고 사랑하시는 주님의 손에 이 아이를 맡겨드리는 것이 더 낫지 않을까요?"

그녀의 남편은 그 이야기를 듣고 묵묵히 고개를 끄덕였습니다. 그래서 그들은 그들의 기도를 바꾸었습니다.
"사랑하시는 주님. 우리는 주님께서 이 아이를 만드셨으며 우리에게 주신 것을 알고 있습니다. 그리고 우리가 이 아이를 사랑하는 것보다 주님께서 더 사랑하시는 것을 믿습니다. 이제 우리는 주님의 손에 이 아이를 맡깁니다. 이 아이는 우리의 소유가 아니고 주님의 것이며 이 아이를 온전하게 주님께 의탁하겠습니다."

그들은 더 이상 울지 않았습니다. 그리고 하소연하지도 않았고 주님을 설득하려고 애쓰지 않았습니다. 다만 조용히 주님의 손에 그 아이를 맡겼을 뿐입니다.

그러자 그 순간 그들의 마음 속에 평화가 찾아오기 시작했습니다. 그리고 놀랍게도 바로 그 순간부터 아이의 열이 떨어지기 시작했습니다. 그 후 얼마 되지 않아서 아이는 건강한 몸으로 병원에서 퇴원할 수 있게 되었습니다.

이것은 흥미로운 이야기입니다. 그들이 간절하게 기도를 드렸을 때에는 별로 응답이 없다가 오히려 포기하고 난 후에 주님께서 기도에 응답하신 것이 되었으니까요. 이것은 과연 어떤 의미가 있는 것일까요?

우리는 흔히 어떤 어려움이나 문제가 있을 때 그것을 해결 받기 위하여 아주 간절하게 기도를 해야하며 그러한 간절한 기도가 응답을 받는 것이라고 알고 있습니다.

대체로 그것은 주님을 믿기 시작한 초신자의 경우에 그러한 경우가 적용되는 것 같습니다. 즉 초신자는 아직 인내할 줄 모르며 주님이 어떤 분이신지 잘 모릅니다. 그들의 관심은 오직 자신의 문제에 있으며 고통에서 벗어나는 것에 있습니다.

주님께서는 그들의 상태를 잘 아시기 때문에 그들의 기도에 대해서 쉽게 응답해주십니다. 그들은 그러한 경험이 반복되는 것을 통해서 주님이 사랑이시며 좋으신 분인 것을 알아가게 되는 것입니다.

그러나 그들이 어느 정도 자라게 되면 주님은 그들을 그대로 내버려두시지 않습니다. 주님은 그들의 인생에 있어서 누가 주인인지를 분명히 확인하기를 원하시는 것입니다.

초신자의 경우에는 이러한 경우에 단순히 악을 쓰고 애걸복걸하는 기도를 드려서 문제에 답을 얻고 응답을 받을 수가 있습니다. 그러나 이제 초신자의 수준에서 조금 나아가서 주님의 다루심을 받는 상태에 있는 사람이라면 더 이상 그러한 방식으로는 나아갈 수 없습니다. 그들은 다른 방법을 구해야 합니다. 그리고 그 대표적인 방법이 바로 이 포기하는 기도입니다.

인생을 살아가면서 우리는 무엇을 너무나 간절히 구한 것이 오히려 이루어지지 않는 것을 종종 경험하곤 합니다. 누구든지 다른 것은 다 괜찮은데 오직 이 한가지가 잘 되지 않아서 속을 썩이는 것이 반드시 한 가지 이상은 있습니다. 그런데 다른 기도에는 쉽게 응답이 오고 해결이 오는데 이상하게 그것만큼은 아무리 기도를 해도 이루어지지 않습니다. 그리고 나중에 지쳐버려서 그것을 포기하고 나면 의외로 쉽게 해결이 되는 경험을 하게 됩니다.

내게도 그러한 경험이 많이 있었습니다. 결혼을 하기 전 아내와 교제하고 있었을 때 아내는 대학원을 다니고 있었습니다. 그 때 아내는 주님의 다루심을 경험하게 되었는데 그것은 졸업 논문에 대한 것이었습니다.

졸업 논문 심사가 조금 까다롭기는 했지만 그리 대수롭지 않게 생각하고 준비했던 아내는 그만 심사에 탈락해서 한 학기를 더 다녀야 했습니다. 일찍이 별로 실패를 경험하지 않았던 아내에게 그것은 실로 충격이었습니다.

그녀는 이번에는 다시 실패를 되풀이하지 않으려고 열심히 논문을 준비했습니다. 그러나 이상하게도 모든 일들이 꼬이기만 하는 것 같았습니다. 그녀는 조금 난해한 부분을 주제로 선택했고 그에 대한 자료도 별로 얻을 수 없었습니다. 게다가 교수님들과의 의사 소통에도 오해가 생겨서 그만 난관에 부딪치게 되고 말았습니다.

몇 번의 예비 심사는 논문의 통과가 어려울 것임을 보여주었습니다. 세 분의 심사 교수님들 중에서 한 분은 적대적인 태도마저 보이고 있었습니다.

그녀는 어찌해야 할지 알 수 없었습니다. 이미 최선을 다했지만 별로 돌파구가 보이지 않았고 열심히 기도를 드려보아도 그저 답답하기만 했습니다.

최종 논문심사를 하루 앞두고 그녀는 기도를 드리며 이 문제를 주님께 내려놓았습니다. 논문을 포기하겠으니 주님께서 원하시는 대로 하시라고 기도를 드렸습니다. 학위를 얻지 못하고 이수만 하더라도 그것으로 만족하겠다고 그녀는 고백했습니다. 그것은 그녀에게 있어서 아브라함이 이삭을 주님께 제물로 올려놓은 것과 같았습니다.

그런데 그렇게 포기하자마자 그녀는 몇 달 만에 처음으로 마음에 평화가 밀려오는 것을 경험할 수 있었습니다.

그녀는 그 다음날 편안한 마음으로 논문 심사를 받으러 갔습니다. 놀라운 것은 심사위원들의 태도가 갑자기 너무나 달라졌다는 것입니다. 그녀는 어렵지 않게 논문을 통과할 수 있었습니다.

그녀에게 있어서 이것은 아주 사실적인 교훈이었습니다. 즉 아무리 기도해도 평안이 없었던 그녀가 이 문제를 주님께 올려놓고 포기하자 갑자기 평안이 왔으며 결국 문제는 잘 해결되었던 것입니다. 그녀는 포기를 통해서 얻어지는 자유함에 대한 교훈을 평생동안 잊을 수 없을 것이라고 말하며 주님께 감사를 드렸습니다.

나의 책 〈문제는 주님의 음성입니다〉에서 나는 목회 사역의 시작에 대한 경험에 대해서 간증을 하였습니다.

나는 영성 사역에 대한 열망이 있어서 오랫동안 간절하게 기도했으나 사역의 길이 열리지 않았습니다. 나는 6년 동안 여러 번 작정 기도를 하기도 하고 금식기도를 하기도 했으나 도무지 길이 보이지 않았습니다. 다른 문제들에 대해서는 쉽게 기도의 응답을 받았으나 이상하게도 나는 이 문제에 대해서만큼은 응답을 받을 수 없었습니다.

어느 날 나는 이 문제에 대한 주님의 가르치심을 느끼고 낙담한 후에 이것을 내려놓기로 마음을 먹었습니다. 그리고 나는 이것에 대해서 포기한다고 주님께 고백하였습니다.

그리고 얼마 되지 않아서 이 포기한 기도는 응답을 받게 되었던 것입니다. 그것은 정말 이상한 일이었습니다. 간절하게 기도할 때는 되지 않던 것이 다 포기하고 내려놓고 나면 신기하게도 모든 것들이 맞아 들어가서 자연스럽게 이루어지게 된다는 것이 말입니다.

하지만 이와 같은 일은 흔하게 볼 수 있는 일이었습니다. 나는 〈너무나 간절히 구한 것은 이루어지지 않으며 포기하고 나면 주님께서 역사하신다〉는 법칙을 차츰 인식하게 되기 시작했습니다.

어떤 자매가 있었습니다. 이 자매는 주님을 몹시 사랑하는 이였고 주님의 달콤한 임재에 대해서도 어느 정도 체험이 있었으며 영성 성장에 대한 열망을 가지고 있었습니다.

그런데 어느 날 갑자기 문제가 생겼습니다. 그녀의 남편이 집을 나가버린 것입니다.

남편은 아이를 몹시 사랑하는 자상한 성품이었으며 부부가 가끔 다툼이 있기는 했지만 심각하다고 할 수는 없는 편이었으며 오히려 잉꼬부부에 가깝다고 할 수 있었습니다. 그녀가 남편의 신앙이 잘 자라가도록 자연스럽게 돕지 않고 신앙적인 열심을 내도록 압력을 행사하는 측면이 다소 문제이기는 했습니다. 배우자를 변화시키고 싶어 하는 그러한 열정은 대체로 문제와 갈등의 소지가 되는 것이 보통이기는 합니다.

그러나 그렇다고 해서 가정적인 남편이 갑자기 집을 나간 것은 예상하기 어려운 일이었습니다.

그녀는 충격을 받았습니다. 그리고 남편을 설득하려고 애쓰는 한편 그가 집으로 돌아오도록 간절하게 기도를 드리기 시작했습니다.

하지만 예상과는 달리 남편은 설득되지 않았습니다. 그리고 집으로 돌아오지도 않았습니다.

그녀는 눈물로 살기 시작했습니다. 밤마다 기도를 드리며 울었습니다.

100일 작정기도를 드렸고 의좋은 그녀의 자매들은 같이 모여서 기도하고 위로했습니다. 하지만 남편은 돌아오지 않았습니다. 나는 그녀와 잠시 통화를 할 수 있었습니다. 그녀의 관심은 오직 남편이 돌아오는지 돌아오지 않을 것인지 오직 그것에 대해서 알기를 원했습니다.

그녀는 예언하는 이를 만나서도 역시 동일한 것을 물어보았습니다. 그것은 역시 같은 질문이었습니다. 남편이 돌아오는지 돌아오지 않는지 하나님께서 뭐라고 하시는지 오직 거기에 대해서 알기를 원했습니다.

나는 그녀에게 남편이 돌아올 것이라고 말해 주었습니다. 그러나 지금의 상태로는 돌아올 수 없다고 이야기하였습니다. 그녀의 마음 상태가 변화된 후에야 남편은 돌아오게 될 것이라고 말했습니다.

이런 경우에 미래를 예언하듯이 그가 돌아온다, 돌아오지 않는다.. 하는 것은 의미가 없는 이야기입니다. 왜냐하면 그것은 아직 결정된 미래가 아니기 때문입니다.

그것은 우리 자신의 영적 상태에 달려있는 것입니다. 그녀가 남편이 돌아오든 말든 어느 쪽이든 상관없이 주님께 감사를 드릴 수 있다면, 편안한 마음으로 그것을 주님께 맡길 수 있다면 그 기간은 짧아질 것입니다. 그러나 그렇지 않다면 그 기간은 길어질 것입니다.

시간이 어느 정도 흐르자 그녀는 아주 탈진이 되어 버렸습니다. 그리고 소망을 잃어버리고 포기하고 말았습니다. 그리고 얼마 되지 않아서 남편은 돌아왔습니다. 가정은 다시 편안한 상태로 돌아가게 되었습니다.

도대체 이것은 무슨 메시지일까요? 간절하게 무엇을 구할 때는 이루어지지 않고 오히려 그것을 포기하고 내려놓았을 때는 그것이 이루어지고.. 주님께서는 이러한 원리를 통하여 무엇을 우리에게 말씀하시기를 원하는 것일까요?

그것은 바로 주권에 대한 문제입니다. 우리의 삶에 있어서 누가 주인인가? 하는 문제를 주님께서는 다루고 계신 것입니다.

사람들은 복음을 듣고 주님을 자신의 구세주와 주님으로 영접합니다. 그러나 구체적인 삶의 영역에서 주님을 진정한 주인으로서 모시는 경우는 아주 드뭅니다.

대부분의 사람들은 자기의 마음대로 삽니다. 자신의 생각을 따라 살고 자신의 감정을 따라 삽니다. 자신의 원하는 것을 위해서 주님께 나아가고 구할 뿐입니다.

성숙이란 이러한 자기 중심의 사람들이 좀 더 실제적이고 구체적으로 주님의 종으로 변화되어 가는 과정이라고 할 수 있습니다. 점점 성숙되어 갈수록 사람은 자신의 혼자 힘으로 사는 것을 싫어하며 모든 것에서 주님의 지배와 인도를 받기를 원하게 됩니다.

그러나 그러한 신자라고 하더라도 아직 주님이 주인이 되시지 않은 분야는 있게 마련입니다.

많은 신자들이 주님께 '오, 주님.. 이것만은 안 됩니다. 다른 것은 아무래도 좋습니다. 하지만 이것은 안 됩니다. 이것은 나에게 맡겨 주십시오. 이것만큼은 건드리지 말아 주십시오.' 하고 말합니다. 바로 그 부분에 대해서는 여전히 자신이 주인이 되어 있는 것입니다.

하지만 주님께서는 그 부분에 대해서도 역시 주인이 되기를 원하십니다. 바로 그 부분을 통해서 천국은 깨어질 수 있으며 지옥의 역사가 시작될 수 있기 때문입니다. 아주 달콤하고 향기로운 쥬스라고 하더라도 거기에 한 마리의 파리가 빠져있으면 그것은 마실 수 있는 것이 아닙니다. 그것은 겨우 한 마리뿐이라고 말 할 수 있는 것이 아닙니다. 1%의 더러움은 99%의 순수함을 깨뜨리는 것입니다.

간절한 소원과 매달림, 거기에는 집착과 아집이 있습니다.
거기에는 자신의 생명과 자기 중심적인 취향이 있으며 그것은 지옥과 가까운 것입니다. 그리고 그러한 집착이 있는 곳에 주님께서는 역사하실 수 없습니다.

야곱의 아내인 라헬도 아들에 대한 집착이 있을 때는 아들을 얻지 못했습니다. 꿈을 이루기 위해서 수단과 방법을 다 사용했어도 그 꿈을 이루지 못했습니다. 자신의 꿈이 이루어지지 않아서 분노하고 폭발했을 때도 그녀는 그 소원을 이루지 못했습니다.
그녀는 오랜 시간이 지나고 그녀의 성질이 조금 누그러졌을 때 비로소 아들을 얻을 수 있었습니다.
야곱은 아들에 대한 집착을 버리기 전까지 요셉을 만날 수 없었습니다. 그러나 비로소 아들 베냐민에 대한 집착에 가까운 애정을 포기할 때에 베냐민을 살렸을 뿐만 아니라 잃어버린 아들 요셉까지도 만날 수 있었습니다.

집착은 하나님의 역사를 방해합니다. 집착은 문제를 우리 자신이 가지고 있는 것을 의미합니다. 이것이 반드시 어떤 일이 있어도 이루어져야 한다고 하는 것은 그가 주님의 뜻보다 자신의 성향을 더 중요시하고 있는 것을 보여줍니다. 포기란 바로 그러한 집착을 내려놓는 것입니다.
포기란 자기 중심에서 하나님 중심으로 바꾸어지는 것을 의미합니다. 그러므로 포기하는 바로 그 순간에 주님은 그 문제의 중심에 좌정하시고 개입하셔서 놀라운 역사가 이루어지기 시작하는 것입니다.

이 세상에 많은 문제들이 있습니다.
해결되는 것이 너무나 어렵게 보이는
자신의 힘을 넘어선 것으로 보이는
그러한 많은 문제들이 있습니다.
그래서 많은 사람들은 좌절하고 낙심합니다.

그러나 정말 중요한 것은 그 문제 자체가 아닙니다.
그 문제를 자신이 가지고 있다는 것
바로 그것이 문제인 것입니다.

내가 무엇인가를 가지고 있을 때
거기에는 어떤 해결도 자유도 없습니다.
그러나 그것이 나의 손을 떠나서 주님의 손에 이르게 된다면
거기에서부터 놀라운 역사는 시작됩니다.
그러므로 누구든지 자신이 가지고 있는 그 문제를
주님의 손에 맡겨드린 다면
그리고 그 결과가 어떻든지
감사하고 순복할 준비가 되어 있다면
그것은 더 이상 문제가 되지 않는 것입니다.

이것은 가장 중요하고 놀라운 진리를 보여줍니다.
그것이 무엇이든 어떤 문제이든 간에
우리가 주인이 된 상태는
바로 지옥과 같은 것이며
주님이 주권을 가지시고
직접 통치하시고 역사하신다면
그것은 곧 천국의 임함이며
해방과 자유와 회복이 임하기 시작한다는 것입니다.

주님의 주권이 있는 곳에
천국의 역사가 있습니다.
포기하는 것 -그것은
나를 내려놓는 것입니다.
그것은 주님의 임하심을 가져옵니다.
그렇기 때문에 포기는 천국의 능력이 임하는 비결이며
주님의 살아계심과 영광을 맛볼 수 있는
아름답고 놀라운 법칙이 되는 것입니다.

9장 감사와 찬양의 원리

머린 캐로더스 목사님은 세계적인 베스트 셀러 작가입니다. 그의 저서인 〈감옥 생활에서 찬송 생활로〉〈지옥생활에서 천국 생활로〉〈찬송 생활의 권능〉 등은 전 세계에서 수 백만 부가 팔렸으며 수많은 독자들의 삶에 충격과 변화를 주었습니다.
그가 전하고 있는 메시지는 한결같은 것입니다. 그것은 바로 감사와 찬송의 능력입니다. 그리스도인들은 어떤 불행한 상황에 처했다고 하더라도 주님께 감사와 찬송을 드려야한다는 것입니다.
그리고 바로 그것이 감옥에 갇힌 삶에서 자유한 삶으로, 지옥과 같은 삶에서 천국적인 삶을 살 수 있는 비결이라는 것입니다.

그것은 이미 많은 사람들이 알고 있는 이야기입니다. 감사와 찬송은 그리스도인으로서 아마 수 없이 들어보았던 이야기일 것입니다. 그러나 그런 단순한 메시지가 전 세계의 수많은 독자들에게 영향을 끼친 이유는 무엇일까요?
그것은 아마 그러한 감사와 찬송이 실제의 삶에서 가져다주는 놀라운 삶의 열매일 것입니다. 그것은 단순히 이론적인 이야기가 아닙니다. 그리고 단순히 그렇게 감사의 마음을 가짐으로써 자신의 마음이 편안해진 것으로 끝나는 이야기가 아닙니다.
그가 가르치고 있는 감사와 찬송의 결과 실제의 삶에서 나타나는 기적적인 변화와 역사가 아주 역동적이고 놀라운 것이기 때문입니다.
즉 감사와 찬송은 흔하게 듣는 이야기이긴 하지만 그것을 실제 삶에서 적용했을 때 하나님께서 그의 삶에 구체적으로 개입하시며 그것은 놀라운 열매와 변화를 가져온다는 것을 독자들은 보고 경험할 수 있기 때문입니다.

머린 캐로더스 목사님 자신이 죄와 어두움으로 가득했던 삶에서 주님께 나아와 자신의 삶을 바친 후 주님께로부터 감사와 찬송을 통해서 삶의 모든 부분이 바뀔 수 있다는 것을 경험하기 시작했습니다.

그리고 그는 자신의 삶에서 경험한 원리와 이야기들을 책에 기록했습니다. 그리고 그의 책들을 읽고 그 원리를 자신의 삶에서 경험한 독자들의 편지가 빗발치기 시작했습니다. 그는 그러한 사례를 모아서 다시 책을 냈습니다.

아무리 놀라운 진리라 하더라도 그것이 실제적으로 나타나고 역사하지 않는다면 그것은 그리 설득력을 가진다고 할 수 없습니다. 어떠한 원리가 진정한 것이라면 그것은 반드시 실제적인 삶 속에서 열매들이 나타나기 마련입니다. 그러므로 사람들은 구체적인 실제의 이야기에 매료됩니다. 중요한 것은 원리 자체가 아니라 그것이 나의 삶에 직접 적용할 수 있으며 나타날 수 있는가 하는 것입니다. 목사님의 저서는 그런 면에서 폭발적인 반응을 일으켰습니다.

그의 메시지는 어찌 보면 극단적이기까지 합니다. 항상 감사와 찬양을 드리라는 이야기는 간단한 것 같지만 막상 아주 힘든 상황에 부딪쳐서 삶의 위기를 겪고 있는 이들에게 감사와 찬송을 드리라고 권유하는 것은 쉬운 일이 아닙니다. 그들로부터 원망을 들을 수도 있는 것입니다. 그러나 놀라운 사실은 그러한 이야기를 듣고 마지못해 찬양을 시작한 이들이 그 순간부터 놀라운 하나님의 손길을 경험하게 된다는 것입니다.

어떤 여인이 남편과 한동안 헤어지게 되었습니다. 남편은 군인인데 해외에 파병이 되었던 것입니다. 그녀는 어릴 때에 가족을 다 잃어버렸으며 홀홀단신이었습니다.

그녀는 남편 없이는 혼자 살 수 없다고 흐느껴 울기만 하였으나 이 때 머린 목사님의 감사와 찬양에 대한 이야기를 듣게 됩니다.

그 상황에 대해서 감사와 찬양을 드리라니 기가 막히고 화도 났지만 다른 대책도 없었기 때문에 할 수 없이 그들은 내키지 않는 마음으로 감사와 찬양을 주님께 드리게 됩니다.

"주님, 감사합니다. 잘 이해할 수는 없지만 주님을 찬양합니다. 할렐루야.."

하여간 이런 식으로 반복하고 있다가 그들은 우연히 어렸을 때 헤어진 오빠를 만나게 됩니다. 과연 이것은 우연일까요?

그것만 해도 놀라운 일인데 그녀의 남편은 우연히 어떤 장교를 만나게 되어 해외 파병이 취소가 됩니다. 과연 이것이 우연일까요?

그의 책에는 이러한 기적적인 예화들로 가득 차 있습니다. 어떤 사람이 온갖 죄들을 짓고 감옥에 갇히게 됩니다. 그의 죄는 중하여 몇 십 년 동안 그는 바깥을 구경할 수도 없습니다. 그는 자신의 죄를 회개하고 주님께로 나아옵니다. 그리고 그는 감옥에서 그의 책을 발견하고 감사와 찬송을 시작합니다.

모든 것에 대해서, 심지어 그의 몸을 물고 있는 모기에까지 그는 감사를 시작합니다.

그리고 나서 얼마 후부터 변화가 일어나기 시작합니다. 모기들도 그의 몸을 물지 않았으며 얼마 후에는 특사로 사면을 얻게 됩니다. 이것은 과연 우연일까요?

남편이 바람이 나서 이혼을 원하기 때문에 낙심하고 좌절하는 여인에게 머린 목사님은 감사하고 찬양하라고 가르칩니다. 그리고 그녀는 순종합니다. 그렇게 한동안 감사와 찬송을 계속 하자 남편은 그 동안 바람을 핀 것을 고백하고 회개한 후 그녀의 가정은 다시 회복됩니다.

그의 책에는 비슷한 예화로 가득합니다. 집을 나간 아이를 위해서 감사와 찬양을 드리자 아이가 변화되어 집으로 돌아온 이야기, 마약과 범죄로 찌들었던 아이가 부모의 감사와 찬양을 통해서 변화된 이야기 등의 예화가 실감나게 묘사됩니다.

인생의 극단적인 상황에 처한 이들에게 목사님이 감사와 찬양을 권할 때 그들의 반응은 대부분 냉소적입니다. 어처구니없어 하고 못마땅하다는 반응을 보이지요. 당신이 직접 내가 겪는 것을 겪어보라고.. 그러면 그런 한가한 소리가 나오지 않을 것이라고.. 그들은 분노를 터뜨립니다.
그러나 얼마 후에 대강 납득을 하고 내키지 않는 마음으로 할 수 없이 감사와 찬양을 드리기 시작하는 데 그 후에 나타나는 놀라운 역사들을 경험하고 나서는 충격을 받고 그들의 남은 삶을 감사와 찬송으로 살아가야겠다고 결심하게 되는 것입니다.

물론 모든 사람들이 극단적이고 어려운 상황에서 감사와 찬양을 통하여 기적적인 하나님의 개입과 전환을 경험한 것은 아닙니다.
어떤 이들은 진정한 감사와 찬양의 의미를 알지 못하고 단지 빨리 고통에서 벗어나고 싶은 마음으로 성급하게 감사와 찬양을 드리기도 했습니다. 그리고 그러한 이들은 감사와 찬양을 드렸는데 왜 기적이 없느냐고 항의를 하는 이들도 있었습니다. 아마 그러한 이들은 감사와 찬양의 의미를 좀 더 깨닫고 발전하기 위해 좀 더 훈련이 필요하겠지요.

자, 감사와 찬양을 통해서 나타나는 이러한 놀라운 능력에 대한 주님의 메시지는 무엇일까요? 과연 어떤 원리를 통해서 그러한 단순한 방법을 통해서 한 순간에 비극적으로 보이는 순간들이 놀라운 풍성함으로 바뀌게 되는 것일까요?
나는 그것이 바로 주님의 주권에 대한 회복에서 기인하는 것이라고 생각합니다. 여태까지 우리가 가지고 있었던 삶의 주도권이 주님 앞에서 상황과 상관없이 엎드려 감사와 경배를 드릴 때 그것은 우리의 삶과 그 구체적인 상황에 대한 주도권이 주님께로 넘어가는 것을 의미하게 되는 것입니다.
삶에서 어려운 상황이 왔을 때 그것에 대해서 원망하고 불평하는 것은 당연한 일인 것 같이 보이지만 사실 그렇지 않습니다.

우리는 그렇게 불평하고 원망할 권리가 없습니다. 우리가 우리의 것이라고 생각하고 있는 모든 것들은 다 주님께로부터 받은 것입니다. 우리의 몸도, 우리의 생명도, 우리의 건강도, 재능도 다 주님으로부터 온 것입니다. 그러므로 우리가 우리의 것을 빼앗기게 된다거나 어려운 상황을 겪게 된다고 해서 이에 대해서 불평을 토할 권리가 우리에게는 없는 것입니다.

원망과 불평은 우리의 삶을 우리가 지배하고 있다는 사실을 보여줍니다. 그리고 이를 통해서 악한 영들은 우리를 지배할 수 있으며 우리를 마음대로 공격할 수 있습니다.

자신이 자신의 삶을 지배하는 이들은 주님의 보호를 받지 못하며 스스로의 힘으로 악한 영들과 싸워야 하고 스스로의 힘으로 문제를 해결해야 하기 때문입니다.

감사와 찬양은 단순한 행위 같지만 그러한 자기 중심의 삶, 자기 지배의 삶에서 주님께로 주도권을 넘기는 행위입니다. 그러므로 감사와 찬양과 경배를 시작하는 그 순간부터 주님은 그 상황을 지배하기 시작하시며 거기에서부터 모든 무질서는 사라지고 재앙은 물러가며 악한 영들은 떠나가게 되어 우리의 눈으로 보기에 기적과 같이 여겨지는 일들이 일어나게 되는 것입니다.

결국 이러한 기적과 능력의 중심은 사람이 낮아져서 주님의 주권 아래에 들어가게 되는 것임을 알 수 있습니다. 천국은 주님의 주권과 질서 속에서 움직이는 것이며 지옥은 사람의 주권과 중심을 따라 움직이는 것입니다.

그러므로 누구든지 자신의 주권을 포기하고 주님의 주권 가운데 굴복하게 될 때 그는 실제의 삶 속에서 무한한 자유와 천국의 풍성함을 경험할 수 있게 되는 것입니다.

오늘날 이 실재하는 천국의 기쁨과 자유를 체험하는 이들은 그리 많지 않습니다. 많은 기도를 드리고 많은 훈련을 받지만 실제의 삶에서는 여전히 불안과 근심과 고통과 무질서로 가득하고 눌려있는 삶을 사는 그리스도인들이 많이 있습니다.

그것은 기본적으로 그가 아직 주님의 지배와 주권 속에서 움직이지 않고 있는 사실을 보여주는 것입니다. 누구든지 주님의 지배 안에 들어가기만 하면 그 분량만큼 그는 자유함을 경험할 수 있기 때문입니다.

천국은 주님이 통치하시는 곳입니다.
주님의 통치는 아름다움과 사랑과 진리와 자유로 가득한 것입니다.
그러므로 우리가 이 땅에 살면서 좀 더 주님의 통치 가운데 들어가게 된다면 우리는 좀 더 깊은 천국의 자유와 풍성함을 누리고 맛볼 수 있게 되는 것입니다. 그리고 그러한 은총을 경험한 이들은 자신의 삶이 좀 더, 좀 더 그 주님의 손 아래 굴복되는 것을 사모하게 될 것입니다.

10장 부르짖는 기도의 원리

부르짖는 기도는 하늘 문을 여는 권능의 기도입니다. 이것은 이 땅에 하늘의 권능과 힘이 나타나게 하는 기도입니다. 이 기도는 비밀에 속한 것입니다.
이것은 기도의 가장 기초적인 부분이며 많이 알려져 있는 것 같지만 사실 이 기도의 권능을 경험하고 사용하는 이들은 그리 많지 않습니다.
부르짖는 기도의 원리와 방법과 방향과 내용과 그 발전 단계에 대해서 잘 이해하고 경험한 이들은 별로 많지 않습니다.
만일 이 부르짖는 기도가 널리 사용되고 있다면 오늘날 그리스도인들이 경험하고 있는 무기력과 눌림과 영적 무감각과 같은 현상은 별로 볼 수 없을 것입니다.

성경에는 절망적인 상황에 처한 이들이 이 부르짖는 기도를 통해서 하나님의 능력과 역사를 경험하고 승리를 경험하는 무수한 실례들이 있습니다. 그것은 문자 그대로 하늘의 권능을 이 땅에 내려오게 하는 기도입니다.
얼핏 들으면 이 부르짖는 기도는 앞에서 나누었던 포기하는 기도와 모순이 되지 않는가 생각할 수도 있습니다. 부르짖는 기도는 아주 간절한 기도이며 포기하는 기도는 간절한 기도라기 보다는 조용하고 차분한 기도에 가까우며 무엇을 관철하기 위한 기도가 아니라 자신의 뜻을 내려놓는 기도이기 때문입니다.
그러나 겉으로 보기에는 서로 상반되는 것 같은 이 두 가지 기도가 궁극적으로는 다른 형식을 가지고 있는 하나의 기도인 것을 우리는 이해해야 합니다.

이스라엘 백성이 애굽 땅에서 고역으로 신음하고 있었을 때 이스라엘 백성은 하나님께 부르짖었으며 그 기도는 하나님께 상달되어 비로소 구원과 해방의 역사가 시작되었습니다. 만일 그들이 부르짖지 않았다면 그들은 여전히 애굽에서 바로의 종으로서 살아갔을 것입니다.

여러 해 후에 애굽 왕은 죽었고 이스라엘 자손은 그 고역으로 인하여 부르짖으니 그 부르짖는 소리가 하나님께 상달한지라
하나님이 그 고통 소리를 들으시고 아브라함과 이삭과 야곱에게 세운 그 언약을 기억하사 이스라엘 자손을 권념하셨더라 (출2:23-25)

부르짖기 전에도 하나님은 이스라엘 백성의 노고를 아시고 계셨습니다. 그러나 하늘에서 구원이 시작된 것은 이스라엘 백성이 부르짖기 시작한 후부터였습니다. 그러므로 부르짖는 기도는 하늘의 실제적인 구원의 역사가 이 땅에 임하게 되는 계기가 되는 것입니다.
부르짖기 전에도 이스라엘 백성은 하나님의 백성이었으나 그들은 압제 가운데 있었습니다. 그러나 부르짖기를 시작하자 그들은 압제에서 벗어나 해방과 자유함의 세계로 가는 여행이 비로소 시작되었습니다.
압제 가운에 있을 때 하나님의 구원이 시작된 것은 이스라엘의 역사 가운에 항상 있었던 일이었습니다.

이스라엘 자손이 여호와 목전에 악을 행하여 자기들의 하나님 여호와를 잊어버리고 바알들과 아세라들을 섬긴지라
여호와께서 이스라엘에게 진노하사 그들을 메소보다미아 왕 구산 리사다임의 손에 파셨으므로 이스라엘 자손이 구산리사다임을 팔 년을 섬겼더니 이스라엘 자손이 여호와께 부르짖으매 여호와께서 그들을 위하여 한 구원자를 세워 구원하게 하시니 그는 곧 갈렙의 아우 그나스의 아들 옷니엘이라 (삿3:7-9)

이스라엘 백성은 하나님을 버리고 우상을 섬겼습니다. 그리하여 하나님의 영이 그들을 떠나심으로 무력하게 되어 다른 왕을 섬기게 되었습니다.

그들은 8년 동안 노예생활을 하다가 그것이 몹시 고통스럽자 다시 부르짖었고 그 소리를 들으시고 하나님은 다시 구원자를 보내셨습니다. 만약 이스라엘 백성이 좀 더 일찍 하나님께 부르짖었다면 8년 동안 쓸데없이 고통을 겪지는 않았을 것입니다.

하지만 하나님의 사람 옷니엘이 죽자 이스라엘 백성은 다시 악을 행하고 그 결과 모압과의 전쟁에서 패하고 모압 왕 에글론의 지배 가운데 있게 됩니다. 그리고 이스라엘이 여기에서 벗어나는 길도 여전히 한 가지 방법 뿐이었습니다.

이에 이스라엘 자손이 모압 왕 에글론을 십팔 년을 섬기니라
이스라엘 자손이 여호와께 부르짖으매 여호와께서 그들을 위하여 한 구원자를 세우셨으니 그는 곧 베냐민 사람 왼손잡이 에훗이라 (삿3:14,5)

항상 고통의 원인은 한 가지였습니다.
그것은 하나님의 백성이 하나님을 떠나는 것입니다.
어떤 악한 행동을 했다는 것보다도 그들의 마음, 그들의 중심이 하나님을 떠나는 것입니다.
그러면 그들은 우상을 섬기게 되고 죄를 짓게 됩니다.

현대적인 적용을 하자면 골로새서 3장 5절의 말씀에 탐심은 우상숭배라고 하고 있으니 즉 하나님 중심의 삶, 영성적인 삶을 떠나 육적이고 탐욕적인 삶을 추구하는 것입니다.
그들의 중심이 그렇게 하나님을 떠나게 되자 그들은 이방의 왕들의 노예가 되고 맙니다. 즉 하나님을 섬기지 않는 이들은 다른 왕들을 섬기게 되는 것을 보여주는 것이지요.

오늘날의 시점에서 적용하자면 그 다른 왕들은 악한 영적인 세력을 말하는 것입니다. 즉 형식적인 그리스도인들이 세상의 영들, 마귀에게 사로잡혀 영적 감각을 잃어버리고 묶임과 악한 습관과 정욕의 노예가 되어 비참하게 살고 있는 모습을 말해주는 것입니다.

그렇게 눌린 이스라엘 백성이 부르짖게 되면 즉시로 하나님의 구원계획이 시작됩니다. 그것은 하나님께 속한 사람을 세우는 것입니다. 그리고 그 하나님의 사람을 통해서 이스라엘에는 부흥과 회복이 이루어지게 되고 전쟁에서 승리하여 자유로운 삶을 살 수 있게 되는 것입니다.
그 구원자들은 부르짖는 기도에 대한 결과였고 응답이었습니다.
모세나 기드온이나 옷니엘이나 에훗과 같은 이들은 평소에는 그저 평범한 사람에 지나지 않았습니다.
그러나 이스라엘 백성이 구원을 얻기 위하여 부르짖기 시작했을 때 그들은 하나님의 손에 의하여 강한 용사로 변화되기 시작했습니다. 하나님께서는 그들의 구원과 회복을 위하여 이들을 그 도구로 사용하시기 시작하셨던 것입니다.
부르짖을 때 그 결과로 구원자가 나타나게 된 것처럼 오늘날도 부르짖으면 환경과 모든 여건이 바뀌어지기 시작합니다. 선지자를 우리에게 보내시지는 않을지 모르지만 아무튼 어떤 방법으로든 하늘의 구원과 역사가 우리의 삶을 향해서 달려오게 되는 것입니다.

자, 절체절명의 위기에서 부르짖으면 구원자를 보내시고 구원을 베푸시는 하나님의 의도는 과연 무엇일까요? 우리는 여기에서 어떤 영적 원리를 발견할 수 있을까요?
많은 이야기를 할 수 있겠지요. 그러나 여기에서 말하고 싶은 것은 하나님의 주권의 회복입니다. 바로 우리를 떠나셨던 하나님이 다시 우리의 삶 속으로 개입할 수 있도록 요청하는 것 - 바로 그것이 부르짖는 기도의 가장 중요한 의미가 되기 때문입니다.

앞에서 보았던 것처럼 이스라엘의 위기는 항상 하나님을 떠났던 데에서부터 시작되었습니다. 따라서 그들의 회복은 다시 하나님께로 돌아가는 것 오직 그것밖에는 다른 방법이 없는 것입니다.

그리고 이스라엘 백성이 하나님께 부르짖었을 때 그 부르짖음은 다시 하나님께로 돌아간다는 의미이며 표현이었고 하나님께서는 그것을 받아들이셨던 것입니다.

부르짖는 것은 하나님께 나아가는 행위입니다.
오늘날 지성인들에게 있어서 동물처럼 부르짖는 기도는 거리끼는 것입니다. 그것은 유치해 보이고 무식해 보입니다.
그러므로 깊은 묵상에 잠기고 싶어하는 이들은 많이 있지만 부르짖으려고 하는 이들은 많지 않습니다.
왜 하나님께서는 부르짖는 기도를 통해서 비로소 마음을 여시고 응답을 시작하시는 것일까요? 하나님께서는 그들이 부르짖지 않아도 그들의 사정과 형편을 다 아실 텐데 말입니다.

이러한 측면을 한번 생각해 볼 수 있습니다. 이스라엘 백성이 고통에서 벗어나기 위해서 행했던 첫 번째 방법이 부르짖는 기도였을까요? 그들은 처음부터 부르짖기 시작했을까요? 나는 아마 그렇지 않을 것이라고 생각합니다.
오늘날 어려움을 겪게 된 사람이 처음부터 하나님께 나아가 목숨을 걸고 부르짖지는 않습니다. 그것은 맨 마지막 단계의 기도입니다. 어떤 어려움이 있어도 사람들은 대체로 생각합니다.
'오, 아직은 괜찮아. 오늘은 실패했지만 내일은 좀 더 나을 거야.'
그리고 조금 지나면 이렇게 생각합니다.
'이 방법도 실패했군.. 맞아. 내가 이런 면이 부족했어. 하지만 다른 방법이 있을 거야.'
이런 식으로 수 없이 실패는 계속됩니다. 그리고 어느 순간에 이르러 그는 절망하게 되는 것입니다. 그리고 그는 기도합니다.
'오, 주님.. 이제는 저는 더 이상 아무 방법이 없습니다. 저는 이제 끝입니다. 오, 주님.. 제발 오셔서 저를 도와주십시오..'
바로 이러한 자세로 드리는 기도가 부르짖는 기도인 것입니다.
이스라엘 백성도 자유를 얻기 위해서 많은 방법을 시도했을 것입니다. 솔로몬이 했듯이 평화 정책을 쓰기도 하고 인간적인 힘으로 전쟁을 하려고도 했을 것입니다.

그러나 그 어떤 방법으로도 승리와 자유를 얻을 수 없게 되자 그들은 비로소 하나님께 나아와서 부르짖게 되었던 것입니다.
'오, 주님.. 우리를 용서해주십시오. 주님만이 우리의 왕이시며 우리의 힘이시며 구원이 되십니다.' 이렇게 말입니다.
부르짖는 기도를 통해서 주님께서 응답하시고 하늘 문을 여시는 원리는 우리가 여태까지 다루어왔던 것과 같은 원리에 속한 것입니다. 즉 그것은 주님의 주권 앞에 엎드러지는 기도입니다.
'오, 주님.. 저는 이제 할 수 없습니다. 저의 힘으로는 이제 더 이상 버틸 수 없습니다. 그러니 주님. 제발 이제 임재하시고 역사해주십시오.' 그러한 기도인 것입니다.

우리는 충분히 절망하지 않으면 부르짖지 않습니다. 충분히 좌절하고 낙담하지 않으면 낮고 유치한 부르짖는 자리에까지 내려오지 않습니다.
가능하면 다른 품위 있는 방법을 찾아보고 싶어 합니다.
그러므로 주님께서는 우리가 티끌처럼 낮아져서 땅 끝까지 내려와 동물처럼 간절하게 주님께 부르짖을 때까지 기다리시는 것입니다.
'자, 아직 네 힘으로 할 수 있겠니? 그러면 나는 좀 더 기다리겠다. 도저히 할 수 없다면 그 때에 나를 부르려무나.'
주님께서는 그렇게 우리를 기다리고 계신 것입니다.

부르짖는 기도가 하늘 문을 여는 이유는 그것이 아주 낮아진 곳에서 드리는 기도이며 모든 주권을 주님께 드리는 기도이기 때문입니다.
'주님.. 나는 할 수 없습니다. 주님만이 나의 능력입니다. 나의 힘입니다.' 이런 고백의 기도이기 때문입니다.
부르짖는 기도는 곧 낮아짐의 기도이며 이를 통해서 주님의 주인되심은 이루어지게 됩니다.
우리는 겸손하게 주님 앞에 엎드려 굴복하게 됩니다. 그리고 그 순간부터 하늘의 구원과 능력과 역사는 시작되는 것입니다.

그러므로 우리는 포기하는 기도를 드리던, 어떠한 상황에서도 감사와 찬양의 기도를 드리던, 철저하게 낮아져서 주님께 부르짖어 기도를 드리던 그 중심의 원리는 오직 한 가지라는 것을 이해해야 합니다. 그것은 곧 나를 내려놓고 주님 앞에서 엎드리고 낮추며 주님께 굴복되어 주님의 주되심을 인정하고 높이는 것입니다.
그러한 굴복의 기도, 굴복의 감사, 찬양은 천국의 임재를 우리에게 가져다 줍니다. 주께 굴복됨이 천국의 임재의 비결이기 때문에 그 순간에 천국의 능력과 영광이 우리 가운에 임하게 되어 모든 악한 영들은 깨어지고 억압과 고통은 사라지게 되는 것입니다.

우리는 어떠한 구체적인 상황이나 문제가 있을 때 부르짖어 기도를 드려야 하는지, 포기하는 기도를 드려야 하는지, 아니면 그 자체를 감사와 찬양으로 주님께 올려드려야 하는지 알지 못합니다. 모든 것은 주님의 인도와 감동을 구해야 할 것입니다.
그러나 그 중심의 원리는 같은 것입니다. 그것은 어떠한 상황에서든 우리는 주님의 지배 속에 거해야 하며 굴복되어야 한다는 것입니다. 그리고 어떤 형태로 주님께 나를 낮추고 굴복하든 바로 그 순간에 우리는 천국의 영역 속으로 들어가게 된다는 것입니다.

나는 많은 사람들을 상담하고 접촉하면서 각자의 영적 상태에 합당한 영성 훈련을 할 것을 권하곤 했습니다.

마음이 약하고 거절을 못하고 의지가 약해서 눌리는 이들에게는 눈과 배의 기도와 기름 부으심에 대한 권면을 하였습니다.

마음이 자주 불안해지는 이들에게는 목소리가 너무 높으니 낮은 발성으로 기도하는 훈련을 할 것을 권했습니다.

영감이 둔하고 느낌이 없거나 분노와 짜증이 많은 이들에게는 심장기도와 심장에 대한 기름부음에 대해서 가르치고 권면하였습니다.

그러한 권면의 결과 오랫동안 눌리고 고통하였던 이들이 짧은 시간에 변화와 자신감과 해방을 경험하게 되었다는 간증과 고백을 나는 수도 없이 들었습니다.

나는 이와 같이 각 사람의 영적 수준과 상태에 따라 기도나 영성 훈련의 방법과 처방이 많이 다를 수 있다고 생각합니다.

각 사람이 가지고 있는 문제나 증상이 다르기 때문에 당연히 처방도 달라야 할 것입니다. 배가 아픈 사람에게 감기약을 처방할 수는 없는 것입니다.

그러나 그럼에도 불구하고 모든 사람들이 같이 먹을 수 있으며 누릴 수 있는 아름답고 놀라운 처방이 있습니다. 그것은 만병 통치약과 같은 것입니다.

나는 그 만병통치약이 바로 주님의 주권 가운데 굴복하며 순복하는 것이라고 생각합니다. 주님의 주되심과 왕되심을 고백하는 것, 그러한 기도는 모든 사람의 모든 문제를 치유하고 해결할 수 있는 가장 근본적인 원리라고 믿는 것입니다.

그것은 다음과 같은 인식에 기초하고 있는 것입니다.

천국은 주님의 주권과 통치가 이루어지는 곳이며 지옥은 멋대로 자기 마음대로 살려고 하다가 악한 영들에게 잡혀서 그들의 압제 속에서 고통하며 눌려서 사는 곳입니다.

이 땅에서 겪는 모든 고통과 압제도 결국은 주님과 천국의 지배를 벗어 났기 때문에 겪고 있는 것입니다. 그러므로 다시 주님의 주되심 속으로 들어가기만 하면 그가 누구이든 어떤 상황에 있든 그는 자유와 해방 속으로 나아갈 수 있게 되는 것입니다.

부르짖는 기도의 원리는 간단합니다. 그것은 자신을 낮추는 것이며 모든 능력과 구원과 힘과 권세가 오직 주님께 있다는 것을 고백하는 것입니다.
그것은 천국에 입성하는 고백입니다.
이 땅에 천국이 내려오게 하는 고백입니다.
그것을 부르짖어 고백하든 찬양으로 고백하든 주되심의 고백과 시인 가운데 그 천국의 빛과 영광이 임하는 것을 우리는 경험할 수 있게 될 것입니다.
주님이 통치하시는 곳은 바로 천국입니다.
우리가 그 천국의 역사를 경험할 때 우리는 모두 진정한 자유를 경험하게 될 것입니다. 그리고 더 깊은 천국의 영광을 경험하기 위해서 더욱 더 주님의 사람이 되어가기를 소원하게 될 것입니다.

11장 진정한 소유권자

한 소년이 있었습니다. 이 소년은 무엇인가를 만드는 것을 아주 좋아했습니다. 소년은 어느 날 나무를 가지고 장난감 배를 만들었습니다. 정성을 다해서 아주 멋지게 만들었습니다.

그리고 나서 소년은 자기가 만든 배를 가지고 물에 띄워서 놀았습니다. 소년은 배를 물에 띄운 뒤 배가 개천을 따라 내려가는 것을 즐거운 마음으로 바라보았습니다. 그런데 어느 날 문제가 생겼습니다. 홍수로 인하여 물이 많이 불어나는 바람에 물위에 띄운 배가 그만 밑으로 떠내려 가버렸던 것입니다.

소년은 열심히 뛰어서 배를 따라갔지만 결국 배를 잃어버리고 말았습니다. 소년은 풀이 죽어서 집으로 돌아왔습니다. 소년은 다시는 배를 만들지 않았습니다. 잃어버린 배에 대해서 너무나 애착이 있었기 때문에 다른 배를 만들고 싶지 않았습니다.

어느 날 소년이 마을로 내려가게 되었습니다. 그런데 마을에서 소년은 자신이 잃어버린 배를 만나게 되었습니다. 어떤 상인이 물건을 팔고 있었는데 그 판매대에 소년이 잃어버린 배가 같이 놓여있었던 것입니다. 소년은 너무나 반가웠습니다. 그래서 그 상인에게 말했습니다. 이 배는 내가 만든 것인데 잃어버렸으니 나에게 돌려달라고 이야기했습니다. 그러나 상인은 들은 척도 하지 않았습니다. 그는 소년의 말을 믿을 수 없으며 이 배를 가지고 싶으면 돈을 내고 가져가라고 하는 것이었습니다.

소년은 상인을 설득하려 했지만 상인은 막무가내였습니다. 소년은 할 수 없이 집으로 돌아왔습니다. 그리고 자기의 저금통을 깨뜨렸습니다. 저금통에서 꺼낸 동전을 모두 들고 소년은 다시 마을로 내려갔습니다.

그리고 상인에게서 배를 샀습니다. 너무나 마음이 행복해진 소년은 배를 가지고 집으로 돌아왔습니다. 배를 두 손으로 잡고 소년은 중얼거렸습니다.
"이 배는 내 것이다. 내가 만들었으니까 내 것이다. 그리고 잃어버렸지만 다시 값을 주고 샀기 때문에 정말 내 것이다."
소년의 마음은 아주 흐뭇했습니다.

이 이야기가 의미하는 내용이 무엇인지 잘 아시겠지요?
주님은 우리의 주인이십니다. 그분은 우리 생명의 주인이시며 모든 것의 주인이십니다. 왜냐하면 그분이 처음에 우리를 지으셨으며 죄에 팔려서 그분을 떠나게 되었을 때 그분이 우리를 위해서 값을 지불했기 때문입니다. 그러므로 주님은 우리의 소유권을 주장하실 수 있는 것입니다.

그러나 주님은 너무나 인격적인 분이시기 때문에 우리에게 그것을 강제하지 않으십니다. 다만 우리가 스스로 주님 앞에서 그분의 소유가 되기를 소원할 때까지 기다리시는 것입니다.
그러므로 누구든지 자신을 주님의 소유로 인정하고 고백하는 이들은 그 즉시로 주님의 통치 속으로 들어가게 되며 천국의 빛 가운데 들어가게 됩니다.

천국은 모든 소유가
모든 소유권이
모든 권세가
오직 주님께 있음을 고백하고
시인하는 자들이 거할 수 있는
아름답고 놀라운 장소이기 때문입니다.

12장 위에서 오는 구원

모든 구원은 다 위에서 오는 것입니다. 구원과 해방은 오직 하늘에서부터 오는 것이며 땅에서는 그 어떤 능력도 권세도 진정한 해방과 자유를 가져다 주지 못합니다. 이스라엘이 위기에 처해 부르짖었을 때에도 구원은 하늘에서 왔습니다. 주님께서 한 사람을 선택해서 그에게 능력의 기름을 부으셨습니다. 그리고 그는 그의 개인적인 탁월함이나 리더쉽이 아닌 하늘에서 오는 성령의 능력으로 이방의 세력을 물리쳤고 이로써 이스라엘은 비로소 압제에서 벗어날 수가 있었습니다.

이스라엘이 애굽에서 벗어나게 된 것도 오직 하나님의 영으로 사로잡힌 모세를 통해서 가능하게 된 일이었습니다. 그들은 전쟁의 전략이나 훌륭한 무기나 훌륭한 지도자를 통해서 구원과 해방을 얻은 것이 아닙니다. 그들은 오직 한 가지, 하늘의 기름부음을 받았으며 하나님께 속한 사람, 하늘의 권능을 알고 있으며 그 통로가 되는 사람을 통해서만 해방과 구원을 얻을 수 있었습니다.

오늘날 그리스도인들은 이 하늘에서 오는 유일한 구원과 능력에 대해서 분명하지 않습니다. 오늘날 많은 사람들은 이 땅에서도 여러 가지 재능이나 방법을 통해서 해방과 자유가 올 수 있다고 생각합니다.
어떤 이들은 시간관리를 잘 하는 것이나 약속을 잘 지키는 것이 영성이라고 생각합니다. 세상적인 지식과 교양을 습득하는 것도 영성훈련의 방법이라고 생각합니다.
아마 넓게 보면 그것도 영성의 한 부분에 포함되는 것인지도 모릅니다. 그러나 근본적으로 볼 때 영성이란 하늘에 관한 것입니다. 근원에 대한 것입니다. 그러므로 그 지식과 능력의 근원이 하늘에 속한 것이 아니라면 그것은 진정한 능력이 될 수 없습니다. 그것은 땅에 속한 영들을 정복하지 못합니다.

구원은 이 땅에서 오지 않습니다. 세상의 지혜와 훈련과 방법과 권능으로 오지 않습니다. 그것은 하늘에서 옵니다. 그것은 전혀 다른 차원에서 옵니다. 애굽의 바로는 군대로써 이기는 것이 아닙니다. 무기로써 이기는 것이 아닙니다. 그것은 하늘에서 온 불과 권능과 기적과 어린 양의 피로서 가능한 것입니다.

모세는 처음에 이 부분에 대해서 분명하게 깨닫지 못했습니다. 그는 자신의 힘과 지혜로 동족을 구원할 수 있을 것이라고 생각했습니다. 그러나 그러한 인식의 결과로 참담한 실패와 좌절을 겪은 후 오랜 시간이 흐른 뒤에야 모세는 진정한 능력의 근원에 대해서 비로소 이해하고 경험할 수 있게 되었던 것입니다. 구원과 해방이 좀 더 높은 차원에서 온다는 것은 하나님의 창조원리에서 확인할 수 있습니다.

하나님은 세상을 창조하실 때 계통의 원리를 따라 지으셨습니다. 먼저 하나님은 생물을 만드시기 전에 생물이 활동할 수 있도록 환경과 조건을 만드셨습니다. 그것이 광물계입니다.

광물계는 비인격적인 세계이며 땅이나 금속과 같은 물질입니다.

그 후에 동물이 존재할 수 있도록 식물계를 만드셨습니다.

흙과 같은 광물계가 식물이 존재할 수 있는 환경적인 조건이 되는 것처럼 식물계는 동물계가 존재할 수 있는 환경적인 터전이 되는 것입니다. 식물이 흙 위에서 자랄 수 있는 것처럼 동물도 식물을 먹고 자랄 수 있기 때문입니다.

계통적으로 볼 때 식물계는 광물계보다 우위에 있습니다. 그리고 동물계는 식물계보다 우월한 위치에 있습니다.

그러나 동물계보다 더 우위에 있는 것이 인간입니다. 인간은 하나님의 창조물 중에서 가장 높은 위치에 있습니다. 물론 인간이 피조물 중에서 가장 우월한 위치에 있다고 하지만 인간 역시 그들을 지으신 하나님의 권위 아래 있는 것입니다. 여기서 애매한 것은 영적인 존재들, 천사계의 문제입니다. 천사들과 같은 영들은 인간보다 우월한 존재일까요? 아니면 낮은 계통의 존재일까요? 성경을 보면 천사들은 인간보다 높지 않다고 기록이 되어 있습니다.

모든 천사들은 부리는 영으로서 구원 얻을 후사들을 위하여 섬기라고 보내심이 아니뇨 (히1:14)

천사들은 인간보다 높지 않습니다. 오히려 천사들은 인간을 섬기고 돕기 위한 종으로서 언급되고 있습니다.
성경을 보면 천사들은 하나님의 말씀을 이루기 위하여 종으로서 움직이고 있으며 성도들의 기도를 받아서 하나님께 가져가기도 하고 성도들을 돕기 위해서 파송을 받기도 합니다. 성경의 어느 곳에도 천사들이 성도들 보다 우위에 있다는 이야기는 찾아볼 수 없습니다.
그러나 실제적으로 천사들은 인간보다 더 뛰어난 능력이 있는 것이 사실입니다. 천사는 영적 존재이며 그 능력과 엄위함 때문에 천사를 본 사람들은 두려워하며 압도되어버리는 것이 보통이었습니다. 그 이유는 무엇일까요?
그것은 인간이 영혼을 가지고 있으면서 동시에 육체를 가지고 있기 때문입니다. 동물은 물질적인 몸을 가지고 있을 뿐이며 천사는 영적인 몸만을 가지고 있을 뿐입니다.
그러나 인간은 물질적인 몸인 육체를 가지고 있으며 영적인 몸인 영혼도 같이 가지고 있습니다. 그러므로 인간은 살아있는 동안에는 육체의 속박과 제한에서 벗어날 수 없기 때문에 그러한 육체의 제한이 없는 천사를 보면 압도될 수밖에 없는 것입니다.
그러나 인간이 물질적인 삶이 끝이 나서 육체를 버리고 영혼만을 가지고 있는 존재가 된다면 인간은 더 이상 천사들에게 능력이나 지혜에 있어서 열등하지 않게 될 것입니다.

그러므로 인간은 신분적으로는 천사보다 못하지 않으나 일시적으로는 능력적인 면에서 천사들보다 열등한 면이 있습니다. 그러므로 하나님의 창조 질서를 계통적으로 이렇게 이해할 수 있습니다.
첫 번째 광물계, 그리고 그 위의 식물계, 그 위의 동물계, 그 위의 인간계, 그 위의 천사계, 그 위의 신계.. 이렇게 나눌 수 있는 것입니다.

여기서 아래 계통의 존재가 위의 계통의 존재를 이길 수 없는 것은 분명한 사실입니다.
광물계는 식물계를 극복할 수 없습니다. 바위는 아무리 강하다고 하더라고 식물을 거부할 수 없습니다. 아주 강하고 견고한 바위라고 하더라도 그 사이에 아주 작은 씨앗 하나가 떨어지게 되면 언젠가는 그 연약해보이는 씨앗이 바위를 가르고 꽃을 피우게 됩니다. 그것이 자라서 나무가 된다면 그 바위는 갈라질 수밖에 없습니다. 그것은 바위는 생명을 가지고 있지 않지만 식물에는 생명이 있기 때문입니다. 그러므로 그 생명의 힘이 외적인 견고함을 가지고 있는 광물계를 이기는 것입니다.

하지만 그 생명을 가진 식물계도 그 위의 계통인 움직이는 생명체를 극복할 수 없습니다. 아무리 큰 나무라고 하더라도 아주 작은 해충이 그 잎을 다 갉아 먹어버리면 나중에는 그 나무의 생명이 점점 약해지다가 죽어버릴 수도 있는 것입니다. 여기서 나무의 운명은 더 위의 계통인 곤충계에 달려있다고도 할 수 있을 것입니다.
해충이나 벌레와 같은 미약한 생물은 더 강한 새들에게 먹혀버리게 됩니다. 여기서 벌레가 새들을 이길 수 있는 방법은 없습니다. 그들은 단지 도망갈 수 있을 뿐입니다.
동물은 식물보다 강합니다. 그러나 동물계에 속한 그 어떤 생명도 인간을 극복할 수는 없습니다. 인간은 사자와 호랑이와 같은 날카로운 이빨도 없고 코뿔소의 뿔도 없지만 지혜가 있어서 그 지혜로 그들을 사로잡을 수 있기 때문입니다.

인간도 능력적인 차원에서는 천사를 이길 수 없습니다. 살아서 육체를 가지고 있는 동안 인간은 시간과 공간의 제한을 받게 됩니다. 그러나 영들은 그렇지 않고 자유롭습니다. 그러므로 능력으로는 인간은 천사보다 열등합니다. 또한 지혜의 면에서 인간은 육체에 의해서 영혼의 지식과 감각이 많이 제한되기 때문에 지혜 면에서도 천사들보다 열등합니다.

문제는 여기에서 시작됩니다. 보통의 천사들은 하나님께 순복하기 때문에 인간들에게 아무런 해가 되지 않지만 하나님을 거역한 타락한 천사들이 있는 것입니다. 그들은 인간을 미워하며 공격하기를 원합니다. 문제는 인간들이 능력적인 면에서 지식적인 면에서 그들보다 약하다는 것입니다.

성경에는 적지 않은 질병들이 귀신들로부터 왔다고 말씀하고 있습니다. 주님이 이 땅에서 사역하시던 당시에 고통을 겪고 있었던 많은 이들이 주님께로 나아왔으며 그들 가운데는 귀신들에게 시달리던 이들도 적지 않았습니다. 그 때에 주님은 귀신들을 쫓아내셨으며 제자들에게 복음을 전하며 귀신을 내어쫓을 것을 명령하시기도 하셨습니다.

예수께서 온 갈릴리에 두루 다니사 저희 회당에서 가르치시며 천국 복음을 전파하시며 백성 중에 모든 병과 모든 약한 것을 고치시니 그의 소문이 온 수리아에 퍼진지라 사람들이 모든 앓는 자 곧 각색 병과 고통에 걸린 자, 귀신들린 자, 간질하는 자, 중풍병자들을 데려오니 예수께서 고치시더라 (마 4:23, 4)

예수께서 이 열둘을 내어 보내시며 명하여 가라사대 이방인의 길로도 가지 말고 사마리아인의 고을에도 들어가지 말고 차라리 이스라엘 집의 잃어버린 양에게로 가 가면서 전파하여 말하되 천국이 가까웠다 하고 병든 자를 고치며 죽은 자를 살리며 문둥이를 깨끗하게 하며 귀신을 쫓아내되 너희가 거저 받았으니 거저 주어라 (마10:5-8)

그렇다면 악한 영들보다 능력이나 지혜에 있어서 열등한 인간이 어떻게 그들을 내어쫓으며 귀신들에게 눌린 자들을 자유케 할 수 있겠습니까? 그것은 바로 주님께서 허락하신 권세이며 하늘로부터 오는 힘인 것입니다. 그것은 결코 인간적인 지혜나 권능이 아닙니다.

예수께서 그 열두 제자를 부르사 더러운 귀신을 쫓아내며 모든 병과 모든 약한 것을 고치는 권능을 주시니라 (마10:1)

물론 이 권능은 단지 예수님의 열두 제자에게만 허락된 것은 아닙니다. 열두 제자에게 주님께서 그러한 권능을 허락하신 것은 아직 주님께서 십자가에서 돌아가시지 않았기 때문에 일시적으로 임시적으로 그들에게 부여한 것입니다. 그러나 주님께서 부활하신 후에 세상을 떠나시면서 주님은 모든 믿는 자에게 그러한 권능이 따를 것을 약속하셨습니다.

믿는 자들에게는 이런 표적이 따르리니 곧 저희가 내 이름으로 귀신을 쫓아내며 새 방언을 말하며 뱀을 집으며 무슨 독을 마실 지라도 해를 받지 아니하며 병든 자에게 손을 얹은 즉 나으리라 하시더라 (막16:17,8)

그리고 이 말씀은 오순절 날에 임하신 성령님의 역사를 통해서 실제로 실현되었습니다. 그러므로 오늘날 그리스도인들은 악한 영들을 제어할 수 있는 영적 권세를 가지고 있는 것입니다. 그리고 그 권세와 능력은 예수 이름을 통하여 하늘로부터 온 것이며 타고난 지식이나 재능이나 힘으로부터 말미암은 것은 결코 아닌 것입니다. 이 땅 아래에는 마귀를 이기는 힘이 존재하지 않습니다. 그것은 오직 하늘에서, 인간의 차원이 아닌 더 높은 영역에서만 올 수 있는 것입니다.

구원은 위에서 좀 더 높은 영역에서, 다른 차원에서 온다는 것을 좀 더 살펴보겠습니다. 앞에서 언급했듯이 나뭇잎을 벌레가 갉아먹고 있다고 합시다. 여기서 나무는 자신을 스스로 방어할 방법이 없습니다. 그들은 생명을 가지고 있으나 벌레는 그보다 한 차원이 높은 움직이는 생명을 가지고 있기 때문에 나무는 그들을 어떻게 할 수 없고 서서히 죽어 가는 것 외에 방법이 없습니다.

그러나 그들 스스로는 구원을 얻을 수가 없으나 벌레의 차원보다 더 높은 영역에 있는 인간이 나무를 도와서 벌레를 제거해준다면? 그렇다면 나무는 구제가 될 수 있는 것입니다. 이것은 구원이 자신의 영역에 있지 않고 더 높은 영역에 있는 것을 분명하게 보여줍니다.

낮은 영역에 존재하는 이들은 아무리 애를 써도 더 높은 영역과의 전쟁이나 승리가 불가능합니다.
예를 들어서 사자에게 잡아먹히는 사슴이 아무리 노력을 하고 애를 쓴다고 해도 그들은 사자를 이길 수 없을 것입니다. 그들이 태권도를 배우든 레슬링을 배우든 그들은 사자를 이길 수 없습니다. 다만 사자보다 높은 영역에 있는 인간이 그들을 보호하면 그들은 안전할 수 있습니다.

개들은 충성심이 매우 뛰어난 것으로 알려져 있습니다. 그래서 어떤 이들은 개들에게 인간이 배워야 한다고 말합니다.
그러나 그들이 가지고 있는 충성심은 본능적인 것에 불과합니다. 하나님께서는 그들에게 반항을 할 수 있는 유전 인자를 허락하시지 않았습니다. 그러므로 그들은 그들의 자유 의지를 통해서가 아니라 본능적으로 그렇게 움직이는 것뿐입니다. 인간은 그들보다 훨씬 높은 영역에 있습니다.

천사는 인간보다 우위의 영역에 있습니다. 그런데 악한 천사, 악한 영들이 인간을 공격하고 괴롭힙니다. 그럴 때 인간이 스스로의 힘으로 그들을 물리치고 자유롭게 될 수 있을까요? 그것은 불가능합니다. 그것은 계통적으로 불가능합니다.

인간은 아무리 배우고 노력해도 악령을 이길 수 없습니다. 그것은 계통의 문제입니다.

자, 어떤 이가 술에 흠뻑 젖어있습니다. 그는 술을 끊으려고 합니다. 그는 수 없이 결심하지요. 많은 이들이 그에게 애원합니다. 제발 정신차리라고 말합니다. 그의 아내는 울면서 부탁합니다. 물론 그도 반드시 끊겠다고 약속합니다. 그리고 다짐합니다. 하지만 그는 끊지 못합니다. 수 없이 결심하지만 계속 실패를 되풀이 합니다.

그 이유는 무엇일까요? 간단합니다. 그 씨름은 자신과의 싸움이 아니며 혈과 육의 싸움이 아니기 때문입니다. 그보다 더 강한 술의 영, 술의 기운이 그를 지배하고 있기 때문입니다. 그 영들은 인간보다 높고 힘이 셉니다. 그는 아무리 애를 써도 그 영들을 물리칠 수 없습니다.

어떤 이들은 돈을 절약하지 못합니다. 경제적으로 어려우면서도 그는 돈이 생기면 이것저것을 사야합니다. 그리고 그는 고통을 겪습니다. 그리고 다시는 그렇게 하지 않겠다고 다짐합니다. 물론 그도 다시 동일한 짓을 되풀이합니다. 왜 그럴까요? 그보다 더 강한 능력이 그를 지배하고 있기 때문입니다.

어떤 이는 성질을 참지 못합니다. 자신의 성질을 고치려고 온갖 노력을 하지만 그는 실패합니다. 성질 때문에 온갖 불이익을 겪으면서도 그는 성질을 다스리지 못합니다. 왜 그럴까요? 그보다 더 강한 영들, 악한 천사가 그의 의지를 누르고 있기 때문입니다.

어떤 이들은 음식에 대한 욕망을 다스리지 못합니다. 아무튼 어느 누구든지 간에 자신의 힘으로 다스리지 못하는 영역이 반드시 있습니다. 아무리 기도하고 결심하고 애를 써도 그 때뿐일 뿐 다시 결심과 실패와 절망을 되풀이하는 영역이 반드시 있습니다. 그것은 무엇일까요? 계통적으로 그가 이길 수 없는 불가능한 싸움을 그는 벌이고 있는 것입니다. 성경의 메시지는 아주 분명합니다.

종말로 너희가 주 안에서와 그 힘의 능력으로 강건하여지고
마귀의 궤계를 능히 대적하기 위하여 하나님의 전신갑주를 입으라
우리의 씨름은 혈과 육에 대한 것이 아니요 정사와 권세와 이 어두움의
세상 주관자들과 하늘에 있는 악의 영들에게 대함이라 (엡6:10-12)

이 싸움은 혈과 육에 속한 것이 아닙니다. 육체에 속한 것이 아니라는 것입니다. 그 배후에는 영적인 싸움, 영적인 문제가 있는 것입니다.
어떤 이가 육체를 가지고 있는 존재라면 그를 주먹으로 한 대 때릴 수도 있을 것입니다. 그래서 쓰러뜨릴 수도 있을 것입니다. 그러나 그가 영적인 존재라면? 귀신이라면? 주먹으로 때려서 쓰러뜨리는 것은 불가능합니다. 그것은 육체의 씨름이 아닙니다. 그것은 영의 전쟁이며 영적인 능력과 지식과 권세에 속한 것입니다.
육체에 속한 인간은 영계에 속한 악한 영들을 이길 수가 없습니다. 그러므로 영적인 세계를 이해하지 못하는 피상적인 그리스도인들은 아는 것이 많지만 실제적인 자유에 대해서는 잘 알지 못하며 각종 묶임과 부자유 속에 거하게 되는 것입니다.

하나님께서는 우리에게 자유의지를 주셨습니다. 그러므로 그분은 우리 인간의 의지를 억압하고 강제하시지 않습니다. 그렇기 때문에 우리가 원하지 않는 것을 억지로 끌려가면서 하는 것이 있다면 그것은 배후에 우리를 속이고 누르고 있는 악한 영의 존재가 있는 것입니다.
자, 어떻게 우리는 우리보다 더 높은 차원에 있는 그들을 물리치고 깨뜨릴 수 있을까요? 그것은 구원이 더 높은 차원에서 온다는 원리에 의해서 이해할 수 있는 것입니다.

우리는 예수의 이름을 가지고 있습니다. 우리는 주를 부르며 주를 높이고 예배함으로 주의 소유가 되고 종이 되며 주님과 관계를 가지게 됩니다.

그러므로 그렇게 주님과 관계를 가지게 될 때 우리는 인간의 차원에서 벗어나 하나님의 아들이며 주님의 신부인 신의 영역 속에 거하게 되는 것입니다.

그러므로 우리는 인간적인 능력으로 악한 영을 정복하는 것이 아니라 주님의 힘, 주님의 이름, 주님의 권세를 통해서 그들을 다스리고 정복하게 되는 것입니다. 그것은 하늘에서, 높은 곳으로부터 온 능력이며 세상 철학이나 지식에서 오는 것이 아닙니다.

모세가 애굽과 바로의 힘과 권세를 깨뜨렸을 때 그것은 학교에서 배운 지식이나 이론이 아니었습니다. 그것은 하나님 체험을 통해서 얻어진 하늘의 능력, 하늘의 영역에서 온 힘이었습니다. 그리고 그 힘 외에는 그 어떤 것도 바로와 세상의 악한 영들을 이길 수 없었습니다. 구원은 오직 더 높은 영역에서 옵니다. 능력과 해방과 자유는 오직 더 높은 차원의 영역에서만 옵니다. 우리가 일상의 아주 사소한 일에서라도 어떤 묶임을 가지고 있다면 그것은 우리의 노력에 의해서 해결되는 것이 아니라 다른 차원의 능력을 우리가 힘입어야 하는 것을 보여주는 것입니다.

우리가 주를 높일 때 우리는 주님의 영역에 들어가게 됩니다. 우리가 주님께 굴복될 때 우리는 하늘의 영역에 들어가게 됩니다.

우리가 오직 주님께 순복하는 그 순간 세상의 영들은 우리를 더 이상 지배할 수 없습니다. 왜냐하면 우리는 더 이상 인간의 영역에 있는 것이 아니라 천사들을 다스리고 지배하시는 신의 영역, 하나님의 생명의 영역으로 올라가게 되기 때문입니다.

주님께 굴복되는 것, 주님께 사로잡히는 것은 그러므로 모든 지옥의 통치를 끝내고 천국의 빛과 해방과 영광을 경험하는 비결이 됩니다. 주께 굴복되고 주님께 사로잡혀서 주님의 보호 가운에 있는 이들을 마귀는 더 이상 지배할 수 없는 것입니다.

구원은 오직 위로부터 옵니다. 다른 영역에서 옵니다.

우리는 피상적으로 예수의 이름을 부르며 교회에 가고 단순히 그것으로 만족할 지도 모릅니다. 삶 속에서 많은 묶임과 부자유를 경험하고 있으면서 말입니다.

하지만 좀더 실제적으로 좀더 깊은 구원과 해방과 자유와 능력을 경험하고 싶다면 우리는 우리의 삶 속에서 주님의 주되심을 좀 더 깊이 경험해야 합니다.

그리하여 인간의 영역에서 육체의 영역에서 영혼의 영역으로 주님의 영역으로 올라가야 합니다.

우리가 그렇게 주님의 은총과 힘으로 사는 것을 배우게 된다면 우리는 좀더 놀라운 삶에 대해서 알게 될 것입니다. 체험하게 될 것입니다.

구원은 좀 더 높은 영역에서 옵니다. 그렇기 때문에 우리는 그 어떤 행위와 열심을 내는 것보다도 주님의 영역에 좀 더 사로잡히고 속하는 것에 마음을 두어야 할 것입니다.

아주 단순하게 주님께 굴복되는 것으로서 그러한 영역의 상승이 이루어지기 때문에 우리는 우리의 모든 삶들이 좀 더 주님께 사로잡힐 수 있도록 구해야할 것입니다.

13장 굴복된 자에게는 권세가 있다

구원은 더 높은 영역에서 옵니다.
그것은 하늘에서 오는 것입니다.
모든 진정한 승리는 오직 주님의 세계, 영의 세계로부터 옵니다.
주님께서 사용하신 그 구원의 통로는 항상 사람이었습니다.
주님은 번개나 벼락과 같은 것을 사용하셔서 그의 백성을 구원하신 적이 없었습니다.
그분은 항상 사람을 사용하셨습니다.
그분의 손에 굴복된 하나님의 사람을 사용하셨습니다.
그들의 외모는 우리와 똑같았습니다.
특별히 '하나님의 사람'이라고 이마에 써 붙인 것도 아닙니다.
그러나 그들은 하나님의 도구였으며 하나님의 손 안에 있는 사람들이었습니다.

문제는 이것입니다.
그들은 외모로 보기에는 다른 평범한 사람들과 조금도 다르지 않았습니다. 그저 어디에서나 발견할 수 있는 평범한 사람이었습니다.
그렇기 때문에 사람들은 그들의 배후에 계시는 하나님의 능력에 대해서 알 수 없었습니다.
블레셋의 골리앗은 다윗을 보고 비웃었습니다.
다윗은 아직 젊은 홍안의 청년이었으며 그에게서는 장군의 위엄이 전혀 풍기지 않았기 때문입니다.
하지만 다윗은 외모에서가 아니라 그를 통해서 나타나는 하나님의 권능을 통해서 자신이 하나님의 사람임을 입증하였습니다. 그리고 그것은 모든 하나님의 사람들의 특성이었습니다.

외모는 전혀 탁월하지 않았지만 그들은 하나님의 임재가 무엇인지 알고 있었습니다.
그들은 하나님의 능력을 알고 있었습니다.
그들은 하나님의 손에 굴복된 사람이었습니다.

분명한 사실은 이것입니다.
주님께서는 어떤 날 때부터 탁월한 사람을 사용하시는 것이 아니라 그분께 굴복된 사람을 사용하신다는 것입니다.
그분은 지혜자를 구하시는 것도 아니며 힘이 센 자를 구하시는 것도 아닙니다.
다만 그분의 뜻과 그분의 손에 굴복된 자를 찾기 원하십니다.
그리하여 그분의 뜻을 따라 마음대로 사용할 수 있는 그러한 사람을 찾기를 원하십니다.
주님이 제자를 삼으셨던 12명의 사람들은 세상적으로 볼 때 탁월하고 유능한 사람들이라기 보다는 그저 순박하고 주님을 잘 따르는 사람들이었습니다.

주님께서는 어떤 사람을 그의 도구로, 구원자로, 해방자로, 사역자로 사용하시기 전에 먼저 그 사람을 주님의 손 안에 굴복시키십니다.
그러므로 어떤 사람이 주님의 손 안에 다루어지고 엎드러진 만큼 그는 구원과 능력의 통로, 하나님의 통로가 될 수 있는 것입니다.
그렇기 때문에 권능과 힘이란 곧 주님께 굴복된 분량과 같은 것입니다.
어떤 사람이 제 멋대로 산다면 그는 자연적인 재능이 많이 있을지는 모르지만 영적으로는 전혀 무기력한 사람입니다.
그러나 어떤 사람이 외적으로는 별로 탁월한 부분이 없지만 그가 하나님의 훈련과 손 안에 다루어지는 것이 무엇인지 알고 순복한 경험이 있는 사람이라면 그는 영적인 권능과 생명의 도구가 될 수 있는 것입니다.

굴복에는 반드시 권세가 따릅니다. 예를 들어 마피아의 세계에서도 어떤 사람이 보스에게 굴복한다면 그는 그 세계의 보호와 권세를 힘입게 될 것입니다.

어떤 사람이 경찰이 되어 그 조직의 질서와 권위 아래 있다면 그는 경찰의 힘과 권위의 보호를 받게 될 것입니다.

그가 악한 이들과 싸우게 된다면 그는 개인적인 힘으로 그들과 싸우는 것이 아니라 그의 배후에 있는 경찰의 권위와 능력으로 싸우게 되는 것입니다. 그러므로 악한 자들은 그가 개인적으로는 연약한 자라 하더라도 그를 함부로 대할 수 없게 될 것입니다.

영적인 세계도 마찬가지입니다. 어떤 사람이 천국의 왕이신 주님께 굴복되고 지배된다면 당연히 천국의 힘과 권세는 그를 보호하며 그는 천국의 권위를 가지게 됩니다.

오늘날 그리스도인들이 천국의 힘과 실상에 대해서 알지 못하고 경험하지 못하며 매우 피상적인 구원에 머물러 있는 것은 그들이 많은 분야에서 지옥의 쾌락과 즐거움에 굴복하여 그 어두운 영적 세계와 관련을 맺고 있으며 그리하여 그 어두운 영계의 지배 가운데서 고통을 당하고 있기 때문입니다.

그러므로 어떤 세계에 굴복하느냐에 따라서 이 땅의 삶과 영원한 삶의 운명이 바뀌게 되는 것입니다.

굴복에는 반드시 권세가 따르기 때문에 주님의 손아래 굴복된 이들은 하늘의 권세를 가지고 있습니다.

그것은 바깥으로부터 온 것이 아니고 내면으로부터 온 것입니다.

그것은 신학교나 세상의 학문에서 주는 학위가 아니고 천계로부터 오는 영적인 권리증과 같은 것입니다.

초대 교회에서 이러한 권세에 대해서 오해를 하는 이들이 있었습니다. 바울이 예수의 이름으로 귀신을 쫓아내자 그들은 그것을 아주 흥미있게 생각했습니다. 그리고 그들도 그렇게 똑같이 할 수 있다고 생각했습니다. 그래서 그들은 그렇게 똑같이 명령했습니다.

하나님이 바울의 손으로 희한한 능력을 행하게 하시니 심지어 사람들이 바울의 몸에서 손수건이나 앞치마를 가져다가 병든 사람에게 얹으면 그 병이 떠나고 악귀도 나가더라
이에 돌아다니며 마술하는 어떤 유대인들이 시험적으로 악귀들린 자들에 대하여 주 예수의 이름을 불러 말하되 내가 바울의 전파하는 예수를 빙자하여 너희를 명하노라 하더라
유대의 한 제사장 스게와의 일곱 아들도 이 일을 행하더니 악귀가 대답하여 가로되 예수도 내가 알고 바울도 내가 알거니와 너희는 누구냐 하며 악귀들린 사람이 그 두 사람에게 뛰어올라 억제하여 이기니 저희가 상하여 벗은 몸으로 그 집에서 도망하는 지라 (행19:11-16)

그들은 바울은 좋아하지 않았지만 바울이 행하는 능력에 대해서는 부럽게 생각했습니다. 그리고 바울의 방법이 아주 쉬운 것이라고 생각했습니다. 예수 이름을 부르는 것.. 명령하는 것.. 그것은 아주 쉬운 일인 것 같았습니다. 그래서 그들은 바울과 똑같이 시도를 해보았습니다.
그러나 그 결과는 아주 비참한 것이었습니다. 바울에게는 통하던 것이 그들에게는 통하지 않았던 것입니다. 그들은 오히려 악한 영들에게 혼이 났을 뿐입니다. 그들은 그러한 권능이 방법적이며 테크닉에 속한 것이 아니며 인격적인 것이며 관계적인 것임을 이해하지 못했던 것입니다.

영적 권세 - 그것은 어떤 방법이나 기술에서 나오는 것이 아닙니다. 그것은 오직 주님과의 인격적 관계에서 나올 수 있는 것이며 주님의 지배와 인도하심 속에서 순복하고 굴복된 자에게 주님은 비로소 그와 같은 권능을 허락하시는 것입니다.

오늘날 사역자들은 능력을 얻고 싶어합니다. 지식을 얻고 싶어합니다. 그래서 많은 방법을 찾아서 여기 저기 찾아 다닙니다.

수많은 테크닉을 배우며 목회에 적용합니다. 유명하고 성공했다고 알려져 있는 이들의 방법을 보고 듣고 배우며 자신도 그렇게 해야겠다고 다짐하고 시도합니다.

그러나 그러한 시도가 좋은 열매를 맺는 경우는 드뭅니다.

왜냐하면 진정한 능력은 오직 주님의 손에 굴복된 사람에 의해서 그 굴복된 수준만큼 주님께서 임하시는 것이며 단순히 어떤 방법을 따라한다고 되는 것은 아니기 때문입니다.

유명한 어떤 사역자가 하는 것과 똑같이 하는 데 왜 나는 안 되느냐고 푸념을 하는 사역자를 나는 많이 보았습니다.

그것은 그렇게 푸념하는 이들이 대부분 외적인 방법 자체에 치우쳐 있었기 때문이며 그들 자신의 삶과 중심이 주님의 마음 안에, 주님의 손안에 굴복되지 않았기 때문입니다.

주님은 그 손안에서 굴복된 사람을 사용하십니다.

모세를 통해서 이스라엘 백성은 애굽에서 벗어날 수 있게 되었고 모세를 통해서 이스라엘 백성은 하나님의 살아 계심과 권능과 기적을 보게 되었습니다.

사역자가 하나님을 경험하면 성도들도 하나님을 경험하게 됩니다. 사역자가 경험한 하나님의 실제와 임재를 같이 누릴 수 있게 되는 것입니다. 모세가 살아계신 하나님을 경험했기 때문에 이스라엘 백성도 모세를 통하여 하나님의 살아계심을 체험할 수 있었습니다. 모세가 단순히 하나님의 개념에 대해서 가르쳤더라면 그들은 결코 애굽에서 벗어날 수 없었을 것입니다.

그러나 그것은 하늘에서 갑자기 굴러 떨어진 것이 아니었습니다. 그것은 모세가 평생을 통한 삶을 통하여 하나님께 대한 굴복이 이루어졌기 때문에 가능한 일이었습니다. 모세가 광야에서 낮아진 세월이 40년이며 그가 주님의 도구로서 이스라엘 백성을 인도하며 사역했던 기간이 같은 40년인 것은 분명한 메시지를 줍니다. 그것은 그가 주님께 굴복되고 낮아진 분량만큼 그는 주님의 통로가 될 수 있다는 것입니다.
주님께서는 어떤 사람을 사용하시기 전에 반드시 그 사람을 주님의 손에 굴복되도록 다루시고 인도하시는 것입니다.

요셉이 애굽에서 죄수로 있었을 때 애굽의 왕 바로는 두려운 꿈을 꾸고 번민하였으나 그 꿈을 해석할 수가 없었습니다.
애굽의 모든 박사와 술객들도 그 꿈을 해석할 수 없었던 것입니다.
이 때 등장한 요셉은 그 꿈의 의미를 선명하게 해석할 뿐만 아니라 그 꿈에 의해서 일어나는 여러 상황들에 대하여 언급하며 어떻게 이를 대비해야하는지에 대해서도 분명한 정책을 제시합니다.
이에 대해서 바로 왕은 아주 인상적인 반응을 보입니다.

바로가 그 신하들에게 이르되 하나님이 이 모든 것을 네게 보이셨으니 이와 같이 하나님의 신이 감동한 사람을 우리가 어찌 얻을 수 있으리요 하고
요셉에게 이르되 하나님이 이 모든 것을 네게 보이셨으니 너와 같이 명철하고 지혜 있는 자가 없도다
너는 내 집을 치리하라 내 백성이 다 네 명을 복종하리니 나는 너 보다 높음이 보좌뿐이니라 (창41:38-40)

바로는 아주 놀랐습니다. 그 지혜와 해석과 명철하고 예리한 대답에 대해서 크게 놀랐습니다. 그가 요셉을 '하나님의 신이 감동한 사람' 이라고 표현한 것을 주목해보십시오.
당시 애굽은 우상 숭배가 아주 강한 나라였으며 하나님을 믿는 신앙이란 존재하지도 않은 상태였습니다.
그러나 그러한 왕이 보기에도 요셉이 믿는 신은 온 세계에 뛰어난 하나

님이시며 그러한 하나님의 영에 사로잡혀 있는 사람은 너무나 귀한 사람이라고 여겨졌던 것입니다.

하나님의 신으로 감동된 사람.. 그러한 사람은 믿지 않는 이들, 이방의 세계에 사는 이들이 보기에도 경탄할 만한 사람이었습니다.
바로의 그 기대에 맞게 요셉은 총리가 되어 애굽을 다스리며 애굽의 위기를 구원하게 되었습니다.
이와 같이 요셉이 하나님의 신으로 감동된 것 그것이 과연 하루아침에 이루어진 것일까요? 아닙니다. 그렇지 않았습니다.
요셉은 그 이전부터 계속 하나님의 다루심을 받고 있었습니다.
그는 갑자기 평지 풍파와 같은 일을 겪으면서도 그 주님의 손을 놓지 않고 있었습니다.
그는 형들의 계략에 의해서 목숨의 위협을 겪으며 노예로 팔려가게 되었을 때도 주님의 손을 놓지 않았습니다.
종이 되어 주인의 처로부터 유혹을 받았을 때도 그는 주님의 손을 놓지 않았습니다.
감옥에 있을 때도 그는 주님의 손을 놓지 않았습니다.
그 모든 과정이 주님께서 요셉을 사용하시기 위한 다루심이었으며 요셉은 그 모든 과정을 통과했던 것입니다.
그리고 마침내 이제 하나님의 사람, 하나님의 신에 감동된 사람이라는 평가를 받을 수 있게 된 것입니다.

오늘날 그리스도인들이 삶에서 겪고 있는 많은 아픔과 어려움들도 하나님께서 요셉을 다루시는 것과 같이 우리가 그 분의 손에 굴복되기 위해서 훈련을 치르고 있는 것들입니다. 다만 요셉은 묵묵히 인내하고 순종하면서 그 훈련에 통과했으나 오늘날 그 손에 굴복되어 그 훈련을 통과하고 진정 하나님의 사람이라고 불리어지는 이들은 별로 많지 않은 것입니다.

무엇에든지, 그 어떠한 대상이든지 굴복된 이들은 그에 속한 어떤 권세를 가지게 됩니다.
하나님께도 마찬가지입니다.
주님의 손에 굴복된 자들은 주님의 통로가 되며 권세를 가지게 됩니다.
오늘날 그 손에 굴복되고 훈련을 통과하여 하늘의 권세를 가지고 있는 이들은 너무나 적습니다. 그리하여 오늘날의 교회, 오늘날의 기독교는 너무나 초라하며 그 놀라운 권능과 생기를 잃어버리고 있습니다.
그러나 오늘도 주님께서는 하늘의 부와 권세를 공급하시기 위해서 그분의 택하신 백성들을 훈련시키십니다.
굴복된 자들에게는 권세가 있으므로 이 훈련을 통과하고 그 손에 잡혀 있는 이들은 악한 영들을 깨뜨리고 모든 묶임을 깨뜨리는 도구로 쓰여질 수 있을 것입니다.

굴복은 권능의 비결입니다.
굴복은 하늘의 모든 풍성함과 아름다움을 가져오는 비결입니다.
그러므로 주님께서는 그러한 풍성함을 우리에게 주시기 위하여 우리를 더 깊은 순복을 향하여 이끌어가고 계시는 것입니다.

14장 주님의 다루심

오늘도 하나님의 손에 의해서 하나님의 사람들은 만들어지고 있습니다. 그것은 단순히 어떤 한 순간의 체험에 의해서 이루어지는 것이 아닙니다. 그것은 한 사람의 전 인생을 두고 서서히 진행되는 사건입니다.

모세는 떨기나무 아래서 하나님의 실재를 경험하고 놀랍게 변화되었습니다. 그러나 그것은 단순히 그 한 순간만의 체험은 아니었습니다. 바로 그 순간을 위해서 그에게는 많은 통과해야할 고통과 시련이 있었던 것입니다.

마찬가지로 바울도 다메섹의 체험 이후에 하나님의 사람으로 변화되었지만 그것도 단번에 이루어진 사건은 아니었습니다. 그를 향한 하나님의 프로그램은 그가 알지 못하는 순간에도 서서히 진행되고 있었으며 때가 되었을 때 주님께서는 무대 안으로 들어오셔서 자신을 보여주셨던 것입니다.

주님은 아무리 급하셔도 그분의 손에 의해서 다루어지지 않은 사람을 사용하시지 않았습니다. 주님이 사용하시는 도구는 하늘에 속한 사람이어야 했으며 하늘의 영광을 경험하고 알지 못하는 이들을 그분은 사용하실 수 없었습니다.

주님은 천국의 주인이시며 창조주이십니다. 그분은 무한한 지혜와 권능과 풍성함이 있는 분이십니다.

그러므로 그분은 세상적으로 유능한 이들의 도움을 받을 필요가 없었습니다. 그분에게는 무한한 부와 힘과 권세가 있기 때문에 유능하고 아름답고 지혜로운 이들을 구할 필요가 없었습니다.

그분에게는 오직 그 마음이 순결하고 겸손하여 주님 앞에 굴복될 수 있는 사람만이 필요했습니다. 오직 낮아짐, 겸손함, 고집을 부리지 않고 주님 앞에 굴복되는 사람 - 오직 그러한 사람만이 필요했습니다.

그렇기 때문에 주님은 그 제자들을 유능하고 지혜로운 자들 가운데서 구하지 않고 그 마음이 진실하고 갈망을 가지고 있는 겸손한 이들을 구하셨습니다. 오직 순수하고 겸손하기만 하면 그는 주님의 무한하신 풍성함을 나타낼 수 있는 도구가 될 수 있었습니다.
오늘날 유능하고 지혜로운 이들은 속상해합니다. 왜 저렇게 못나고 부족한 이들을 주님은 사용하시는 데 나같이 유능한 사람을 사용하시지 않는가? 하고 말입니다. 그것은 주님께는 유능한 사람이 필요한 것이 아니라 순진하고 순수하며 겸손한 사람이 필요하기 때문입니다.

주님께서 어떤 사람을 다루시고 마침내 그를 사용하게 되었을 때 그들의 부모들은 놀랐습니다.
그들은 자신의 아들을 보고 놀랐습니다. 그것은 평소에 그들이 보아왔던 아들과 달랐습니다.
그들이 보아왔던 아들은 그리 대단한 존재가 아니었습니다. 그들은 아들이 지도자 감이라거나 똑똑한 사람으로 내세울 만한 것이 있다고 생각해본 적이 없었습니다.

다윗의 아버지는 막내아들인 다윗이 주님의 기름부으심을 받을 만한 요소가 있다고 생각해본 적이 없었습니다.
그랬기 때문에 선지자 사무엘이 와서 그의 아들들을 보자고 했을 때도 다윗만큼은 젖혀두었습니다.
기드온도 자신이 대단한 존재라고 생각해본 적이 없었습니다. 그는 위기를 겪으면 아버지가 와서 구출해주었습니다.
기드온은 바알의 단을 헐고 난 후에 동네 사람들이 무서워서 숨어버렸으나 아버지가 와서 변호해주는 바람에 간신히 화를 면할 수 있었습니다.

그런데 동네 사람들에게도 무시를 당하던 아들이 그 크신 하나님의 용사가 되어 이스라엘을 구원하다니 이는 믿을 수 없는 일이었습니다.

주님의 관점은 사람의 관점과 아주 다른 것입니다. 주님께는 오직 순결하고 겸손한 사람이 필요했습니다. 그래서 주인이 원하기만 하면 그 즉시로 엎드릴 수 있는 사람이 있어야 했으며 그러한 상태가 될 때까지 주님은 그 사람을 다루셨습니다. 영리하고 유능하고 잘난 이들은 인내가 부족하며 쉽게 엎드리지 않기 때문에 그 주님의 훈련을 잘 통과할 수가 없었습니다.

우리가 알고 있는 모든 하나님의 사람들, 하나님께서 사용하신 이들은 위인들이 아닙니다. 다만 그들은 하나님의 그 다루심의 훈련을 통과한 사람들이었습니다. 그리고 그것은 어느 한 순간에 이루어진 것이 아니었습니다. 그들은 그저 운이 좋아서 복권에 당첨되듯이 주님의 도구가 된 것이 아니었습니다.

요셉은 평탄한 환경에서 사랑을 많이 받고 자라다가 갑자기 밑바닥 인생으로 떨어졌습니다.
어렸을 때부터 고난과 역경에 익숙한 사람은 나름대로 그 상황에서 살아남을 수 있는 자신만의 방식을 가지게 될 것입니다.
그러나 요셉은 그렇지 않았습니다. 그는 특별한 사랑과 특별한 대접을 받고 자랐습니다.
그러한 그에게 심각한 문화 충격이 왔습니다. 그는 간신히 그 충격에서 벗어나려고 애를 썼지만 이상하게도 상황은 점점 더 심각해져 갔습니다. 요셉은 그러한 모든 순간들이 자신을 사용하시기 위해서 다루시고 훈련하시는 하나님의 손길이라는 것을 알고 있었을까요?
아마 그랬다면 그 훈련의 순간에 조금 위안이 되었겠지요. 하지만 아마 그 당시에는 그것을 깨닫지 못했을 것입니다. 누구에게나 그렇지만 깨달음이란 오랜 세월의 좌절과 실패와 낙망을 통해서 비로소 얻어지는 것이니까요.
아무튼 결과적으로 요셉은 그 훈련을 통과하고 승리할 수 있었습니다. 요셉은 주님의 손길에 굴복했으며 고향에 대한, 아버지에 대한 그리움들을 기도로 극복했습니다.
아직 그의 훈련과 고난이 완전하게 끝나지 않았을 때도 요셉은 이미 그의 삶 속에서 하나님의 살아 계심과 임재를 경험하고 있었습니다. 비록 종이었고 또한 죄수로서 감옥에 있었지만 그에게는 하나님의 임재와 영광이 함께 하시고 있었습니다.
그것은 그가 훈련을 성공적으로 받고 있다는 사실을 잘 보여주는 것입니다.

요셉이 그의 삶 속에서 경험했던 훈련의 주 내용은 억울함에 대한 훈련이었습니다.
그가 계속적으로 부딪쳤던 문제는 억울함의 문제였습니다.
그는 잘못한 일이 없는데도 억울하게 종으로 팔렸습니다.
그는 잘못한 일이 없고 오히려 바르게 행동했음에도 불구하고 감옥에 갇히게 되었습니다.
그가 당했던 모든 일들은 논리적으로 납득할 수 없는 일이었습니다.
물론 그도 처음에는 어처구니가 없다는 생각을 많이 했을 것입니다. 그리고 억울하다고 주님께 하소연도 많이 했겠지요.
그러나 그는 기도 중에 주님을 붙들면서 그 상황에서도 감사하며 순복하는 것을 배우고 터득했습니다. 그리하여 마침내 훈련의 때가 끝났을 때 그는 주님의 풍성함과 역사와 주님의 마음을 보여주는 아름다운 통로로 쓰여질 수 있었던 것입니다.

이 훈련을 경험하고 있는 사람들이 흔히 빠질 수 있는 유혹은 자신들이 겪고 있는 억울함을 사람들에게 하소연하는 것입니다.

그들은 자신이 얼마나 억울한지, 자신이 겪고 있거나 겪었던 일들이 얼마나 불합리한 일인지 푸념을 하고 하소연을 하고 싶어합니다. 그러나 그러한 행동은 훈련의 통과에 있어서 아무런 유익이 되지 않으며 오히려 고통의 기간만이 길어지게 되는 것입니다.

요셉이 훈련에 실패했다면 그의 삶은 어떻게 되었을까요?
그도 역시 푸념과 원망과 한탄으로 세월을 보냈을 것입니다.
만나는 사람들에게 마다 자신의 억울함을 호소했을 것입니다.
물론 그러한 그에게 하나님의 임재와 달콤함은 없었을 것입니다.
그는 그러한 상태에서 비참하게 타향에서 죽고 말았겠지요.

오늘날 많은 이들이 불평하고 원망하고 푸념합니다.
많은 노인들이 그렇게 노후의 세월을 보냅니다.
그것은 그들이 주님의 손아래에 굴복되지 않은 것을 보여주는 것입니다.
그러나 그들이 돌이켜 감사하기 시작하고 자신의 모든 권리를 주님 앞에 내려놓고 굴복하기 시작할 때 그들의 삶과 영원은 달라지게 되는 것입니다.
요셉의 삶은 삶 속에서 이해하기 어려운 상황에 처했을 때에도 주님의 손안에 복종하며 오직 모든 것을 주의 처분에 맡기며 주를 붙들고 살 때 마침내 주님의 시간이 이르게 되고 그분의 아름다운 통로로 쓰여지게 된다는 것을 잘 보여주고 있는 것입니다.

모세가 받았던 훈련은 무기력과 절망을 통과하는 과목이었습니다. 주님께 쓰임을 받았던 다른 사람들과는 달리 모세는 유능하고 강건한 사람이었습니다.
그는 용사의 기질을 가지고 있었으며 그가 경험했던 최고의 교육, 엘리트적인 환경은 그의 자부심을 더 크게 만들어주었습니다.
주님께 속한 사람은 자신의 열등감이나 나약함에 붙들리지 않고 믿음으로 주를 바라보고 의뢰하는 훈련이 필요합니다. 그러나 모세의 경우에는 정 반대였습니다.

그는 너무 자신감이 많았습니다. 그는 힘이 넘치고 열정적이었습니다. 그는 자신의 힘을 과신하고 있었으며 충분히 자신의 능력으로 이스라엘을 구원할 수 있다고 생각했습니다. 그는 전쟁에 나가서 혁혁한 공로와 승리를 경험한 적도 있었으며 그런 방식으로 바로 왕도 거꾸러뜨릴 수 있다고 생각했습니다.

하지만 그의 그러한 낙관적인 사고는 주님의 능력을 경험하는 데에 오히려 방해가 되는 것이었습니다. 그의 그러한 상태에서는 주를 온전하게 의뢰할 수 없었으며 하늘의 능력을 받을 수가 없었습니다.

그에게 필요한 것은 절망이었습니다. 그리고 낮아짐이었습니다. 주님은 그분의 때가 되었을 때 모세의 자만심을 여지없이 깨뜨려버리셨습니다.

그리고 낙담에 빠져 광야로 도피한 모세는 다시 끝없이 추락하는 것과 같이 낮은 위치에 있게 되었습니다. 대 제국의 왕자가 초라한 목자가 되어서 광야에서 40년 동안을 유리방황 하게 되었던 것입니다.

모세가 이 기간동안 얼마나 극심한 고독에 빠져 있었는지, 무기력과 절망 속에 빠져 있었는지 우리는 알 수 없습니다.

그러나 분명한 사실은 모세는 그러한 낮아짐과 고독과 절망의 훈련을 드디어는 통과했으며 마침내 주님의 시간에 이르러 하나님의 임재를 경험하고 사명을 받게 되었다는 것입니다.

주님께서는 그가 주의 일을 하겠다고 덤빌 때 전혀 일을 맡기시지 않으셨습니다. 그러나 그가 사역을 포기하고 절망하고 있었을 때 오히려 일을 맡기셨습니다. 주님께서는 승리와 모든 풍성함이 인간의 위대함에서 나오는 것이 아니며 오직 주님의 손아래 다스려져서 순복된 사람을 통해서만 이루어진다는 사실을 모세가 깨달을 때까지 훈련을 하시기를 원하셨던 것입니다. 모세의 삶과 사역은 오직 구원과 승리는 사람의 탁월함에서 오는 것이 아니며 오히려 그것은 부서져야 하는 것을 보여줍니다. 사람들은 무능해서 주의 일을 하지 못하는 것이 아니라 오히려 너무나 유능하기 때문에 주의 일을 하지 못하는 것이며 주님께서 일을 맡기시지 못하는 것입니다. 그분에게는 오직 그분의 주권 아래서 순종할 사람만이 필요하였습니다.

오늘날 어떤 이들은 너무나 자신만만합니다. 많은 젊은 사역자들이 그러합니다. 그들은 아직 깨어지기 전의 모세와도 같습니다. 그들은 자신의 지혜와 명철과 열정과 능력에 대하여 자부심을 가지며 그렇지 못한 이들을 판단합니다. 그들은 자신을 통하여 주님의 놀라운 역사와 부흥이 임할 것이라고 믿습니다.

그러나 이러한 이들은 아직 진정한 주님의 도구가 될 수 없으며 그러한 의식들이 사라지게 되기까지 주님의 다루심을 받을 수밖에 없는 것입니다. 오직 주님이 아니면 자신이 아무 것도 아니며 전혀 무기력한 존재임을 뼈 속 깊이 인식하고 체험할 때까지 주님은 그들을 사용하지 않으십니다.

그들이 그러한 훈련을 통과하게 되면 사람들은 그가 말하는 것이나 능력의 나타남이 전과 전혀 다른 사람인 것을 알게 됩니다. 그는 주님을 의지하지 않고는 단 1분도 버티지 못하는 주님의 사람이 되어가는 것입니다.

아브라함도 주님의 통로가 되기 위하여 훈련을 통과하였습니다.
그에게 주어진 것은 사역이 아니라 존재에 대한 것이었습니다.
그는 하나님의 백성들을 구원하거나 어떤 사역을 위하여 쓰여진 사람이 아니었습니다. 그는 그 존재 자체가 의미가 있는, 그러한 사람이 되기 위하여 부름을 받았습니다.
그는 자신의 몸을 통하여 혈통을 통하여 예수 그리스도가 나오게 되는 통로의 대표로 부름 받은 사람이었습니다. 그는 하나님의 사역의 통로, 권능의 통로가 아니라 하나님 자신의 통로가 되어야 했습니다.

그는 믿음의 조상으로 세워져야 하겠기에 부르심과 훈련을 받기 시작한 처음 순간부터 보이는 것을 따라 움직이지 말고 말씀과 내면의 감동, 그리고 믿음으로 움직여야 하는 것을 훈련받았습니다.
그는 눈으로 보이는 것에 의해서 움직여서는 안 되었습니다. 환경을 따라 움직이지 않도록 훈련받았습니다.
그가 하나님의 말씀을 따라 순종했을 때 그에게는 복이 온 것이 아니라 기근이 왔습니다. 환경은 그가 말씀 가운데 있지 말고 적당하게 타협할 것을 유혹했습니다.
물론 그가 항상 주님의 말씀으로만 순종하여 살았던 것은 아닙니다. 그도 우리들이 그렇게 하는 것처럼 때로는 타협하여 눈으로 보기에 유리해 보이는 쪽으로 가기도 했습니다.
그러나 그의 삶에서 분명히 다루어졌던 것들은 그가 그렇게 타협을 했을 때 그는 반드시 실패하고 고통을 겪게 되었다는 것입니다.
그가 그의 삶에서 계속 배웠던 것은 바로 그것이었습니다.
믿음은 눈에 보이는 것이 아니며 환경을 따르는 것이 아니라는 사실을, 오직 그의 내면에서 말씀하시는 주님을 따라 가야한다는 것을 그는 계속하여 배웠던 것입니다.

그가 이 과목에 대해서 어느 정도 통과하게 되었을 때 그는 가장 사랑하는 자식도 주님께 어려움 없이 드릴 수 있게 되었습니다.
그것은 그저 드리는 것이 아니라 사랑하는 아들을 직접 죽여야 하는 일이었습니다. 그러나 그 시점에 와서는 이미 아브라함은 그러한 일에 마음의 평화를 누릴 수 있었습니다. 아니, 거의 삶과 죽음을 초월한 상태라고도 할 수 있을 것입니다. 그는 이제 훈련의 의미를 충분히 이해했기 때문입니다. 그는 반복되는 훈련을 통해 눈에 보이는 것을 믿지 않게 되었습니다. 이미 아들을 통해서 수많은 자손을 얻게 되리라는 말씀을 받은 그는 자신이 아들을 죽여도 아들은 다시 살아날 것을 믿었던 것입니다.
그는 눈보다 환경보다 죽음 자체보다도 그에게 말씀하시는 주님을 더 신뢰할 수 있는 상태에까지 이르렀으며 그것은 이제 그가 믿음의 사람, 믿음의 조상이라고 불릴 수 있는 상태가 된 것을 보여주고 있는 것이었습니다.

하나님의 사람이 되기 위해서, 하나님의 통로가 되며 천국을 소유하기 위해서 그러한 훈련을 받은 이들이 그 모든 과정을 성공적으로 이수했다면 그것만큼 복된 것도 없을 것입니다.
그러나 그 모든 이들은 그러한 훈련을 이수하는 과정에서 많은 어려움들을 통과해야 했습니다. 견디기 어려운 고독을 겪어야 하는 이도 있었고 많은 오해를 통과해야 하는 사람도 있었습니다.
그 훈련의 내용은 각자가 받아야 할 과목에 따라 다 달랐습니다. 분명한 사실은 그것은 주님께서 결정하시는 것이며 각자가 겪었던 삶이 바로 그 자신에게 가장 필요하고 유용한 것이었다는 사실입니다.

야곱의 경우에는 그의 인간적인 꿈들을 포기하여야 했었습니다. 그가 일생동안 다루어져야 했었던 문제는 인간적인 애정에 대한 부분이었습니다.
누구나 자기의 사랑하는 스타일이 있습니다. 이상형이 있습니다. 야곱의 경우에도 그러했습니다. 그러나 야곱은 그의 그러한 부분이 다루어져야 했습니다.
그는 자신의 개인적인 취향과 애정이 주님의 손에 드려지고 오직 주님의 마음으로 사랑하고 주님의 마음으로 사는 것을 배워야 했습니다.
야곱은 유독 애정에 대한 굶주림을 가지고 있었습니다.
그의 한 평생은 사랑과 갈망, 그리움에 대한 것으로 가득 차 있었습니다.
그는 라헬을 사랑했으며 행복하고 아름다운 가정을 만들고 싶어했습니다. 그러나 그의 꿈은 이루어지지 않았습니다. 그의 가정은 갈등과 경쟁과 분노와 다툼으로 가득한 집이었습니다.

그는 라헬을 사랑했고 요셉을 사랑했고 베냐민을 사랑했습니다. 그러나 라헬은 일찍 죽었고 요셉은 어린 나이에 잃어버렸으며 마지막 그의 생명이 연결되어 있는 베냐민에게까지도 신변의 위협이 그치지 않았습니다.

인생의 말년에 이르러서야 야곱은 주님의 뜻이 무엇인지 비로소 알게 되었습니다. 주님께서 다루고자 하시는 것이 무엇인지 비로소 깨달았습니다. 그리고 그는 그 자기 중심의 애정을 주님 앞에 내려놓았습니다. 그리고 그 때부터 그는 말년의 평화와 안식 속에 들어갈 수 있게 되었습니다.
야곱이 자신의 애정을 주님께 내려놓고 그 아래 굴복된 이후 그는 달라졌습니다. 이제 더 이상 야곱 특유의 교활하고 인간적인 냄새가 나지 않게 되었습니다. 그는 이제 주님의 눈과 주님의 마음과 주님의 뜻을 표현하는 도구가 되었습니다.
그가 마지막으로 세상을 떠나면서 그의 열두 아들들에게 예언한 내용들은 그가 개인적으로 이야기한 것이 아니었습니다.
그는 이전에 자신이 좋아하는 스타일이 있었고 싫어하는 스타일이 있었습니다. 그러나 그의 예언은 더 이상 개인적인 취향이나 통찰력에서 나온 것이 아니었습니다. 그는 이제 주님의 마음과 관점으로 모든 이들의 사명과 인생의 방향을 관조하고 제시해줄 수 있었습니다.
성경에 나타난 많은 인물들의 인생 여정과 훈련은 주님의 손아래 굴복되는 것의 풍성함이 어떤 것인지를 잘 보여줍니다. 그들의 영혼은 다루어지고 훈련되었으며 마침내 그를 지으신 주님에게 사로잡히게 되었습니다. 그들은 주님의 사람이 되어 천국의 무한한 풍성함을 보여주는 통로가 되었습니다.
많은 이들이 그러한 주님의 손안에서 발전하고 나아갔습니다.
그러나 모든 사람이 성공한 것은 아니었습니다. 다윗의 아들 압살롬은 무척 아름다웠고 지혜로운 사람이었으나 그의 말로는 비참했습니다.

그는 그러한 타고난 탁월함을 통해서 주님을 높이지 않고 자기 스스로를 높였습니다. 그는 결국 그가 통과해야할 훈련을 통과하지 못하고 비참하게 죽었습니다.

사울도 초기에는 하나님의 통로로 쓰여졌습니다. 그러나 그는 높은 위치에 오르게 되자 초기의 겸손함을 잃어버렸습니다. 그도 시작은 좋았으나 마지막은 아름답지 못했습니다.

성경은 이러한 하나님의 훈련이 그의 백성인 이스라엘에 국한된 것이 아님을 보여줍니다. 이방의 왕이었던 바벨론의 벨사살왕에게 하나님께서는 벽에다 손가락이 나타나 글씨를 쓰는 이적을 통하여 그에게 경고하셨던 것입니다. 그 글자의 내용은 '메네 메네 데겔 우바르신' 이었으며 그 뜻은 다니엘의 해석을 통해서 밝혀지게 되었습니다.

그것은 하나님께서 이미 왕의 나라의 시대를 세어서 그것을 끝나게 하셨다는 말이었으며 그 중에서 '데겔' 은 왕이 저울에 달려서 부족함이 되었다는 의미였습니다. (단5:25-27)

이 이야기는 하나님께서 보시지 않는 가운데서도 항상 사람을 평가하고 계신다는 것을 보여주는 것입니다. 그런데 벨사살왕은 많은 권력과 부와 힘을 받았음에도 불구하고 그것을 제대로 사용하지 않아 하나님의 저울에 달아보았을 때 합격하지 못했던 것입니다.

오늘 우리는 우리가 겪고 있는 모든 일들이 다 우리에게 허락하신 하나님의 특별한 훈련인 것을 이해할 필요가 있습니다. 그리고 성경에 기록된 것과 같이 우리 중 어떤 이들은 그 하나님의 훈련에 합격하고 통과하여 그 손에 굴복됨으로 하나님의 소유가 되며 천국에 속한 사람이 될 것입니다. 그러나 우리 중 어떤 이들은 아직도 그 의미를 알지 못하고 원망하고 불평하며 자기 연민에 빠지며 두려움과 근심 속에서 살고 있는 이들도 있을 것입니다.

우리가 하나님의 훈련을 이해하고 통과하여 그 손에 굴복된 사람이 되든지, 아니면 여전히 주님의 뜻과 훈련을 거스려 싸우면서 살아가든지 그것은 우리 자신에게 달려 있는 문제입니다.
만약 우리가 진정 이 훈련을 통과하기 원한다면, 그리고 주님의 도우심을 구한다면 주님은 우리에게 힘을 주셔서 우리가 겪고 있는 과목을 통과할 수 있도록 도우실 것입니다. 그리고 그것은 주님과 우리 자신에게 놀라운 기쁨이 될 것입니다.

훈련은 쉽지 않지만 그 주님의 손에서 다루어지고 통과한 이들은 주님의 소유가 되고 통로가 되어 그 아름다움과 풍성함을 보여줄 수 있었습니다. 그것은 그들 자신의 아름다움이 아닌 주님의 아름다우심과 풍성함이었습니다. 바울은 빌립보서 1장 8절에서 빌립보 교회의 성도들에게 이렇게 인사를 했습니다.

'내가 예수 그리스도의 심장으로 **너희 무리를 어떻게 사모하는** 지 하나님이 내 증인이시니라'

사도 바울은 빌립보 교회의 성도들을 너무나 사랑했습니다.
그는 그들이 너무나 보고 싶었습니다.
그는 그들을 그리워했습니다.
하지만 그것은 바울의 마음이 아니었습니다.
바울이 말한 바와 같이 그것은 그리스도의 마음이었습니다.
바울은 말하기를 자기가 예수 그리스도의 심장이 되었다고 합니다.
예수 그리스도의 마음, 예수 그리스도의 사랑을 가지게 되었다고 고백하는 것입니다.
그것이 바로 주님의 손에 굴복되고 사로잡힌 이들의 특성입니다.
그들은 더 이상 자신의 애정, 자신의 성향, 이기심, 악성으로 살지 않는 것입니다. 그들은 주님께 사로잡혔습니다. 그래서 주님의 마음으로 살며 주님의 감동으로 살며 주님의 사랑으로 살게 되는 것입니다.
그들은 주님의 아름다우심을 보여줍니다.

그들은 천국의 풍성함을 보여줍니다.
그들은 천국의 향취를 보여줍니다.

주님께 사로잡히는 것, 주님께 굴복되는 것은 얼마나 아름답고 놀라운 일인지 모릅니다.
그것은 이 우주 안에서 가장 위대하고 감격스러운 일입니다.
그렇게 주님의 손에 굴복된 이들이 천국의 영광과 잔치에 참여할 수 있기 때문에 주님께서는 오늘도 이 풍성함을 공급하시기 위해서 우리들을 훈련하시며 이끌고 계십니다. 그러므로 누구든지 그 주님의 손길에 순복하는 이들은 놀라운 천국의 기쁨과 영광에 들어가게 될 것입니다. 주님의 마음에 들어가게 될 것입니다.
이것은 진정 복음입니다. 그리고 이 사실만큼 우리의 가슴을 뛰게 하며 소망을 주는 것도 다시없을 것입니다.

15장 영적 성장의 세 가지 단계

부흥회나 열정적인 집회가 있을 때 많은 사람들은 그러한 집회를 통해서 많은 영적 충전과 회복을 경험하게 됩니다. 이른바 '은혜를 받았다'고 말을 하기도 하지요.
그들은 집회에서 많은 감동을 받고 많은 눈물을 흘리며 주님의 은혜가운데 잠겨있게 됩니다. 그리고 나서 주님께 대한 사랑과 헌신의 고백을 하게 됩니다. 그리고 한동안은 기도도 열심히 드리고 맑은 영적 상태로 살게 되지요.

그런데 문제는 그 다음입니다. 대부분 그렇게 집회에서 은혜를 경험한 이들이 그러한 신선한 영의 상태를 유지하는 경우는 드물다는 것입니다. 불과 몇 주일, 심하게는 며칠만에 그들의 영적 상태는 다시 집회 참석이전의 상태로 돌아갑니다.
어떤 이들은 오히려 집회 참석 이후에 영적 상태가 더 나빠지기도 합니다. 집회의 후유증을 앓게 되는 것이지요. 이러한 반복을 몇 번 경험하게 되면 나중에는 집회나 은혜의 경험에 대한 기대를 아주 포기하게 되기도 합니다. 이와 같이 집회에서의 은혜를 계속 유지하지 못하는 이유는 무엇일까요?

나는 집회에서 뜨거운 눈물을 흘리며 주님을 위해서라면 목숨까지도 다 버릴 수 있는 것처럼 보이는 이들을 아주 많이 보았습니다. 그들에게 임하는 주님의 임재와 사랑이 너무 감미롭고 그들의 결단이나 감격이 하도 놀라워서 나는 그들이 다시는 세상과 타협하지 않고 오직 주님을 붙들고 주님의 지배하심과 인도하심을 따라 남은 인생을 살아가게 되지 않을까 생각했었습니다.

그러나 집회가 끝이 나고 감격이 사라진 후에 일상의 삶으로 돌아오면 그렇게 주를 붙잡고 살아가는 이들은 아주 드물었습니다. 그리고 그것은 아주 보편적인 사실이었습니다.

집회에서 은혜와 감동을 많이 받는 이들은 대부분 영혼의 껍질이 아주 얇은 이들입니다. 그래서 그들은 어떤 영적 분위기에 쉽게 휩쓸립니다. 그들은 지적이라기 보다는 정서적입니다.
지성적인 경향은 영의 흐름을 제한하는 요소가 있기 때문에 그러한 이들은 영의 움직임에 대한 감지 능력이 부족합니다.
그래서 그들은 주님의 임재가 가까이 있어도 잘 느끼지 못합니다. 마찬가지로 악한 영들이 강하게 역사하고 있어도 역시 잘 알지 못합니다. 그들은 영적으로 둔감한 편입니다. 그들은 먼저 충분히 이해와 납득이 가서 머리가 잠잠해진 후에야 영이 간신히 조금씩 꿈틀거리며 움직이게 됩니다.

그러나 정서적인 경향의 사람들은 영의 감지 능력이 뛰어납니다. 그래서 그들은 집회 가운데 주님의 임재가 있으면 금방 그것을 그의 영이 느끼고 감동하게 되는 것입니다.
그러나 문제는 그들의 영혼의 껍질이 얇다는 데에 있습니다. 그러한 이들은 다른 영적 분위기가 있는 곳에 가면 다시 그 곳의 영향과 지배를 받게 됩니다. 또한 다른 사람들을 만나고 접하며 교류하는 순간에 다시 그들의 영적 영향력 가운데 들어가게 됩니다. 그러므로 그들은 주님의 영이 아닌 다른 영들의 지배 속에 들어가게 되고 그래서 주님의 그 풍성하신 은혜가운데 지속적으로 거하지 못하는 것입니다.

그렇다면 그렇게 은혜와 감동을 유지하지 못하는 이들은 그의 정서적인 기질에 문제가 있는 것일까요?
아닙니다. 그렇지 않습니다. 기질이란 어느 누구에게도 문제가 될 수 없습니다. 문제가 되는 것은 그들이 주님의 은혜를 피상적으로, 겉으로만 경험한다는 데에 있는 것입니다.

마태복음 13장에 나오는 천국의 비유 중에 〈씨뿌리는 비유〉가 있습니다. 여기에 네 가지의 밭이 등장하는 데 이 밭은 사람의 마음을 비유하는 것입니다. 거기에서 〈돌밭〉이 나옵니다.

돌밭에도 말씀의 씨앗이 뿌려지는데 이에 대한 돌밭의 반응은 흥미롭습니다.

더러는 흙이 얇은 돌밭에 떨어지매 흙이 깊지 아니하므로 곧 싹이 나오나 해가 돋은 후에 타져서 뿌리가 없으므로 말랐고 (마13:5, 6)

해석을 요구하는 제자들에게 주님은 이렇게 말씀하십니다.

돌밭에 뿌리웠다는 것은 말씀을 듣고 즉시 기쁨으로 받되 그 속에 뿌리가 없어 잠시 견디다가 말씀을 인하여 환난이나 핍박이 일어나는 때에는 곧 넘어지는 자요 (마13:20, 21)

돌밭으로 표현되는 사람들은 정서적이고 예민한 기질의 사람들입니다. 그들의 기질적인 특성은 신속성에 있습니다. 그들은 말씀을 받을 때 〈즉시〉 기쁨을 느낍니다. 마음에 감동을 느낀다는 것이지요.

그리고 〈곧〉 싹이 나옵니다. 회개하며 주를 구주로 영접하며 주를 위하여 살기 원하고.. 그런 반응과 열매를 보여줍니다.

그런데 말씀을 인하여 환난이나 핍박이 일어날 때는 〈곧〉 넘어집니다. 역시 실족하는 것도 빠릅니다.

은혜도 순식간에 잘 받고 넘어지기도 순식간에 잘 넘어진다는 것이지요. 그들이 빨리 열매를 맺는 것, 빨리 감동을 느끼고 은혜를 받고 울고 불고 난리를 치는 것에 대해서 성경은 이렇게 말합니다. "흙이 깊지 아니하므로 곧 싹이 나오나.." 그들은 내면이 그리 깊지 않다는 것입니다. 쉽게 감동을 받지만 그 감동은 내면의 심원한 데서 나오는 것이 아니라 얕은 곳에서 나온 것이라는 말씀입니다.

이들의 문제는 무엇일까요? 그것은 그들이 받은 은혜가 그들의 심령 속에 깊이 스며들지 않는다는 데에 있습니다. 물론 그렇게 약간이나마 은혜를 경험하는 것이 길가의 마음 밭보다는 낫습니다.

길가에 떨어진 씨앗은 새들이 와서 먹어버리는데 이것은 영성과 진리에 대해서 전혀 관심이 없고 마비된 사람은 악한 영들이 진리를 깨닫지 못하도록 빼앗아 간다는 것이며 그들은 은혜와 진리를 전혀 흡수하지 못하니까요.

아무나 천국 말씀을 듣고 깨닫지 못할 때는 악한 자가 와서 그 마음에 뿌리운 것을 빼앗나니 이는 곧 길가에 뿌리운 자요 (마13:19)

그러나 그렇게 전혀 느끼지 못하고 깨닫지 못하는 것보다는 낫지만 그렇게 마음의 표면에만 은혜와 기름 부으심이 있다는 것은 역시 비극적인 일입니다. 누구든지 진정한 변화를 위해서는 한 때의 일시적인 감동과 은혜가 아닌 내적인 깊은 은혜가 필요하기 때문입니다.

나는 많은 은사체험자들이 여러 가지 다양한 영적인 경험을 하지만 도무지 삶이 변화되지 않는 모습을 많이 보아 왔습니다. 그들은 방언을 하고 예언을 하고 기적적인 치유의 도구로 쓰여지며 입신을 하고 환상을 보고 여러 놀라운 현상들을 체험하곤 했습니다. 그러나 문제는 그들의 삶에 변화가 없다는 것이었습니다.

집회에서 영의 흐름이 있을 때 영적으로 민감한 이들은 강력한 기름 부으심을 느끼게 됩니다. 쓰러지는 사람도 있고 뛰는 사람도 있으며 울고 웃는 사람들도 있습니다. 모든 사람들은 그들을 부러워하며 얼마나 좋을까 하고 생각합니다. 그러나 역시 이들도 지속적인 삶의 변화를 경험하게 되는 일은 드물었습니다.

이들의 문제는 무엇일까요? 그 대답도 역시 같습니다. 그들이 은총을 경험하고 영성의 초보를 경험하는 것은 사실이지만 그것은 몸에 속한, 바깥에 속한 경험이라는 것입니다. 그리고 그러한 그들의 경험이 그들의 안으로 내재화되지 않으면 그것은 한 때뿐인 감동에 그치는 것이며 내적인 변화가 생길 수 없는 것입니다.

이것을 쉽게 이해하기 위해서 설명하자면 은혜의 경험은 첫 번째 차원의 경험이 있고 두 번째 차원의 경험이 있습니다.
첫 번째 차원의 경험은 초보적이며 몸에 속한 것이며 외부적인 경험입니다. 이것은 눈에 드러나게 나타나며 강렬한 체험입니다.
이러한 외적인 체험은 일시적인 충격과 변화에 그치는 것이 대부분이며 삶과 행동과 가치관과 인격적인 변화를 동반하는 경우가 드뭅니다. 이것은 내적인 경험이 아니고 바깥의 경험이기 때문입니다.

두 번째의 경험은 내적인 것입니다.
첫 번째의 경험이 몸에 속한 것이라면 이 경험은 내면적이고 영혼에 속한 경험입니다. 그리고 이 체험은 내적인 가치관과 인격과 삶의 변화를 동반하게 됩니다.

그러므로 오래 동안 신앙 생활을 해도 별로 변화되지 않으며 죄에서 해방되지 못하는 사람들은 영적 경험의 실제가 없는 개념적인 신앙 생활을 하거나 아니면 외적인 체험에 그치고 있는 이들입니다.
왜냐하면 삶과 인격의 변화는 주님의 은혜가 내부의 깊은 곳을 터치할 때 비로소 이루어지게 되는 것이기 때문입니다.
첫 번째의 경험은 인격적인 것이 아니며 기능적인 것입니다. 기질적인 것입니다. 두 번째의 경험은 인격적이며 그 사람의 중심에 관련된 것입니다.
첫 번째의 경험에 머무르고 있는 이들은 평소에는 주님의 지배와 인도

속에 살고 있지 않으며 그러므로 영적으로는 어두운 영계에서 악한 영들과 세상의 영들의 지배 속에 살게 됩니다.

그러한 이들이 영성적인 집회에 오게 되면 그들의 영이 열려서 일시적으로 그들이 속하고 있는 어두움의 영계에서 벗어나 빛에 속한 세계로 오게 됩니다. 아주 일시적으로 그들은 빛과 기쁨을 경험합니다.

그것은 그들의 삶의 중심이 주님 중심이 아니고 자기 중심이기 때문입니다. 그러므로 그들은 자신이 변화된 것이 아니라 집회의 영성적인 분위기 속에 영향을 받아서 아주 잠시 천계의 빛 가운데 거하게 되는 것입니다. 그러나 집회를 마치고 자신에게로 돌아오게 되면 그들의 영은 본능적으로 다시 자신에게 속한 어두움의 영계로 돌아가서 비참한 삶을 살게 됩니다. 오직 그 삶의 중심이 주님께 드려진 이들만이 그 찬란한 영계의 빛 속에서 지속적으로 거하며 살수가 있는 것입니다.

그렇다면 이 첫 번째의 감동과 은혜는 별로 의미가 없는 것일까요?
그렇지는 않습니다. 그것은 섭리적으로 먼저 오는 경험입니다. 이 첫 번째의 바깥의 은혜 체험에 대해서 알지 못하면 영의 기본적인 원리나 감각에 대해서 무지하게 됩니다. 그것은 영혼의 껍질을 깨우고 영감을 일으키는 아주 기본적인 단계입니다. 항상 체험은 육체의 체험으로부터 시작하는 것이며 처음부터 내적인 데에서 체험이 시작되지 않습니다. 그것은 대학에 가기 전에 유치원과 초등학교 등을 거쳐야 하는 것과 같은 것입니다.

이러한 원리는 성도의 영이 자라고 나아가는 과정을 간단하게 살펴보면 좀 더 잘 이해할 수 있을 것입니다.

이스라엘 백성이 애굽에서 광야를 거쳐서 가나안으로 가는 여행은 곧 성도의 영적인 발전 상태를 상징적으로 보여줍니다. 이 부분에 대해서는 이미 많이 가르침이 있어서 잘 알려져 있는 것이지요.

먼저 애굽에서 경험하는 하나님의 은총은 무엇일까요? 그것은 하나님의 권능입니다.

하나님의 놀라우신 권능으로 애굽의 왕과 군대를 깨뜨리고 승리하여 애굽의 노예 상태에서 벗어나게 되는 과정을 보여줍니다.
여기서 하나님은 강력한 능력으로 임하십니다. 그리고 애굽을 초토화시킴으로서 오직 하나님의 능력으로만 승리의 삶이 가능한 것임을 보여줍니다.
아홉 가지 재앙에 이은 마지막 열 번째 재앙, 그것은 견고하고 완강하던 애굽 왕 바로를 마침내 무너뜨립니다. 그것은 장자를 치는 재앙이었으며 이스라엘 백성은 어린양의 피를 통하여 그 재앙에서 벗어나고 완전한 승리를 거두게 되지요. 그것의 상징적인 의미는 이 우주 안에서 가장 강력한 힘이 어린양의 보혈인 것을 보여주고 있는 것입니다.

이스라엘 백성은 하나님의 강력한 권능으로 애굽을 깨뜨리고 탈출에 성공하게 됩니다. 그것은 신앙의 첫 번째 단계는 권능과 힘이라는 것을 잘 드러내고 있는데 이것이 바로 은사적인 경험이며 육체에 임하시는 하나님의 능력, 바깥의 체험이라고 할 수 있는 것입니다.
이 하나님의 살아계신 권능을 맛보고 나서 이스라엘 백성은 비로소 하나님이 살아서 역사하시는 분이며 그들을 사랑하시고 함께 하신다는 것을 깨닫게 됩니다. 그것이 은사경험, 외적 능력의 체험의 의미입니다.

그러나 영성적으로 보았을 때 광야에 나온 이스라엘은 아직 주님을 실제적으로 아는 이들이 아니었습니다. 그들은 여전히 자기가 인생의 주인이 되고 왕이 되어 자기 감정, 자기 생각으로 제멋대로 살고 있었습니다. 그리고 그것이 바로 영적으로 지옥의 상태인 것입니다.
그러나 애굽에서 하나님은 그들을 다루시지 않았습니다.
애굽은 바깥의 경험이며 환경을 다루시는 것입니다. 그 때는 아직 사람의 내부를 다루시는 때가 아닙니다.
그러나 광야에 들어와서 주님은 더 이상 환경을 다루시지 않습니다. 주님은 이스라엘 백성의 마음을 다루십니다.

애굽에서는 바깥의 구원을 이루시지만 광야에 이르러서는 내면의 구원, 중심의 구원을 이루시는 것입니다.

애굽에 이르러 이스라엘 백성들의 내적 상태는 현저하게 드러나기 시작했습니다. 그들은 사소한 것에서부터 하나님을 대적하고 원망했습니다. 그러자 주님은 그들을 징계하시며 다루십니다. 그것이 광야의 의미이며 목적입니다.
애굽에서 압제를 당할 때는 그들은 애굽에서 벗어나기만 하면 모든 문제가 다 끝이 날줄 알았습니다. 그러나 광야에 들어와서 그들의 안에 숨겨져 있는 악성이 드러나면서 그들은 오히려 더 고통을 느끼게 되고 불평을 하게 됩니다.

애굽은 하나님의 권능이 나타나는 장소입니다. 여기서 하나님은 우리의 힘이시며 아버지로서 나타나십니다. 이른바 해결사의 역할을 하십니다. 하지만 주님께서는 그 해결사의 위치에서 그대로 머물러 있기를 원치는 않으십니다. 주님은 다음 단계로 나아가기 원하십니다.
광야는 하나님의 주권과 다루심이 나타나는 곳입니다.
여기서 주님은 우리의 주인이 되시기를 원하십니다. 그리고 여기서 굴복된 사람만이 가나안의 세계에 들어갈 수 있는 것입니다.

가나안이 의미하는 것은 무엇일까요? 그것은 천국의 실상이며 천국 자체를 의미하는 것입니다.
가나안의 젖과 꿀은 그 천국적인 삶에서 누릴 수 있는 풍성한 생명의 실제를 묘사하는 것입니다.
그러나 그 가나안에 들어가기 위해서 이스라엘 백성들은 애굽에서 탈출해야 했었으며 광야를 통과해야 했었습니다. 그리고 이를 위하여 애굽에서는 하나님의 권능이 필요했으며 광야에서는 하나님의 손에 굴복하는 훈련을 통과해야 했던 것입니다.

천국에 들어가기 위해서 처음에는 권능을 받고 마귀로부터 벗어나게 됩니다. 저주를 깨뜨리고 자유함의 세계로 가게 됩니다.
그러나 두 번째의 단계에서는 자기 중심의 제멋대로 사는 삶이 처리를 받는 것입니다. 그리고 이 광야의 훈련에서 통과하는 사람들만이 가나안의 영광을 경험하게 됩니다.
가나안은 실제하는 천국입니다.
애굽에서 주님은 아버지이시고 광야에서 주님은 우리의 주인이십니다. 그러나 가나안에서 주님은 우리의 연인이시고 신랑이십니다. 그 곳에서 비로소 천국의 실상을 맛보게 되고 그 영광의 빛을 경험하게 되는 것입니다. 그리고 그것은 광야에서 어느 만큼 굴복되느냐에 달려있는 것입니다.

그러나 슬프게도 애굽을 빠져나온 대부분의 이스라엘 백성들은 광야에서 죽었습니다. 고집부리고 원망하고 불순종하다가 죽었습니다. 이것은 첫 번째의 경험을 하는 이들은 많지만 두 번째의 경험, 주님께 굴복되는 경험을 하는 이들은 많지 않다는 것을 보여주는 것입니다.
영적으로 자신의 상태가 가나안에 있다고 생각하는 이들을 나는 많이 보았습니다. 그러나 대부분의 경우 그것은 착각입니다.
애굽을 통과한 이스라엘 백성은 대략 잡아 이백만 명 정도가 되었습니다. 그들 중에서 살아서 가나안 땅에 들어간 사람은 여호수아와 갈렙 단 두 사람에 불과했습니다. 이것은 영적으로 가나안의 상태에 있는 사람들은 극소수에 불과하다는 사실을 잘 보여주는 것입니다.

애굽에서 성도들은 하나님의 실제와 권능을 맛봅니다.
광야에서 성도들은 하나님의 주되심 앞에서 굴복하고 순종합니다.
그리고 그 단계를 다 통과한 이들은 가나안에서 주님과 실제적인 연합을 이루게 되는 것입니다.
영적으로 가나안의 세계를 맛본 이들이 거의 없기 때문에 그것은 감추어지고 비밀한 세계입니다. 그러므로 그 영광의 빛과 풍성함을 대부분의 성도들은 알지 못하는 것입니다.
복음에는 두 가지 측면이 있습니다. 하나는 외적인 형태의 복음입니다. 이것은 외부적이고 공개적인 측면입니다. 그래서 복음은 전 세계로 퍼져 나가고 많은 이들이 이 복음을 전하며 많은 이들이 피상적이기는 하지만 복음과 주님에 대해서 알고 듣습니다.

두 번째 복음은 복음의 내면적인 측면입니다. 이것은 비밀한 것입니다.
주님은 암시적으로 이 진리의 감추어진 부분에 대해서 말씀하십니다.
천국을 밭에 감추어진 보화로 비유하신 것도 그러한 맥락입니다.
여기서 밭은 교회이며 보화는 바로 주님이십니다.
교회에서, 그리고 믿는 성도들에게서 숨겨져 계시며 고독하신 주님에 대한 메시지인 것입니다.
많은 이들이 주님을 알고 구하지만 사실 내적인 주님에 대해서 잘 모릅니다.

오늘날 사람들은 교회를 크게 짓고 이름을 날리기를 원합니다. 그리고 주를 위하여 많은 일들을 하고 싶어합니다.
그러나 주님의 마음을 알고 그 분 가까이로 나아가기를 원하며 주님과 깊이 연합되기를 원하는 이들은 그리 많지 않습니다.
주님의 마음은 감추어져 있기 때문입니다.
가나안의 영광은 감추어져 있습니다. 그것은 애굽을 통과하고 광야에서 순복된 이들이 그 분량만큼 누리고 맛보고 경험할 수 있는 것입니다.
그것은 바로 주님의 마음이며 생명과 진리의 중심이며 천국의 중심이라고 할 수 있는 것입니다.
우리는 훈련 중에 있습니다. 더 깊은 주님, 더 깊은 천국을 향해서 발전해가고 있는 중입니다.
주님은 가나안의 영광을, 천국의 영광을 주시기 위해서 이스라엘을 애굽에서 인도하신 것이며 광야에서 헤매고 죽기 위해서 우리를 부르신 것은 아닙니다. 오늘 우리가 이러한 주님의 인도하심과 부르심에 대해서 좀 더 이해하고 통찰력을 가질 수 있다면 우리는 좀 더 주님께 순복하려고 애를 쓸 것입니다. 그리하여 우리에게 주어진 시간을 낭비하지 않으려고 할 것입니다.

많은 이들이 부르심을 받고 이 영성의 여행에 뛰어 들었습니다. 그리고 어떤 이들은 성공하였고 어떤 이들은 실패하였습니다.
당신이 원한다면 주님은 당신을 아름답고 풍성한 세계에 들어갈 수 있도록 이끄실 것입니다. 당신이 순복한다면, 당신의 삶에서 경험하고 있는 하나님의 훈련을 이해하고 받아들인다면 당신은 새로운 세계를 향해서 나아갈 수 있게 될 것입니다.

많은 그리스도인들이 아직 첫 번째 영역에서 방황하고 있습니다.
그들은 권능이 없어서 여러 가지 눌림과 억압 속에서 고통하며 노예 생활을 하고 있습니다. 이들은 빨리 복음의 능력과 힘을 발견하고 능력을 받아서 악한 영들을 깨뜨려야 합니다.
적지 않은 이들이 권능과 능력을 얻어 첫 번 째 영역을 통과했으나 두 번째의 영역에서 제 멋대로 살면서 주님의 실상을 누리고 경험하지 못하고 있습니다. 이들은 빨리 주님께 순복함을 배우고 온전한 종이 되어 동일한 고난을 되풀이하여 겪지 말고 다음 단계로 나아가야 합니다.
첫 번째, 두 번째의 영역을 어느 정도 거친 이들은 점차로 실제적인 천국의 빛을 경험하게 되며 점점 더 깊은 주님과의 연합으로 나아가게 됩니다. 그리고 그것은 바로 천국의 실상이며 천국의 열매를 비로소 누 릴 수 있는 삶인 것입니다.

오늘날 많은 그리스도인들이 있으나 이 가나안의 영광은 감추어져 있습니다. 그것은 이 땅에서 잘되고 유명해지며 편하게 사는 그런 외적인 부분과는 차원이 다른 세계입니다. 그것은 천국의 중심에 해당하는 것이며 영혼의 빛과 영광에 속한 것입니다.

그 세계를 경험한 이들이 드물기 때문에 대부분의 사람들은 그러한 세계가 존재하는지 자체를 알지 못합니다. 그러므로 그것을 구하고 얻어야 하는지에 대해서도 잘 모릅니다.

그러나 그것은 인간이 누릴 수 있는 최대의 영광인 것입니다.

주를 알고 주를 경험하며 주와 하나가 되는 이 가나안의 영광은 주님께서 우리에게 주시기 원하시는 가장 본질적이고 영원한 복락입니다.

주님께서는 우리를 광야에 거하기 위해서 애굽에서 건지신 것이 아닙니다. 우리의 목표와 방향은 가나안이 되어야 합니다.

부디 그 곳으로 인도하시는 주님의 훈련을 잘 통과하시고 나아가시기를 바랍니다.

우리가 그 영광의 세계를 맛보게 될 때 우리는 진정 천국의 영광과 빛에 감싸이게 될 것입니다. 그리고 이를 위해서 우리가 지불한 모든 대가에 대해서 기뻐하고 감사하며 주님을 찬송하게 될 것입니다.

16장 순복과 주되심에 대한 고백의 적용

주님은 우리를 가르치시고 훈련하십니다. 그것은 우리가 주님의 주권에 순복하게 하기 위한 것이며 이를 통해서 천국의 무한한 풍성함을 공급하시고 우리가 실제적인 천국의 시민으로서 살아갈 수 있도록 하기 위한 것입니다.
사람들은 그저 피상적으로 예수를 주님으로 시인하며 주님을 영접한다고 입으로 고백하면 천국행 티켓이 확보되었다고 생각합니다.
그러나 천국은 그렇게 간단하게 갈 수 있는 곳이 아닙니다.
주님께서는 **너희 의가 서기관과 바리새인보다 더 낫지 못하면 결단코 천국에 들어가지 못하리라** 고 말씀하셨습니다. (마5:20)
그것은 윤리적이고 도덕적이며 율법적으로 살아야 구원을 받는 다는 말씀이 아닙니다. 진리 되신 주님을 실제로 알고 사로잡혀갈 때 진정한 구원과 악한 삶에서의 해방이 가능한 것임을 가르치시는 것입니다.

그렇습니다. 천국은 주님을 시인하고 고백하는 이들이 가는 곳입니다. 그러나 예수님의 주되심은 단순히 우리의 입술의 고백에서 끝이 나서는 안 됩니다. 단순한 입술만의 고백은 실제적으로 우리를 악한 영들로부터 해방시키지 못합니다.
구원이란 우리의 영혼이 성숙해 가는 과정이라고 할 수 있습니다. 그리고 성숙이란 곧 주님께서 우리를 사로 잡아가시는 과정입니다. 즉 주님께서 우리를 좀 더 깊이 사로잡으시고 우리가 그분에게 속하게 될 때 우리는 좀 더 깊은 구원에 이르게 되는 것입니다.
당신이 아직 기본적인 구원에 대해서 잘 알지 못한다면 당신은 주님의 인간되심과 죄사함과 구원에 대한 기본적인 것을 배워야 할 것입니다.
당신이 아직 영성의 기본적인 체험이 부족하다면 당신은 부르짖는 기도나 방언기도나 호흡기도 등을 통하여 영의 흐름이 무엇인지를 경험하고 영적 실제와 주님의 임재하심에 대해서 배우고 경험해야 할 것입니다.
그러나 이제 당신이 그러한 기초에 대해서 어느 정도 익히고 경험하였다면 이제 당신은 광야에서의 훈련을 경험하고 통과하여야 합니다. 당신의 삶 속에서 좀 더 직접적이고 구체적인 주님의 주되심이 나타나야 합니다. 그것이 개념만이 아닌 실제적인 구원에 속한 천국에 속한 삶이 되는 것입니다.

주님은 당신을 좀 더 그분의 품에 가까이 이끄실 수 있도록 당신을 훈련하시고 계십니다. 그러므로 당신은 그러한 주님의 계획에 순복하여 그분의 주되심을 구체적으로 고백해야 합니다. 당신의 그러한 순복의 표현과 주되심의 고백은 당신이 겪고 있는 훈련들을 좀 더 빨리 이수할 수 있도록 도울 것입니다.
나는 당신에게 다음과 같은 부분에 대해서 주님께 고백을 드릴 수 있도록 권면하고 싶습니다. 당신은 이와 같은 구체적인 고백과 시인을 통해서 주님의 실제적인 지배 아래 들어갈 수 있게 될 것입니다.

1. 묶인 부분을 주께 드림

당신이 당신의 삶 속에서 자유롭지 않은 부분이 있다면 당신은 그 부분에 대해서 주님께 내려놓고 주님의 주되심을 고백해야 합니다. 당신이 어떤 죄나 악한 습관을 끊지 못하고 있다면 그 부분은 주님이 통치하지 않으시는 것이며 악한 영들이 당신을 괴롭히고 있는 것이기 때문입니다. 그것이 어떤 중독이든 악습이든 그것은 당신의 묶임입니다.
그것에 대해서 악한 영을 주의 이름으로 대적하고 소리지르고.. 그런 식으로 하려고 하지 마십시오. 그것도 일시적인 효과는 있겠지만 지속적으로 당신을 자유롭게 할 수는 없습니다. 영계는 오직 자유의지와 소원을 통해서만 합법적으로 상대를 지배하고 사로잡을 수 있습니다. 그러므로 당신이 어떠한 영에 잡혀서 동일한 죄나 습관을 반복하고 있는 것은 당신이 그것이 주는 즐거움을 받아들였기 때문이며 자신의 의지로 그것을 선택하였기 때문입니다. 그러므로 그것에 대해서는 악한 영들에게 책임을 물을 수 없습니다. 그들은 원래 유혹하는 존재들이기 때문입니다.

당신은 스스로 자신의 의지를 가지고 그것들을 끊을 수 없다는 사실을 잘 알고 있습니다. 왜냐하면 여태까지 수도 없이 그것을 그만두겠다고, 나는 그것을 하지 않겠다고 결심했지만 할 수 없었기 때문입니다. 당신은 그 영들이 당신보다 힘이 센 것을 잘 알고 있습니다. 그러므로 자신의 의지를 주님께 드리십시오. 이렇게 고백해보십시오.
"주님.. 나는 이 부분을 주님께 드리기를 원합니다.
나는 내 스스로 이 부분을 어떻게 할 수 없습니다. 오직 주님이 왕으로 오셔서 저를 다스려 주십시오. 저를 통치하시고 이 부분을 지배해주십시오. 당신은 저의 왕이시며 주인이 되십시오.."
이러한 고백을 생각이 날 때마다 반복하십시오. 주님께 이것을 맡기고 감사와 찬양을 드리십시오. 어려운 부분일수록 더 자주 고백하는 것이 좋을 것입니다. 그 효과가 어떤 것인지는 당신이 직접 경험할 수 있을 것입니다. 그것은 당신에게 주님의 실제적인 통치가 얼마나 놀라운 것인지를 깨닫게 해 줄 것입니다.

2. 감정을 주께 드림

당신의 감정은 주님께 지배를 받아야 합니다. 그렇지 않고 당신이 감정을 지배하며 감정의 주인이 된다면 당신의 삶은 그야말로 파란만장하게 될 것이며 아주 쉽게 마음의 평화를 잃어버리게 될 것입니다.
많은 그리스도인들이 너무 쉽게 흥분하며 상처를 받으며 자기 연민에 빠져 버립니다. 별 것도 아닌 일에 지나치게 좋아하며 별것 아닌 일에 지나치게 낙망합니다. 다른 이들의 작은 칭찬에 흥분해서 어쩔 줄 몰라하며 사소한 비난에 밤잠을 설칩니다. 그것은 모두 감정이 주님의 통제 아래 있지 않고 자신을 위해서 움직이고 쓰여지고 있기 때문입니다. 그것은 낮은 차원의 감정입니다. 이러한 이들은 자신의 감정을 주님께 드리지 않는다면 살아가는 한 평생을 번민과 근심과 시름 속에서 살게 될 것입니다.

오직 당신의 감정이 주님께 속한 것임을 고백하십시오. 오직 당신의 감정을 주님께 드리기 원한다고 고백하십시오. 당신의 감정의 주인이 오직 주님이심을 고백하십시오. 그것을 고백하면 고백할수록 당신의 감정은 자유롭게 놓여나게 되며 천국의 평화와 가까워지게 될 것입니다.

여성들은 특히 정서적인 애정과 집착이 많습니다. 그러므로 그들은 이성이나 배우자에 대한 기대감과 소유욕을 많이 가지고 있습니다. 물론 그것은 좋은 결과를 가져오지 않습니다. 대체로 그것은 감정의 손상과 상처, 그리고 좌절감을 낳게 됩니다.

만일 그들이 자신의 감정을 주님께 드리지 않는다면 그들은 평생을 그러한 감정의 지옥 속에서 살게 될 것입니다.

그것은 자신이 창조하지 않는 감정을 자신의 것이라고 생각하고 믿으며 그 권리를 주장하기 때문입니다. 여성들은 감정을 자신의 우상으로 만들지 말고 오직 주님이 감정의 주인이 되도록 하여야 합니다. 그렇게 주님께서 감정의 주인이 되신다면 그들은 감정의 묶임에서 벗어나 진정한 자유를 경험하게 되어 감정을 통하여 주님의 풍성한 자비와 긍휼을 표현하는 도구가 될 수 있을 것입니다.

분노가 치밀어 올라올 때 당신은 당신의 감정의 주인이 주님이신 것을 고백해야 합니다. 두려움과 근심이 속에서 올라올 때도 역시 주님이 내 감정의 주인이시며 왕이라고 고백하고 찬양해야 합니다.

불안한 마음이 들 때, 슬픔이나 외로움이나 자기 연민의 감정이 올라올 때도 당신은 감정의 주인이 주님이심을 고백하고 그것들을 주님께 드려야 합니다. 처음에는 그러한 감정들이 아주 강력한 힘을 가진 것같이 느껴져서 그것들을 다루는 것이 쉽지 않게 생각될 것입니다. 그러나 고백을 반복할수록, 주님께 그것들을 올려드릴수록 주님께서는 구체적으로 당신을 지배하시게 됩니다. 그러므로 당신은 곧 당신 안에서 새로운 변화들이 일어나는 것을 경험할 수 있게 될 것입니다.

당신의 심장, 당신의 가슴의 주인이 주님이시라고 지속적으로 반복적으로 고백하십시오. 당신은 반드시 놀라운 세계를 맛보게 될 것입니다.

3. 생각의 주인이 주님이심을 고백함

생각은 모든 것의 근원입니다. 그것은 창조의 시작이며 삶과 미래의 시작입니다. 사람들의 모든 열매는 그 시작이 생각에서부터라는 것을 누구나 이해할 것입니다.

생각을 다스리고 통제할 수 있다면 우리는 진정 자유로운 사람일 것입니다. 그러나 그렇게 생각을 다스리고 지배하는 이들을 찾아보기란 어려운 일입니다. 나는 감정이 충분히 주님께 드려지지 않고 자신이 주인된 이들을 만나게 되면 상대방의 영적 상태를 느낄 수 있기 때문에 심장에 통증을 느끼곤 하였습니다.

그러한 이들은 자기 기분에 따라서 쉽게 흥분하거나 남을 비난하거나 미워하거나 하였습니다. 그러한 감정은 어두움의 영계로부터 오는 것이며 어느 정도 영이 처리되고 발전한 이들은 그러한 낮은 감정에 속한 이들을 대할 때 몹시 고통스럽게 느끼게 됩니다. 물론 상대방은 그것을 알 리가 없었습니다. 그래서 그러한 이들과 가까이 있으면 나는 몹시 힘들고 피곤해지곤 했습니다. 그래서 그들과 멀어지게 되면 그와 동시에 나의 가슴은 평안을 회복하곤 하였습니다.

반면에 어떠한 이들을 만나게 되면 머리가 몹시 아팠습니다. 어떤 이들은 그 증상이 너무 심해서 아무 말 없이 가까이 있기만 해도 머리가 깨어지는 것 같이 아프기도 하였습니다. 대체로 공부를 많이 한 사람이나 보통의 목회자나 신학자와 같은 이들을 만나면 그런 증상을 느꼈습니다. 그러한 이들은 대체로 영감에 대해서 잘 느낌이 없고 주님에 대한 많은 지식을 가지고 있으나 실제로 살아 계신 주님과의 친밀한 만남에 대해서는 잘 모르는 이들이었습니다.

그들은 자기의 지식을 자랑스럽게 느끼고 가르치는 것을 좋아하는 이들이었으나 그들에게 있어서 성경이나 신앙이란 하나의 개념에 불과했으며 영의 움직임이나 실제에 대해서 알지 못했습니다.
나는 그들에게서 느껴지는 그러한 머리의 통증은 머리의 생각이 주님께 드려지지 않은 이들의 특성인 것을 차츰 깨닫게 되었습니다. 아마 그들이 영적 실제를 알게 되고 영혼의 감각이 깨어나게 되면 어두운 생각이나 복잡한 개념들이 지옥의 영들로부터 온다는 것을 깨달을 수 있을 것입니다.

영적 세계는 실재합니다. 마귀는 공상 속에서 존재하는 자들이 아닙니다. 다만 그들은 보이지 않는 실체이기 때문에 영적 지각이 부족한 합리적인 사람들에게는 잘 감지되지 않는 것뿐입니다.
물리적인 세계에는 논리와 합리가 통하지만 영계에서는 이해와는 조금 다른 법칙을 따라 움직이게 됩니다. 예를 들어서 이심전심과 같은 것입니다. 마음이 통하면 거리가 멀어도 교감하게 됩니다. 그것은 물리적인 법칙을 넘어서는 것입니다.
영적 세계를 알지 못하는 신앙인들은 자신의 생각이 어디에서 오는지 잘 알 수 없을 것입니다. 또한 생각을 통제할 수가 없을 것입니다. 그러므로 그들은 어두움에 속한 영들을 분별하거나 극복할 수가 없습니다. 악한 영들은 얼마든지 그럴 듯하고 합리적이며 논리적인 생각을 그의 안에 심어줄 수 있기 때문입니다.
생각의 분별을 위해서, 생각에 대한 자유함을 얻기 위해서 당신은 생각의 주인이 주님이신 것을 시인하고 고백해야 합니다. 잠이 오지 않은 밤에, 수없이 떠오르는 복잡한 상념들을 통제하거나 처리할 수 없을 때 당신은 오직 주님이 그 모든 것들의 주인이심을 고백해야 합니다.

당신이 그 영계의 법칙과 생각의 근원과 영들에 대해서 잘 이해할 수는 없다고 하더라도 당신이 꾸준히 그러한 고백을 주님께 드린다면 당신은 자유함을 느끼기 시작하게 될 것입니다.

주님이 우리의 생각을 통제하실 때 우리의 의식은 아주 맑아지며 밝아지고 지혜롭게 됩니다. 문학을 하거나 시를 쓴다고 하면서 어두운 글들을 쓰는 이들이 많이 있는데 그러한 영감의 근원은 어두운 곳에서 오는 것입니다.

머리가 영리하고 생각이 많은 이들은 대체로 어둡고 부정적이고 우울한 것이 보통입니다. 그러한 이들은 자신의 머리가 주님께 속했음을 계속 고백해야 합니다.

자주 머리가 혼미해지는 이들은 더 많이 이러한 시인과 고백이 필요합니다. 컴퓨터 게임을 많이 하거나 티브이를 많이 보는 사람은 이렇게 머리가 혼미해지는데 이것은 단순히 눈이 피곤해지는 것이 아닙니다. 그것은 어둡고 혼미한 영과 상념들이 그의 머리와 생각을 지배하기 때문에 생기는 현상입니다. 이러한 이들도 주님의 주되심을 지속적으로 고백하면 주님은 그들의 주인이 되시며 실제적인 치유와 해방의 역사를 시작하실 것입니다.

4. 인간관계를 주께 드림

인간 관계 역시 주님께 구체적으로 드리고 주님의 주인 되심을 시인하지 않으면 우리가 주인이 되어 각종 악한 영들이 개입되고 다양한 부작용이 생길 수 있는 분야입니다.

다른 사람에 대한 의존이나 주님의 통제를 벗어난 지나친 애정, 지배하거나 소유하려는 욕망 등등이 자신이 인간 관계의 주인이 되었을 때 나타나는 대표적인 증상들입니다.

우리를 괴롭히는 사람들이 있을 때 우리는 그 의미와 그것을 허용하시는 주님의 목적에 대해서 주께 물어야 하며 그러한 관계를 주님께 드려야 합니다. 그래서 그러한 관계를 주님이 다스리시고 통치하시도록 해야 합니다.

인간관계를 주님께 드린 이들은 모든 관계에서 온전한 자유를 누리게됩니다. 그는 사람을 소유하려고 하지 않으며 아무런 기대 없이 사람을 사랑하고 섬기며 주님의 허락하시는 분량을 따라 사람을 도울 수 있게 됩니다. 그는 사랑하는 사람들이 떠나도 별로 부정적인 영향을 받지 않으며 자유롭고 평화스러운 상태를 유지하게 됩니다.

또한 자신이 은혜를 베풀었던 사람이 오히려 해를 끼치거나 사랑하는 이들이 먼저 하늘나라로 간다고 하더라도 그다지 상심하지 않게 됩니다. 영혼이 열리고 주님께서 모든 부분들을 지배하실수록 그는 이 땅의 그림자와 같은 일들에 얽매이지 않으며 온전한 자유인으로서 사랑하고 섬길 수 있게 되는 것입니다.

주님께서 인간 관계를 통해서 다양한 훈련을 하시며 우리가 사람을 통해서 많은 어려움들을 경험하게 되는 이유는 주님께서 우리를 그러한 초연하고 자유로운 상태에까지 이르도록 인도하기를 원하시기 때문입니다. 그렇게 물질적이고 인간적인 부분들에 대해서 초월되고 자유로울 수 있을 때 육신적인 사랑이 아닌 천국의 사랑을 나눌 수 있으며 천국의 진정한 빛과 보화들을 누릴 수 있기 때문입니다.

많은 이들이 가족들의 문제로 인하여 근심합니다. 믿지 않는 자녀들이나 부모들 때문에 걱정합니다. 그리고 그들의 여러 가지 문제들, 질병이나 진학이나 직장 문제라든가 하는 현실적인 문제들을 가지고 염려하며 의식을 빼앗깁니다.

기도는 필요합니다. 그러나 그러한 짐을 가지고 있는 것은 자유한 것이 아닙니다. 그것들은 주님께 드려져야 하며 주님이 통치하시도록 맡겨드려야 합니다.

말을 듣지 않는 자녀들이나 배우자 때문에 걱정하는 이들이 많이 있습니다. 그들은 그러한 이들의 문제를 자기의 마음속으로 가지고 들어왔기 때문에 심령에 어두움의 짐이 많고 묶여져 있습니다.
그러한 상태에서는 많이 기도한다 할지라도 문제의 해결에는 별로 도움이 되지 않습니다. 그러한 상태에서 벗어나야 바른 기도를 주님께 드릴 수 있는 것입니다.
많은 부모들이 자식을 위해서 간절하게 기도합니다. 그러나 많은 경우 그들의 상태는 근심과 어두움을 같이 가지고 드려지는 기도이기 때문에 기도를 많이 드려도 그들의 심령 가운데는 평안과 기쁨이 없습니다.
유감스럽게도 적지 않은 부모들의 많은 기도가 자녀들에게 도움이 되기보다는 그들이 가지고 있는 근심과 어두움의 기운을 자녀들에게 공급할 뿐이며 별로 유익이 없습니다.

응답이 되고 상달이 되는 기도는 그 심령에서부터 선명하게 나타나는 것입니다. 거기에는 기쁨이 있고 해방이 있고 행복감이 있습니다. 찌들려 있는 근심과 걱정과 어두운 마음을 가지고 하소연하듯이 하는 기도는 천정에도 올라가지 못하며 그저 마음 속의 답답한 것들을 털어놓아서 느낄 수 있는 마음의 시원한 정도의 효과 이상은 기대하기 어렵습니다.
중보기도란 무엇입니까? 그것은 자신이 기도하는 대상을 그를 대신하여 주님께 올려드리는 것입니다. 중보 기도자는 하나의 영적 권세를 받기 때문에 상대를 대신하여 그의 삶을 주님께 드리고 주님을 그의 왕으로서 주인으로서 대신 시인하고 고백할 수 있습니다. 물론 그것은 본인이 직접 한 것이 아니기 때문에 법적이고 영적인 효과가 있는 것은 아닙니다. 그러나 본인의 영에게 도움의 영향을 끼치게 됩니다.

가족들이 잘 믿지 않으며 변화되지 않는 데는 중요한 원인으로서 그들에 대한 근심과 짐을 믿는 이들이 스스로 지고 있기 때문입니다.
그러한 것은 자신이 주인이 된 것이기 때문에 주님이 역사하실 수가 없고 마음에 답답함을 일으키기만 할 뿐입니다.
그러한 이들은 기도를 많이 드려도 기쁨은 오지 않으며 여전히 상대방들이 변화될 것 같은 마음과 느낌이 생기지 않게 됩니다. 그것은 그들의 기도가 아직 올라가지 못하고 있는 것을 보여주는 것입니다.

기도란 영의 원칙과 흐름과 법칙을 따라 드리게 되면 몹시 즐겁고 재미있고 감동적인 것이며 응답도 어렵지 않게 얻을 수 있는 것입니다. 그러나 그 영적 원리를 이해하지 못해서 그 흐름을 거스려서 자신의 마음대로 한다면 몹시 힘도 들뿐더러 별로 좋은 열매도 얻기 어렵습니다.
이제 더 이상 그들에 대한 짐을 스스로 지지 마십시오. 그리고 주님께서 그들의 주인이시며 이 짐을 주님께 맡기겠다고 고백하십시오. 자녀들에 대한 염려가 올라올 때마다 그 영과 생각을 받아들이지 마십시오.
지속적으로 주님께서 그들을 지배하시고 통치한다고 고백하시고 시인하십시오. 당신의 마음에 평화가 찾아올 것이며 그것은 주님께서 역사를 시작하셨다는 것을 의미하는 것입니다.

마음 속에 다른 이에 대한 미움을 가지고 있는 이들은 아직 그들의 인간관계가 주님께 드려진 이들이 아닙니다. 아직 그들은 비워지지 않았으며 자신이 주인이 되어 있는 사람입니다. 그러나 그러한 이들도 주님을 온전히 주인으로서 모시게 되면 그러한 증상으로부터 벗어나게 될 것입니다. 부디 당신의 인간 관계의 모든 것을 주님께 드리십시오. 주님께서 진정 주인이 되어 주실 때 당신은 관계에서 나오는 모든 고통과 짐에서 벗어날 수 있게 될 것입니다.

5. 물질의 주도권을 주님께 드림

돈은 그리스도인들의 삶에 있어서도 중요한 위치를 차지합니다. 세계적인 거부이며 투자가로서 금융권에 막대한 영향을 행사하고 있는 어떤 인물에게 기자가 인터뷰를 하던 중에 "당신에게 있어서 돈이란 무엇이냐?" 하고 물은 적이 있었습니다. 그러자 그는 "나에게 있어서 돈은 곧 자유이다"라고 대답했습니다.

그것은 아주 재미있는 표현입니다. 아무튼 표현은 조금 다를지 모르지만 돈이란 힘이며 권력이며 자유와 풍성함의 이미지를 가지고 있습니다. 돈의 부족은 사람들에게 부자유와 억압을 줍니다. 원하는 것을 이룰 수 없게 됩니다. 그래서 사람들은 할 수 있는 한 많은 돈을 소유하려 합니다. 돈이 없을 때 사람들의 마음은 위축되며 여유가 없습니다. 반대로 돈이 넉넉하면 사람들의 마음은 여유를 가지게 되고 남의 형편을 돌아볼 마음도 가지게 됩니다.

문제는 이러한 힘을 가지고 있는 돈의 위치입니다. 그 속성상 사람들은 이러한 힘을 가지고 누리기를 원합니다. 그래서 자연스럽게 돈은 사람의 주인 노릇을 하게 됩니다. 그렇기 때문에 주님은 하나님과 재물을 겸하여 섬길 수 없다고 말씀하셨습니다. (마6:24)

돈이 우상이 되고 돈이 주인의 위치를 차지하는 것은 아주 극도로 돈을 탐하고 돈을 많이 가지는 것을 인생의 지상 목표로 생각하는 사람들에게만 적용되는 것이 아닙니다. 그것은 의식과 가치의 문제입니다.

자신의 문제가 물질의 부족에서 온다고 생각하는 것, 조금만 더 있으면 좋겠다고 여기는 것.. 그러한 의식들은 돈이 이미 주인의 위치를 차지하고 있는 것을 보여주는 것입니다.

어떤 이가 주님의 부름을 받고 어떤 사명을 감당해야 할 때 그가 가장 먼저 생각하는 것이 돈이라면, 돈이 없어서 그 일을 감당할 수 없다고 생각한다면, 그를 지배하고 있는 것은 돈이지 주님이 아닙니다. 그에게는 주님의 감동과 말씀보다 돈의 힘이 훨씬 더 실제적이고 위력이 있는 것입니다.

다른 부분에서와 마찬가지로 주님께서는 왕과 주인의 자리를 돈에게 빼앗기기를 원하시지 않습니다. 그분은 우리의 삶에 있어서 물질관에 있어서도 주인의 자리에 있기를 원하십니다.

우리가 물질적인 문제에서 어려움을 겪고 있다면 그것은 일반적으로 볼 때 주님께서 물질적인 부분을 지배하시지 않고 있는 것입니다. 주님께서는 물질적인 어려움을 통해서

"너의 물질의 주인은 누구냐? 네 삶에 있어서 진정한 힘은 무엇이냐?" 하고 묻고 계신 것입니다.

우리는 우리의 돈, 물질의 주인이 주님이신 것을 고백해야 합니다. 그리고 모든 능력과 힘의 근원이 돈이 아니라 주님이신 것을 고백해야 합니다. 주님이 무엇을 원하신다면 그것은 이루어질 것입니다. 그러나 아무리 돈이 많아도 주님이 원하시지 않는 것은 이루어지지 않을 것입니다. 우리에게는 이 부분이 아주 명확해야 합니다.

돈의 주인이 주님이신 것을 고백하십시오. 그리고 주님께서 당신의 재정을 지배하시고 주장하시기를 구하십시오. 무조건 헌금을 많이 하고 주님을 위해서 많은 돈을 사용하면 그것이 영적이고 신앙적인 것이라고 할 수는 없습니다.

헌금에도 자선에도 균형과 조화가 필요하며 중요한 것은 그 분량이 아니라 그 돈을 주님의 인도와 감동 속에서 사용하는 것입니다. 요점은 많은 액수 자체를 주님께 드리는 것보다 가능하면 사소한 물질의 사용에도 주님께 묻고 인도를 구하면서 사용해야 한다는 것입니다.

물질이 지나치게 많이 생기는 것도 그다지 복이라고 할 수 있는 것은 아닙니다. 필요이상의 돈이 있는 것도 별로 좋은 것이 아닙니다. 물질을 받은 자는 그만큼 제대로 잘 사용해야 하는 의무가 또한 생기기 때문입니다. 그리스도인들의 물질은 주님의 지배와 통제를 받아야 하며 자신이 많이 벌었다고 해서 마음대로 함부로 사용할 수 있는 것이 아닙니다. 오

직 모든 일에 주님만이 우리의 주인이시며 우리에게 명령하실 수 있기 때문입니다.

당신이 물질의 어려움을 겪고 있다면, 그리고 물질에 대한 근심과 염려 가운데 잡혀있다면 당신은 아직 물질의 주인으로서의 주님께 대한 고백과 시인과 의탁이 부족한 것입니다.

그러므로 주님이 물질의 주인 되심을 지속적으로 고백하십시오. 마음에 근심이 있다면 좀 더 깊은 마음으로 반복하십시오.

주님은 당신의 고백과 기도를 들으실 것이며 당신의 근심은 사라지게 될 것입니다. 당신의 마음 속에 물질에 대한 근심과 두려움이 사라진다면 서서히 물질적인 어려움들은 사라지게 될 것입니다. 모든 환경의 고난들은 대부분 마음에서부터 시작되는 것이니까요.

물질에 대한 근심은 아직 당신이 물질에 대해서 비워지지 않았으며 당신이 물질에 대한 주인의 역할을 하고 있는 것을 보여주는 것입니다. 그러므로 당신이 주님을 물질의 주인으로 모시고 고백할 때 당신은 그러한 두려움과 근심에서 벗어나게 됩니다. 무릇 나라의 걱정은 백성이 하는 것이 아니라 왕이 하는 것이기 때문입니다.

부디 주님을 당신의 물질의 주인이 되게 하십시오. 그분이 당신의 삶에서 실제적인 왕이 되게 하십시오. 그것이 실재하는 천국을 누리는 비결인 것이며 주님의 통치가 구체적으로 당신에게 임하는 원리입니다.

주님이 당신의 물질을 지배하시게 되면 당신이 부자가 되어 물질이 쓰고 남아도 될 만큼 넘치게 될 것이라고 생각하지 마십시오. 그것은 육신적인 사고방식이며 영성의 법칙이 아닙니다.

영성이란 내면의 수준과 상태에 관련된 것이며 외적인 증가나 확장에 기초를 두고 있는 것이 아닙니다. 당신은 다만 물질에서 자유하게 되며 주님의 지배를 받게 되며 물질을 사용하는 것에서도 생명적인 사람이 될 수 있게 됩니다. 즉 당신의 물질 사용을 통해 영적 생명이 충만하게 흐를 수 있는 것입니다.

아주 사소한 것에도 주님께 인도를 구하며 물질을 사용하시도록 힘쓰십시오. 설사 당신이 주님의 인도라고 생각하는 것이 틀렸다고 하더라도 지속적인 그러한 훈련을 하는 것은 당신 안에 주님의 주되심을 더욱 더 분명하게 할 것입니다. 부디 자주 잊어먹지 않도록 주님이 당신의 인생의 주인이시며 물질의 주인이심을 고백하고 주께 맡기며 찬양하십시오. 이 부분이 분명해진다면 당신은 인생의 중요한 문제에서 해방과 자유함을 느낄 수 있게 될 것입니다.

6. 몸의 각 부분을 주님께 드림

우리 몸의 주인은 우리가 아니고 주님이십니다. 우리는 몸을 관리할 책임을 맡고 있는 것뿐이며 이를 만드시고 움직이게 하시는 분은 주님이십니다. 모든 타락과 죄는 이 주님의 주되심과 통제에서 벗어나 멋대로 움직이는 것에서 비롯된 것입니다.

뇌에 문제가 있는 뇌성마비 환자는 몸을 잘 컨트롤하지 못합니다. 그래서 그들의 동작은 어색하고 부자연스럽습니다. 마찬가지로 우리의 몸이 진정한 주인 되시는 주님께 온전히 드려지지 않는다면 그것은 어색하고 부자연스러운 삶이 될 것입니다.

우리는 구체적인 신체의 각 부분에 대해서 주님의 주되심을 고백할 필요가 있습니다. 생각을 다스리기 위하여 생각의 기관인 머리를 주님께 드리는 고백이 필요합니다. 또한 감정을 주님께 드리기 위하여 가슴과 심장을 주님께 드리는 고백이 필요합니다.

눈도 우리의 삶에 있어서 아주 중요한 기관입니다. 많은 이들이 눈을 통제하지 못해서 넘어지고 말았습니다. 다윗과 삼손과 같은 영적인 사람도 역시 눈이 멋대로 움직이는 바람에 실족했습니다. 눈이 주님께 드려지지 않은 이들은 눈의 즐거움을 추구하며 눈을 통해서 세상의 유혹과 악한 기운을 받아들임으로 인하여 심령의 상태를 망가뜨립니다.

그러므로 우리는 우리의 눈을 주님께 속한 것이며 주님이 눈에 기름을 부으시고 임하시도록 드리고 기다려야 합니다.

또한 우리는 우리의 입술을 주님께 드려야 합니다. 우리가 말하는 것이 주님의 통제를 벗어나 멋대로 움직이지 않도록 입술의 주인이 주님이신 것을 지속적으로 고백해야 합니다. 우리는 손과 발과 우리 몸의 모든 지체에 대하여 주님의 주되심을 고백하고 주님의 구체적인 터치가 몸의 각 부분에 임하기를 기도하고 기다려야 합니다.

이것은 단순히 형식적인 기도가 아니며 구체적으로 그렇게 기도할 때 주님은 우리 몸의 각 부분을 만지십니다. 우리는 그 부분에서 뜨겁거나 전율이 오거나 시원하거나 하는 여러 현상이 나타나는 것을 느낄 수 있으며 주님께서 직접 우리의 손을 잡아주시고 우리의 몸을 받으시는 것을 경험할 수 있습니다.

다음은 내가 운영하는 홈페이지의 카페에서 영성에 대하여 배우고 적용하고 있는 어느 자매가 쓴 영적 일기입니다. 이것을 보시면 주님의 가까이 계심과 터치가 결코 공상이나 개념이 아닌 것을 이해하실 수 있을 것입니다.

주님과 손잡고 데이트하기 -K자매-

어제 재미있는 걸 알았다. 좀 울적한 마음에 그냥 걷다가 주님 생각이 나서 '주님...저의 손을 잡아주세요..' 하면서 왼손을 내밀었더니 손에 묵직한 느낌이 온다.

그래서 '주님 진짜 잡아주신 거예요? 잘 모르겠으니 좀 더 세게 잡아주세요.' 했더니 정말 더 강하게 느낌이 온다. 우와..

너무 기분이 좋다. 그렇게 주님이랑 손을 잡고 걸었다.

중간 중간에 자꾸 다른 데다 정신을 팔아서 너무 죄송했는데 그래도 다시 '주님..' 하면 주님이 또 내 손을 잡아 주셨다.

옆에서 계속 날 지켜보고 계셨나보다.. 아. 주님.. 오늘도 어제 주님이랑 걸었던 길을 가다가 주님.. 하면서 손에 의식을 집중하니 주님이 또 손을 잡아주신다.

너무 좋다.. 주님과의 데이트... 그래.. 그냥 이렇게 하면 되는 거구나.. 그냥 주님.. 하고 부르고.. 걷고.. 천천히.. 주님과 손을 잡고 걷는 다는 것.. 참 좋다. 마음이 너무 평안했다.

길을 걷는 주위의 사람들도 예뻐 보이고 불쌍해 보이고 축복해주고 싶었다. 영이 둔감해서 주님이랑 많은 대화는 못했지만 그냥 같이 걷고 있다는 사실만으로 행복했다. 찬양도 불러드리고.. 웃어도 드리고.. 같이 얘기도하고.. 기도도 하고.. 그렇게 길을 걷다가 아빠와 아기가 걷고 있는 걸 봤다.

아기가 집에까지 가는 길을 자기도 알겠다며 자기가 한번 가보겠다고 하는 것 같았다.

아빠는 그래.. 하면서 아빠가 옆에서 지켜줄 께 가봐.. 한다. 아기가 아빠와 잡은 손을 놓고 아장아장 걸어가는데..귀엽기도 하고.. 넘어질까 위태위태해 보이기도 했다.

그렇지만 바로 옆에 든든한 아빠가 있어서 너무 사랑스러운 풍경이었다. 그래.. 내가 바보같이 하나님 손을 놓고 있어도.. 하나님이 날 그렇게 지켜주고 계시지.. 날 바라보시면서 한시도 눈을 떼지 않으시고 지켜주고 계시지.. 이렇게 든든한 나의 아빠와의 데이트.. 너무 좋다.

주님도 좋으신가 보다. 계속 손을 잡고 가는데 갑자기 손이 앞뒤로 흔들린다. 마치 친구랑 손을 잡고 가다가 노래를 부르면서 신나게 손을 흔드는 것처럼..

주님이 '너랑 있는 게 행복해.' 하고 말씀하시면서 꼭 잡은 손을 신나게 흔들어 대시는 것 같았다.

나의 착각이었을까? 아니라고 확신하지만!! 착각이어도 좋다..

그래도 주님은 내 곁에 정말 계시니까.. 난 언제나 주님과 함께니까..

정말 행복하다.

손기도의 느낌 -C자매-

어제 호흡 기도를 드린 후에 누워서 손을 위로 올리고 주님께 제 손을 잡아 달라고 기도 드렸어요. 한참 후 제 가슴이 벌렁벌렁 뛰면서 두근거리며 온몸에 전기가 쫘악 오는 것이 느껴지면서 손 주위로 흐르는 어떤 기운이 느껴지더군요.
손이 위에 매달린 것같이 누군가 제 손을 잡고 있었습니다. 혹시나 싶어서 손을 원으로 만들어 보고 내리려고 하는데 손이 안 내려오는 거예요. 손바닥 밑에 압력이 느껴지면서 푹신푹신 하더군요. 너무 놀라서 눈을 뜨고 올렸다 내렸다를 반복했는데 그래도 여전히 푹신푹신한 느낌이 있었지요. 신기하기도 하고 재미있어서 놀랐습니다.
목사님이 손을 올리고 주님께 잡아달라고 하면 주님께서 잡아 주신다고 하셨는데 정말로 잡아 주시네요. 팔이 아프지 않게 밑에다가 무엇인가를 깔아주시기도 하시고요.. 영이 열려서 내면의 변화를 경험하려면 체험도 많이 필요하다고 하셨는데 이제 조금씩 체험하는 것을 느끼며 주님께 너무나 감사하다고 기도를 드렸어요. 감사드립니다.

이러한 체험과 느낌들은 하나의 공상에 불과한 것일까요? 주관적인 느낌일까요? 아니면 신비주의일까요? 뉴에이지나 기 훈련을 하는 사람들과 같은 경험일까요? 물론 그렇지 않습니다.
주님은 우리와 항상 함께 계시며 그분이 우리를 사랑하시며 함께 하신다는 것을 우리에게 표현하고 싶어하십니다. 그러므로 우리가 어느 정도 영이 움직이고 영을 훈련하다보면 그 주님의 임재하심과 풍성한 기름 부으심을 부분적으로 느끼고 경험하게 되는 것입니다.
우리는 우리의 몸을 구체적으로 주님께 드리는 고백을 해야 합니다. 로마서는 다음과 같이 권면하고 있습니다.

그러므로 너희는 죄로 너희 죽을 몸에 왕 노릇하지 못하게 하여 몸의 사욕을 순종치 말고 또한 **너희** 지체를 불의의 병기로 죄에게 드리지 말고 오직 **너희** 자신을 죽은 자 가운데서 다시 산 자같이 하나님께 드리며 **너희** 지체를 의의 병기로 하나님께 드리라 죄가 **너희**를 주관치 못하리니 이는 **너희**가 법 아래 있지 아니하고 은혜 아래 있음이라 (롬6:12-14)

우리 몸의 지체를 구체적으로 주님께 드리며 주님의 것이라고 고백하는 것은 몸을 실제적으로 주님께서 다스리도록 하는 효과가 있습니다. 그렇게 할 때 우리는 차츰 몸의 변화를 경험하게 됩니다. 우리는 몸의 악습에서 벗어나 점차로 몸이 주님을 기쁘시게 하는 방향으로 바뀌어 가는 것을 느끼게 됩니다. 몸은 단순히 기계적인 것이 아니며 각 지체가 마치 인격을 가지고 있는 것처럼 우리의 이야기에 반응하는 것을 느낄 수 있습니다.

그러므로 우리가 구체적으로 몸의 주인으로서 주님을 시인하다보면 신체의 각 부분이 실제로 기뻐하고 즐거워하는 것이 느껴지기도 합니다. 마치 머리가 기뻐하고 심장이 기뻐하며 행복해하는 것처럼 머리가 시원해지고 가슴이 뜨거워지며 온 몸에 황홀한 전율이 흐르기도 합니다.

이러한 어떤 현상 자체에 대단한 의미를 부여할 필요는 없습니다. 다만 우리는 그러한 고백을 주님께 드릴 필요가 있으며 그것은 우리를 좀 더 주님의 종으로서 주님의 다스림 속에 들어가게 하는 데 도움이 될 것입니다.

7. 시간을 주님께 드림

주님은 온 우주의 주인이시며 모든 공간의 주인이시고 또한 시간의 주인이십니다. 우리는 아침에 깨는 그 순간부터 오늘 하루가 주님의 날이며 주님의 시간임을 고백해야 합니다. 그렇게 할 때 그 날 하루에 주님의 지배하심과 인도하심이 선명해집니다.

또한 밤에 잠자리에 들면서 이 날 하루를 주님이 인도하셨음을 고백하고 감사를 드리며 잠을 자는 그 동안에도 꿈속의 시간도 주님이 주인이심을 고백해야 합니다.

악몽에 시달리는 이들은 이러한 고백을 통해서 아름답고 풍성한 꿈을 꿀 수 있으며 잠을 자고 있는 동안에도 주님의 풍성하신 임재를 누릴 수 있게 될 것입니다.

악한 영들은 항상 우리의 시간을 도둑질하기를 원합니다. 의미 없이 빈둥거리며 시간을 낭비하는 이들도 적지 않은데 그것은 알지 못하는 사이에 악한 영들에게 귀한 생명을 빼앗기는 것과 같은 것이며 그것은 주님을 시간의 주인으로서 왕으로서 고백하지 않았기 때문입니다. 바쁘고 급할 때는 주를 찾다가 조금 한가해지거나 여유가 있게 되면 무엇인가 다른 즐거움을 찾으며 시간을 보내기 원하는 것은 아직 악한 영들로부터 충분히 자유로워진 것이 아닙니다.

그것은 이스라엘 백성이 가나안 땅에 들어갔으나 아직 이방의 족속이 조금 남아있어서 화근이 되는 것과 같습니다. 그처럼 우리가 무심코 남겨둔 족속들, 남겨둔 헌신되지 않는 시간의 틈을 통해서 악한 영들은 장난을 칠 수가 있는 것입니다.

살아있는 모든 순간에 우리는 주님의 지배 가운데 있어야 합니다. 그것이 곧 자유의 삶이며 천국의 삶입니다. 아주 잠시 교회에 가서 예배를 드릴 때만 주님을 기억하는 것은 어리석은 삶입니다. 그것은 항상 지옥에서 살다가 잠깐 천국에 구경하고 돌아오는 것과 같습니다. 그것은 감옥에서 살던 죄수가 잠깐 외출을 허락 받고 다녀오는 것과 같습니다. 그것은 진정한 자유의 삶이 아닙니다.

우리는 잠에서 깨서 잠이 드는 순간까지 주님의 주되심을 고백해야 합니다. 수시로 생각이 날 때마다 주님의 주인 되심을 고백하며 그분께 경배와 감사를 드려야 합니다.

모든 순간에 모든 시간에 주님과 동행하며 주님의 주되심 아래서 순복하고 사는 것이 곧 천국의 삶이며 아름답고 행복한 삶의 비결입니다. 주님이 우리의 모든 시간의 주인이 되어 주실 때 우리는 살아있는 모든 순간 동안 천국에 거하게 될 것입니다. 그리하여 날마다 더 깊은 주의 임재와 풍성함 속에 들어가게 될 것입니다.

8. 공간을 주님께 드림

우리의 몸과 마음, 영혼, 물질뿐만 아니라 우리가 처하는 모든 공간은 주님의 소유입니다. 우리는 우리가 거하는 그 어떤 공간이든지 그 곳의 주인이 주님이심을 고백하고 선포해야 하며 그분의 오심을 초청해야 합니다. 단순히 그 공간의 주인이 주님이심을 고백하고 찬양함으로써 우리는 어떤 구체적인 공간을 치유하고 회복시킬 수 있으며 주님의 임재가 그 공간에 나타나는 것을 경험할 수 있습니다.

부부싸움이 많거나 어려움이 있는 가정에서 그 공간의 주인이 주님이심을 고백하고 주님의 임하심을 구할 때 그곳을 지배하는 분쟁의 영이나 부부싸움을 일으키는 영들이 잠잠해질 수 있습니다.

또한 악한 일이 있었거나 좋지 않은 경험이 있는 공간을 그렇게 주님께 드림으로써 밝고 아름다운 공간으로 바꿀 수 있습니다. 주님이 주인이 된 곳은 바로 천국의 향취가 있으며 밝고 아름다운 공간이 되기 때문입니다.

나는 오래 전 언젠가 악한 영으로 시달리는 자매를 돕기 위해서 그녀의 집에 몇몇 성도와 같이 심방을 간 적이 있었습니다. 그녀는 자주 가위에 눌리기도 하고 악한 영들에게 고통을 겪기도 하고 있었는데 나는 그녀가 사는 공간이 아주 어둡고 침침한 것을 보고 악한 영들이 거할 수 있는 분위기가 어떠한 것인지 분명하게 느낄 수 있었습니다.

방안은 불빛도 어둡고 달력의 그림은 창백하고 어두운 표정의 여인이었는데 정말 느낌이 좋지 않았습니다. 나는 그녀를 위해서 기도하고 악한 영들을 대적한 후에 방안의 분위기를 밝게 할 것을 권면했습니다.

악한 영들은 어두운 영들이며 그러한 어둡고 음침한 장소를 좋아하기 때문입니다.

그것은 십 년이 넘게 지난 일이었는데 지금 생각하면 그렇게 그 공간의 분위기를 밝게 바꾸는 것도 필요했지만 무엇보다 더 중요한 것은 그 공간의 주인이 주님이심을 고백하고 시인하는 것이었습니다. 하지만 그 때는 나는 그러한 진리에 대해서 이해하고 경험하지 못했습니다. 그래서 그녀에게 그러한 권면을 줄 수 없었습니다.

지금이라면 아마 좀 더 도움을 줄 수 있었을 것입니다. 그랬더라면 좀 더 실제적으로 그녀가 자유함을 얻을 수 있었겠지요.

어떤 공간의 주인이 주님이심을 고백하게 되면 그 공간의 영적 분위기가 바뀌게 됩니다. 그 곳에 실제적으로 주님이 오실 수 있는 것이지요. 이렇게 구체적으로 우리의 시간, 공간, 물질, 인간관계 등 우리에게 속한 모든 것들의 주인으로서 주님을 시인하고 모시게 되면 우리는 그 결과로 주님께서 임하셔서 여러 가지 놀라운 일들이 일어나는 것을 경험할 수 있게 됩니다. 그렇게 우리는 점점 더 실제적인 주님의 임재와 통치하심을 체험하게 되어가는 것입니다.

17장 영감의 회복

가끔 이러한 문의를 받게 됩니다. 어느 정도 은사 경험도 있고 기도도 많이 하지만 주님과의 친밀한 교제나 감동은 별로 느끼지 못하고 있으며 영적인 감각이나 느낌에 대해서 잘 모르겠다는 것입니다.
주로 목회자들에게서 그런 이야기를 듣게 되는데, 하루에 몇 시간을 부르짖는 기도를 드리기도 하고 심지어 미국이나 캐나다 등에도 여러 번 방문하여 가서 기름부음 집회라든지 영성적인 집회로 알려진 집회에 다녀오기도 하지만 주님과의 깊은 영적 교류나 내적인 변화를 별로 경험하지 못하고 있으며 심령이 여전히 답답한 상태에 있다는 것입니다.

목회 사역자들은 대체로 평신도들보다 영감이 둔한 것이 보통입니다. 그것은 신학교의 교육이 대부분 피상적인 이론과 개념을 제시하는 데에 그치며 그 영혼을 깨우고 발전시켜서 살아 계신 주님과의 실제적인 접촉과 만남을 가능하게 하는 것과는 거리가 있기 때문입니다.
그렇기 때문에 신학을 졸업해도 사역자들은 성경과 주님을 개념적으로 이해할 뿐이며 사람들에게 가르치는 것은 잘 하지만 자신의 삶 속에서 자유와 행복과 내면적인 만족을 가지는 이들은 그리 많지 않습니다.

또한 사역자들은 목회가 직업이기 때문에 구조적으로 성도들을 많이 모으고 교회를 외적으로 성장시키려고 하는 욕망에 빠지기 쉽습니다. 그러니 살아 계신 주님과의 실제적인 만남이나 내면적인 변화를 경험하기가 어려운 것입니다. 그래서 은혜 받았다는 성도들은 많이 찾아볼 수 있지만 은혜 받았다고 고백하는 사역자들은 찾기가 쉽지 않은 것입니다.
사역자들은 사역의 특성 상 항상 남을 가르쳐야 합니다. 성도들은 은혜를 받으러 교회에 가지만 사역자들은 은혜를 끼쳐야 한다는 부담을 가지고 교회에 갑니다. 성도들은 은혜를 받고 깨닫기 위해 말씀을 읽지만 사역자들은 말씀을 보고 설교 거리를 찾아야 합니다. 이러한 부담감은 그들의 영혼을 억압하게 됩니다. 주님과 생명에 대한 것들이 그들에게는 일이 되기 때문입니다.

그래서 진실한 사역자들은 항상 그 마음 속에 갈증을 가지고 있습니다. 진실된 사역자들은 목회 자체의 성공보다 주님과의 친밀함을 구하게 되며 목회에서 겪게 되는 여러 가지 갈등보다도 자신의 안에서 영감과 은혜가 소진되고 주님과의 친밀하고 가까운 관계가 깨어져 삭막한 상태가 되는 것에 더 고통을 느낍니다. 적지 않은 사역자들이 이러한 상태에 있습니다.

동일한 영성의 훈련을 시켜도 사역자들은 평신도들보다 이해나 체험이 늦는 것이 보통입니다. 그것은 대체로 사역자들은 기질적으로 머리에 속한 사람들이기 때문입니다.

머리에 속한 사람들은 기질적으로 무엇을 경험하기 전에 이해를 해야 합니다. 논리적으로 납득을 해야합니다. 그리고 이러한 기질은 영성의 흐름을 제한하는 경향이 있습니다. 영의 흐름과 논리적인 흐름은 대체로 상반되는 경우가 많기 때문입니다.

예를 들어서 머리로는 이해가 가지 않지만 내적인 감동으로 어디를 가야 하는 감동이 올 수 있습니다. 그것은 영의 감각이며 왜 지금 이 순간에 그곳에 가야 하는지 그것은 논리적인 사람들에게는 납득하기 어려운 부분입니다.

또한 논리적으로는 이해가 가지 않지만 어떤 사람에게 지금 어떤 말을 해야한다는 감동이 올 수 있습니다. 이러한 경우에 합리적인 이들은 대부분 그러한 감동을 거부하고 지나갑니다.

그런데 만약 그러한 내적인 감동에 따라서 그 말을 하게 되면 어떻게 될까요? 갑자기 상대방이 울기 시작합니다. 그렇게 되면 상대방도 놀라고 자신도 놀랍니다. 대체로 그러한 것들이 영의 감동이고 움직이는 원리인데 지적인 사역자들은 그러한 부분을 체질적으로 젖혀놓습니다. 그래서 그들은 자신의 이해 수준보다 영이 발전하기가 어렵습니다. 적지 않은 사역자들이 대체로 그러한 수준에 있습니다. 그들은 이해를 초월하는 영의 감동의 세계에 들어가기가 어렵습니다.

사실 원리적으로 영의 흐름이 지성과 상반되는 것은 아닙니다. 영의 세계도 고도의 진리와 지식으로 가득 찬 합리적이고 깊은 세계입니다. 다만 영의 세계는 물질적이고 육적인 차원의 지식보다 훨씬 더 깊고 오묘한 차원에 있기 때문에 영적인 감각이 열리고 영적 차원의 지각이 열리지 않은 이들에게는 그것이 모순같이 여겨지는 것뿐입니다.

사람들이 물질적인 수준에 있는 지성, 보여지고 만져지는 부분에 대해서만 납득하는 수준의 지성에 머물러 있는 것은 아직 머리가 충분히 주님께 드려지지 않았기 때문입니다. 그래서 깊은 지성의 세계가 열리지 않고 피상적이고 낮은 수준의 의식에 머리가 머물고 있기 때문입니다.

이들의 머리는 혼미하고 어둡습니다. 낮은 차원의 지성과 논리는 머리가 어둠의 영과 그 기운으로 덮여있는 상태입니다. 그러므로 지적인 기질의 사람들은 더욱 더 머리를 주님께 올려드려야 하며 주님께서 그 머리를 지배하시고 열어주셔서 한량없는 빛과 지혜와 진리의 세계로 들어가야 합니다.

대체로 주님을 머리와 의식의 주인으로 지속적으로 고백하고 시인하며 지식의 근원이 되시는 주님을 높여드릴 때 머리에 덮여있는 영적인 흑암들은 서서히 사라지게 됩니다. 그리고 예전에 알 수 없었던 놀라운 통찰력과 깨달음들이 나타나기 시작하게 됩니다. 주님의 빛, 천국의 빛이 임할수록 거기에는 상상하기도 어려운 진리와 지혜와 계시가 나타나게 됩니다.

영감이 전혀 없는 이들은 기본적인 영성을 깨우는 방법들, 부르짖는 기도나 호흡기도 등에 대해서 이해하고 훈련할 필요가 있습니다. 그러나 어느 정도 은사를 가지고 있으며 많이 기도하고 기도와 영성의 원리에 대한 많은 지식이 있음에도 불구하고 영의 답답함을 느끼는 이들이라면 이들에게 필요한 것은 방법이나 테크닉이 아닙니다. 그것은 역시 삶의 주도권에 대한 문제입니다. 그것은 주님의 다스리심에 대하여 자신이 순복하고 있느냐의 문제입니다.

이들에게 필요한 것은 더 많이 부르짖는 것이 아닙니다. 더 많이 유명한 곳을 찾아가는 것이 아닙니다. 영성인으로 널리 알려진 이들을 찾아서 안수기도를 받는 것이 필요한 것이 아닙니다. 주님은 이미 그의 안에 거하고 계시며 그분을 모시고도 아무런 느낌이 없는 것은 무엇인가 그 안에서 주님을 거스르고 있는 것이 있기 때문입니다.
그러므로 자기 안에 있는 문제를 바깥에 나가서 해결하려고 하는 것은 효과가 있을 수 없는 것입니다. 이들은 듣는 기도를 훈련해야 합니다. 주님께서 그에게 말씀하시는 것을 듣는 것을 훈련해야 합니다.

나는 듣는 기도에 대한 많은 오해가 있는 것을 압니다. 그것을 아주 신비한 경험으로 말하고 거기에 따르는 특정한 경험을 언급하는 이들 때문에 많은 이들은 그것을 두려워하기도 하고 특정한 사람들에게 임하는 특정한 경험인 것으로 생각하기도 합니다. 그러나 듣는 기도는 특별한 것이 아닙니다. 다만 사람들의 기질과 특성과 사명에 따라 나타나고 느껴지는 감동이 차이가 있을 뿐입니다.
조금 단순한 사람이면 그들에게 주님의 음성은 물리적으로 나타날 수 있습니다. 그러나 지적인 이들 중에 그런 식으로 주님의 음성을 듣는 이들은 거의 없습니다. 그들에게는 깨달음의 형태나 내면의 음성, 마음의 소리, 양심의 소리나 감동으로 다가옵니다.
어떤 이들은 그러한 주님의 음성은 직접적인 소리에 의한 것이나 육체의 현상을 동반하는 음성보다 더 낮은 것으로 생각하기도 합니다. 그러나 그것은 체질의 차이이지 음성의 수준 차이가 아닙니다.
영감이 부족한 이들, 감동이 부족한 이들, 지적인 이들은 이러한 음성에 귀를 기울여야 합니다. 그는 자신의 안에 많은 질문을 던져놓고 자신의 안에서 들려오는 영혼의 목소리에 귀를 기울여야 합니다. 그 질문들은 이런 것입니다.

오, 주님.. 제 안에서 당신이 운행하시는 데에 방해가 되는 것이 무엇입니까?
주님.. 저에게 서운하신 것이 있습니까? 말씀해주십시오.
주님.. 지금 제가 고치기를 원하시는 것이 있습니까? 제가 당장 순종해야 하는 것이 있습니까? 말씀해주십시오..

주로 이와 같은 질문들을 주님께 드려야 합니다. 그리고 조용히 마음을 가라앉히고 기다리다보면 그 마음 속에 영혼의 깊은 곳에서 하나의 메시지가 떠오르기 시작하게 됩니다.
그것은 일종의 양심의 소리일 수도 있습니다. 분명한 것은 그가 순복의 분명한 의지를 가지고 있다면 반드시 그의 안에서 음성이 나타나기 시작한다는 사실입니다.
그는 그의 안에서 그에 대해서 몹시 아파하시고 서운해하시는 주님의 음성이 느껴질 수도 있습니다. 주님의 고독이 느껴질 수도 있습니다.
그러한 음성에 귀를 기울이고 반응하다보면 그는 분명히 느끼게 됩니다. 그의 영혼이 오래 동안 주님을 방해하고 괴롭혀 왔으며 이제 그것들이 회복되고 풀려가고 있다는 것을 말입니다.

흔히 자신은 영감이 없다고, 아무리 기도를 해도 아무런 영적 감각이 느껴지지 않는다고 말하는 이들이 있습니다.
그런데, 바로 그것이 영감입니다. 아무런 느낌이 없고 답답하고.. 그러한 상태가 바로 영적 상태이며 영감입니다. 영이 막혀있고 무엇인가 장애물이 있어서 영의 흐름이 차단되어 있는 상태인 것을 그가 느끼고 있는 것이지요.

사람들은 보통의 일상 생활 중에는 자신의 영이 눌려있고 답답한 상태에 있다는 것을 잘 느끼지 못합니다. 그러나 기도를 하거나 찬양을 하거나 예배를 드리게 되면 그 영의 상태는 금방 드러나게 됩니다.
보통의 일반적인 삶에는 별로 문제를 느끼지 못하는데 이상하게 기도를 시작하려고 하면, 찬양을 드리려고 하면 소리가 나오지 않고 답답하고 예배를 시작하면 더 고통스럽게 되는 것입니다.
그것은 기도와 찬양과 예배는 영으로 하는 것이기 때문에 평소에는 자신의 영이 눌려있으나 느끼지 못하고 있다가 그와 같이 영을 사용해야 하는 때가 되면 자신의 영적 상태가 드러나게 되기 때문입니다. 이러한 상태의 사람들은 기도나 예배를 아주 고통스럽게 여기게 됩니다.

물론 여기서 더 나아가게 되면 영의 감각이 완전히 마비되어 고통조차 느끼지 못하게 됩니다. 남들과 싸우고 화를 내고 나서도 태연하게 기도를 드리고 찬양을 하는 이들이 있는데 이러한 이들은 영감이 아주 마비되어 있는 것입니다. 그러한 상태에서는 아무리 기도를 많이 하고 예배에 많이 참석한다고 하더라도 살아 계신 주님과 교통을 하는 것은 불가능합니다.

영감이 메마른 이들은 듣는 기도와 순복하는 기도를 통해서 그의 안에서 거하시는 인격적인 주님의 영을 회복시켜야 합니다. 부르짖는 기도와 외치는 기도는 강력한 기도이며 적극적인 기도이지만 듣는 기도는 인격적이며 소극적인 기도입니다. 그것은 바깥에 속한 기도가 아니고 내면에 속한 기도이며 조용히 기다리는 기도입니다.
여러 가지 방법을 사용해도 영이 뚫리지 않는 이들은 대체로 어떤 부분에서 주님의 마음을 아프게 하고 있는 면을 가지고 있습니다. 그러므로 그 부분에 대해서 주님께 사과해야 하며 주님의 원하심을 따라 순종해야 합니다.
내적 감동이 없고 고갈되었으며 마비된 영적 느낌은 대부분 인격적인 순복이 부족한 것이라는 이 원리를 꼭 기억하십시오. 그렇지 않으면 아무리 많이 방언으로 기도하고 부르짖어도 영혼이 지치기만 할 뿐 내적 평화와 만족을 누릴 수 없습니다.

당신이 주님께 물으며 주님의 음성을 기다릴 때 주님께서는 어쩌면 당신에게 삶의 근본적인 목적을 수정하라고 말씀하실 수도 있습니다. 당신이 기대하지 않았던, 전혀 예상하지 못했던 응답과 감동을 받을 수도 있습니다. 때로 그것은 당신에게 충격이 될 수도 있을 것입니다.
중요한 것은 순복입니다. 주님은 그것을 당신에게 가르치시기를 원하십니다. 부디 지금 이 순간에 주님께서 당신에게 요구하시는 것을 발견하셔야 합니다.

많은 이들이 주님께서 자신의 삶에서 지금 이 순간에 무엇을 요구하는지 알면서 순종하지 않습니다. 주님의 뜻이 무엇인지 몰라서 순종하지 않는 사람도 있지만 또한 뻔히 알지만 그게 싫어서 순종하지 않는 이들도 있습니다. 어떤 이들은 주님께 항변합니다.
'주님.. 다른 것은 다 좋습니다. 하지만 이것만은 안 됩니다. 더 이상 그것에 대해서는 말씀하지 마세요..'
그들은 주님과 싸우고 싶어합니다. 또는 주님을 어린 아이를 달래듯이 달래려고 합니다.
'주님.. 대신에 제가 이걸 해 드릴 께요.. 그러니 그것에 대해서는 건드리지 말아 주세요..'
그것은 아이에게 사탕을 주면서 달래는 방법입니다. 하지만 당신의 영혼이 아주 어린 초신자 시절 외에는 그런 방식은 우주의 주인이신 주님께

먹혀 들어가지 않을 것입니다. 자신의 삶의 어떤 부분 중에서 주님이 싫어하시며 그만 두기를 원한다는 사실을 잘 알면서도 버티는 이들도 있습니다.

그들의 마음은 삼손처럼 괴롭습니다. 삼손도 들릴라를 사랑하는 자신의 행위가 잘못된 것이라는 사실을 잘 알고 있었습니다. 하지만 그 행위가 자신에게 즐거움을 주었기 때문에 삼손은 자기 양심과 싸우며 버티고 있었습니다. 적지 않은 이들이 그런 상태에 있습니다.

하지만 과연 그들이 주님과 싸워서 승리할 수 있을까요? 그것은 아까운 시간만 낭비할 뿐이며 사탄에게 틈을 주고 고통과 재앙을 끌어당길 뿐입니다.

요나는 주님의 음성을 잘 알고 있었습니다. 그는 주님께서 니느웨로 가라고 하시는 것을 알았습니다. 하지만 그는 니느웨가 싫었습니다. 그는 가고 싶지 않았습니다. 요나가 어떻게 주님의 음성을 들었는지, 주님의 뜻을 알고 있었는지에 대해서 궁금해하지 마십시오. 분명한 것은 그는 알고 있었다는 사실입니다.

주님께서 당신 안에 말씀하실 때 당신은 그것을 알 수 있을 것입니다. 주님께서 당신에게 말씀하시기를 나는 네가 그것을 하는 것을 원치 않는다고 말씀하실 때 당신은 그것을 알 수 있을 것입니다. 다만 당신이 듣는 것을 싫어할 뿐입니다.

결국 요나도 오늘날 우리가 흔하게 하는 일을 했습니다. 즉 자기가 원하는 대로 다시스로 간 것이지요. 그런데 요나가 다시스로 가는 배를 타고 배의 밑층으로 내려가서 한 일이 무엇인지 아십니까? 그는 잠이 들어버렸습니다.

그는 이상하리만큼 깊은 잠으로 빠져 들어갔습니다. 정말 깊은 잠이었습니다. 강력한 파도가 덮치고 배가 나뭇잎처럼 흔들리고 배에 있는 모든 사람들이 깨어서 죽음의 공포에 시달리고 있을 때에도 그는 여전히 자고 있었습니다. 남들은 각자 자기의 믿는 신을 찾고 살려달라고 아우성을 치고 배를 가볍게 하려고 온갖 비싼 물건도 다 버리고 배가 다 부서져 가는데도 그는 여전히 깊은 잠이 들어있었습니다. 사람들이 마구 흔들어 깨우기까지 그는 일어날 줄을 몰랐습니다. 사람들이 그를 깨우면서 하는 말이 가관이었습니다.

선장이 나아가서 그에게 이르되 자는 자여 어찜이뇨 일어나서 네 하나님께 구하라 혹시 하나님이 우리를 생각하사 망하지 않게 하시리라 하니라 (욘 1:6)

정말 웃기는 일이지요? 사람들이 선지자에게 말하기를 제발 기도를 좀 하라고 합니다. 정말 창피스러운 일이지요. 왜 요나는 그처럼 깊은 잠에 빠져버렸을까요? 그것은 그의 심리 상태와 영적 상태를 보여주는 것입니다. 하나님의 음성을 듣고 싶지 않은 상태, 깨어있고 싶지 않은 상태.. 영적 감각이 마비되어야 고통과 번민에서 벗어날 수 있게 되니까요. 그는 정말 깨어나고 싶지 않았던 것입니다.

요나가 주님의 명령에 순종하지 않을 때 의식의 정지 상태가 되는 깊은 잠과 망각으로 도피했듯이 영적 감각의 마비는 주님의 원하심에 순종하지 않을 때 오는 것입니다. 불순종으로 오는 불안과 고통, 그리고 그러한 불안과 고통의 반복은 결국 영의 감각을 마비시켜버립니다.
당신이 당신의 영감을 회복시키고 싶다면 당신은 당신이 주님을 거스르고 있는 것이 있는지 살펴보아야 합니다. 그리고 뻔히 알면서 주님께 굴복하지 않은 것이 있는지 살펴보아야 합니다.
당신이 그에 대해서 굴복하지 않는다면 당신은 영적으로 더 깊이 나아갈 수 없습니다.
달콤한 행복감과 만족감은 심장에서 오는 것입니다. 그것은 영의 중심입니다. 그것은 머리에서 오는 것이 아닙니다. 어떤 지식의 이해도 심장,

영의 중심에서 오는 희열과 행복감을 가져다주지 못합니다. 오직 인격적으로 주님께 순복하며 그분의 마음을 알아주는 이들이 그러한 내적인 만족과 기쁨을 소유하게 됩니다. 그것은 방법이나 테크닉이 아니며 마음의 연합이며 일치입니다.

부디 주님의 원하심을 발견하십시오.
그분의 가르치심에 순복하십시오.
알면서도 그냥 무시하고 지나가는 일을 이제는 그만 멈추십시오.
당신이 그러한 내면의 음성에 순종할 때
내적인 가르침을 따라 움직이기 시작할 때
당신은 점차로 내면의 기쁨과 자유함을 경험하게 되기 시작할 것입니다.
점차로 행복한 눈물의 의미와 깊은 내적 자유함에 대해서 알아가기 시작할 것입니다.
오직 모든 진정한 기쁨과 행복은 천국에서 오는 것이며 주님께서만 주실 수 있는 것입니다.
당신이 그 주님을 내면으로 온전히 복종하며 추구하며 나아갈 때 당신의 영감은 회복되어 가기 시작할 것입니다.
그리하여 진정한 천국의 향취를 누리기 시작할 것입니다.

18장 더 깊은 연합을 위하여

우리는 시간과 공간과 물질과 인간관계와 우리 자신의 모든 것을 다 주님께 올려드려야 합니다. 그것은 원래 주님의 것이었으나 주님께서 우리에게 잠시 맡기신 것임을 확인하고 고백하며 우리의 삶에 있어서 실제적인 통치권을 주님께 돌려드려야 합니다.

그렇게 할 때에 우리는 주님께서 우리의 삶에 확실하게 개입하시는 것을 느끼고 경험할 수 있습니다. 그것은 참으로 놀랍고 선명한 경험입니다. 구체적으로 어떤 공간의 주인으로서 주님을 고백하고 높여드릴 때 우리는 그 공간이 달라지는 것을 느끼게 됩니다. 그것은 실제적으로 그 공간의 주인이 바뀌어지게 되며 그 공간의 에너지 체계에 변화를 일으키는 사건입니다.

또한 우리는 우리 자신을 주님께 드림으로써 구체적으로 주님께서 우리에게 임하시는 것을 경험할 수 있습니다. 주님은 모든 의지의 주인이시지만 우리의 의지의 자유를 인정하시기 때문에 우리가 우리의 의지를 주께 드릴 때 더 깊이 역사하시는 것입니다.

또한 우리는 우리를 얽매고 있는 어떤 인간관계나 문제들을 주님께 올려드릴 때 우리보다 더 강한 어떤 힘이 그 관계나 문제에 개입해서 우리를 자유롭게 하는 것을 경험할 수 있습니다. 물론 그 어떤 강한 힘은 주님으로부터 오는 힘입니다.

그처럼 주님께서 우리의 모든 부분을 다스리시고 지배하시게 된다면 그것은 곧 천국의 삶이라고 할 수 있는 것입니다. 천국에서는 주님께서 모든 것을 다스리시며 주를 거스르는 것은 아무 것도 없기 때문입니다. 우리의 삶은 그처럼 천국과 같이 질서와 조화와 아름다움과 풍성함의 모든 열매를 경험하고 누릴 수 있게 됩니다.

그러나 과연 이 땅에서 우리가 그처럼 완벽한 천국을 누릴 수 있을까요? 아직 제한되어 있는 육체를 가지고 있는 우리가 말입니다.

그렇습니다. 이 땅은 불완전한 곳이며 우리는 살아있는 동안은 아직 완전한 조화와 질서와 아름다움을 경험하지는 못할 것입니다. 우리의 육체는 계속 주님의 통치에 대항하여 거스르려고 할 것입니다.

그렇기 때문에 주님께서는 우리가 살아있는 동안에는 계속 우리를 더 깊이 사로잡으시기 위해서 더 깊은 헌신과 더 깊은 순복으로 이끌어 가기를 원하시는 것입니다. 그것이 더 깊은 자유와 행복에 이르는 길이기 때문입니다.

그러므로 우리는 날마다 우리의 삶 속에서 더 깊은 곳으로 나아가기 위하여 새로운 헌신, 새로운 영역 속에서 아직 주님께 드려지지 않은 부분을 발견하여 다시 구체적으로 주님께 드림으로써 주님의 주되심을 더 경험해가야 하는 것입니다.

그러면 우리는 어떻게 아직 주님께 드려지지 않은 부분을 발견할 수 있을까요? 어떻게 우리의 삶에서 좀 더 주님께 잡혀가야 할 부분을 발견할 수 있을까요?

그것은 아주 간단합니다. 주님께서는 날마다의 삶을 통하여 우리가 아직 주님께 드리지 않은 부분이 어떤 것인지를 가르치시기 때문입니다.

그렇다면 날마다 주님께서 우리에게 가르치시고자 하는 것을 우리는 어떻게 발견할 수가 있을까요? 그것도 역시 간단합니다. 거기에는 몇 가지의 특징이 나타나기 때문입니다.

우선 어떤 문제가 우리에게 아주 부담이 되며 고통이 되는 것이라면 그것은 아직 우리가 그 문제를 가지고 있는 것이며 따라서 주님의 주권이 확립되지 않은 것입니다. 그러므로 그러한 부분은 주님께서 그러한 부담과 고통을 통해서 우리에게 가르치시는 것입니다.

며칠 전 지하철을 타러 지하도로 내려가다가 어떤 부인이 어린 아들에게 큰 소리로 화를 내는 것을 보았습니다. 그녀는 아주 날씬하고 아름다운 부인이었는데 주위가 떠나가라 소리를 지르고 있었습니다.
"네가 이렇게 말을 안 들으니 내가 살이 찌겠니? 살이 쪄?"
그것은 상당히 웃기는 멘트였는데 그녀는 아주 화가 머리끝까지 나서 소리를 지르고 있었고 일곱 살 정도로 보이는 그 남자아이는 울고 있었습니다.
날씬하고 보기 좋은 용모를 가진 그녀가 아들 때문에 살이 찌지 않는다는 이야기에 나는 웃음이 나왔습니다. 만일 그녀가 살이 찐 편이었다면 너 때문에 내가 몸이 붓는다고 말했을까요?
그녀가 그리스도인인지 그리고 자신의 삶의 주도권을 주님께 맡긴 여인인지는 모릅니다. 아마도 아니겠지요. 하지만 분명한 것은 그녀가 자신의 아들 때문에 몹시 속을 썩이고 있다는 사실입니다. 그렇지 않다면 그렇게 거리에서 소리를 지르지는 않겠지요.

사실 대부분의 부모들은 자식 때문에 속을 썩입니다. 내게 그러한 자식을 위한 기도를 부탁하는 이들도 꽤 있는데 그것은 자식이 제발 말을 잘 듣게 해달라는 것이라든지 걱정을 끼치지 않도록 어떻게 해달라는 것이지요.
하지만 그러한 문제들은 내가 아니라 누가 기도해주어도 별로 의미가 없는 일이 대부분입니다. 그것은 부모를 가르치시기 위한 주님의 배려이니까요. 바로 그러한 부분들이 주님께서 그들에게 가르치시고 말씀하시는 것입니다. '얘. 너는 아직도 자녀의 문제를 네가 가지고 있구나. 그것을 내게 주지 않겠니?' 하고 주님께서 말씀하시고 있는 것입니다.

우리는 우리의 한계에 부딪치는 문제를 반드시 한 가지 이상은 가지고 있습니다. 우리의 삶의 영역에는 여러 가지 분야가 있지요. 건강, 성격, 대인관계, 가족, 재물.. 등등의 여러 분야가 있습니다.

그런데 다른 부분은 괜찮은데 이 부분만은 아주 힘들고 어려운 그러한 부분을 누구나 가지고 있습니다. 어떤 이는 다른 것은 다 좋은데 질병의 문제로 고생합니다. 어떤 이는 인간관계의 문제로, 또 어떤 이들은 물질 문제 때문에, 혹은 배우자 문제로 인하여 고통을 겪습니다.
다른 부분에 대해서는 남들에게 부러움을 사기도 합니다. 그러나 개인적으로는 정말 너무나 힘든 부분을 누구나 가지고 있습니다.
그러한 부분들은 대부분 그의 영혼의 성장을 위하여 주님께서 허용하신 것들입니다. 그리고 그렇게 자기의 힘으로 할 수 없는 부분들은 아직 그 부분이 자기의 소유이며 아직도 스스로의 힘으로 삶을 살아가고 있다는 것을 잘 보여주는 것입니다.
그러므로 그러한 문제들은 어디서 안수를 받고 기도를 받아서 해결될 수 있는 문제가 아니라 자신이 주님을 향해서 더 깊은 헌신으로 나아갈 때만이 해결될 수가 있는 것입니다.

우리가 흔히 한계에 부딪치는 것은 다른 사람들에 대한 문제입니다. 예를 들어서 부모는 자식을 움직일 수가 없습니다. 이렇게 하면 좋을 텐데 왜 저렇게 하는지 속이 상하는 문제가 하나 둘이 아닙니다.
또한 배우자나 가족과 같이 가깝지만 자신이 아닌 다른 사람들에 대해서도 마찬가지입니다. 그들에게 권면도 하고 잔소리도 하고 상대를 변화시키려고 온갖 노력을 하지만 상대는 꿈쩍도 하지 않습니다.
이럴 때 사람들은 무력감을 느끼게 됩니다. 이러한 무력감은 아직 그가 사람들에 대해서, 상대방에 대해서 포기하지 않기 때문입니다. 아직도 그는 상대방들을 변화시키려는 욕망을 가지고 있는 것입니다.

만날 때마다 변화되지 않는 상대방을 향해서 잔소리를 퍼부어 대는 사람들도 있습니다. 그것은 어리석은 일입니다. 그것은 피차간에 괴로운 일이며 아무런 유익을 주지 못합니다.
그러한 행동들은 아직 자신의 입장과 권리를 내려놓지 않은 것이며 아직도 사람들을 주님께 드리지 않고 자신이 붙들고 있는 것입니다. 따라서 그들은 그 부분에 대해서는 지옥의 영계의 영향을 받게 되는 것입니다. 모든 사람은 주님의 것입니다. 주님의 소유입니다. 자녀도 주님의 소유이지 부모의 소유가 아닙니다. 만일 이러한 문제를 인하여 고통을 느낀다면 그것은 주님께서 자녀들에 대한 소유권을 넘겨받기 위한 가르치심임을 알아야 합니다.

주님께 맡기는 것은 해방이며 곧 포기입니다. 그것은 주님의 의사가 무엇이든지 간에 전적인 의탁과 동의와 감사를 드리는 것이며 자신의 의사를 전적으로 주님께 맡기는 것을 말합니다. 그리고 이러한 포기가 있기 전까지 자녀나 사랑하는 이들은 결단코 바꿔지지 않습니다.
우리가 고통을 겪고 있는 부분이 무엇이든지 간에 그것은 우리 안에 아직 헌신되지 않은 요소를 보여주는 것입니다. 그리고 바로 그 부분이 우리 안에서 침투하는 지옥의 거점입니다.
우리는 그 부분을 날마다 발견해야 하며 그 때마다 다시 주님께 드리고 천국을 행해서 나아가야 합니다.

우리가 삶에서 실패했을 때 우리는 거기에서도 주님의 부르심을 기억해야 합니다.
여호수아가 아이성의 전투에서 패배하기 전 그들은 자만심에 빠져 있었습니다. 그들은 견고한 여리고 성이 무너진 것이 오직 하나님의 능력에서 기인한 것이며 자신들의 지혜나 능력에서 온 것이 아님을 너무 빨리 잊었습니다.
그들은 아주 작고 약해 보이는 아이 성을 보면서 저 정도는.. 하고 생각했던 것입니다. 그러나 한 사람의 범죄, 어찌 보면 아주 사소해 보이는 아간의 도둑질이 주님의 마음을 상하게 했고 그것은 전쟁에서의 패배로 나타났습니다.

우리는 의외로 아주 작은 일에서 자주 실패를 경험합니다. 우리에게 벅찬 큰 일에 도전하게 될 때 우리는 긴장하고 기도를 합니다. 평소에 기도를 잘 하지 않던 이들도 여기 저기 기도를 부탁하고 난리를 꾸밉니다. 하지만 사소한 일에는 그냥 넘어가고 마는 경향이 있습니다.
그 결과 우리는 사소한 것들, 별 것 아니라고 생각했던 일에 넘어지곤 하는 것입니다.
우리는 동일한 실패를 계속적으로 경험할 수도 있습니다. 다시는.. 하고 생각하지만 또 역시 실패와 넘어짐을 경험하고 좌절할 수도 있습니다. 자신의 약점을 잘 알면서도 같은 부분에서 계속 넘어질 수도 있습니다. 그것은 우리를 비참하게 합니다.

그러나 분명한 것은 주님께서 그러한 실패를 통해서 우리를 부르신다는 것입니다. 우리에게 말씀하신다는 것입니다.
'애.. 너는 아직도 네 힘으로 살고 있구나.. 그것을 나에게 주지 않겠니?' 라고 말입니다.

우리는 우리의 한계를 가지고 있습니다. 우리는 우리가 감당하기 어려운 문제를 가지고 있습니다. 우리는 날마다 크고 작은 일에서 실패를 경험합니다. 그런데 그 모든 일들이 우리에게 더 깊은 헌신과 굴복됨을 요구하시는 주님의 부르심임을 이해해야 합니다.
당신의 삶 속에서 아직 자유롭지 않은 부분이 있다면 그것은 아직 지옥의 기운들이 당신의 삶 속에 들어올 수 있도록 틈을 주고 있는 것을 보여주는 것입니다. 부자유는 악한 영들의 억압을 통한 것입니다. 그것은 아직 당신이 그 부분에 대해서 스스로 주인이 되어 있기 때문입니다.
그러므로 당신은 그것을 주님께 드려야 합니다. 그리함으로서 당신의 안에 있는 지옥의 통치를 끝내고 천국의 통치, 주님의 통치, 사랑과 자유의 통치 속으로 들어가야 합니다. 당신은 주인이 되어서는 안 되며 그것은 속박의 시작인 것입니다.

당신은 아직 당신의 안에 남아있는 그러한 부분들을 날마다 발견해가야 합니다. 그리고 처리해야 합니다. 당신은 힘들고 어려운 순간에 주님의 주되심을 고백해야 합니다. 당신은 마음이 두렵고 불안한 순간에 주님의 주되심을 고백해야 합니다.
마음이 불안할 때 '오, 주님. 당신은 나의 주인이시며 왕이십니다.' 하고 고백해야 합니다. 곧 두려움은 사라지게될 것입니다.
당신은 지치고 힘들 때 주님의 주되심을 고백해야 합니다. '오, 주님.. 당신은 나의 힘이며 능력이 되십니다.' 하고 고백해야 합니다. 당신은 곧 속에서 새 힘이 생기는 것을 느끼게 될 것입니다.

당신은 외롭고 고독할 때 주님의 주되심을 고백해야 합니다. '오, 주님.. 주님은 나의 주인이시며 위로자이십니다.' 하고 고백해야 합니다. 곧 당신은 당신을 위로하시는 주님의 임재를 느낄 수 있게 될 것입니다.
사람들에게 비난을 듣거나 공격을 받거나 오해를 받을 때 우리는 주님의 주되심을 고백해야 합니다.' 오, 주님.. 당신은 나의 주인이십니다. 오직 당신만이 나를 아십니다' 하고 고백해야 합니다. 주님은 곧 당신을 도우시며 당신은 주님의 따뜻한 사랑의 손길을 느낄 수 있게 됩니다.

우리는 이와 같이 모든 약한 순간에 주님의 주되심을 고백해야 합니다. 그리고 그러한 순간을 주님께 좀 더 깊이 사로잡히기 위한 도구로 사용해야 합니다. 그렇게 우리는 날마다 더 주님께 가까이 나아가며 주님의 사람이 되어갈 수 있게 되는 것입니다.
우리가 스스로 감당할 수 없는 고통과 문제가 있다는 것은 얼마나 행복한 일인지 요! 그것은 주님께서 좀 더 우리를 사로잡으시기 위해서 허용하신 아픔이기 때문입니다.
그러므로 우리는 좀 더 주님과 깊이 연합하고 주님의 사람이 되기 위해서 아직도 주님께 드려지지 않는 부분을 날마다 찾고 발견하며 그것으로 기쁨을 삼을 수 있는 것입니다. 한 가지, 한 가지 그것들을 발견하고 주님께 드릴수록 우리는 더 깊고 아름다운 새로운 영역으로 들어가게 되기 때문입니다. 오늘도, 내일도 주님은 우리를 인도하십니다. 그리고 우리는 그렇게 날마다 우리의 부족한 부분을 발견해갈 것입니다. 그리고 주님께 드릴 것입니다. 그렇게 날마다 성장해 갈 수 있다는 것, 그것은 우리의 삶에 있어서 너무나 아름답고 즐거운 일입니다.

영적 세계의 비밀에 대하여 알지 못하는 이들은 날마다 좀 더 많은 것을 소유하기 위해서, 좀 더 다른 사람들을 지배하기 위해서, 또는 그러한 물질의 문제들로 인하여 씨름하고 괴로워하고 기뻐하고 합니다.
그러나 주님께 속한 사람들은 이렇게 날마다 좀 더 깊이 주님께 드려지며 주님의 사람이 되어 갑니다. 그것은 우리에게 주어진 진정 놀라운 축복입니다.
우리가 날마다 주님 앞에 드려지지 않은 것들을 새롭게 발견하고 드리면 드릴수록 우리는 주님과의 친밀한 만남 속으로 들어가게 됩니다.
그것은 문자 그대로 주님을 더 깊이 알아 가는 삶인 것입니다. 점점 더 주님의 마음이 느껴지게 되고 일상의 아주 사소한 것에서 주님의 인도하심이나 주님의 감동을 느끼게 됩니다.
그는 주님의 사랑스러움과 아름다우심, 따뜻함과 섬세한 은총을 날마다 더 알아가며 사로잡히게 됩니다.
이러한 변화를 경험하면서 우리는 점점 더 주님께 묶여가고 주님의 사랑 안에서 거하게 되는 것입니다.

이렇게 점점 주께 속해 가는 이들은 결코 혼자서 움직이려고 하지 않습니다. 그들은 모든 사소한 일에 항상 주님을 의식하며 그 안에서 살기를 원합니다. 왜냐하면 그것이 곧 천국의 중심이며 천국에서 사는 삶이기 때문입니다. 그것은 너무나 영광스러운 복이며 인간이 누릴 수 있는 최대의 행복인 것입니다.
그는 자신이 발견한 영광스러운 삶의 열쇠를 결코 놓치고 싶지 않을 것입니다. 당신이 진정 원한다면, 당신도 그와 같은 삶을 경험할 수 있습니다. 당신도 원한다면, 그렇게 날마다 주님께 좀 더 가까이 나아갈 수 있게 될 것입니다.

당신이 감당하기 어려운 문제에 대해서
주님의 주인되심을 고백하십시오.
당신의 한계에 부딪치는 일에 대해서
주님의 주인되심을 고백하십시오.
당신이 자유롭지 않은 부분에 대해서
주님의 주인되심을 고백하십시오.

날마다 모든 일에서
아직 주님께 드려지지 않은 부분을 발견하십시오.
그것이 물질의 영역이든 인간관계의 영역이든
그 발견으로 인하여 기뻐하고 즐거워하십시오.
그리고 감사함으로 그 부분을 다시 주님께 드리십시오.
그것은 당신의 영혼을 새로운 영역으로 인도할 것입니다.

방심하여 넘어졌든 어떻게 넘어졌든 간에
모든 실패의 순간에
주님의 주되심을 고백하십시오.
그러한 고백들은 당신을
더욱 더 깊은 주님과의 연합으로 이끌어줄 것입니다.

아직 우리가 너무나 부족하고
가야할 길이 많지만
주님께서는 날마다 우리를 더 깊은 주의 사람
천국의 사람으로 만드시기 위하여

날마다 실패와 연약함과 한계에 이르게 하십니다.
그리하여 더 깊이 주를 구하고 사모하도록
우리를 인도하십니다.

우리가 그 주님의 인도를 거부하지 않고
받아들이고 순복하며
그 발 앞에서 굴복하는 한
우리의 영혼은 자라갈 것입니다.
우리는 더욱 더 주님께 예속되어 갈 것입니다.
그리하여 더욱 충만한
천국의 빛 가운데 거하게 될 것입니다.

부디 날마다의 가르치심을 통하여
주님께 가까이 나아가십시오.
그것은 우리가 살면서 경험하는
가장 위대하고 놀라운 축복인 것입니다.

19장 고백 후의 현상들

주님은 온 우주의 창조자이시며 주인이십니다. 우리가 그 사실을 시인하고 고백하게 될 때 우리는 우리 자신을 천국의 질서 가운데로 들어가게 하는 것입니다. 그 고백은 우리의 인생 중에서 가장 아름답고 놀라운 고백입니다. 그것은 우리의 영원한 운명과 현실의 삶을 바꾸어줍니다. 그러한 고백은 법적인 면에서 의미를 부여받게 됩니다. 그러나 단순히 법적이고 영적인 면에서만 의미가 있는 것은 아닙니다. 그것은 직접적인 주님의 임재와 역사를 가져옵니다. 주님의 주되심의 고백에는 놀라운 능력과 변화가 나타나게 됩니다.

별 생각 없이 주님의 주되심과 왕되심을 고백하는 이들도 있습니다. 그러나 그러한 고백에는 어떤 현상이 따르게 됩니다. 우리의 의지를 주님께 양도하는 순간 주님께서는 실제적인 방법으로 우리에게 역사하시는 것입니다.
어떤 이들은 이러한 일들에 대해서 전혀 알지 못하므로 일어나는 일들에 대해서 준비되지 않은 경우도 많이 있는 것 같습니다. 그러므로 그러한 시인과 고백에 따르는 현상들을 조금 살펴보기로 하겠습니다.

영성의 훈련이 거의 되어 있지 않은 이들, 영적 감각이 거의 없는 이들은 아마 이러한 현상들을 잘 느끼기 어려울 지도 모릅니다. 그러나 그러한 이들도 느낌이 부족한 것일뿐 그의 안에서는 이미 그러한 현상이 진행되고 있음을 이해해야 합니다. 다만 알지 못하면 그러한 현상들에 대해서 그냥 지나치게 되겠지요.
주되심의 고백을 한 후 가장 먼저 따르는 현상은 무기력 증상입니다.
온 몸에 힘이 빠지고 연약해지는 것 같이 느껴지며 졸음이 오기도 하고 잠이 많아지는 것 같이 느껴집니다. 활동적이고 움직이기를 좋아하던 사람이라 하더라도 이상하게 몸이 조금 무겁게 느껴지며 조용히 누워있거나 쉬고 싶은 마음이 들게 됩니다. 이것은 그러한 고백 후에 주님의 실제적인 임재와 수술이 시작되기 때문입니다.

이것은 일반적인 무기력 증상과는 다릅니다. 즉 이 무력감에는 평온한 마음과 감미롭고 달콤한 느낌이 동반되는 것이 보통이기 때문입니다. 그리하여 어찌 보면 부지런하고 열정적이던 사람이 일시적으로 조금 게을러진 것 같은 느낌이 들게 되기도 합니다. 그것은 하나의 과정입니다. 주님께서 그를 수술하시며 다루시며 변화시키시기 위한 하나의 과정인 것이지요.

나의 아내도 이러한 현상을 경험하게 되었는데 그녀도 처음에는 주되심의 고백을 하게 되면 이러한 일시적인 무기력 증상이 나타나는 지에 대해서 잘 몰랐습니다. 그녀는 이상하게 최근에 잠이 많아졌다고 의아하게 여기고 있었는데 이것에 대해서 홈페이지에 글을 올렸기에 나는 코믹하게 대답을 해주었습니다. 홈페이지의 분위기도 조금 소개하고 싶어서 덧글과 같이 소개해보겠습니다.

〈잠순이가 되다..〉   이 혜경   2003-09-27

저는 45년 간 살면서 거의 낮잠을 자지 않았습니다. 낮잠을 자면 밤에 잠이 잘 오지 않았기 때문입니다. 그래서 컴을 보다가 졸려도, 책을 보다 졸려도 잠깐 잠깐 졸뿐 정식으로 낮잠을 자는 적이 드물었었지요. 그런데 요즘은 거의 매일 낮잠을 잡니다. 너무 졸려요. 몸이 아픈 것은 아닌데 그냥 졸립니다.

그런데 좀 희한한 증상이 오네요. 특별히 기도를 많이 한 것도, 성경을 많이 묵상한 것도 아닌데 짜증이 덜 나고 아이들도, 사람들도 사랑스럽게 보이는 것이에요. 그리고 사람들에게 안부를 묻고 싶고 사랑한다고 말해주고 싶고 사람들이 안쓰럽게 보입니다.

희한한 일이지요. 하도 안식을 안 하니까 주님이 안식을 하라고 잠을 주신 게 아닌가 싶어요. 잠을 자면 영이 많이 릴랙스가 되나봐요. 이런 글을 쓰면 모든 사람들이 다 낮잠을 잘까 걱정이 됩니다.

아무튼 주님을 사랑하고, 사람들을 사랑하는 마음이 조금씩 더 생기는 것 같아 요즘은 너무 기쁩니다. 맑은 하늘처럼 내 마음도 맑게 개였으면 좋겠습니다.

[홍윤미] 우와.. 글을 읽고 있는데 저도 막 행복해져요. 사랑해요. 원조 잠순이 윤미올림.

[김소영] 사모님.. 감사해요. 주님 손안에서 푸욱 쉬세요.

[송하동] 사모님! 안녕하세요. 송 까꿍입니다. 잠을 많이 자면 영이 많이 릴렉스가 되는군요. 아멘! 할렐루야!! 주님을 찬양합니다.

[이선주] 저도 요새 잘 눕습니다. 훈련차.. 그러다 잘 잡니다. 보고파요.

[좌현희] 사모님.. 사랑해요.. 글을 읽다보니 보고픈 마음이.. 불끈불끈 생겨요. 그 마음을 누르며... 푸욱 쉬세요..

[이혜경] 송하동 집사님, 별명이 언제 송까꿍이 되셨어요? 너무너무 웃겨요. 여러분들 감사합니다. 저도 많이 뵙고 싶군요. 월요 기도 모임 때 뵙지요. 잠 많이 주무세요.

[박수현] 사모님도 잠을 좋아하셨군요. 반가워요.

[홍성권] 사모님, 너무 아름다우셔요! 사모님이 올리신 글 너무 오랫 만에 읽어용.. 자주 올려주세요. 너무 너무 좋아요. 사모님의 글 속에 따뜻한 주님의 사랑을 느끼옵나이다.. 감동한 홍모군 올림.

[임동신] 미인은 잠꾸러기, 영혼의 릴렉스.. 역시 잠은 육적으로나 영적으로나 미인을 만드는군요.

[여지나] 사모님 사랑해요. 와.. 월요일날 뵐 수 있겠네요. 보고 싶네요 사모님.. 저도 낮잠 잤는데 잠이 안 오는 걸 보면 사모님도 아직 안주무시

고 계실 것 같은걸요?
[김하나] 어머나! 월요일 날 사모님도 오시는 거예요? 아이.. 떨려..
[이지후] 우와.. 나도 낮잠 많이 자야지. 사모님 안녕하세요?
[심혜경] 햇살부신 창가에서 일상을 내려놓고 오수를 즐기는 사모님. 참 예쁘세요.
[오예원] 나도 낮잠의 여왕인데.. 거의 아기 수준이라고 할 수 있죠... 근데 홀리한 거 하고는 약간 거리 있는 낮잠인거 같당...
[이정혜] 잠도 많이 자는데.. 왜 짜증이 나는 거징?
[홍성일] 할렐루야! 사모님은 잠꾸러기!
[최종미] 어제 꿈에 사모님을 뵈었어요. 사모님! 사랑합니다.
[황재분] 사모님 안녕하세요 머리가 많이 길었네요. 작년 여름수련회 때는 짧은 머리인 걸로 봤는데요. 어제 기도 모임에서 가까이서 만나뵙게 되어 반가웠습니다.
[이후구] 사모님.. 사랑해요..
[신동옥] 사모님. 저도 낮잠을 아주 자주.. 잠순인 데요.. 잠의 질이 다른 거 아닌가 몰라요.

〈주님의 다루심입니다〉 정원 2003-09-28

에구.. 그냥 잠만 자면 다 영적이 되는 것은 아닙니다.
보통의 일반적인 잠은 자면 잘수록 사람이 무기력해지고
게을러지고 별로 열매가 좋지 않아요..

당신은 요즘에 내가 시키는 대로
주되심을 고백하는 기도를 많이 드렸지요.
'주님. 내 심장의 주인이 되어 주세요..
주님.. 나를 다스려 주세요.' 라고요.

그런데 그렇게 주되심의 고백의 기도를 드리면 주님의 수술이 시작되기 때문에 몸은 조금 무기력하고 힘들어진다고 내가 말을 했었지요.
하지만 그렇게 안식을 하고 나면, 짜증이라든가.. 조급함이라든가.. 사람들이 평소에 자기가 잘 고치려고 해도 안 되던 것이 그냥 쉽게 되는 것을 경험할 수 있지요.
그것은 그러한 잠과 안식 중에 주님께서 그러한 수술을 하시기 때문입니다. 그래서 그것은 잠이라기 보다는 주님의 다루심과 역사가 그러한 무기력 가운데 진행되고 있는 것이라고 할 수 있지요.
그러니 이해했으면 앞으로 졸리거나 몸이 힘들 때 그러한 고백과 기도를 반복하며 자는 것이 좋습니다. 그러면 내적인 변화와 열매를 더 많이 경험하게 되지요.

물론 상황이 바쁘거나 그렇게 안식하고 싶지 않을 때는 눈에 힘을 주고 배에 힘을 주면 잠도 안식도 다 사라지고 생생해지니까 걱정할 필요는 없어요. 아무튼 당신의 지속적인 성장에 격려와 축복을 보내는 바입니다. 계속 열심히 주님께 나아가시오.
감사하고, 사랑합니다.

[이혜경] 음, 맞다. 그렇구나. 나의 심장의 주인이 되어 주세요. 라고 계속 기도해서 그런 거군요. 감사. 감사.. 정말 제가 주님께 굴복되기 원해서 제 아디도 lordship이라고 주되심으로 했었지요.
[설기진] 그렇군요. 저도 최근에 잠이 많아졌는데 앞으로는 그냥 게을러서 자는 잠이 아니라 저도 주님의 주되심의 기도를 하면서 변화를 경험해봐야겠습니다.
[홍명호] 음... 아멘 입니다.. 졸음이 올 때 주님의 만지심을 기도하며..
[박수현] 그런데 그렇게 주되심의 고백의 기도를 드리면 주님의 수술이 시작되기 때문에 몸은 조금 무기력하고 힘들어진다고.. 아.. 그렇군요.. 영의 업그레이드, 야호!

[김소영] 오오오... 주되심의 고백의 기도를 드리면 주님의 수술이 시작되기 때문에 몸은 조금 무기력하고 힘들어진다.. 졸리거나 몸이 힘들 때 그러한 고백과 기도를 반복하며 자는 것이 좋습니다. 우와.. 신난당..
[홍윤미] 함께 주님께 나아가는 부부..참 감동적이에요. 주되심의 고백 후에 이루어지는 무기력과 안식의 역사..
아.. 제 인생을 바꿔놓은 놀라운 복음이었어요. 주님.. 당신은 저의 영원한 주인이십니다. 사랑해요. 할렐루야!
[여지나] 주님의 주되심을 많이 고백하면서 잠을 자면 주님의 수술이 시작되고, 자신이 고치려고 해도 고쳐지지 않았던 부분들이 자연스럽게 사라지게 된다. 우와.. 바쁘거나 안식하고 싶지 않을 때는 눈과 배에 힘을 꽈악 주면 된다. 아멘 오.. 자신의 상태와 육체를 다스릴 수 있다는 것은 얼마나 놀라운 인생인지.. 할렐루야!!
[좌은하] 오.. 잠을 잘 때도.. 고백과 기도를 반복하면서.. 우와.. 좋당.. 그리고 안식하고 싶지 않을 때는 눈과 배에 힘을! 오호라. 정말 짱이다!!
[박종복] 주님 당신은 나의 주인이십니다. 할렐루야.. 주님.. 나의 주인은 당신입니다. 아멘...
[김하나] 나두 주되심의 기도를 많이 하고 싶은데..지금보다 더 잠이 많아지면 어쩌지..
[김영신] 두분 정말 멋져요..
[오예원] 나의 낮잠도 열매를 맺기를. 목사님, 사모님..보고 싶어용..
[장영순] 정말 두분의 모습이 너무 아름답습니다. 축복하고 사랑해요. 주님은 제 삶의 주인이십니다. 아멘.
[이정혜] 아.. 부부의 모본 이시당.. 이쁘고 행복한.. 엉엉.. 주님..저를 다스려주세요.. 심장의 주인님이 되세요.. 짜증 좀 안 나게요.. 그냥 모든 게 사랑스럽게요.. 엉엉..
[김영미] 주님, 내 심장의 주인이 되어주세요. 주님은 나의 주인이십니다.
[박종식] 주님. 내 심장의 주인이 되어 주세요.. 주님.. 나를 다스려 주세요... 아멘!

[홍성일] 주되심!! lordship!! 할렐루야~!! 주님 저의 심장의 주인이 되어주시길 간절히 기도드립니다!! 할렐루야~!!
[최성미] 주님, 내심장의 주인이 되길 원합니다. 아멘
[최종미] 할렐루야! 이 글을 읽기만 해도 기름부으심이 마구 임합니다.
[한지영] 잠이라고 다 좋은 것은 아니구만요.
[이선주] 주되심의 기도.. 좋다... 제 심장의 주인이 되어 주세요... 요새 주님의 주인 되심이 많이 다가오고 실감나고 있는데.. 그렇구나..
[박성엽] 나도 잠만 자면 되는 줄 알았는데.. 제 심장의 주인이 되세요.. 기도를 해야하는구나!
[황재분] 목사님 너무 재미있어요. 목사님 언제 만나뵐 수 있을까요. 사모님은 어제 뵈었습니다.
[임동신] 귀여운 남편과 사랑스런 아내.. 나도 열심히 주되심을 고백해야지.. 나누고 누리도.. 행복해..
[이후구] 목사님..사모님..사랑해요..
[이창헌] 오.. 그렇군요.. 주님. 내 심장의 주인이 되어 주세요... 주님.. 나를 다스려 주세요... 라고 고백하면.. 주님의 수술이 시작되는 군요...

주님의 주되심을 고백하고 주님의 임재와 터치를 기다리면 주님의 만지심이 임합니다. 그리고 그 결과로 첫 번째 나타나는 현상은 무기력과 졸림입니다. 보통 성령님의 기름 부으심이 많이 임하는 집회에서 흔히 나타나는 현상이기도 하지요. 마치 일시적으로 몸살이 난 것 같은 기분이 들기도 합니다.

그러나 단순히 무기력하고 졸리고 잠이 많아지는 그러한 현상에 멈춘다면 그것은 별 의미가 없겠지요. 중요한 것은 그렇게 무기력하고 연약해지는 동안 그의 영 안에서 많은 변화와 역사들이 이루어지고 있다는 사실입니다. 주님께서 그의 영 가운데서 일을 하시고 계시기 때문이지요.
이러한 무기력 증상이 나타나면서 동시에 이루어지는 것은 대체로 마음의 평화와 기쁨입니다. 그리고 긴장되고 급하고 쫓기던 마음들이 여유와

부드러움의 상태로 바뀌게 되는 것입니다. 이상하게 특별하게 기도한 것도 아닌데 주위의 사람들이 사랑스럽게 느껴지게 됩니다. 오랫동안 별로 좋아하지 않던 사람, 불쾌하게 여기던 사람들도 이상하게 용서가 되고 그 다지 나쁘지 않게 생각하게 됩니다.

이상하게 긴장이 풀려서 짜증이 나던 일도 여유 있고 느긋한 마음으로 하게 되며 정서적으로도 묘한 변화가 생기게 됩니다. 이상하게 눈물이 많아지기도 하고 사소한 것에 감동을 느끼기도 합니다.

이러한 내적인 변화는 주님께 자신의 심장을 드리고 삶을 드린다고 고백한 이후에 많이 생기는 변화입니다. 그러한 고백을 통해서 주님은 우리의 삶에 직접적으로 임하시기 때문입니다.

물론 이러한 변화가 항구적인 것은 아닙니다. 일시적으로 주님의 주되심을 고백하다가도 일상의 바쁘고 쫓기는 상태로 돌아가서 긴장된 삶을 살게 되면 다시 자신이 주인이 되는 삶으로 돌아가게 되고 그렇게 되면 다시 예전의 긴장되고 짜증나고 날카로워지는 삶이 되살아날 수도 있지요. 그렇기 때문에 더욱 더 주님께서 자신을 지배하시도록 아침에도 밤에도 수시로 주님의 임하심과 주되심을 고백해야 하는 것입니다.

주되심의 고백 후에 또 나타나는 현상은 의식의 변화입니다. 성향의 변화이기도 하지요. 특히 이것은 어떤 중독이나 악한 습관에 매여있던 사람이 주님의 주되심을 고백하며 그 부분을 구체적으로 주님께 드리는 고백을 하고 나면 두드러지게 나타나게 됩니다.

예전에 아주 좋아해서 나쁘다는 것은 알지만 스스로 끊을 수 없었던 것들이 그러한 고백을 하고 나서 2-3일이 지나면 이상하게 그것이 싫어지게 됩니다. 전에는 좋아하던 것인데 이상하게 허무하고 허탈해집니다. 이제는 더 이상 그것을 즐길 수 없는 상태가 되어버리는 것입니다.

이것은 잘못된 애정의 경우에도 마찬가지입니다. 상대와의 만남이 좋은 것은 아닌데 정에 매여서 어쩔 수 없이 만나던 것이 주님께 그러한 고백을 하고 나면 도저히 답답해서 같이 있기 어려워지는 그런 현상이 나타나게 되는 것입니다.

사람이든 취미든 어떤 중독에는 영적인 배경이 있습니다. 악한 영이 억압을 해서 거기에서 벗어날 수 없도록 하는 것이지요. 그러나 주님의 왕되심을 고백하고 나면 더 이상 그러한 영들이 버틸 수 없기 때문에 그는 제 정신으로 돌아오게 되며 이성적인 판단을 하게 되어 더 이상 그러한 사람이나 취미를 좋아하지 않게 되는 것입니다.

그러나 이것도 영원한 상태는 아닙니다. 그것 역시 자신의 의지에 달려 있습니다. 그가 지속적으로 그것이나 그 대상을 끊기 원한다면 그는 주님의 지배 속에 거하게 되며 거기에서 자유롭게 될 것입니다.

그러나 그가 자유롭게 된 후에도 다시 미련을 가지고 거기에 매달린다면 그 영들은 돌아옵니다. 이것은 그 자신의 의지에 달려있는 것입니다. 다만 전에는 자신이 원하든 원치 않든 끌려갈 수밖에 없었으나 이제는 자신의 의지에 따라 결정할 수 있게 되는 것입니다.

주님의 주되심 고백을 지속적으로 드릴 때 나타나는 또 하나의 현상은 포기에 대한 것입니다.

보통의 사람들은 대체로 사람에 대하여, 또는 어떤 상태에 대하여 많은 집착을 가지고 있습니다. '이것만은.. 정말.. 안 됩니다.. 주님..' 하는 부분을 대부분 가지고 있습니다. '그렇게 될 바에는 죽는 것이 낫습니다..' 하는 부분을 가지고 있습니다.

그러나 주되심의 고백이 증가되면서 그는 점차로 그러한 부분들이 사라집니다. 전에는 '이것이 꼭 되어야 할 텐데..' 하고 애를 쓰던 부분들이 이상하게도 '아무러면 어때..' 하는 초연한 마음이 되는 것입니다.

예를 들어 대부분의 노인들은 항상 노심초사하는 문제들을 가지고 있습니다. 자식문제, 미래의 문제에 대해서 별것 아닌 것들을 가지고 염려하고 근심하고 걱정합니다. 그러나 주되심의 지배 속에서 사는 이들은 그러한 부분에 대해서 초연하게 되는 것입니다. 그들은 자식이나 가족뿐만 아니라 자신의 모든 삶, 건강, 죽음이든 무엇이든 그저 초연하고 감사하는 마음으로 받아들이는 자세가 됩니다. 그것은 절망이 포함된 비극적인 포기와 다릅니다.

그는 사랑하고 삶을 즐기며 감사하지만 그것에 매여있지는 않습니다. 그는 다만 모든 일에 대해서 주님의 뜻을 기뻐하고 따르며 생사와 모든 것을 초월해서 오직 주님과 같이 걸으며 주님만을 구하기 때문입니다.

우리는 일생동안 삶을 통하여 주님께 훈련을 받습니다. 그리고 그 마지막 훈련의 길은 바로 초월의 길입니다. 모든 것을 주께 드리고 아무 것도 남아있지 않은 이들은 죽음이 오나 모든 것이 사라지나 아무 것도 아닌 일인 것입니다. 그러한 초월과 해방과 자유를 위해서 우리들은 훈련을 받으며 가고 있는 것입니다. 모든 것을 버린 자는 모든 것을 누리고 가질 수 있기 때문입니다. 주되심의 지속적인 고백은 이러한 자유의 상태에 조금 더 빨리 도달하게 하는 면이 있습니다.

주되심의 고백에 대한 또 하나의 변화와 현상은 그가 주님 자신에 아주 예민해진다는 것입니다.

어떤 이들은 세상의 유행에 예민하며 어떤 이들은 경제의 흐름에 예민하지만 주께 속한 이들은 그 무엇보다도 주님의 임재와 음성과 그분의 뜻에 대하여 예민해집니다.

그리하여 그는 수시로 아침에 눈을 떠서 밤에 잠이 들기 직전에도 삶의 순간 순간에도 심지어 꿈속에서도 주를 구하고 부르게 됩니다.

그는 삶의 어려운 순간에 수시로 주를 부릅니다. 그에게는 모든 문제가 그를 주님께로 가까이 나아가게 하는 도구일 뿐입니다.

항상 주님을 주인으로 고백하고 주님의 임하심을 깨어있으나 잠을 잘 때나 구하는 이들은 많은 변화와 역사들을 경험하게 됩니다. 그리고 이러한 변화는 테크닉을 통해서 가능한 것이 아닙니다. 그것은 그 사람이 가지고 있는 중심에 달려 있는 것입니다. 그것은 그가 이생에서 가장 중요한 것이 무엇이라고 여기는가 하는 그 삶의 중심의 가치관에 관한 문제인 것이며 그렇게 중심으로 간절하게 주를 구하는 이들이 그러한 변화와 역사를 경험하게 되는 것입니다.

분명한 것은 이렇게 주를 구하고 그 손아래 굴복하기 원하는 이들에게는 천국의 빛과 영광이 임한다는 사실입니다. 그는 주님의 임재에 예민해지며 점차 하나님의 사람으로 가까이 나아가게 됩니다.

주되심을 고백하고 그에게 사로잡히기를 원하는 이들, 이제 당신의 삶에 어떤 변화들이 임하는지 이제는 당신이 직접 경험해야 할 차례입니다. 기억하십시오. 당신이 주를 부르고 주인으로 고백하는 그 순간부터 주님의 임재와 다루심은 시작됩니다.

모든 것을 우연이라고 생각하지 마십시오. 주님의 역사는 임하고 있습니다. 나는 주를 구하며 부른 결과 삶에 있어서 가정에 있어서 대인관계에 있어서 성품에 있어서 놀라운 변화를 경험했다는 고백과 글들을 수도 없이 읽고 듣고 보았습니다. 이제 당신에게도 그러한 일들이 일어나게 될 것입니다.

20장 천국의 사람

이 땅에 많은 사역이 있고 많은 집회와 교회가 있으나 살아있는 천국의 실제를 경험하는 것은 흔한 일이 아닙니다.
오랫동안 예수를 믿고 기도를 드리면서도 천국의 향취와 아름다움과 영광을 보여주지 못하는 이들이 그러한 이들보다 훨씬 더 많은 것이 사실입니다. 여기 저기 부분적으로 은사를 받은 이들도 많고 기적을 행하는 이들도 있지만 그 삶 가운데 살아 계신 주님의 영광과 아름다우심을 보여주는 이들은 많지 않습니다.
그 이유는 무엇일까요? 그 가장 큰 이유는 모든 집회와 사역 중에 주님이 높여지고 영광을 받으시지 않기 때문입니다.
주님은 그분을 간절히 구하고 높이는 곳이 아니면 임하시지 않습니다. 그리고 그렇게 주님이 임하시지 않는 곳에는 사람이 나타나고 사람이 중심이 되고 사람이 높임을 받으며 그러한 공간은 실제적인 천국의 빛과 영광과는 거리가 먼 곳이 될 수밖에 없는 것입니다.

순결함이란 무엇입니까? 아름다움이란 무엇입니까? 그것은 오직 순수한 마음으로 주님만을 드러내기를 원하며 자신을 내려놓는 것입니다. 그것이 모든 사역이 바른 것이냐, 아니냐를 판단하는 기준입니다.
오직 주님이 드러나는 곳은 곧 천국의 빛과 영광이 임하는 것이며 슬그머니 사람이 드러나고 높여지는 곳은 주님과 천사들이 올 수가 없기 때문입니다.
아무리 능력이 많이 나타나고 신비한 현상이 많이 나타난다고 해도 그곳에서 주님을 앙망함과 오직 그분의 영광을 드러내지 않는다면, 오직 그분의 발 앞에 굴복되지 않는다면 그 공간은 주님께 속한 공간이 아닙니다. 그 곳은 아름다운 곳이 아닙니다.

나는 '이 곳은 대단한 장소이다.' '세상에 이런 곳이 없다.' '이 사람은 세계적인 놀라운 주의 종이다.' 그리고 '이런 사람은 다시 없다..' 그러한 이야기를 어디서나 참으로 많이 들었습니다. 또한 자기에게 속한 곳을 떠나면 주님을 배반하는 것이며 화가 온다는 식으로 가르치는 곳도 무수하게 많이 보았습니다.

내가 알기에 그러한 곳은 주님께 속한 공간이 아니며 그러한 이들은 주님의 사람이 아닙니다. 그러한 착각은 다 어두움의 영 가운데 사로잡혀 속고 있는 것에 불과한 것입니다.
주님께 속한 사람은 결코 자신이 특별한 사람이라고 생각하지 않으며 자신에게 맡겨진 사역이 위대하고 놀라운 것이라고는 결코 생각하지 않습니다. 그리고 사람들을 자기에게로 이끌려고 결코 노력하지 않습니다. 그러한 이들은 명성이나 편안함 자체를 사모하지도 추구하지도 않습니다. 그들은 오직 주님만을 간절히 사모하며 알기를 원합니다.

어떠한 이들은 이 세상에서 오래 살수록 점점 더 강퍅해지고 사나와지며 고집이 세어갑니다. 자신만이 옳다고 믿으며 남을 정죄하고 다른 사람들에게 점점 더 불편한 사람이 되어 갑니다.
이상하게도 열심히 신앙생활을 하는 이들 중에 이러한 사람들이 참 많습니다. 유감이지만 그들은 점점 더 지옥에 가까워지고 있는 것입니다.
또한 어떤 사람들은 점점 늙어갈수록 아름답고 사랑스러워져 갑니다. 그들은 점점 더 순결해지고 따뜻해지며 어린아이처럼 순수해져 갑니다. 그들의 곁에 있기만 해도 사람들은 향기와 기쁨을 느끼게 됩니다. 그들은 설교하지 않지만 사람들에게 예수의 냄새를 풍기게 됩니다. 그들은 점점 더 천국에 가까워지고 있는 것입니다.
이러한 두 종류의 사람의 차이는 아주 단순한 것입니다. 즉 전자는 자기 중심의 사람입니다. 자기의 지성으로, 자기의 감정으로, 자기의 지혜로 사는 사람입니다. 그는 점점 더 비참해집니다.

후자는 주님 중심의 사람입니다. 그는 인간적으로 어리석고 부족하고 떨떨하고 지혜가 없으나 오직 주님께 순복하여 살기를 원하는 사람입니다. 그들은 점점 날이 갈수록 주님께 속하게 되어 점점 천국에 가까운 사람이 되어갑니다.

천국에 이르는 길, 그것은 오직 한 가지입니다. 오직 주님의 지배를 받으며 주님께 속한 사람이 되는 것입니다. 오직 주님을 구하고 앙망하며 주만을 알기를 원하는 사람이 되는 것입니다.
그렇게 주님의 소유가 되고 주님께 속한 이가 되는 것이 세상적인 명성이나 평가에서 천국과 꼭 일치하는 것은 아닐 것입니다. 이 세상은 근본적으로 영계와 상충하는 곳이며 영계가 사람의 내면이 드러나는 곳인데 반하여 이 세상은 그 외형으로 모든 것이 평가되는 경향이 있기 때문입니다.

그러나 우리는 할 수 있는 한 그 천국의 영광과 빛을 사모하고 추구하여야 합니다. 할 수 있는 한 사람에게 인정받고 평가를 받는 것보다 우리의 내면에 계시는 주님의 실상을 좀 더 분명하게 누리고 맛보는 자가 되어야 합니다.
우리의 영혼이 열려서 실제적인 주님과의 교류가 열릴수록, 실제적인 천국의 빛 속에 거하게 될수록 우리는 세상의 영광과 세상의 빛이 너무나 초라하고 너무나 어두울 뿐이라는 사실을 깨닫고 체험하게 될 것입니다. 천국은 주님이 통치하시는 곳입니다.
우리가 주님께 좀 더 깊이 순복되고 사로잡힐수록 우리는 그 주님과 깊이 연합되며 좀 더 아름답고 놀라운 천국의 영광을 누리고 맛보게 될 것입니다. 바로 지금 우리가 살고 있는 이곳에서 말입니다.

3부

천국의 셋째 원리 - 근원되신 주를 구함

천국의 중심은 주님 자신입니다.
주님의 사랑, 주님의 지혜, 주님의 영광이
천국의 모든 것입니다.
그러므로 주님 자신을 구하는 이들은
천국의 모든 것을 구하는 것입니다.

많은 이들이 본질적인 것이 아닌 것들을
사랑하고 추구하지만
주님이 주시는 선물이 아닌
주님 자신을 구하는 이들
이들은 천국의 중심에 있으며
천국의 가장 귀한 보화를
누릴 수 있게 되는 것입니다.

1장 세상에서 가장 부유한 사람

수수께끼로 이 장을 시작하기로 하겠습니다. 아합 왕 당시의 이스라엘에서 가장 부자인 사람은 누구일까요? 생각이 잘 안 나시지요? 이제 이야기를 시작해보겠습니다.

당시 이스라엘은 몇 년째 가뭄이 계속되고 있었습니다. 그러니 이스라엘 전역에 기근이 심하여 사람도 심지어 가축까지도 굶주리고 있는 상태였지요. 이 때 하나님의 사람 엘리야는 시냇가에서 물을 마시며 까마귀로부터 떡을 공급받으며 살아가고 있었습니다. 하지만 그 시냇가마저 극심한 가뭄으로 인하여 마르게 되자 하나님께서는 엘리야를 다른 곳으로 보내십니다.

하나님께서는 어떤 사람에게 엘리야를 대접하도록 하셨을까요? 그동안 시냇물을 마시고 까마귀로부터 간신히 얻어먹고 살았으니까 이번에는 좀 잘 사는 집에서 분위기 있는 곳에서 멋진 식사를 할 수 있도록 하셨을까요? 까마귀가 가져다주는 떡이란 게 위생적인 처리를 했을 리는 만무하고 또 분량도 풍족하지는 않았을 테니까요.

하지만 하나님께서 엘리야를 보낸 곳은 정말 이스라엘 전체에서도 보기 드물 정도로 가난한 과부의 집이었습니다. 그나마 한끼 먹을 식량밖에 없어서 그것을 먹고 난 후에는 굶어죽을 작정을 하고 있는 그런 집이었으니까요.

왜 하나님께서는 부유한 강남의 대형 아파트촌에 엘리야를 보내시지 않고 달동네에서 천막 치고 사는 그토록 가난한 과부에게로 보내셨을까요? 그동안 까마귀하고 노느라고 쇠약해진 몸을 맛있는 것을 좀 먹고 보신이라도 하면 좋았을 텐데요. 그것은 죽음과 암흑 속에 나타나는 풍성한 생명의 원리를 가르치시기 위한 것이었습니다.

열왕기상 17장의 분위기 전체가 다 그렇지요. 죽음을 상징하는 새 까마귀의 등장이라든지, 말라버린 시냇물이라든지, 남편의 죽음을 보여주는 과부의 등장이라든지, 과부 아들의 죽음이라든지, 이 음식만 먹고 나면 죽을 것이라는 과부의 말이라든지.. 그 모든 것이 죽음, 암흑을 보여주고 있는 것입니다.

바로 그러한 곳에서 엘리야와 그의 사역을 통해서 풍성한 생명이 나타나게 되는 것입니다. 이것은 죽음 위에 나타나는 새 생명의 원리를 상징적으로 보여주는 것입니다. 가장 비참한 곳에 가장 놀라운 빛과 생명의 흐름이 시작되는 것을 예표하고 있는 것이지요.

아무튼 그것은 영적인 의미이고 현실적으로 엘리야는 이스라엘 중에서 가장 가난한 집으로 보내심을 받게 되었습니다. 그런데 이제 먹을 것은 이것 밖에 없고 이것만 먹고 나서 죽을 것이라고 하소연하는 과부에게 엘리야는 대답합니다. 알았으니까 그 먹을 것을 나에게 달라고.. 그러면 앞으로 먹을 것이 떨어지지 않을 것이라고.. 어찌 보면 참 뻔뻔스러운 이야기고 황당한 이야기일 것입니다.

아무튼 과부는 이에 순종합니다. 그리고 그 순종의 결과 통 속에 들어있는 가루가 떨어지지 않고 계속 나오며 병 속의 기름도 없어지지 않고 계속 나오게 되었습니다. 그 결과 그녀의 말대로 굶어죽지 않고 잘 살게 된 것은 물론이지요.

하나님께서 엘리야를 통해서 과부에게 잔인함에 가까운 명령 - 아무리 굶어죽을 상황이 되어도 먼저 순복하며 주님께 드려야 한다는 -을 내리신 것은 일종의 테스트라고 할 수 있는 것입니다. 그리고 떨어지지 않는 가루, 떨어지지 않는 기름은 물론 진정한 양식이 되신 주님과 내주 하시는 성령님의 기름 부으심을 의미하는 것입니다.

온 세상에는 영적인 어두움이 가득하고 부유하고 권력이 있는 사람들은 생기와 영적 실상이 없어서 고통을 겪지만 세상에서 부족하고 미천한 이들이 주님의 긍휼을 입으며 그 심령 속에 살아계신 주님과 그 영의 실체를 가지게 된다는 메시지지요. 아무튼 이제 먼저 드린 질문의 대답을 해야할 시점이 되었군요.

그 순간의 이스라엘에서 가장 부유한 사람은 누구일까요? 그것은 바로 그 과부입니다. 가루가 떨어지지 않는, 그래서 아무리 먹고 또 먹어도 계속 나오는 통을 가지고 있는 과부.. 병의 기름을 아무리 사용해도 또 여전히 흘러나오는 병을 가지고 있는 과부.. 그녀는 이스라엘에서 가장 부유하고 풍성한 여인이 되었던 것입니다.

당시의 왕도 그녀와 같이 부유하지 않았습니다. 아합은 이스라엘의 왕이었고 궁궐에서 살고 있었습니다. 하지만 그러한 외적인 화려하고 높은 지위에 비해서 여전히 가난한 사람이었습니다. 그는 물의 근원을 찾아서 온 땅을 헤매고 다녔지만 물을 얻을 수 없었습니다. 그는 외형은 화려하고 거창하지만 속은 비어있는 사람의 모습을 잘 보여주는 것입니다.
반면에 과부는 아주 초라한 외형을 가지고 있었습니다. 다 쓰러져 가는 집.. 가구 하나 변변치 않은 집.. 남편도 없고 벌이도 없는 여인.. 무엇을 보아도 그녀에게서 풍요함의 냄새는 풍겨나지 않았습니다.
그러나 그녀는 풍성하고 부유했습니다. 그것은 그녀가 양식의 근원을 가지고 있었기 때문입니다.

여기서 한 가지의 사실이 분명해집니다. 풍성함이란 것은 외적인 화려함이나 크기에 의해서가 아니라 그 내부에 있는 생명에 달려있다는 것입니다. 아주 큰 상자이고 그 속에 내용물이 가득 차 있다고 하더라도 그 속에 생명이 없다면 그것은 언젠가는 비워질 것입니다.
그러나 그것이 아주 작고 초라한 상자라고 하더라도 그리고 그 내용물이 그리 많지 않다고 하더라도 그 속에서 그것이 계속 끊어지지 않고 흘러나온다면 그것은 곧 부요함이며 풍성함이며 생명이라는 것입니다.
생명이란 바로 그런 것입니다. 그것은 그리 크지 않더라도 소멸되지 않고 계속 흘러서 넘치는 것입니다. 그러므로 그러한 생명을 가지고 있을 때 그러한 근원을 가지고 있을 때 그는 진정 부유한 사람이며 풍성한 사람이라는 것입니다.

이것이 천국의 중심원리와 무슨 상관이 있을까요? 바로 천국의 중심은 그와 같은 생명의 근원을 바로 알고 누리고 체험하는 것이라는 사실입니다. 천국은 외적인 크기와 화려함에 있지 않고 그 내부의 생명성에 달려 있는 것입니다. 이 부분을 다음 장에서 좀 더 나누어보겠습니다.

2장   생명은 근원적인 것이다

생명이란 그 외형의 크기에 달려있는 것이 아닙니다. 그것은 생명력 그 자체에 있는 것입니다. 마태복음 13장에 천국의 비유가 나옵니다. 거기에서 겨자씨 비유는 유명한 이야기지요. 아주 작은 겨자씨가 엄청나게 큰 나무가 되는 것.. 그것이 천국이라는 것입니다.

또 비유를 베풀어 가라사대 천국은 마치 사람이 자기 밭에 갖다 심은 겨자씨 한 알 같으니 이는 모든 씨보다 작은 것이로되 자란 후에는 나물보다 커서 나무가 되매 공중의 새들이 와서 그 가지에 깃들이느니라 (마13:31,2)

언젠가 어떤 형제가 그의 성경책을 펴고 이 본문이 있는 곳에 겨자씨 하나를 스카치 테이프로 붙여놓은 것을 본 적이 있습니다. 겨자씨가 정말 얼마나 작은 지 스카치 테이프로 붙여놓지 않았으면 보존이 되지 않았을 것입니다.
아주 작은 먼지와 같아서 어디에 놓아두어도 보이지도 않을 것이고 조그만 바람에도 날아가 버릴 테니까요. 그처럼 작은 씨가 어떻게 큰 나무가 될 수 있는지 신기할 따름이었습니다.
여기서 중요한 것은 그 작은 겨자씨가 커졌다는 것이 아닙니다. 그 겨자씨 안에 있는 생명력, 그것이 중요한 것이지요. 이 메시지는 천국의 생명력, 확장성에 대한 메시지입니다.
정말 너무나 약해 보이는 복음이지만 그 복음의 씨앗이 온 세계를 뒤덮게 된다는 생명력, 확장성, 그것이 천국의 한 특성이라는 것입니다. 천국의 복음이 그처럼 겉으로 약해 보이나 놀라운 생명력을 가지고 있다는 것이지요. 겨자씨는 아주 작은 것입니다. 그러나 그 안에 엄청나게 큰 나무의 형태가 프로그램되어 있습니다. 작은 것 같지만 그 안에 있는 무한한 풍성함, 능력.. 그것이 곧 생명의 특성입니다. 바깥에 보이는 커다람, 화려함, 위대함보다 그 속에 숨겨져 있는 내적인 풍성함, 충만함, 근원.. 이것이 바로 생명의 특성이며 천국의 속성입니다. 그러므로 주님께서는 천국은 여기 있다, 저기 있다 하는 것이 아니라 네 마음 속에 있다고 하신 것입니다.

예수께서 대답하여 가라사대 하나님의 나라는 볼 수 있게 임하는 것이 아니요 또 여기 있다 저기 있다고도 못하리니 하나님의 나라는 너희 안에 있느니라 (눅17:21)

주님은 항상 바깥의 풍성함을 말씀하시지 않고 내적인 충만함을 말씀하셨습니다. 항상 근원에 대해서 말씀하셨습니다. 우물가에서 만났던 사마리아 여인에게 주님은 속에서 흐르는 생수에 대해서 말씀하셨습니다. 주님은 그녀의 마음을 아셨습니다. 그녀의 방황과 허무함과 고독을 아셨습니다. 그녀의 방탕한 삶이 그러한 내면의 고독으로부터 시작되는 것임을 주님은 알고 계셨습니다. 그래서 주님은 그녀에게 생수에 대하여 말씀하신 것입니다.

이 물을 먹는 자마다 다시 목마르려니와 내가 주는 물을 먹는 자는 영원히 목마르지 아니하리니 나의 주는 물은 그 속에서 영생하도록 솟아나는 샘물이 되리라 (요4:13, 4)

여기서 '이 물' 이 의미하는 것은 그녀가 앉아 있는 우물을 말하기도 하면서 동시에 세상적이고 육적인 욕망을 말하는 것입니다. 그녀는 행복을 위하여, 만족을 위하여 이 남자, 저 남자를 찾아 헤매었으나 결코 만족과 행복을 얻을 수 없었습니다. 주님은 그녀에게 영원히 솟아나는 생수를 구하라고 말씀하셨습니다. 세상에 있는, 바깥에 있는 것이 아니라 우리 안에서 계속 끝없이 솟아나는 생수.. 그것이 바로 주님의 처방이었습니다. 아합 왕 당시의 이스라엘에서 가장 부유했던 사람이 외형으로는 가난하고 비천한 모습이었지만 끊임없이 흘러나오는 기름과 가루를 소유했던 과부였던 것처럼 그녀가 만일 주님의 말씀대로 그 심령 안에서 한없이 솟아나는 생수를 가질 수 있다면 그녀는 이 세상에서 가장 부요하고 풍성한 사람이 될 수 있을 것입니다.

주님은 항상 사람들에게 그러한 근원적인 것을 주시기를 원하셨습니다. 사람들에게 일시적인 해결책이나 만족을 주시기를 원치 않으셨습니다. 하지만 비참한 일은 이것입니다.
그 때나 지금이나 사람들은 영원한 것, 근원적인 것의 가치를 알지 못하고 순간적인 만족, 순간적인 문제 해결, 당장 눈에 보이는 해결책을 찾기를 원했다는 것입니다. 사람들은 쥐엄 열매를 구합니다. 그러나 주님은 우리에게 보화를 주시기를 원하십니다. 우리에게 생명을 주시기를 원하십니다.
보화는 바로 그 생명이며 그 생명은 외적으로 보기에 대단해 보이지 않지만 그 안에서 끊임없이 재생산되며 흘러나오는 영속성을 가지고 있습니다. 그러므로 그 보화와 생명을 얻은 이는 그 안에서 끝없이 흘러나오는 풍성함을 통하여 만족과 충만함을 누리게 되는 것입니다.
아직 영혼의 눈이 열리지 않았을 때 사람들은 주님께서 보화를 주실 때 그것의 내부와 성질을 보지 못하고 딱딱하다고 맛이 없다고 불평합니다. 이것이 신앙의 딜레마입니다.

영혼이 자라고 눈이 뜨여질수록 우리는 무엇이 생명이며 진정한 것인가, 근원인가에 대해서 열려져 갈 것입니다. 그리고 진정 구해야 하는 것이 무엇인지, 무엇이 참된 복이며 만족이며 천국의 중심에 속한 것인지 알아가게 될 것입니다. 그리고 세상에서 감추어진 진정한 보화, 생명을 추구하게 될 것이며 그것을 얻으며 진정 감사하고 기뻐하며 그 보화를 누릴 수 있게 될 것입니다.

3장 눈앞의 필요와 참된 근원

주님께서 40일 금식을 하신 후에 주리셨을 때 사탄은 다가와서 유혹했습니다. 그의 유혹은 돌을 가지고 떡을 만들어 먹으라는 것이었습니다. 얼핏 생각하면 그 유혹은 참으로 이상하게 보입니다.
무릇 어떤 요구나 유혹은 상대방에게 필요하거나 유리한 어떤 것을 구하는 것입니다. 예를 들어 요셉을 유혹한 보디발의 아내의 요구는 자신의 욕망을 만족시켜달라는 것이었지요.

그러나 사탄의 요구는 그런 면에서 이해하기 어려운 점이 있었습니다. 그것은 사탄에게 무엇을 해달라는 것이 아니고 주님을 위해서, 배가 고픈 주님 자신을 위해서 음식을 먹으라고 하는 것이니까요. 게다가 작정한 40일을 다 마치기 전이라면 모를까 이미 금식도 끝난 상황이니까 예수님의 건강을 걱정해준 사탄의 마음씨가 아주 눈물나게 고마운 것이 아닙니까?
그의 제안을 조용히 생각해보면 사탄의 유혹은 오히려 우리에게 유익하고 도움이 될 수 있도록 하는 것 같습니다. 예수님께 높은 곳에서 뛰어내리고 전혀 다치지 않으면 스타가 될 테니 한번 해보라고 하는 것도 예수님에게 도움이 되는 조언같이 보이지요.

그런데 사실 사탄의 작전의 특성이 바로 그런 것입니다. 그는 언뜻 보기에는 우리에게 좋은 것 같고 유익해 보이는 것 같지만 사실은 우리에게 해가 되고 도움이 되지 않은 것을 우리가 선택하도록 항상 우리에게 권하고 있는 것입니다. 그리고 일단 그들의 유혹이 먹혀 들어가서 사람들이 그러한 욕망에 사로잡히게 되면 사탄은 서서히 그 사람을 사로잡을 수 있었습니다.

주님께 대한 유혹의 방법도 마찬가지였으며 주님은 그것을 물리치셨습니다. 배고픈 사람에게 있어서 빵의 유혹이라는 것은 얼마나 큰 것이었을까요. 그러나 이에 대한 주님의 대응은 선명한 것이었습니다.

그때에 예수께서 성령에게 이끌리어 마귀에게 시험을 받으러 광야로 가사 사십 일을 밤낮으로 금식하신 후에 주리신지라
시험하는 자가 예수께 나아와서 가로되 네가 만일 하나님의 아들이어든 명하여 이 돌들이 떡 덩이가 되게 하라
예수께서 대답하여 가라사대 기록되었으되 사람이 떡으로만 살 것이 아니요 하나님의 입에서 나오는 모든 말씀으로 살 것이라 하였느니라 하시니 (마 4:1-4)

주님도 육체를 가지고 있었습니다. 그분은 우리와 똑같은 조건을 가지고 이 땅에 오신 것입니다. 따라서 당연히 극심한 굶주림의 고통에 시달리고 있으셨지요. 그러나 그러한 상황에서도 주님께서는 분명한 삶의 원칙을 보여주셨습니다. 사람에게 필요한 진정한 양식은 물질적인 떡이 아니라 하나님의 말씀이시라는 것입니다.
물론 사탄이 떠난 후에 주님은 떡을 드셨을 것입니다. 그러나 그분은 자신의 필요를 위하여 기적을 행하지는 않으셨습니다. 또한 사람들이 현실적인 어떤 필요가 있을 때, 그래서 그 필요에 사로잡힐 가능성이 있을 때에도 정말 근본적으로 중요한 것은 물질적인 것이 아니라 영적이고 생명적인 것이라는 메시지를 분명하게 남기셨던 것입니다.

누구나 어떤 물질적이고 환경적인 필요가 절실할 때가 있습니다. 그 때는 오직 그것만이 급하게 느껴지고 아무 것도 보이지 않지요. 오직 부도를 막을 돈이 필요하고 당장 먹을 음식이 필요합니다. 하지만 그 때에도 주님은 역시 말씀하시는 것입니다.
'지금 너에게 근본적으로 필요한 것이 무엇이냐? 그것만 있으면 과연 잘

될 것 같으냐? 라고 말입니다. 주님께 다가왔던 대부분의 사람들은 그러한 문제들을 가지고 있었습니다. 예를 들어 어떤 한 사람도 그러했습니다. 그는 주님이 말씀하시는 중에 갑자기 끼어 들어 주님께 그의 소원을 이루어주시기를 구하였습니다.

그의 그러한 갑작스런 요구는 주님이 말씀하시던 내용과는 아주 동떨어진 것이었습니다. 주님께서는 생명에 대해서, 하나님을 신뢰할 것과 영원한 생명에 대해서 이야기하고 있었으나 지금 그 사람의 관심은 전혀 다른 데에 있었기 때문입니다.

무리 중에 한 사람이 이르되 선생님 내 형을 명하여 유업을 나와 나누게 하소서 하니
이르시되 이 사람아 누가 나를 너희의 재판장이나 물건 나누는 자로 세웠느냐 하시고
저희에게 이르시되 삼가 모든 탐심을 물리치라 사람의 생명이 그 소유의 넉넉한데 있지 아니하니라 하시고 (눅12 : 13-15)

지금도 마찬가지이지만 사람들이 주님께 나아갈 때 주님께서 무엇을 말씀하시는가, 그분의 가르치심이 무엇인가에 대해서 관심을 가지는 이들은 그리 많지 않았습니다. 대다수의 사람들은 주님의 말씀이나 뜻에는 별로 관심이 없었고, 자신들의 문제를 해결하는 데에 더 관심이 있었습니다. 그리고 이 사람도 그런 상태에 있었습니다.

이 사람은 절실한 문제를 가지고 있었습니다. 그것은 돈에 대한 문제였습니다. 그의 부모가 돌아가시자 형이 부모의 유산을 독차지했던 것입니다. 그도 아들이기 때문에 당연히 그에게도 권리가 있었습니다. 하지만 그의 형은 탐욕스러운 사람이었고 동생에게 아무런 몫도 남겨주지 않았습니다.
이 사람의 논리에 거짓이 있지는 않을 것입니다. 주님 앞에 와서 호소를

하는 것을 보면 그는 다른 어디에다 호소해도 해결할 수가 없었기 때문인지도 모릅니다. 어쩌면 변호사나 법관들도 형의 뇌물을 먹고 그의 편이 되었는지도 모르는 것입니다.

아무튼 이 사람은 억울한 사람이었습니다. 그리고 욕심 많고 부도덕한 사람은 당연히 형이라고 그는 생각했습니다. 그는 자신이 탐심으로 가득 차 있다고 생각해본 적은 없었습니다. 그는 마땅히 자기의 몫을 가져야 한다고 생각했으며 그저 행복을 위해서 돈이 조금만 있었으면 좋겠다고 생각한 것뿐이었습니다.

그러나 그에게 대한 주님의 응답은 얼마나 놀라고 실망스러운 것이었던지요! 주님은 자신은 재판장이 아니며 돈을 분배하는 사람도 아니라고 대답하셨습니다. 그리고는 이어서 그에게 탐심을 물리치라고 하셨습니다.

이 사람은 얼마나 기가 막혔을까요. 자기는 한 번도 자신이 돈에 사로잡혀 있다거나 자신이 탐심이 많은 사람이라고 생각해본 적이 없었기 때문입니다. 주님은 이어서 이 사람에게 유명한 비유를 말씀해주셨습니다. 그것은 이 비유입니다.

또 비유로 저희에게 일러 가라사대 한 부자가 그 밭에 소출이 풍성하매 심중에 생각하여 가로되 내가 곡식 쌓아둘 곳이 없으니 어찌 할고 하고 또 가로되 내가 이렇게 하리라 내 곳간을 헐고 더 크게 짓고 내 모든 곡식과 물건을 거기 쌓아 두리라

또 내가 내 영혼에게 이르되 영혼아 여러 해 쓸 물건을 많이 쌓아 두었으니 평안히 쉬고 먹고 마시고 즐거워하자 하리라 하되 하나님은 이르시되 어리석은 자여 오늘밤에 네 영혼을 도로 찾으리니 그러면 네 예비한 것이 뉘 것이 되겠느냐 하셨으니 자기를 위하여 재물을 쌓아두고 하나님께 대하여 부요치 못한 자가 이와 같으니라 (눅12:16-21)

이 비유는 그 사람에게 적절한 비유는 아닌 것으로 보입니다. 아주 부유하고 여유가 있으며 많은 돈을 소유하고 떵떵거리고 사는.. 그런 사람에 대한 이야기이니까요. 하지만 주님은 바로 이 사람의 상태가 그와 같은 것이라고 말씀하시고 있는 것입니다.

이 사람은 지금 비록 가난하고 여유가 없는 상태에 있는지 모릅니다. 하지만 그 사람의 마음 속에 동경하고 꿈처럼 자리잡고 있는 것은 바로 이러한 삶이었던 것입니다.

'형처럼.. 그렇게 예금 잔고도 많고 취미생활도 마음놓고 할 수 있고 골프도 치러 다니고... 맛있는 것도 먹고.. 그렇게 여유 있는 삶을 살 수 있으면 얼마나 좋을까.. 그러면 얼마나 행복할까..'

하는 마음을 주님께서는 읽으시고 그것은 진정한 행복이 아니라고 말씀하시고 있는 것입니다.

이 사람의 가치관은 어떤 것이었을까요? 그것은 행복을 위하여 가장 중요한 것은 돈이라는 생각입니다. 그리고 자신의 그 행복을 위하여 방해가 되는 것은 형이라는 생각입니다. 그러므로 오직 문제는 형에게 있는 것이며 누군가가 형을 깨우치거나 강제로 돈을 받을 수 있다면 그의 문제는 해결된다는 생각이었습니다. 그리고 그의 궁극적인 삶의 방향과 목표는 그 비유에서의 부자처럼 먹고 마시고 여유있게 육체의 기쁨 속에 잠길 수 있는 그러한 삶이었던 것입니다.

물론 그것은 잘못된 인식이었습니다. 인생의 행복을 위하여 가장 중요한 것이 돈이라는 생각도 잘못이며 다른 사람 때문에 내 인생이 불행하다는 사고 방식도 잘못된 것이었습니다. 그리고 자기의 변화가 아닌 다른 사람의 변화를 통해서 내 인생은 행복해질 수 있다는 것도 잘못된 생각이었습니다.

이 비유를 보면 돈을 많이 벌어놓은 부자가 말하기를 '내 영혼아.. 이제 즐거워하자..' 하고 말하는 내용이 나오는데 그것은 근본적인 착각에 의한 것이었습니다. 왜냐하면 영혼은 오직 하나님과의 관계에서 만족을 느끼며 돈이나 보이는 것에 의해서 기뻐하고 만족하는 존재가 아니기 때문입니다. 결국 이 사람의 문제는 영혼과 육체의 차이점과 특성을 알지 못한 것이었습니다.

즉 육체는 보이는 것을 추구하며 보이는 것으로 만족을 얻지만 영혼은 보이지 않는 것, 영원한 것, 주님과 그의 뜻과 말씀으로 만족하고 기뻐한다는 사실을 알지 못한 것입니다. 이러한 그의 영적 무지는 곧 그의 영적인 수준과 상태를 보여주는 것입니다.

모든 사람들은 현실적인 어떤 문제를 가지고 있을 때 그것보다 더 중요한 것이 자신의 영적인 수준과 상태라는 것을 알지 못합니다. 그래서 오직 그 문제만을 해결하려고 이리 뛰고 저리 뛰고 하는 것입니다.
그러나 영혼의 수준이 발전하고 눈이 뜨여지지 않는 한 문제는 아무리 해결되어도 또 다시 다른 문제가 생기기 마련입니다.
그러므로 주님께서는 많은 경우에 문제를 해결해주시지 않고 그대로 내버려두십니다. 그것은 그의 영혼이 고통을 통하여 깨어나기를 원하시기 때문입니다.

많은 그리스도인들이 그저 무조건 기도만 많이 하면 주님께서 응답해주신다고 생각합니다. 간절하게 부르짖고 기도를 드리면 언젠가 소원이 이루어질 것이라고 생각합니다.
마치 동화에 나오는 신령님이 세 가지 소원을 들어주는 그러한 식으로 주님을 이해합니다.
그러나 실제로 주님은 많은 이들의 소원을 들어주지 않으셨습니다. 그들의 구하는 것은 주지 않으시고 오히려 딴청을 부리셨습니다. 여기 이 가난한 사람에게 '돈이 뭐가 중요하냐?' 하고 말씀하셨습니다. 아마 그 사람은 분노로 가득 찼을지도 모릅니다.

'내가 많은 사람에게 실망하고 이 사람에게는 기대를 걸었더니 다 똑같다' 고 생각할지도 모릅니다. 중요한 것은 이 사람의 영적 상태는 아직 주님을 받을 수 있는, 진리를 받을 수 있는 상태가 아니었다는 것입니다. 주님은 반문하셨습니다.
'이 사람아..내가 물건 나누는 사람이냐? 내가 재판장이냐? 해결사냐?'
물론 아니었습니다. 주님은 온 우주의 왕이십니다. 그분은 단지 해결사가 되기 위해서 이 땅에 오신 분이 아닙니다. 그분은 그렇게 일시적이고 썩을 것이 아닌 영원한 보화를 주시기 위해서 오셨습니다. 그러나 보화에 대해서 눈이 떠지지 않은 이들, 그 보화의 가치에 대해서 모르는 이들에게 주님은 그 보화를 주실 수가 없었습니다.

문제는 바로 그것입니다. 현실적인 부족과 고통과 필요는 우리의 영적 상태를 드러내시고 영원한 것을 구하게 하시며 영원한 만족이 되시는 주님께로 나아가게 하시는 주님의 인도입니다. 그러나 이에 대해서 깨닫고 열려져 있는 이들은 그리 많지 않다는 것입니다.
사람들은 일시적인 것을 구합니다. 썩을 것을 구합니다. 그러나 주님은 영원한 것을 주시고자 하십니다. 진정한 보화를 주시고자 하십니다.

주님께서 오병이어로 5천명을 먹이셨을 때 그들은 모두 열광했습니다. 그들은 숫자의 확장을 보았습니다. 다섯 개가 몇 만개가 되고 두 개가 몇 천 개가 되었을 때 그들은 열광했습니다. 그들은 깊이 감동을 받고 이 놀라운 사람을 그들의 왕으로 삼기를 원했습니다.
그러나 숫자의 확장보다 더 중요한 것은 성분의 변화였습니다. 오병이어는 그 숫자의 늘어남보다 그 안의 생명성에 더 의미가 있었습니다. 그것은 적은 것이었지만 한없이 늘어나는 생명 적인 능력에 더 의미가 있었던 것입니다.
만약에 그 광야에 오천 명이 아니라 오만 명이 있었다면 어떻게 되었을까요? 물론 그들도 다 먹었을 것입니다. 만약 오백만 명이 있었다면? 역시 그들도 풍족하게 먹었을 것입니다. 그 적은 떡과 물고기가 주님의 손 안에 들어갔을 때 그것은 무한하게 풍성한 천국의 실제와 도구가 될 수 있었습니다.

거기에서 중요한 것은 바로 생명의 근원이며 양식이 되셨던 주님 자신이었지 단순히 배부르게 많이 먹었다는 것은 아니었습니다. 하지만 그들은 단순히 떡을 먹고 배불러서 좋아했기 때문에 주님은 말씀하셨던 것입니다.

예수께서 대답하여 가라사대 내가 진실로 진실로 너희에게 이르노니 너희가 나를 찾는 것은 표적을 본 까닭이 아니요 떡을 먹고 배부른 까닭이로다 썩는 양식을 위하여 일하지 말고 영생하도록 있는 양식을 위하여 하라 이 양식은 인자가 너희에게 주리니 인자는 아버지 하나님의 인치신 자니라 (요 6:26, 7)

주님께서 오병이어의 기적을 행하신 후에 그것을 썩는 양식이라고 말씀하시다니, 그렇게 자신이 행한 기적을 오히려 비하하신 이유는 무엇이었을까요? 그것은 사람들이 기적의 참 의미를 알지 못하고 그 기적 자체에 빠져 있었기 때문입니다.

이는 기도 중에 황홀경을 체험한 후에 주님 자신은 알지 못하고 그 황홀경 자체에만 몰두하고 그 은사 자체에만 몰두하고 있는 어린 신자와 같은 것입니다.

주님은 오직 자신을 주기 원하십니다.
사람들은 그저 눈에 보이는 것을 찾고 구합니다.
주님은 영원한 것을 주고 싶어하십니다.
사람들은 썩을 것을 구합니다.
이러한 주님의 원하심과 사람들 사이의 갈등은 예전부터 지금까지 계속 있어 왔습니다.

다만 주님을 알아가고 영혼이 자라갈수록 우리는 이러한 갈등에서 벗어나게 될 것입니다.

신앙의 초기에 우리는 눈에 보이는 것을 구하게 됩니다.
그러나 점차로 영혼이 열리며
우리는 진정한 보화가 무엇인지 알게 됩니다.
그리하여 오병이어보다 무한한 생명의 충만함을 가지신
그 분의 손안에 들어가기를 원하게 될 것입니다.
그분 자신을 원하게 될 것입니다.

이것은 어떤 이들이 천국의 중심에 들어갈 것인가,
아니면 천국의 변두리에 거하게 될 것인가를 결정하게 되는
놀라운 기준이며 원리입니다.
우리가 진정한 근원, 천국의 중심을 좀 더 이해하고 발견해갈 때
우리의 영혼은 점점 더 무한한 영광과 기쁨으로
가까이 나아가게 될 것입니다.

4장 천국의 보화는 감추어져 있다

겉으로 보기에는 평범한 작은 알맹이.. 그러나 그것은 그 안에 생명을 가지고 있는 씨앗으로서 엄청나게 커져서 온갖 새들이 거할 수 있는 나무가 될 수 있는 것이었습니다. 겉으로 보기에는 평범한 병.. 그러나 그 병에서는 끊어지지 않고 기름이 흘러나오고 있었습니다. 그러므로 그것은 그 병을 소유한 자에게 영원히 굶주리지 않는 풍성한 삶을 약속하는 것이었습니다.

겉으로 보기에는 평범한 작은 떡과 물고기.. 그러나 그 떡과 물고기는 달랐습니다. 그것은 건드릴수록 새 떡이 나오고 새 물고기가 나오는 떡과 물고기였습니다. 그것은 겉으로 보기에는 여느 다른 떡과 물고기와 똑같았지만 주님이 축사하셨고 주님의 손안에 있었다는 면에서 다른 떡과 물고기와 다른 것이었습니다.

이 씨앗과 기름병과 떡, 물고기가 의미하는 것은 무엇일까요? 그것은 같은 특징을 가지고 있었습니다. 그것들의 외관은 하나같이 별로 아름답거나 위대하거나 값비싸 보이는 것이 아닌, 그저 평범한 것이었다는 사실입니다. 그러나 그것은 하나같이 그의 안에 생명력을 가지고 있었습니다.

그것들이 의미하는 것은 바로 생명이며 주님 자신을 가리키는 것이었습니다. 주님도 외면으로는 아름답고 흠모할 만한 분이 아니었습니다.

우리의 전한 것을 누가 믿었느뇨 여호와의 팔이 뉘게 나타났느뇨
그는 주 앞에서 자라나기를 연한 순 같고 마른 땅에서 나온 줄기 같아서 고운 모양도 없고 풍채도 없은즉 우리의 보기에 흠모할 만한 아름다운 것이 없도다

그는 멸시를 받아서 사람에게 싫어 버린 바 되었으며 간고를 많이 겪었으며 질고를 아는 자라 마치 사람들에게 얼굴을 가리우고 보지 않음을 받는 자 같아서 멸시를 당하였고 우리도 그를 귀하게 여기지 아니하였도다 (사53:1-3)

그것이 주님의 모습이었습니다. 주님은 바로 하나님이셨고 그 영혼은 바로 하나님의 광채였으나 사람들은 그를 알아보지 못했습니다. 사람들은 주님을 볼 때 그의 내면을 볼 수 없었으며 보려고도 하지 않았습니다. 그들은 단순히 바깥으로 보이는 것을 주목했으며 바깥으로 나타나는 것에만 관심을 보였습니다.

외적으로 육신의 눈으로 보기에 그는 사람들의 시선을 끄는 이가 아니었습니다. 그러나 영으로 그를 보고 느낀 사람들은 그 안에 거하는 하나님의 생명을 알고 경험할 수 있었습니다.

그것은 곧 천국의 특성이기도 합니다. 천국의 비밀은 많은 사람이 알고 따라갈 수 있는 것이 아닙니다. 그것은 바깥에서 보기에 화려하고 아름답고 멋진 길이 아닙니다. 그러므로 좁은 길을 가는 사람만이 그 길을 발견하고 이 땅에서 보이지 않는 그 영광의 세계를 느끼고 알고 걸어갈 수 있었습니다.

육신의 눈에는 날마다 호화로이 연락하며 즐겁게 지내는 부자가 거지 나사로보다 훨씬 더 천국에 가까이 있는 것으로 보였을 것입니다.

한 부자가 있어 자색 옷과 고운 베옷을 입고 날마다 호화로이 연락하는 데 (눅16:19)

아버지 아브라함이여 나를 긍휼히 여기사.. 내가 고민하나이다 (눅16:24)

그도 역시 아브라함의 자손이며 기도할 줄 아는 사람이었습니다. 모든 사람들은 그가 신앙생활을 아주 잘 해서 하나님께 복을 받았다고 생각할 것입니다.

> 나사로라 이름한 한 거지가 헌데를 앓으며 그 부자의 대문에 누워 부자의 상에서 떨어지는 것으로 배불리려 하매 심지어 개들이 와서 그 헌데를 핥더라 (눅16:20, 21)

그에 비하여 나사로는 누가 보다라도 저주받고 비참한 상태에 있는 사람이었을 것입니다. 그는 누가 보아도 정말 불쌍하고 애처로운 모습일 것입니다. 그는 가난한 데다 질병도 가지고 있었으며 아무도 그를 도와주지 않았습니다.

육신의 눈으로 보기에 누가 성공한 사람이며 누가 실패한 인생인지는 너무나 명백할 것입니다. 그러나 그 초라한 거지의 안에 놀라운 천국의 충만함이 거하고 있었다는 것.. 그것을 과연 누가 알았겠습니까!

부자는 죽어서 영원히 회복될 수 없는 불길에서 고통을 받으며 그의 혀에 물 한 방울만 달라는 그 소박한 소원 하나도 받아들여지지 않았습니다. 그리고 나사로는 천국에서 기쁨과 행복 속에 있었습니다.

만약 그 결과를 미리 알 수가 있다면 진정 위로를 받아야 할 사람은 나사로가 아니고 부자였고 진정 기뻐해야 할 사람은 부자가 아니고 나사로라고 할 수 있을 것입니다. 순간과 영원의 가치를 비교할 수는 없는 것이니까요.

부자가 입었던 자색 옷과 베옷은 당시 종교 지도자들이 흔히 입는 옷이었습니다. 그는 종교적으로 높은 위치에 있었을 것이며 구원의 확신을 가지고 있었고 사람들로부터 존경받는 신앙인이었을 것입니다. 적어도 겉으로 보기에 그는 아주 부러움을 받아 마땅한 사람이었을 것입니다.

하지만 중요한 문제는 이것이었습니다. 즉 천국은 눈에 보이는 것이 아니며 숨겨져 있고 내면적인 것이라는 특성을 가지고 있다는 사실입니다. 천국의 길은 겉보기에는 그리 화려해 보이는 것이 아니었습니다. 그러므로 내적인 시각을 가지고 있지 않은 사람은 그 천국의 빛과 영광이 어떤 것인지 알 길이 없는 것이었습니다. 그것은 눈으로, 바깥의 시각으로 모든 것이 판단되는 이 세상과는 전혀 다른 차원의 세계였던 것입니다.

천국은 밭에 감추인 보화였습니다. 그리고 그 보화는 주님 자신이었습니다. 그러므로 주님을 발견한 이들은 바로 천국을 발견한 이들이었으며 천국의 비밀을 발견한 이들이었습니다.

하지만 사람들은 대부분 천국의 비밀을 알 수 없었습니다. 그들은 주님의 근처에 수 없이 서성거렸고 따라다녔지만 주님이 어떤 분이신지 알지 못했습니다. 그저 자신의 이익과 목적을 이루기 위해서 따라다녔을 뿐입니다.

아마 부자도 성경에 대해서 알고 있었을 것입니다. 그리고 율법에 대해서 배웠을 것입니다. 그러나 그 말씀의 주인인 주님에 대해서, 진리에 대해서 알지 못했을 것입니다.

이와 같이 겉으로만 신앙에 접하고 주님에 접한 이들, 몸으로는 주님의 근처에 있기는 하지만 그 영으로는 아직 주님을 실제로 경험하지 못한 이들, 그러한 이들은 너무나 비참한 이들입니다. 그들은 바다에서 목이 말라죽는 사람들처럼, 바로 곁에 있는 진리를 깨닫지 못하고 맛보지 못하기 때문입니다.

주님은 밭에 숨겨진 보화와 같이 감추어진 분이었습니다. 그러므로 많은 이들이 그분을 가까이서 접촉하였고 그를 보았지만 실제로 그를 알지 못했습니다. 그 이유는 무엇이었을까요?

그들은 육신적이고 바깥에 속한 사람이었고 그래서 그 주님의 내면에 대해서 관심도 없었고 알지도 못했던 것입니다.

요한 복음 2장에 보면 주님께서 갈릴리 가나에서 혼인 잔치에 참석하는 이야기가 나옵니다. 혼인 잔치가 한참 무르익을 즈음 포도주가 떨어집니다. 이것은 잔치에 있어서 하나의 위기였지요. 그런데 이 때 주님께서는 그 어머니 마리아의 요청에 의하여 물로 포도주를 만들어주십니다. 나중에 이 포도주를 맛본 연회장은 신랑에게 치하를 합니다. 그는 말하지요. '이렇게 좋은 포도주는 지금까지 먹어 본 적이 없소.. 참 대단한 포도주요. 보통 사람들은 처음에는 좋은 포도주를 주고 나중에 취해서 맛을 구분하기 어렵게 되면 그 때는 싸구려를 내놓습니다. 그런데 당신은 이렇게 좋은 포도주를 지금 내 놓다니 정말 좋은 사람이군요..'
그는 포도주의 맛에 감탄합니다. 하지만 그 뿐입니다. 그는 맛좋은 포도주에 감탄할 뿐 그 포도주를 만드신 분에 대해서는 알지 못합니다.
이것은 하나의 상징적인 메시지입니다. 주님을 하루 종일 따라다니며 그 놀라운 은혜의 말씀을 접하지만 주님이 행하시는 놀라운 일 자체에 관심을 가지고 흥미를 느낄 뿐 그 분이 누구신지에 대해서는 알지도 못하고 관심도 없는 대부분의 사람들.. 그러한 이들의 모습을 보여주고 있는 것입니다.

대부분의 사람들은 주님의 곁에 있었으나 그분에 대해서 알지 못했습니다. 어떤 이들은 무엇인가 흠을 잡기 위해서 주님께 질문을 하였습니다. 어떤 이들은 자신이 옳게 보이려고 별로 알고 싶지도 않은 질문을 하였습니다. 주님을 따르는 제자들도 거기에서 크게 다르지 않았습니다. 그들은 주님의 고독과 아픔에 참여하지 못했습니다. 그들은 오직 누가 천국에서 큰 자가 될 지에 대해서 서로 시기하고 경쟁하며 싸웠습니다. 주님은 이 땅에서 그저 고독하시고 버림받은 상태에 있었습니다.
주님의 형제들도 주님에 대해서 알지 못했습니다. 그들은 주님에 대해서 오해하고 있었습니다.

유대인의 명절인 초막절이 가까운지라 그 형제들이 예수께 이르되 당신의 행하는 일을 제자들도 보게 여기를 떠나 유대로 가소서
스스로 나타나기를 구하면서 묻혀서 일하는 사람이 없나니 이 일을 행하려 하거든 자신을 세상에 나타내소서 하니 이는 그 형제들이라도 예수를 믿지 아니함이러라 (요7:2-5)

그 형제들이 보기에 예수는 그저 세상에 자기를 드러내고 유명해지고자 애를 쓰는 사람에 지나지 않았습니다. 이는 육체, 혈연, 겉사람적인 가까움이 내적이고 진리적이며 생명적인 가까움과는 다르다는 것을 잘 보여주는 것입니다.

영접하는 자 곧 그 이름을 믿는 자들에게는 하나님의 자녀가 되는 권세를 주셨으니 이는 혈통으로나 육정으로나 사람의 뜻으로 나지 아니하고 오직 하나님께로서 난 자들이니라 (요1:12,13)

예수께서 말씀을 전하실 때 그의 가족들이 와서 찾았던 때가 있었습니다. 무리가 예수께 그의 가족들이 왔다고 전하자 주님은 말씀하셨습니다.

**대답하시되 누가 내 모친이며 동생들이냐 하시고 둘러앉은 자들을 둘러보시며 가라사대 내 모친과 내 동생들을 보라
누구든지 하나님의 뜻대로 하는 자는 내 형제요 자매요 모친이니라 (막 3:33-35)**

이것은 혈연적인 가까움과 영적인 가까움은 전혀 다른 것임을 보여주는 말씀이며 주님을 사랑하고 주님의 뜻을 추구할 때에 진정한 천국의 가족이 될 수 있음을 말씀하시는 것입니다.

마르다는 가까이에서 주님을 섬길 수 있었습니다. 그러나 그는 주님을 사랑하며 주님을 위하려고 하기는 했지만 주님을 알지 못했습니다. 주님의 마음이 어떠했는지 알지 못했습니다. 그는 주님과 몸으로는 가까이 있으면서도 그녀의 마음은 짜증과 원망으로 가득 차 있었습니다. 자기는 주님을 대접하기 위해서 주방에서 열심히 음식을 만드느라고 고생하고 있는 데 마리아는 꼼짝도 하지 않고 주님 앞에서 놀기만 한다고 주님께 호소했습니다.

마르다는 준비하는 일이 많아 마음이 분주한지라 예수께 나아가 가로되 주여 내 동생이 나 혼자 일하게 두는 것을 생각지 아니하시나이까 저를 명하사 나를 도와주라 하소서
주께서 대답하여 가라사대 마르다야 마르다야 네가 많은 일로 염려하고 근심하나 그러나 몇 가지만 하든지 혹 한 가지만이라도 족하니라 마리아는 이 좋은 편을 택하였으니 빼앗기지 아니하리라 하시니라 (눅10:40-42)

이 대답은 마르다에게 충격이 되었을 것입니다. 마르다는 당연히 자신이 옳다고 생각했으며 마리아가 이기적이고 얌체와 같다고 생각했습니다. 그러므로 주님께 그렇게 부탁할 때 주님은 자기의 편을 들어주실 것이라고 생각했던 것입니다.
그러나 주님은 명백하게 마리아의 편을 들어주셨습니다. 그리고 음식을 맛있게 많이 하는 것이 중요한 것이 아니며 그러한 일로 마음이 분주해져서는 안 된다고 말씀하셨습니다. 그리고 마리아의 선택은 바른 것이라고 분명히 말씀하신 것입니다.

마르다는 주님의 곁에 가까이 있었지만 주님의 마음을 깨닫지 못했습니다. 그분은 천국에 계시다가 몸이 허약해지셔서 몸보신을 하시려고 이 땅에 오신 분은 아니었습니다.
주님은 빛과 진리와 생명을 주시기 위해서 이 땅에 오신 것입니다. 그러므로 주님을 가장 기쁘게 하는 것은 주님께 맛있는 것을 대접하는 것이 아니고 주님의 말씀을 귀기울여 들으며 그에 대해서 반응하고 순종하는 것이었습니다. 그러나 마르다는 너무 바깥의 일에 치우쳐서 그것을 미처 깨달을 여유가 없었던 것입니다.

나는 오래 전에 어떤 목회자들의 모임에 갔던 적이 있었습니다. 그런 모임에 가 본적이 없었기 때문에 나는 목회자들이 모여서 열심히 주님을 나눌 것이라고 생각했습니다.

그러나 나는 그 모임에서 주님과 관계된 것은 전혀 나누는 것을 보지 못했습니다. 모든 화제와 관심은 먹는 것과 몸보신에 대한 것, 세상사에 대한 이야기들이었습니다. 점심을 먹기 위해서 유명한 곳에 왕복 대여섯 시간을 들여서 가게 되었고 모든 화제와 관심에서 주님은 전혀 끼어 들 자리가 없었습니다.

나는 다시는 그 모임에 가지 않았습니다. 그리고 비슷한 경험을 몇 번 더 한 다음에는 사역자들과의 만남을 꺼리게 되었습니다. 나는 나의 경험이 특별한 것이었기를 원합니다.
사역을 하는 것과 주님을 추구하는 것은 같지 않은 것입니다. 성직을 직업으로 가지는 것과 주님을 가까이 하는 것은 같지 않을 수 있습니다.
몸으로 주님과 가까이 있는 것과 그 영, 마음의 중심으로 주님과 가까이 있는 것은 다른 것입니다.

오늘날 교회는 많습니다. 집회도 많고 사역도 많습니다. 그러나 주님의 임재는? 주님의 생명은 풍성하게 흘러 넘치는지요? 나는 풍성한 것은 외면뿐이며 그 내면은 너무나도 가난하고 비참한 상태라고 느낍니다.
주님은 감추어진 분이십니다. 그의 외면은 널리 알려져 있으나 그의 마음과 내면은 감추어져 있습니다. 천국은 감추어져 있습니다. 보화는 아직도 밭에 숨겨져 있습니다.
몸은 주님의 가까이에 있으나 그 영, 그 마음의 중심은 주님에게서 먼 것.. 그것은 결코 성경 속의 이야기가 아닙니다. 오늘날 주님은 교회에서, 성도들 사이에서 너무나 고독한 분이십니다. 라오디게아 교회에서 주님은 문을 열라고 말씀하시고 계십니다.

볼지어다 내가 문 밖에 서서 기다리노니 누구든지 내 음성을 듣고 문을 열면 내가 그에게로 들어가 그로 더불어 먹고 그는 나로 더불어 먹으리라 (계 3:20)

라오디게아 교회는 마지막 세대의 교회, 즉 이 시대의 교회입니다. 모든 것이 풍성하고 지식도 많지만 교회의 주인되시는 주님이 교회의 바깥에 쫓겨나셔서 문을 열어달라고 부탁하시며 그 친밀한 사랑의 교제를 요구하시는 안타까운 상태 - 그것이 이 시대 교회의 보편적인 모습인 것입니다.

천국은 모든 사람들의 눈에 드러나게 나타나는 것이 아닙니다.
그것은 숨겨져 있습니다.
주님은 천국의 보화이시며 바로 천국이십니다.
그분은 고독하시며 숨겨져 있습니다.
그러나 누구든지 그 심령의 문을 열고 주님을 구하며
그를 사모하고 그분께 대답한다면
그는 천국의 보화를 얻게 될 것입니다.
주님을 얻게 될 것입니다.
그리고 이 세상에 감추어진 보화의 맛을
경험하고 누리고 알게 될 것입니다.

5장 천국은 내적인 세계이다

주님이 이 땅에 거하시고 사역을 하시는 동안 많은 이들이 주님을 만났습니다. 그의 주변에는 그의 능력과 신기한 메시지에 매료된 군중들이 항상 따라다녔습니다. 그러나 그들 중에 주님을 진정 만나고 주님을 알게 된 이들은 많지 않았습니다. 그들은 그들의 중심으로 주님을 접한 것이 아니라 단지 몸으로 주님을 접했을 뿐이었습니다.

많은 이들이 주님의 가까운 곳에 있었습니다. 주님과 대화를 나누고 그의 가르침을 받았으며 자신이 주님과 아주 가깝다고 여겼습니다. 그러나 주님은 이들에 대해서 자주 경고하셨습니다.

혹이 여짜오되 주여 구원을 얻는 자가 적으니이까 저희에게 이르시되 좁은 문으로 들어가기를 힘쓰라 내가 너희에게 이르노니 들어가기를 구하여도 못하는 자가 많으리라 집주인이 일어나 문을 한번 닫은 후에 너희가 밖에 서서 문을 두드리며 주여 열어 주소서 하면 저가 대답하여 가로되 나는 너희가 어디로서 온 자인지 알지 못하노라 하리니
그때에 너희가 말하되 우리는 주 앞에서 먹고 마셨으며 주는 또한 우리 길거리에서 가르치셨나이다 하나 저가 너희에게 일러 가로되 나는 너희가 어디로서 왔는지 알지 못하노라 행악하는 모든 자들아 나를 떠나가라 하리라 (눅 13:23-27)

이것은 무서운 경고입니다. 마지막 날, 심판 날에 주님께서는 분명히 어떤 이들에게는 그들을 알지 못한다고 말씀하신다는 것입니다. 그 때 이 말씀은 듣는 이들에게 충격적인 말씀이 될 것입니다. 왜냐하면 그들은 자신은 주님을 잘 안다고 생각하는 자들이었기 때문입니다. 그들은 항변합니다. 주님.. 그럴 리가 없다고. 우리는 주님을 잘 알고 있으며 길거리

에서 주님을 뵌 적이 있고 가르침을 받은 적이 있다고. 그러나 주님은 거듭 말씀하십니다. 나는 너희를 모른다고..

어떻게 된 일일까요? 그들이 주님을 본 적이 있으며 거리에서 가르침을 받았다는 말은 거짓일까요? 아닙니다. 그렇지는 않을 것입니다. 다만 그들의 접촉은 내면적이고 영적인 것이 아니었습니다.

그들은 다만 겉으로 육체적으로 물질적으로 가까웠을 뿐입니다. 마음을 가까이 나누는 것과 몸이 가까운 것과는 엄청나게 다른 것이며 그것은 곧 영원한 운명을 바꾸어놓을 수 있는 것입니다.

마태복음 7장에는 이보다 좀 더 심각한 경고의 메시지가 등장합니다.

나더러 이르되 주여 주여 하는 자마다 천국에 다 들어갈 것이 아니요 다만 하늘에 계신 내 아버지의 뜻대로 행하는 자라야 들어가리라
그 날에 많은 사람이 나더러 이르되 주여 주여 우리가 주의 이름으로 선지자 노릇하며 주의 이름으로 귀신을 쫓아내며 주의 이름으로 많은 권능을 행치 아니하였나이까 하리니
그 때에 내가 저희에게 밝히 말하되 내가 너희를 도무지 알지 못하니 불법을 행하는 자들아 내게서 떠나가라 하리라 (마7:21-23)

이것은 좀 더 심각한 메시지입니다. 길거리에서 주님의 가르침을 받았다는 이들도 주님이 모르신다고 하셨을 뿐만 아니라 여기에서는 주님의 이름으로 사역을 하며 능력을 행사하는 이들까지도 주님이 알지 못한다고 하셨기 때문입니다.

여기서 '주여.. 주여.. 우리가 주의 이름으로..' 하고 말하는 것은 기가 막혀서 항변하는 것입니다. 즉 그들은 한번도 자기들이 거짓 선지자이며 다른 영으로 행한다고 생각하지 않았던 자들입니다. 자기들은 어디까지나 신실한 주님의 종이며 자신들에게서 나타나는 능력은 오직 주님으로부터 왔다고 믿고 있었던 자들이었습니다. 그러나 주님께서 그들을 도무지 알지 못하며 그들이 불법을 행하고 있다고 선고하실 때 그들은 얼마

나 충격을 받을까요? 영적인 은사나 능력에 대해서 닫혀있거나 경험이 없는 사역자들은 자신들의 부족한 영성에 대해서 합리화하고 능력적인 사역에 대해서 공격하는 근거로 이 말씀을 많이 사용하곤 했습니다.

그러나 이 메시지는 모든 능력이 다 잘못되었다고 하는 것이 아닙니다. 다만 겉으로는 그럴 듯하게 보여도 주님이 인정하시지 않는 능력과 역사가 있다는 것입니다.

자, 과연 주님께서 그렇게 자신을 시인하는 이들을 부인하시는 이유는 무엇일까요? 주님은 분명히 자신을 인정하고 영접하고 시인하는 자들을 받아주실 것이라고 여러 번 말씀하셨는데 여기서는 왜 이리 강경하게 말씀하시는 것일까요? 이 메시지의 앞 부분에 가면 우리는 그 단서를 찾을 수 있게 됩니다.

거짓 선지자들을 삼가라 양의 옷을 입고 너희에게 나아오나 속에는 노략질하는 이리라 그의 열매로 그들을 알지니 가시나무에서 포도를, 또는 엉겅퀴에서 무화과를 따겠느냐
이와 같이 좋은 나무마다 아름다운 열매를 맺고 못된 나무가 나쁜 열매를 맺나니 좋은 나무가 나쁜 열매를 맺을 수 없고 못된 나무가 아름다운 열매를 맺을 수 없느니라 아름다운 열매를 맺지 아니하는 나무마다 찍혀 불에 던지우느니라 이러므로 그의 열매로 그들을 알리라 (마7:15-20)

앞의 메시지는 혹독한 느낌을 주지만 우리는 이 말씀에서 그 엄한 메시지의 의미를 분명하게 이해할 수 있습니다. 자신은 주님을 잘 안다고 생각했지만 주님이 인정하지 않은 이들은 분명한 하나의 특성을 가지고 있었습니다. 그것은 그들의 삶 속에 아름답고 풍성한 열매를 가지고 있지 않다는 사실이었습니다. 그러므로 주님께서는 그들을 양의 옷을 입고 있는 이리라고 묘사하셨던 것입니다.

그들은 양의 옷을 입고 있었습니다. 즉 바깥으로 보기에는 그들은 괜찮은 성도같이 보였습니다. 그러나 그들의 내면, 그 중심의 가치관이나 인격이나 삶을 보게 되면 거기에서는 주님께 속한 사람의 열매가 나타나지 않았습니다. 바깥을 꾸미고 가꾸는 것은 어느 정도 노력하면 가능한 일입니다. 그러나 그 속을 변화시키는 것은 오직 주님, 그분의 생명이 그 안에서 역사하셔야 가능한 일입니다. 즉 그들은 주님을 외적으로는 알았으나 그들의 중심, 내면은 주님의 지배하심 속에 있지 않았던 것입니다.

주님께서 부인하시던 이들의 특성은 철저하게 외형적인 스타일의 신앙생활을 하던 이들이었습니다. 그들의 관심은 바깥에 속한 것에 있었습니다. 그들은 길거리에서 주님의 메시지를 들었습니다. 그것으로 주님과 충분히 가깝다고 생각했습니다. 그들은 많은 능력과 사역을 이루었습니다. 그리고 그것으로 충분히 주님을 안다고 생각했습니다.

마르다는 주님을 위해서 열심히 움직이며 음식을 만드느라고 분주했습니다. 그리고 자신은 주님을 아주 많이 사랑한다고 생각했으며 주님이 자신의 마음을 알아주고 자신의 편을 들어줄 것으로 생각했습니다. 이처럼 가까이 있으나 주님을 잘 알지 못했던 이들의 특성은 바깥에 속한 것, 행위에 속한 것, 일에 대한 것에 몰두하고 있는 사람이라는 특성을 가지고 있는 것입니다.

하지만 그들은 진정 주님을 알지 못하고 있었습니다. 그것은 그들의 열매, 그들의 내적인 삶이 증거하는 것이었습니다. 그들은 삶에 있어서 자유롭지 않았습니다.

마르다가 영적인 문제로 인하여 마리아에 대한 분노와 원망을 그 안에 품고 있었던 것과 같이 이러한 이들은 자신의 신앙이 좋다고 생각하지만 쉽게 분노하고 남을 정죄하고 미워합니다. 외적으로는 열심이 있지만 그의 내면의 상태는 평화롭지 않습니다. 이것은 주님을 내적으로 접촉하지 못하고 있는 이들의 특성이기도 합니다.

천국은 영의 세계입니다. 이것은 어떤 이들이 천국의 중심에 거하게 되는지, 천국의 본 백성인지를 분명하게 보여주는 중요한 원리가 됩니다.

사람은 육체와 영혼을 가지고 있습니다. 육체는 눈에 보이는 것이며 영혼은 눈에 보이지 않습니다. 이처럼 사람은 눈에 보이는 부분과 눈에 보이지 않는 부분을 동시에 가지고 있습니다. 그런데 여기에서 눈에 보이는 육체에 대응하는 것이 바로 이 세상이며 물질계입니다. 그리고 눈에 보이지 않는 세계에 대응하는 것이 바로 영계이며 천국과 지옥입니다.

천국과 영계가 눈에는 보이지 않으며 보이지 않는 마음과 영혼의 세계에 속해있다는 것은 아주 중요한 사실입니다. 그리고 바로 그 사실 때문에 천국은 이 세상과 아주 다른 것입니다.
이 물질세계는 영계와 전혀 다른 성질을 가지고 있습니다. 그것은 보이는 세계입니다. 물질 세계에서는 보이는 것이 가장 중요합니다. 사람의 마음이나 영혼의 상태나 그러한 것들은 그리 중요하지 않습니다. 그것은 육체와 물질적인 면에서만 민감하게 발달된 이들은 알 수 없는 것입니다.
영혼이 눈을 뜨고 그 기능이 발전한 사람은 다른 이들의 마음이나 영적인 상태, 숨은 동기에 대해서 쉽게 느끼고 감지합니다. 그러나 육에 속한 이들은 그것을 알 수 없습니다. 그들은 영계가 아닌 물질계에 속해있으며 영적인 것, 사람의 마음이나 내면적인 것을 느낄 수도, 파악할 수도 없기 때문입니다.

이 물질 세계에서는 물체가 단단합니다. 지나가다가 기둥이 있으면 거기에 부딪칠 것입니다. 그러나 어떤 공간에 사랑이나 미움이 있다고 해서 그것에 부딪치지는 않을 것입니다. 그것은 감정이며 어떤 파장을 형성하지만 물질과 대응하는 것은 아니기 때문입니다. 그러나 영의 세계에서는 반대입니다. 어떤 물질적인 단단한 물체가 있어도 영혼은 그것을 그냥 통과할 것입니다. 그러나 그 공간에 있는 사랑이나 기쁨이나 미움과 같은 것에는 부딪치거나 예민하게 반응할 것입니다. 왜냐하면 영계에서는 그러한 것들이 개념이 아니라 실체이기 때문입니다.

사람의 육체는 그 공간이 넓다, 좁다, 춥다, 덥다 하는 것을 분별할 것입니다. 그러나 영혼은 그 공간에 있는 기운을 느낍니다. 사랑의 분위기와 즐거움의 분위기를 느끼고 행복해하여 증오와 미움이 있는 공간에서는 얼어붙고 고통스럽게 느낍니다.

그러므로 겉사람만이 발달한 사람은 그러한 내적인 감동이나 느낌에 대해서 둔하게 됩니다. 그러나 내면이 발달하고 영혼의 감각이 발달한 사람은 거기에 대해서 민감하게 반응하게 됩니다.

육체의 감각만이 발달한 이들은 내적인 변화를 경험할 수 없으며 삶과 인격이 발달할 수 없으며 그러므로 아름다운 열매를 맺을 수 없습니다. 그들은 오직 외적인 것에 대해서 사모하고 굶주려 있으며 내적인 사랑과 평화와 만족에 대해서는 별로 굶주리지 않으며 느끼지 못하며 따라서 사모하지도 않기 때문입니다.

육체의 감각만이 발달한 외적인 사람들은 어떤 교회를 보면 그 교회에 사람이 몇 명이 모이느냐고 묻습니다. 교회 건물은 얼마나 크냐고 묻습니다. 교회의 일년 예산은 어느 정도 되는지 알고 싶어합니다. 그것은 그들이 보았을 때의 성공의 기준입니다.

그들은 그 교회의 구성원들의 삶이 어떤지 알고 싶어하지 않습니다. 그들이 얼마나 주님을 알고 있으며 사랑하고 있으며 변화되었는지에 대해서 그다지 관심을 가지고 있지 않습니다. 그들은 바깥이 발달되었으며 내면의 감각은 거의 발달되지 않았기 때문입니다.

그들은 자신의 신앙을 소개할 때 어느 신학교를 나왔으며 어디에서 무슨 훈련을 받았으며 몇 대째 믿는 신앙의 집이라고 이야기하는 것을 좋아합니다. 왜냐하면 내면의 가치나 변화에 대해서는 별로 인식하지 못하기 때문입니다. 그들은 사람의 마음이나 내적 상태나 동기에 대해서 알지 못합니다. 그들은 전도를 몇 명했다고 자랑하는 것을 좋아합니다. 어떤 사역을 했으며 어디에 선교 여행을 다녀왔다고 말하기를 좋아합니다. 아니면 유명한 어떤 영성인의 책을 보았다고 자랑합니다.

이러한 외적인 관심들은 물질계에서는 어느 정도 가치가 있고 의미가 있는 일입니다. 그러나 영계는 전혀 다른 각도, 오직 내면의 상태와 수준이 의미가 있다는 것을 이해해야 합니다.

그러한 바깥의 일들에 대해서 자랑하고 긍지를 가지고 있는 이들은 내면의 변화를 잘 경험하기가 어렵습니다. 그리고 언젠가 주님 앞에 섰을 때에 '주님. 제가 주를 위해서 온갖 일을 하고.. 온갖 희생을 하고.. 헌신을 하고..' 그렇게 이야기해도 주님으로부터 전혀 예상하지 못했던 의외의 대답을 들을 수도 있는 것입니다.

물질세계는 숫자나 크기가 중요합니다. 그래서 사람들은 크기를 늘리고 숫자를 늘리려고 아주 애를 많이 씁니다. 그러나 영계는 물질계와 달라서 그 성질이 중요하며 크기나 숫자가 많다고 해서 인정을 받는 세계가 아닙니다. 물질계는 한계를 가지고 있습니다. 땅덩어리가 좁습니다. 그러므로 사람들은 넓은 집에 살고 싶어합니다.

그러나 영계는 무한한 곳이기 때문에 크다는 것이 의미가 없습니다. 어떤 이들은 주를 위해서 일을 많이 하면 천국에서 아주 큰집에 살게 된다고 믿고 있는데 그것은 그들의 의식이 물질의 차원에 머물러 있기 때문에 천국에 대해서도 여전히 물질적인 관점으로 생각하고 있기 때문입니다.

영계는 그 무엇보다도 마음, 내적인 상태가 중요합니다. 그 마음의 동기가 중요한 것입니다. 예를 들어서 똑같이 헌금을 만원을 드렸다고 합시다. 그 드리는 마음의 동기와 순수함과 사랑의 상태에 따라서 그것은 엄청난 차이가 있는 것입니다. 똑같이 사람에게 무엇을 대접하거나 봉사를 한다고 할 때도 그 중심의 동기에 따라서 그 의미가 엄청나게 달라질 것입니다. 예를 들어서 사람의 인정을 받고 싶어서 봉사를 할 수도 있습니다. 하기는 싫지만 나쁜 평가를 받을까봐 할 수도 있습니다. 기쁨으로 할 수도 있습니다. 그 기쁨의 정도나 수준도 엄청난 차이가 있을 것입니다. 주님의 감동에 순종함으로 할 수도 있습니다.

아무튼 동일한 행위라고 하더라도 그 마음의 상태에 따라 그것은 상급에 있어서 수천 수만 배의 차이가 있는 것입니다. 분명한 것은 외적인 행위가 아니고 그 심령의 동기입니다. 그것이 영계에서 가치 있게 여겨지는 것입니다. 그것이 영계의 성질이기 때문입니다.

외적인 사람들은 그저 주일에 교회에 가서 길다란 의자에 앉아 있다가 집으로 오면 '주일 성수했다' 고 생각합니다. 헌금을 많이 하고 전도를 많이 하고 봉사를 많이 했으면 '상급을 많이 받을 거야' 하고 생각합니다. 날마다 많은 시간 기도를 드리면 '나는 영적인 사람이야' 하고 생각합니다.

하지만 그것보다 더 중요하고 본질적인 것은 그런 외적인 것이 아니라 내적인 변화입니다. 그의 안에서 그의 마음과 심령 속에서 일어나는 생각, 느낌, 감정, 가치관.. 들이 어떻게 변화되었으며 어떻게 천국의 열매와 주님의 열매를 가지고 있는가.. 바로 그것이 그 사람이 주님과 천국과 관련되어 있는 것을 보여주는 확실한 증거인 것입니다.

주님께 인정받지 못한 이들은 외적인 열심을 가지고 있는 이들이었습니다. 그러나 그들의 중심 동기는 바르지 않았습니다. 그들은 여전히 자신이 인생의 주인이었고 자기 중심적인 열정을 가지고 있었을 뿐입니다. 그리고 그러한 것들이 이 땅에서는 드러나지 않았지만 주님 앞에서는 드러날 수밖에 없었습니다.

이런 예화를 들은 적이 있습니다. 어떤 창기와 목사가 바로 길 건너의 집에서 살고 있었습니다. 그들이 죽어서 영계로 갔는데 이상하게도 창기는 천국에 가고 목사는 지옥에 갔습니다.

그들에게 천사가 이유를 설명했습니다. 창기는 밤마다 악한 행동을 했지만 항상 건너편 목사님의 집에서 들려오는 찬송 소리와 기도 소리에 귀를 기울이고 있었습니다. 그리고 언제나 나는 이 악한 생활에서 벗어나 저렇게 거룩한 삶을 살 수 있을까.. 하고 생각하며 살았다는 것입니다. 반면에 목사는 몸은 거룩한 예배를 드리고 있었으나 건너편 창기의 집을 바라보면서 저렇게 쾌락을 즐기니 얼마나 좋을까 하고 부러워하였다는 것입니다. 그리하여 그들의 마음의 상태에 따라 자신들이 원하는 곳에 가게 되었다는 이야기였지요.

물론 이 이야기는 우화일 뿐입니다. 그러므로 이러한 이야기가 사실이라고 여길 수는 없겠지요. 믿음에는 행동이 따르는 것이기 때문에 단순하게 마음 속에 사모함만을 가지고 있다고 해서 천국이 예약되는 것은 아닐 것입니다. 그러나 그럼에도 불구하고 이 이야기는 하나의 메시지를 전해줍니다. 그것은 영계는 사람의 외적 행위 못지 않게 그 중심의 동기가 드러나는 곳이라는 사실입니다.

그러므로 때가 이르기 전 곧 주께서 오시기까지 아무 것도 판단치 말라 그가 어두움에 감추인 것들을 드러내고 마음의 뜻을 나타내시리니 그때에 각 사람에게 하나님께로부터 칭찬이 있으리라 (고전4:5)

그렇습니다. 영계는 그 마음의 중심이 드러나는 곳입니다. 우리가 주님 앞에 이르게 될 때 주님께서는 우리의 중심이 어떠한지 밝히 말씀하시고 나타내실 것입니다. 그 외적 행위가 아닌 그 중심의 동기와 상태에 따라 우리에게 칭찬과 평가를 내리실 것입니다.

그 때 우리는 우리와 사람들의 상태가 세상에서 알고 있는 것과 많이 다른 것을 알고 놀라게 될 것입니다. 이 물질계의 세상에서는 외형이 중요하지만 영계에서는 마음과 심령의 상태가 무엇보다 더 중요합니다. 바깥의 명성과 지위와 재능보다 그 중심의 동기와 상태가 중요합니다. 그렇기 때문에 이 땅에서의 평가와 영원한 곳에서의 평가는 전혀 다른 것입니다.

주님은 한 마리의 방황하는 양을 찾아 헤매는 목자에 대한 비유를 말씀하십니다. 양 아흔 아홉 마리를 내버려두고 한 마리를 찾아 헤매는 목자 - 그것은 효율성과는 거리가 먼 것입니다. 그것은 사랑에서 나온 것입니다. 영계는 숫자의 우월성보다 능률보다 그 중심의 동기가 더 중요하게 여겨지는 곳입니다. 우리의 신앙생활의 초점이 외형적인 부분에 대하여 맞추어져 있다면 우리의 영혼은 그리 안전하지 않습니다. 천국은 내적인 세계와 대응하는 곳이기 때문입니다.

사람들이 우리의 신앙을 인정한다고 하더라도 그것이 영원한 안전을 보장하는 것은 아닙니다. 마음의 중심은 오직 주님이 아시기 때문입니다. 그러므로 사람들의 평가로도 안심할 수 없습니다.

우리가 사역자라고 하더라도 우리의 영혼이 안전한 것은 아닙니다. 바리새인이나 서기관들도 사역자였기 때문입니다. 그러나 주님은 그들을 인정하지 않으셨습니다. 그러므로 지위로도 안심할 수 없습니다.

우리가 주를 위하여 아주 열심히 움직이고 일한다고 해서 우리의 영혼이 안전한 것은 아닙니다. 자신이 주를 위하여 열심히 일한다고 믿었지만 주님께서 인정하지 않은 예를 성경은 말씀하고 있습니다.

그러므로 외적인 열심으로도 안심할 수 없는 것입니다.

우리가 아주 많은 헌금을 드렸다고 해서 그것이 우리 영혼의 안전을 보장하는 것은 아닙니다. 오직 주님은 그 내적 동기를 보시기 때문입니다. 행위도 경력도 안전한 것이 아닙니다.

우리가 유명한 사역자이며 성공적이라고 알려지고 세계적인 명성을 가졌다고 하더라도 그것 역시 우리 영혼의 안전함을 보장하는 것은 아닙니다. 그것은 주님만이 아시는 것이기 때문이며 세상의 평가와 영원한 곳의 평가는 다를 수 있기 때문입니다. 많은 경우 주님이 좋아하시지 않는 것을 사람들은 좋아할 수 있습니다. 명성도 안심할 수 없는 것입니다.

당신의 삶 속에 내적인 변화가 없다면, 당신의 성품 속에 내적인 변화가 없다면 당신은 안심할 수 없습니다. 능력을 많이 받은 사람이라도 안심할 수는 없습니다.

마태복음 7장의 경고를 보면 그들도 능력 있는 것으로 알려진 사람들이었습니다. 그러나 그들의 내면에는 변화가 없었습니다. 혈연으로도 안심할 수 없습니다. 엘리 제사장의 아들은 그 아버지의 상태와 거리가 멀었습니다. 모세의 아들도 여호수아의 아들도 사무엘의 아들도, 아니 대부분의 영성적인 사람의 자녀가 아버지의 영적인 줄기를 계승하는 경우는 거의 없었습니다. 주님의 형제들도 주님과 혈연적으로 가까웠지만 영적으로는 아주 멀었습니다.

나는 그런 이들 많이 보았습니다. 유명한 영적인 책들을 읽었고, 무슨 훈련을 받았고, 어디서 무엇을 떼었다고 말하는 이들.. 그러나 중요한 것은 그러한 외적인 경험이나 경력이 아닙니다. 제자 훈련을 받고 가정 훈련을 받고 아버지 훈련을 받고 상처의 치유를 받고 전도훈련을 받고.. 중요한 것은 그러한 것들 자체가 아닙니다.
중요한 것은 그가 과연 내적인 변화를 가지고 있는가? 하는 것입니다. 그의 삶은 변화되었는가요? 그의 삶은 주님이 통치하고 계십니까? 그는 자신이 높임 받는 것을 싫어하며 분노. 이기심 상처.. 그러한 부분에서 자유로운 가요?
중요한 것은 그러한 것입니다. 그리고 그러한 질문에 대해서 그리 긍정적이지 않다면 그는 별로 안심할 수 있는 상태가 아닙니다. 천국은 오직 내적인 변화와 내적인 나타남에 의해서 이루어지는 것이기 때문입니다.

능력도 지위도 경력도 명성도 훈련도 그 모든 것들은 외적인 것에 지나지 않는 것입니다. 오직 중요한 것은 당신이 내적으로 주님과 연합되어 있으며 주님과 같이 살고 있으며 그 결과로 주님의 열매가 당신의 삶에 나타나는가 하는 것입니다. 그것만이 영원한 곳에서 주님께서 당신을 알아주시고 인정하시는 것입니다.
당신을 괴롭히는 사람이 밉고 당신 자신 때문에 고민하고 슬퍼하며 상처받고 열을 받는다면 당신은 아직 안전한 사람이 아닙니다. 당신은 아직 주님과 먼 곳에 있습니다. 천국에서 먼 곳에 있습니다. 교회에서 당신의 장례식을 치러준다고 안심할 수는 없습니다. 천국의 주인은 오직 주님이시기 때문입니다. 때문에 그분을 영으로 아는 것, 내면으로 아는 것이 중요한 것입니다.

주님은 몸으로 아는 것이 아닙니다. 사람들은 신학교를 어디 나왔느냐? 어디서 훈련받았느냐? 하고 묻습니다. 그러나 정말 중요한 것은 그가 주님을 아느냐 하는 것입니다.

사람들은 예수님께 대하여 그가 어디서 왔느냐? 갈릴리냐? 그는 직업이 뭐냐? 어디 출신이냐? 하고 물었습니다. 그들은 주님의 내면을 볼 수 없었기 때문에 바깥에만 관심이 있었습니다. 아니, 그들은 바깥에만 관심이 있었기 때문에 주님의 내면을 볼 수 없었고 알 수 없었습니다.

교회에 얼마나 오래 다녔는가 하는 것보다는 그가 얼마큼 주를 알며 변화되었느냐가 중요합니다. 그가 얼마나 많은 시간 기도를 드리느냐 보다는 그의 내면은 얼마나 변화가 되었느냐가 중요합니다. 그것은 천국에서의 그의 위치와 영원을 결정하는 것이기 때문입니다.

하루 종일 기도하는 이들이 속이 좁고 남을 정죄하고 포용하지 못하고 항상 가르치려고 하고 잔소리하는 것을 좋아한다면 그들은 주님과 먼 곳에 있습니다.

평가의 기준은 내부의 인격, 내부의 중심 동기, 삶이라는 것을 반드시 기억해야 합니다. 바깥의 능력, 은사, 조건, 기능이 아닌 것입니다. 천국은 내적인 세계이기 때문에 외면만이 발전한 사람에게는 몹시 낯설고 이상한 세계입니다. 그들은 바깥 세계에서는 성공했지만 그들의 내면은 아주 어둡고 초라하기 때문입니다. 그러나 내면이 발전하고 내면이 눈을 뜬 사람에게는 천국은 아주 친숙한 곳입니다. 그들은 바깥 세계에서 잘 성공하지 못하며 초라하기까지 하지만 그들의 내면은 아름답고 풍성한 경우가 많기 때문입니다.

어떤 유명한 사역자가 기도 중에 천국에 가게 되었습니다. 그런데 그는 천국에 가서 깜짝 놀랐습니다. 그의 상급이 거의 없었으며 그의 집은 아주 초라했던 것입니다. 기도에서 깨어나자 그는 거의 전 재산에 가까운 수십 억의 재산을 교회에 기증했다고 합니다. 그만큼 그 사건은 그에게 충격이 되었던 것입니다.
하지만 어떤 면에서 보면 그의 각성은 본질적인 것이 아닌지도 모릅니다. 중요한 것은 삶이며 가치관이며 주님을 아는 것이지 단순히 전 재산을 주님께 바친다고 해서 그의 영혼과 의식이 순식간에 바뀌어지는 것은 아니니까요. 천국에 들어가는 것은 우리의 돈과 행위가 아니며 우리 자신의 인격이며 영혼이기 때문입니다.

천계는 영계에 속한 곳이며 사람의 마음, 영혼과 대응하는 곳입니다. 그러므로 천국에 들어가기 위해서, 천국을 경험하기 위해서는 물질적이고 외적인 상태보다 그 마음의 동기와 중심이 바뀌는 것이 무엇보다 더 중요합니다.
나사로와 같이 살았던 부자, 거짓 선지자로 평가받았던 이들이 그렇게 충격을 받았던 것은 그들의 사고, 의식이 너무나 외형적이고 물질적으로 구성되어 있었기 때문입니다. 그들은 물질적인 사고로 가득 차 있어서 내적이고 마음의 중심에 대한 부분에 대해서는 거의 발전되지 않았기 때문입니다.

물질적인 세상의 가치관으로 가득한 이들은 천국을 경험하고 누리는 것이 아주 어려울 것입니다. 천국은 그들에게 가장 충격적인 장소가 될 것입니다. 내면이 발달되지 않을 때 사람은 오직 겉사람의 욕망으로 살게 됩니다. 그들은 바깥의 욕망에 충실하며 사람의 마음, 내면을 이해할 수 없습니다. 이러한 이들은 바깥의 일에 대해서 유능하지만 사람의 마음에 대해서 알지 못합니다. 그들은 같이 몇 십 년을 살아도 사람의 마음을 알지 못합니다. 그것을 느낄 수 있는 기능이 없기 때문입니다.

그들은 마음의 평화를 얻고 기쁨을 얻는 것보다 환경을 바꾸기 위해서 노력합니다. 그들의 영혼은 감각이 마비되어 있어서 분노와 시기와 질투와 각종 악으로 가득 차 있어도 그것을 느끼지 못합니다. 다만 물질적인 가난이나 여러 문제들이 그들을 괴롭힐 뿐입니다.
내면이 발달되지 않아서 바깥 중심으로 사는 이들은 너무나 가난하고 비참한 사람입니다. 그것은 이 마지막 시대의 교회인 라오디게아 교회의 특징이기도 합니다.

네가 말하기를 나는 부자라 부요하여 부족한 것이 없다 하나 네 곤고한 것과 가련한 것과 가난한 것과 눈먼 것과 벌거벗은 것을 알지 못하도다
내가 너를 권하노니 내게서 불로 연단한 금을 사서 부요하게 하고 흰 옷을 사서 입어 벌거벗은 수치를 보이지 않게 하고 안약을 사서 눈에 발라 보게 하라 (계3:17,18)

오직 의식이 바깥의 환경에 집중되어 있어서 바깥의 환경을 통하여 기뻐하고 슬퍼하고 만족하며 괴로워하는 이들은 몹시 비참한 이들입니다. 그들은 자신의 내적인 상태, 영원한 상태를 알지 못하므로 세상의 허무한 만족에 빠져서 즐거워하거나 그러한 만족만을 구하기 때문입니다.
이러한 이들에게 있어서 가장 필요한 것은 영혼의 눈이 떠지는 것입니다. 그리하여 자신의 비참한 영적 상태를 알게 되는 것입니다. 왜냐하면 그 때에 비로소 간절하게 변화와 생명을 사모하고 구하게 되며 주님의 영이 임하실 수 있기 때문입니다.
영계는 내적인 상태와 대응하는 곳입니다. 천국은 내적인 아름다움과 대응하는 곳입니다. 내면이 발전하고 내면을 사모하며 일시적이 아닌 영원한 것들의 가치를 알고 추구하는 이들이 천계의 영광에 접할 수 있습니다.
우리는 천국의 실상을 맛보고 경험하기 위해서 천국의 영광에 들어가기 위해서 내적인 부분을 추구해야 합니다. 발전시켜야 합니다. 우리의 내

면이 천국이 임하는 공간이 될 수 있도록 내면을 아름답게 해야 하며 발전시켜야 합니다. 우리는 더 이상 주님을 육체로 알아서는 안 됩니다. 더 이상 외적인 가까움으로 만족해서는 안 됩니다. 단순히 기도하고 단순히 찬양하고 단순히 예배를 드리는 것으로 만족을 해서는 안 되며 좀 더 실제적이고 내면적인 만남과 접촉을 사모해야 합니다.

아직 내면적인 주님을 알지 못한다면 그는 아직 천국을 잘 모르는 것입니다. 그는 아직 별로 변화와 기쁨과 해방을 잘 모를 것입니다. 그는 진정한 만족에 대해서 아직 잘 모를 것입니다.

천국은 내면의 세계입니다. 우리는 그 세계를 사모해야 합니다. 우리의 의식이 점점 더 내면화될 때 우리는 그 영계의 실제를 경험하게 될 것입니다. 천국은 사모하는 자에게 열려있는 아름다운 세계입니다. 그 세계를 맛보고 알아갈수록 우리는 진정 천국에 속한 아름다운 사람이 되어갈 것입니다.

6장 외적인 의식과 내부 의식

천국은 내면의 세계입니다. 그것은 눈에 보이고 느껴지고 만져지는 세계가 아닙니다. 천국은 하늘에 있다고 흔히 알려져 있습니다. 주님도 제자들에게 기도를 가르치실 때 '하늘에 계신 우리 아버지' 라고 말씀하셨습니다. 그런데 그 하늘, 영계의 하늘과 통하는 곳이 바로 마음이며 심령입니다. 그래서 주님은 천국은 너희들의 마음 속에 있다고 말씀하셨습니다. 천국이 마음 속에 자리잡고 있다기보다는 그 마음이 천국의 문으로 통하는 것입니다.

눈에 보이는 물질 세계가 아닌 마음과 심령으로 통하는 세계가 영계이며 천국이기에 외형적인 사람들은 그 내적인 세계를 알고 누리고 경험하기가 어렵습니다. 외적인 사람들은 내면이나 본질보다는 항상 눈앞에 나타나는 현상이나 행위 등에 몰두하는 경향이 있기 때문입니다. 그러므로 그들은 천국의 실상을 기질적으로 누리기 어렵습니다.
주님께 나아가서 형과의 재산을 나누게 해달라고 요청한 사람은 외적인 사람의 특성을 잘 보여줍니다. 그는 자신의 불행이 돈 문제라고 생각했습니다. 그래서 주님이 이 문제를 해결해주실 것을 기대했습니다.
이와 같이 외면적인 사람들은 항상 문제는 환경에 있다고 생각합니다. 자기의 가치관이나 내적인 상태, 영적인 상태가 문제의 근원이라고 결코 생각하지 않습니다.
그들은 눈에 보이는 물질이나 지위, 재산, 명예.. 이러한 것들이 그의 행복과 인생의 성공을 보장해주는 것이라고 생각합니다. 이는 그들의 의식이 내면에 머물러 있지 않고 외적인 데에 머물러 있는 것을 보여줍니다.
그는 또한 자기 인생의 문제가 형 때문이라고 생각했습니다. 형의 탐욕 때문에 자신이 고통과 피해를 보고 있다고 생각했습니다. 물론 그것은 바른 생각이 아닙니다. 우리는 모두 자신의 영혼이 자신의 미래를 창조하며 끌어당기고 있기 때문입니다. 그런데 그렇게 문제가 자신이 아닌 다른 사람에게 있다고 생각하는 것이 바로 외적인 사람들의 특성입니다. 그들은 의식이 바깥을 향하고 있어서 자신의 내면을 바라볼 수 없기 때문입니다. 그래서 그들은 항상 남을 원망하거나 부러워합니다. 그리고 자신의 모습을 알지 못합니다.

마르다의 모습도 이와 같은 외면인의 특성을 잘 보여줍니다. 그녀는 우주의 왕이신 주님, 진리와 사랑의 왕이신 주님이 바로 옆에 계셨지만 주님을 누리고 맛볼 수 없었습니다. 그 메시지를 깨달을 수 없었고 즐길 수 없었습니다. 그녀는 오직 예수님께 맛있는 음식을 대접해야 한다는 일념에 사로잡혀 있었습니다. 이렇게 일과 행위에 사로잡혀 있는 것이 외적인 사람들의 중요한 특성입니다.
주님을 위하여 일을 하다가 주님을 잃어버리는 것 - 그것이 외적인 사람들의 특징이기도 합니다. 그들은 일에 빠져서 그 일로 인하여 분노와 판단과 정죄에 빠지기도 합니다. 주님의 일을 하다가 마음의 평화를 잃어버립니다.

오늘날 교회에서 어떤 행사를 치르다가 서로 미워하거나 편당이 생기거나 하는 일은 흔하게 있는 일입니다. 그것처럼 어리석은 일도 없을 것입니다. 싸우면서 일을 할 바에는 하지 않는 것이 낫습니다. 신앙이란 내적인 변화를 위한 것인데 겉의 일에 몰두해서 내적인 평화를 잃어버린다면 그것은 의미가 없는 것입니다. 설교의 내용을 가지고 서로 싸우고 판단하는 모습도 흔합니다. 그럴 바에는 설교를 듣지 않는 것이 낫습니다.
어떤 교회들은 예배의 순서 때문에 싸워서 교회가 갈라진 경우도 있고 피아노의 위치 때문에 서로 싸우다가 원수가 되어서 교회가 깨어진 경우도 있었습니다. 크리스마스 때에 음식을 누가 하느냐로 싸움이 일어나 교회가 둘로 갈라진 것도 본적이 있습니다. 그러한 일들은 외적인 사람들이 그 내적인 본질보다 외적 행위 자체에 빠져서 내면을 잃어버리기 때문에 생기는 것입니다. 이러한 사람들은 그 신앙의 패턴을 바꾸지 않는다면 평생을 신앙생활을 한다고 해도 실제적으로 주님을 경험하기 어려우며 따라서 삶의 변화, 내적인 변화, 인격적 변화를 경험하기 어려운 것입니다.

마르다는 음식을 만들다가 마리아에 대한 서운한 마음과 원망이 생기기 시작했습니다. 이렇게 일을 하다가 화를 내는 것이 외적인 사람의 특성입니다. 그들은 일을 잘 하지만 마음의 평화를 유지하지 못합니다. 가르치기는 잘 하지만 사랑하지 못합니다. 이해는 잘 하지만 포용하지 못합니다. 많은 면에서 유능하지만 그 마음 속에는 진정한 기쁨이 없습니다.

이러한 인간에 대한 원망은 대개의 경우 그것으로 끝나지 않습니다. 그러한 원망과 분노는 주님께 대한 원망과 불평으로 이어집니다.
'왜 주님은 누구만 이뻐하시는 거야? 왜 사람을 차별하시지? 왜 내게는 은혜를 베풀지 않으시는 거야? 사랑의 하나님이 그러실 수 있나?' 그런 식으로 그들의 분노는 발전해 가는 것입니다.

이들은 자신을 돌아보고 반성하기보다는 원망하고 화를 내는 것이 더 쉽습니다. 그들은 외적인 사람이라 내면을 돌아보는 것이 힘들기 때문입니다. 이렇게 외적인 이들은 은혜를 경험한다 해도 외곽의 은혜를 경험할 뿐입니다.

이들은 능력을 받을 수 있습니다. 몸에 뜨거움을 경험할 수 있습니다. 불을 받을 수도 있습니다. 예언할 수 있으며 치유의 역사를 일으킬 수 있습니다.

집회에서 쓰러지고 구를 수 있습니다. 하지만 그 모든 것이 다 외적인 것뿐입니다. 그들은 내면의 세계를 경험할 수 없습니다. 주님의 마음을 느낄 수 없습니다. 초월적인 사랑과 평화를 맛볼 수 없습니다. 그들의 그러한 체험과 불은 그리 오래 가지 않습니다.

그들은 주님으로부터 문제를 해결 받고 능력을 받기 원합니다. 하지만 주님께 사로잡히고 주님의 소유가 되기를 원하지는 않습니다. 그들은 여전히 자기가 좋아하는 것이 있고 자신의 취향이 있습니다. 그들은 주님께서 그러한 것들을 건드리기를 원치 않습니다.

그들은 주님께서 자기의 비위와 체면을 건드리기를 원하지 않습니다. 그들은 주님을 이용하기를 원할 뿐 자신을 주님께서 사용하시기를 원하는 것은 아닙니다.

외적인 사람들에게 주님은 그분의 마음을 부어주실 수 없습니다. 그는 바깥을 바라보고 있기 때문에 주님은 그의 안을 채워주실 수 없습니다. 주님이 사역하시던 당시도 오늘날과 똑 같았습니다. 많은 이들이 주님을 접촉하고 주님을 통하여 병이 낫고 주를 기뻐하였지만 다 외곽에서 주님을 만졌을 뿐이며 주님의 마음을 만지지 못했습니다. 주님의 가르치심을 진정 깨닫고 주님의 원하심을 알기 위해서 애를 쓰는 이들은 거의 없었습니다. 그들은 그저 육체로 주님을 알았습니다.

이러한 외적인 욕망은 기질적인 면이기도 합니다. 어떤 이들은 어릴 때부터 가만히 앉아있지 못하며 뛰어다니기를 좋아합니다. 또한 어떤 이들은 어릴 때부터 조용히 사색에 잠기는 것을 좋아합니다. 분명히 그러한 차이는 기질적인 것입니다.

그러나 그것은 또한 영적 성숙도에 비례하는 것이기도 합니다. 아무리 사색적인 기질의 사람이라고 하더라도 사람은 원래 날 때부터 물질적인 존재입니다. 눈에 보이는 것을 추구하고 탐하는 것이 인간입니다. 그러나 삶에서 여러 한계에 부딪치고 고통과 갈등을 통해서 차츰 바깥을 향한 의식은 자연히 내부를 향해서 가게 됩니다.

예를 들어서 돈과 명예가 최고라고 생각하고 전력을 기울여 살던 이들이 갑작스런 사고나 질병으로 사형선고를 받게 되면 그것이 하나의 계기가 되어 허무에 빠지게 되고 진정한 삶의 의미를 생각하게 되는 데 이를 통해서 영혼이 조금씩 깨어나게 되는 것입니다. 이러한 변화를 경험하게 되면 그는 점차 주를 아는 것도 외적인 측면에서 내면적인 앎으로 바뀌어가게 되는 것입니다. 아직 그 의식의 수준이 외적인 상태에 머물러 있는 이들은 주님의 마음을 알 수가 없습니다. 그들은 천국의 외곽에 머물러 있는 것이며 천국의 중심으로 나아갈 수가 없습니다.

어떤 사람이 주님께 나아와서 아주 영적으로 보이는 질문을 하였습니다. 그는 자신을 옳게 보이려고 관심도 없는 것을 질문하였습니다. 그는 왜 그랬을까요? 그것은 그가 주님의 인정을 받기를 원했기 때문입니다. 사람들의 칭찬을 받고 인정을 받고 싶었기 때문입니다.
이처럼 진정한 자신의 변화 자체보다 다른 이들의 평가에 아주 예민한 것 - 이러한 것들이 대표적인 외적인의 특성입니다. 그들은 자신의 진정한 모습이 어떤가에 대해서보다 남들이 자기를 어떻게 보아주는 가에 대해서 관심이 많은 것입니다. 그러므로 그들은 자신을 과장하고 꾸미기를 좋아합니다.
그래서 긴 옷을 입고 아주 경건하게 보이기 위해서 거룩한 목소리로 멋지게 기도하기를 원했습니다. 그리고 사람의 중심을 보시는 주님은 이들을 꾸짖으셨던 것입니다.

이에 예수께서 무리와 제자들에게 말씀하여 가라사대
서기관들과 바리새인들이 모세의 자리에 앉았으니 그러므로 무엇이든지 저희의 말하는 바는 행하고 저희의 하는 행위는 본받지 말라 저희는 말만하고 행치 아니하며 또 무거운 짐을 묶어 사람의 어깨에 지우되 자기는 이것을 한 손가락으로도 움직이려 하지 아니하여
저희 모든 행위를 사람에게 보이고자 하여 하나니 곧 그 차는 경문을 넓게 하며 옷술을 크게 하고
잔치의 상석과 회당의 상좌와 시장에서 문안받는 것과 사람에게 랍비라 칭함을 받는 것을 좋아하느니라 (마23:1-7)

모든 백성이 들을 때에 예수께서 그 제자들에게 이르시되
긴 옷을 입고 다니는 것을 원하며 시장에서 문안받는 것과 회당의 상좌와 잔치의 상석을 좋아하는 서기관들을 삼가라
저희는 과부의 가산을 삼키며 외식으로 길게 기도하니 그 받는 판결이 더욱 중하리라 하시니라 (눅20:45-47)

왜 그들은 긴 옷을 입고 다니는 것을 좋아할까요? 멋있게 보이고 영적으로 보이기 때문입니다. 왜 그들은 길게 기도하는 것을 좋아할까요? 모든 긴 기도가 다 잘못된 것은 아니겠지만 그들은 그러한 긴 기도를 통해서 자신의 신앙수준을 과시하고 싶어하기 때문입니다.

외면이 발달한 사람은 체면을 아주 중시하며 남들에게 존경을 받고 싶어합니다. 그들은 남들에게 망신을 당하는 것을 견딜 수 없어합니다. 그리하여 자신을 순수하게 그대로 보여주는 것보다 과장하여 꾸미는 것을 좋아합니다.

 그러므로 이러한 상태의 사람들은 사람들에게는 인정을 받을지 모르나 주님의 마음을 얻을 수는 없는 것입니다. 왜냐하면 주님은 사람의 중심을 보시기 때문입니다.

영적으로 아직 어릴 때 사람의 관심은 오직 바깥의 환경에 있습니다. 그래서 그는 환경의 문제를 해결하기 위해서 이리 뛰고 저리 뜁니다. 그는 바깥의 문을 닫음을 통해서 그의 내면을 열으시려는 주님의 섭리와 의도를 이해하지 못합니다. 그러므로 그는 많이 기도하고 많이 찬송을 하고 많이 예배를 드리나 천국의 외곽에서 저 멀리 주님을 느낄 수 있을 뿐입니다.

그러나 그가 좀 더 환란과 어두움을 통과하고 눈이 열리게 되면 그는 점차 내적인 것의 가치와 의미를 깨닫게 될 것입니다.

그리하여 차츰 천국의 중심에 무엇이 있는지 느끼고 경험하게 될 것입니다.

내면의 세계가 열릴수록 발전할수록 그는 천국의 빛을 경험하게 됩니다. 그는 주님을 외부로 아는 데에 머물지 않고 주님의 내부, 주님의 마음으로 나아가고 싶어합니다.

부디 이 사실을 선명하게 당신의 기억 속에 넣어두십시오. 의식이 바깥을 향하고 있는 이들은 천국의 실제를 맛볼 수 없으며 주님을 실제로 알 수 없습니다. 그러나 점차로 그 내면 세계의 가치를 이해하고 알게 될 때 그에게는 천국의 실제가 열리게 됩니다.
그러므로 주님께서는 외적인 이들을 변화시키기 위하여 자주 그 외적인 문을 닫으십니다. 환경의 문을 닫으십니다. 그리하여 앞으로도 옆으로도 아무런 길이 보이지 않는 곳에 거하도록 인도하십니다.
그것은 그가 더 이상 바깥의 문을 열고 바깥의 세계에서 뛰어다니지 않고 내면의 문을 열며 내면의 세계에 들어갈 수 있도록 주님께서 배려하시기 때문입니다.
외적인 이들은 그러한 날이 올 때 오직 조용히 주님 앞에 엎드려 있어야 하며 바깥으로 해결을 위해서 움직여서는 안 됩니다. 그래야만 그에게 새로운 세계가 열리기 시작하기 때문입니다.

부디 당신의 내면을 발전시키십시오.
바깥의 어두운 곳에 머물러 있지 마십시오.
눈에 보이는 것보다 보이지 않는 영원한 실제에
당신의 의식을 두십시오.
점점 외부가 닫혀지고
내면의 시야가 열리게 될수록
주님은 당신에게 가까이 임하실 것이며
당신은 그 영광을 경험할 수 있게 될 것입니다.
당신은 새로운 세계
천국의 중심세계를 맛볼 수 있게 될 것입니다.

7장 육체의식과 영혼의식

외부를 향하는 의식과 내부를 향하는 의식은 육체의식과 영혼의식으로 표현할 수도 있습니다. 즉 육체의식, 육에서 나오는 의식은 자연히 외부로 향하게 되고 영혼의식, 영혼에서 나오는 의식은 내면 세계, 내부의 세계를 향하게 되는 것이지요.

여호와 하나님께서 흙으로 사람을 지으시고 생기를 그 코에 불어넣으시니 사람이 생령이 된지라 (창2:7)

하나님께서는 사람을 흙과 생기로 지으셨습니다. 흙은 보이는 부분이며 생기는 보이지 않는 부분입니다. 흙은 육체가 되었고 생기는 영혼이 되었습니다. 사람은 흙으로 외형이 만들어진 상태에서는 아직 살아있는 것이 아니었습니다. 생기가 그 코에 불어넣어졌을 때 비로소 인간은 생명을 가지고 살아있게 되었습니다. 그러므로 생명은 코를 통해서 들어온 생기이고 영혼이며 육체는 다만 그 옷에 불과한 것입니다.
그러므로 육체, 외형의 어떠함보다 더 중요한 것은 영혼의 상태입니다. 외모의 아름다움이나 강건함보다 더 중요한 것은 영혼의 상태이며 수준입니다.

육체와 물질은 본질적인 것이 아닙니다. 그것은 영혼의 표현이며 그림자입니다. 육체가 움직인다고 해도 그것은 육체 자신이 움직이는 것이 아닙니다. 그 안에 있는 정신이 육체를 통해서 표현되고 움직이는 것입니다. 육체로부터도 의식이 나오고 영혼으로부터도 의식이 일어납니다.
그러나 육체로부터 오는 의식은 낮은 차원의 의식입니다.
그것은 근원과 본질에 대해서 알지 못하고 보이는 것이 다라고 생각합니다. 이것이 육체의식이며 물질의식이며 그림자와 같은 의식입니다. 이것이 낮은 차원의 의식이며 근원을 알지 못하고 있는 것입니다. 이것은 자연을 보고 아름답다고 기뻐하지만 그 배후에 계시는 하나님의 존재를 알지 못하는 것과 같습니다.

영혼의식은 높은 의식이며 본질에 닿아있는 의식입니다. 보이는 것이 아닌 그 본질과 근원에 대하여 인식하는 의식입니다. 그런데 인간은 타락하여 이 영혼의식을 잃어버리게 되었습니다. 창조주인 하나님을 멀리하고 피조물인 뱀과 사탄에게 속아서 육체 중심의 삶을 살게 되었던 것입니다.
영혼은 끝없이 우리를 지으신 하나님을 찬양하며 예배하기를 원하고 하나님과 교류하기를 원하며 이를 통해서 힘과 지혜와 기쁨과 만족을 얻는 것입니다. 그러나 이 영혼이 하나님과의 관계에서 멀어졌을 때 인간은 육욕에 빠져 죽고 썩을 것을 추구하며 동물처럼 살아가게 됩니다. 그것이 곧 죄이며 타락입니다.

이 세상이나 세상에 있는 것들을 사랑치 말라 누구든지 세상을 사랑하면 아버지의 사랑이 그 속에 있지 아니하니
이는 세상에 있는 모든 것이 육신의 정욕과 안목의 정욕과 이생의 자랑이니 다 아버지께로 좇아 온 것이 아니요 세상으로 좇아 온 것이라
이 세상도., 그 정욕도 지나가되 오직 하나님의 뜻을 행하는 이는 영원히 거하느니라 (요일2:15-17)

세상은 하나님의 작품입니다. 그러나 그 배후에 계신 하나님의 존재를 잃어버리고 세상 자체를 사랑하고 추구하게 되면 그는 생명을 잃어버리게 됩니다. 세상은 이를 지으신 하나님의 존재를 도외시한 상태에서는 그림자요 껍데기에 지나지 않기 때문입니다.
육체 의식, 물질의식은 배후의 근원을 모르고 보이는 것이 본질인 것으

로 생각하는 낮은 차원의 의식입니다. 그리고 이러한 낮은 의식은 곧 사망과 같은 어두움의 열매를 맺게 되는 것입니다.

육신을 좇는 자는 육신의 일을 영을 좇는 자는 영의 일을 생각하나니 육신의 생각은 사망이요 영의 생각은 생명과 평안이니라 (롬8:5,6)

이런 육신의 생각은 곧 사망에 이르며 사망에 이르게 되는 열매를 맺게 됩니다. 영혼으로부터 오는 생각이 평안과 생명과 기쁨과 만족을 준다면 육으로부터 오는 생각은 근심, 걱정, 염려, 분노, 고통 등 온갖 사망과 어두움에 속한 생각뿐입니다.

이 부분이 잘못 오해될 수 있지만 분명한 사실이 있습니다. 육체나 물질은 그 자체로 악한 것은 아닙니다. 잘못된 것도 아닙니다. 그러나 일시적이고 제한적이며 영혼에 비해서 분명히 열등한 존재라는 것입니다.

몸은 영혼의 표현입니다. 그것은 몸이 없이 영혼 자체가 움직이고 표현될 수 없다는 의미입니다. 그런 면에서 육신을 무시하거나 괴롭혀서는 안됩니다. 그러나 분명한 사실은 육신은 영혼의 지배 속에 있어야 하고 영혼을 도와야 하지 독자적으로 스스로 움직여서는 안 되며 그것은 악한 열매, 사망의 열매를 맺게 된다는 것입니다.

로마서 7장의 고통과 갈등은 영혼의 힘이 약하여 육신을 다스릴 수 없는 사람의 고통에 대해서 이야기한 것입니다.

누구든지 영혼의 힘이 약하여 육체를 다스릴 수 없는 사람은 육체의 정욕의 지배를 받게 되며 그것은 곧 노예 생활과 같은 것입니다. 육체는 종의 위치에 있는 존재로서 종이 주인노릇을 하게 되면 당연히 고통과 갈등이 시작되는 것입니다.

내 속 곧 내 육신에 선한 것이 거하지 아니하는 줄을 아노니 원함은 내게 있으나 선을 행하는 것은 없노라

오호라 나는 곤고한 사람이로다 이 사망의 몸에서 누가 나를 건져내랴
우리 주 예수 그리스도로 말미암아 하나님께 감사하리로다 그런즉 내 자신
이 마음으로는 하나님의 법을, 육신으로는 죄의 법을 섬기노라 (롬7:18, 24)

이 말씀에 대한 많은 주석과 설명과 해석이 있지만 이 구절은 그리 복잡
한 부분이 아닙니다. 이것은 육신과 영혼의 투쟁을 말하고 있는 것이며
영혼의 지배를 벗어난 육신의 죄성을 이야기하고 있는 것입니다. 육신은
독자적으로 움직일 때 죄를 향하게 됩니다.
그러므로 주님과의 연합을 통해서 영혼의 힘이 강해진 이들은 이 육신을
쉽게 다스릴 수 있으며 그러므로 승리하는 삶을 살게 되는 것입니다.

다시 분명히 해야 할 것은 육신이 영혼보다 열등한 존재라는 것입니다.
그것은 옷이 몸보다 더 중요하지 않은 것과 같습니다. 몸은 옷보다 더 중
요합니다. 옷은 낡으면 새 것으로 바꾸어 입으면 됩니다. 몸보다 옷을 더
아끼는 사람은 없을 것입니다.
몸은 사용기간이 있습니다. 이것은 영원한 것이 아닙니다. 어느 정도 기
간이 지나면 아무리 잘 수리를 해도 결국은 더 이상 사용할 수 없게 됩니
다. 몸은 사고력이나 지혜의 통찰력이나 모든 면에서 영혼과 비교할 수
가 없습니다. 그것은 단지 본능적으로 움직일 뿐입니다. 몸 자체의 기능
을 보면 그것은 동물보다 그리 앞서는 것이 아닙니다.
그리스도인의 소망은 몸의 건강이나 오래 사는 것이 아닙니다. 우리의
소망은 이 땅에 속한 것이 아닙니다.

찬송하리로다 우리 주 예수 그리스도의 아버지 하나님이 그 많으신 긍휼대
로 예수 그리스도의 죽은 자 가운데서 부활하심으로 말미암아 우리를 거듭
나게 하사 산 소망이 있게 하시며
썩지 않고 더럽지 않고 쇠하지 아니하는 기업을 잇게 하시나니 곧 너희를 위
하여 하늘에 간직하신 것이라 (벧전1:3, 4)

썩지 않고 더럽지 않고 쇠하지 아니하는 기업.. 그 영원한 하늘의 기업을 우리는 소망합니다. 그것은 육체와 물질에 속한 것이 아닙니다. 많은 그리스도인들이 이 말씀을 알고 있습니다. 그리고 영원한 소망을 고백합니다. 하지만 과연 마음 속의 깊은 의식도 그러할까요?
대부분 그것은 형식적으로 고백하는 이야기일 뿐이고 대부분의 그리스도인들의 의식에는 그저 세상 염려, 걱정 근심으로 가득 차 있습니다. 그들은 아직 세상으로 가득 차 있으며 천국의 영광을 그리 그리워하지도 사모하지도 않습니다. 그러므로 죽음을 아주 두려워하며 막상 죽음이 가까이 온다고 생각하면 천국에 대한 소망으로 기뻐하기보다는 슬퍼하고 고통스러워하는 것입니다.

영혼의 깨어남을 위하여 기도하는 그리스도인들은 아주 소수입니다. 영혼의 영원한 가치관을 가지고 추구하는 그리스도인들은 아주 소수입니다. 대부분의 그리스도인들은 아주 열심히 기도하지만 영원한 가치 있는 것을 위하여 기도하지 않으며 추구하지 않습니다. 자녀들의 대학 입시나 눈앞의 돈 문제로 열심히 기도합니다.
그리고 그러한 낮은 차원의 의식이 자기의 삶에 여러 훈련과 재앙을 끌어당긴다는 것을 실제로 이해하는 이들은 그리 많지 않습니다. 영혼이 깨어나지 않는 한 영계의 법칙을 이해하는 것은 가능한 일이 아니기 때문입니다.
육체의식, 물질의식은 왜 낮은 차원의 의식일까요? 그것은 이렇게 제한되어 있고 연약한 것, 썩을 것을 아주 대단한 것으로 여기고 목숨을 걸기 때문입니다. 아주 잠시만 기쁨을 얻으며 곧 더 허무해지고 비참해지는 것을 열심히 구하고 사모하기 때문입니다. 그러므로 주님께서 말씀하신 그 생수를 얻기 전까지 '이 물을 먹는 자는 다시 목마르려니와' 고 말씀하신 그 다시 목마르고 허무한 상태가 계속 이어지게 되는 것입니다. (요 4:13) 육신으로부터 온 의식, 생각은 낮은 의식입니다. 그것은 사망의 열매를 맺습니다.

육신의 의식은 구체적으로 어떤 생각들일까요? 다음과 같은 몇 가지의 특성을 가질 수 있을 것입니다.

첫째로 육체는 흙으로 만들어졌기 때문에 언젠가는 흙으로 돌아갑니다. 즉 소멸되는 것이지요. 그렇기 때문에 육체에서 나오는 생각은 죽음에 대한 두려움이 항상 있습니다.

육체의식의 첫 번째 특성은 두려움입니다.

영혼은 하늘에서 하나님으로부터 온 것이기 때문에 이는 영원한 것입니다. 그러므로 어떤 일이 있어도 두려움이 없습니다. 그렇기 때문에 영혼이 발전하고 영혼의 생각, 영의 생각으로 사는 이들은 눈앞에 죽음이 와도 흔들림이 없게 됩니다.

예수께서 갈릴리 바다의 풍랑 가운데서 잠을 주무시고 있었을 때 제자들은 그 커다란 광풍으로 인하여 몹시 두려워했습니다. 그들은 갈릴리 바다에서 잔뼈가 굵은 이들이었으나 그 날의 풍랑은 그들로서도 감당하기 어려운 것이었습니다. 그러나 그들이 놀라서 주무시는 주님을 깨웠을 때 주님은 그들을 꾸짖으셨습니다.

배에 오르시매 제자들이 좇았더니 바다에 큰 놀이 일어나 물결이 배에 덮이게 되었으되 예수는 주무시는지라
그 제자들이 나와와 깨우며 가로되 주여 구원하소서 우리가 죽겠나이다
예수께서 이르시되 어찌하여 무서워하느냐 믿음이 적은 자들아 하시고 곧 일어나사 바람과 바다를 꾸짖으신대 아주 잔잔하게 되거늘 (마8:23-26)

상황으로 보았을 때 그것은 결코 야단을 맞을 상황은 아니었습니다. 죽음이 코앞에 닥친 것 같은 상황에서 누가 태연하고 침착하게 행동할 수 있겠습니까?

오히려 그 때는 위로와 도우심이 필요한 상황이었을 것입니다. 그러나 주님은 그들을 위로하지 않으셨으며 그들의 믿음 없음을 책망하셨습니

다. 주님은 믿음의 사람, 영의 사람은 위기의 상황 속에서 어떻게 대처하며 마음의 평화를 잃지 않아야 하는지를 가르치신 것입니다.

두려움과 불안은 근본적으로 육체의식에서 나오는 것입니다. 육체의식에서 사망이 나오며 사망, 죽음에 대한 두려움은 모든 두려움의 시작인 것입니다. 가난에 대한 두려움, 실패에 대한 두려움, 버림받음에 대한 두려움, 그러한 모든 두려움의 근원은 죽음에 대한 두려움입니다.
그러므로 영혼이 발전하지 않아서 육신의 생각으로 사는 사람들은 근본적으로 두려운 마음을 항상 그 안에 가지고 있습니다. 그들은 아무 것도 아닌 일에 심히 두려워합니다. 신문을 보아도 티브이를 보아도 사람들의 사소한 소문을 들어도 그들은 두려워합니다.
이러한 두려움은 아무리 안전한 곳에 간다고 하더라도 아무리 근심거리가 없는 상황이라 하더라도 해결되지 않습니다. 두려움은 그의 안에 있는 것이기 때문입니다. 그러므로 오직 그의 영혼이 깨어나야 만이 그는 두려움에서 벗어나게 됩니다.

마르다는 주님의 바로 옆에 있으면서도 그 마음이 바쁘고 쫓겼습니다. 아무도 쫓아오지 않는데 그 스스로 쫓기고 있는 것입니다. 그러한 긴장과 쫓기는 마음, 불안함.. 그 모든 것들이 두려움에서 나오며 육체의식에서 나오는 것입니다. 이들에게는 아무리 근심하지 말라고 권면해도 소용이 없는 일입니다. 그들의 안에 불안과 두려움과 근심의 제조 공장이 있기 때문에 영혼이 눈을 떠서 생명과 평안의 영을 맛보기 전까지는 그 어떤 것도 그들을 바꿀 수 없습니다.

육체의식에서 나오는 두 번째 특성은 그 의식의 파장이 아주 거칠다는 것입니다. 영혼의 의식은 파장이 아주 부드럽고 곱습니다.
그것은 아주 아름다우며 사랑스럽고 따뜻하고 부드럽습니다. 그러나 육체의 파장은 아주 거칠고 사납습니다. 아주 고운 모래와 같이 부드러운 것이 영혼의 상념의 특징이라면 육체의 상념의 특징은 거칠은 돌처럼 날카롭고 딱딱합니다.

혈기, 분노, 짜증.. 이와 같은 거칠은 파장은 다 육체로부터 오는 것입니다. 그러므로 육체에 속한 이들은 공격성을 많이 가지게 됩니다. 그들은 사소한 것에 분노하며 폭발합니다. 육체를 다스리지 못하는 이들은 이러한 의식에 사로잡혀 있는 이들이 많습니다.

이들은 영혼이 눈을 떠서 그 기능이 움직이기 시작할 때에 비로소 부드럽고 아름다우며 유연해지게 됩니다.

육체의식의 세 번째 특성은 어둡다는 것입니다.
물질은 빛이 아닙니다. 어두움입니다. 빛은 근원이며 어두움은 파생된 것입니다. 물질은 근원이 아니며 파생된 것이기에 거기에는 어두움이 있습니다.

그래서 물질적이고 육신적인 사고에는 어두움이 많이 포함되어 있습니다. 그래서 육신적인 사고의 사람들은 우울하고 어두운 의식 속에 잘 사로잡힙니다. 그것은 천국이 아닙니다. 지옥에 속한 것입니다.

영혼은 천국에 대응하며 육체는 지옥에 대응하기 때문입니다. 대체로 머리가 좋고 생각이 많고 영적 세계에 대해서 잘 모르는 이들이 이렇게 비관적이고 어두운 우울질의 사람들이 많이 있습니다. 영혼이 해방되고 영혼의 힘에 대해서 알고 체험할 때 이러한 이들은 변화되며 천국의 빛과 기쁨을 비로소 경험하게 됩니다.

육체의식의 또 다른 특징은 경직됨입니다.
흙이란 원래 고정되어 있는 것입니다. 애굽 땅의 흙은 항상 애굽에 있을 뿐입니다. 홍수나 바람 등의 영향을 받지 않는 한 그들은 스스로 움직일 수 없습니다.

그러나 생기와 바람은 자유롭게 움직입니다. 산 위에서 부는 바람은 산

위에만 있는 것이 아닙니다. 지금 우리가 호흡하고 있는 그 숨은 전에는 에베레스트 산에서 불었던 바람인지도 모릅니다. 또한 이천 년 전에 있었던 바람인지도 모릅니다.

그와 같이 생기, 영혼으로부터 나오는 의식은 자유롭습니다. 그것은 묶여있지 않습니다. 지혜와 통찰력과 깨달음에 있어서 그것은 육체의식과 비교할 바가 아닙니다. 육체의식은 고정되어 있고 분리되어 있습니다. 그래서 경쟁이 있고 비교가 있습니다.

그러나 영혼의 의식은 그것을 초월합니다. 산의 바람과 바다의 바람이 다른 것이 아니듯이 거기에는 너와 나가 없고 오직 주님이 있을 뿐입니다. 하나님 안에서 모든 이들이 우주 만물 안에서 가족이며 하나입니다. 모든 피조물들은 오직 하나님 아버지께 경배와 영광을 돌릴 뿐입니다. 그러한 일체감 - 그것이 자유이며 해방이며 영혼의 깨어남으로부터 오는 의식입니다. 그 자유함과 행복은 육체의 경직된 묶임의 의식과는 너무나 차이가 있는 것입니다.

육체의식은 흙에서 온 것이기 때문에 제한의식이 있습니다.
그래서 항상 부족감을 느끼며 더 많이 소유하고 더 많이 가지려고 합니다. 하지만 아무리 많은 것을 소유하고 또 추구해도 거기에는 만족이 없습니다. 항상 부족하고 모자라며 허무합니다.

무엇을 얻기 위해서 목표를 가지고 추구할 때는 그럭저럭 견딜 수 있으나 목적을 이룬 후에는 허무해지고 비참해집니다.

몹시 배가 고파서 음식을 먹기 전에는 이것도 먹고 싶고 저것도 먹고 싶고 원하는 것이 많지만 일단 많이 먹고 나면 다 허무해집니다. 맛있는 것을 먹었다고 일생동안 그 감격 속에서 즐거워하는 이들은 없습니다. 그렇기 때문에 육체의식 속에서 사는 이들은 동물처럼 본능에 사로잡혀서 고생을 할 뿐이지 진정한 평화와 만족은 얻을 수 없습니다.

그러나 **영혼 의식은 무한한 만족과 해방을 느낍니다.**
영혼으로부터 오는 것은 다 천국에서 오는 것입니다. 영혼은 천국의 빛을 항상 수신하고 있기 때문입니다. 그러므로 영혼이 열려서 주의 실체를 보고 누리고 추구하는 자들은 아무 것도 없어도 다윗의 고백과 같이 하나님이 나의 목자이시기 때문에 부족함이 없다고 고백하는 것입니다. 그것이 영혼의 의식입니다. 살든 죽든 오직 내 몸 안에서 예수만이 존귀케 되기를 원하며 죽든 살든 관심이 없고 온전한 만족감과 행복감이 있습니다. 그것이 영혼을 통해서 나오는 의식입니다.

육체의식의 비참함과 영혼의식의 풍성함은 이루 말로 다 할 수 없습니다. 분명한 것은 육이 살아있는 사람은 이 육체의식으로 가득하며 자신도 그것을 어쩔 수 없기 때문에 그 속에서 묶여서 산다는 것입니다. 이처럼 육체의 감옥에 갇혀서 비참한 노예 생활을 하는 것을 성경에서 애굽으로 표현하고 있습니다.
영혼이 발달하지 않아서 애굽의 영적 상태에 있는 사람은 아무리 기도를 많이 하고 금식을 해도 해방과 자유가 무엇인지 모릅니다. 그는 육신적인 의식과 사고 속에서 현실 문제를 해결하기 위해서 이리 뛰고 저리 뛰고 할 뿐입니다.

가나안으로 가는 여정은 곧 영적 성숙을 위하여 걸어가는 우리 인생의 여정을 의미하는 것입니다. 가나안이란 영혼이 눈을 떠서 그 영혼 의식 가운데서 살아가는 삶을 의미합니다.
그것은 진정한 자유와 열매의 삶입니다. 그것은 영혼이 감각이 살아서 주님과 실제적으로 동행하는 삶입니다. 그러나 그것은 10년, 20년에 도달할 수 있는 것이 아니며 주님께서 인도하시는 우리 인생의 목적이며 방향이기도 한 것입니다.
영혼이 깨어날수록 그 사람의 의식은 자연히 영혼적인 것이 많아지게 됩니다. 그러므로 그는 노력하지 않더라도 자연스럽게 육체의 각종 정욕에서 자유롭게 되며 원수를 사랑하고 초자연적인 지식과 비밀을 알게 되며 좀 더 깊이 주님의 임재와 교제를 누리며 진정한 해방과 자유의 삶을 살게 됩니다. 그것이 더 깊은 구원으로 가는 길이며 영혼의 삶인 것입니다.

육체의식의 또 다른 특징은 반드시 단순한 육체를 넘어서 자아를 일으키게 한다는 것입니다.

그것은 자신에 대한 의식입니다. 이 자의식이 모든 비극의 시작이 되며 지옥은 이 자의식, 자기 중심의 의식이 기본이 되는 것입니다. 끊임없이 남의 눈치를 보며 남에게 억울한 일을 당하면 참지를 못하는 이들은 이 자의식, 자기 중심 의식이 충만한 것입니다. 이 자의식이 모든 고통과 상처의 기초가 됩니다.

영혼의 눈을 뜨게 될 때 이 자의식에서 벗어나게 되는 것이며 오직 주님 의식만 가득하게 됩니다. 그리고 바로 그것이 천국의 기초가 됩니다. 예수님은 이 영혼을 깨우기 위해서 오셨다는 것을 기억하여야 합니다.

주님께서 '삭개오야.' '마리아야.' 하고 말씀하셨을 때 그 음성을 듣는 이들은 자기의 깊은 속에서 영혼이 꿈틀거리며 일어나는 것을 느꼈습니다. 그리고 그들은 새로워졌습니다. 무덤 속에 있는 것과 같은 비참한 영적 상태라고 하더라도 주님의 음성을 듣는 자들의 영혼은 그와 같이 깨어나고 일어나게 되는 것입니다.

영적 성장이란 바로 이 영혼이 깨어나고 영혼의 의식으로 살아가는 것을 의미하는 것입니다. 그것은 육신의 물리적인 제한과 어두움에서 벗어나 천국의 실제, 주님과의 실제적이고 아름다운 교통이 시작되는 것을 의미하는 것입니다.

육체의식이란 낮은 의식입니다.

육체는 악한 것이 아닙니다. 그러나 육체에 사로잡혀서 육신의 생각으로 가득 차서 사는 것은 몹시도 비참한 삶입니다. 그것은 항상 근심과 두려움과 분노와 미움과 불안 속에서 사는 노예의 삶입니다.

그러므로 내가 너희에게 이르노니 목숨을 위하여 무엇을 먹을까 무엇을 마실까 몸을 위하여 무엇을 입을까 염려하지 말라 목숨이 음식보다 중하지 아니하며 몸이 의복보다 중하지 아니하냐 (마6:25)

주님은 끝없이 염려하지 말 것을 말씀하십니다. 그러나 육신에 속한 이들은 염려를 하지 않을 수가 없습니다. 그것은 그들이 아직 영적으로는 이방인에게 속해있기 때문입니다. 성경에는 무한한 양식과 진리와 풍성함이 있지만 영혼이 깨어나지 않아서 육신으로 사는 이들에게는 그것이 단지 하나의 개념일 뿐 그림의 떡과 같은 것입니다. 그러므로 그들은 그 음식을 먹을 수도 없고 누릴 수도 없으며 실천할 수도 없는 것입니다.

그러므로 염려하여 이르기를 무엇을 입을까 무엇을 먹을까 하지 말라 이는 다 이방인들이 구하는 것이라 너희 천부께서 이 모든 것이 너희에게 있어야 할줄을 아시느니라 (마6:31,32)

이방인이란 하나님을 알지 못하는 사람들입니다. 그러므로 그들은 영원한 세계와 영혼의 세계를 알지 못하며 눈에 보이는 물질과 본능과 육체의 욕망만을 추구하는 사람들입니다.
그러나 하나님은 우리의 아버지이시며 우리의 몸에 대한, 육신에 대한 필요를 모르시는 것이 아닙니다. 그분은 잘 아시면서도 일부러 그러한 필요를 채우시지 않을 때가 있습니다. 그것은 더 깊은 가르침과 깨달음을 위한 것입니다.

너희는 먼저 그의 나라와 그의 의를 구하라 그리하면 이 모든 것을 너희에게 더하시리라 (마6:33)

하나님께서 우리 육신의 필요를 일시적으로 내버려두시는 것은 좀 더 근원적인 것들을 가르치시기 위하심입니다. 즉 그분은 우리가 주님의 나라에 속한, 천국에 속한 사람이 되기를 먼저 원하시는 것입니다. 우리가 육신의 시각에서 벗어날 때, 육신의 사고에서 벗어날 때 우리에게는 진정한 자유함의 세계가 열릴 것입니다. 은총의 세계가 열릴 것입니다. 주님은 그 천국의 빛과 영광을 우리에게 나누어주시기를 원하시기 때문입니다.

오늘날 너무나 많은 이들이 오래 동안 신앙생활을 하고 기도생활을 하면서도 육신적인 어두움의 의식 속에서 묶여있는 삶을 살고 있습니다. 그리하여 이방인과 똑같은 가치관을 가지고 똑같은 삶을 살며 천국의 만족과 해방과 자유함이 무엇인지 알지 못합니다.
그러나 진정 그 세계를 사모하며 영혼의 각성을 구하는 이들에게 주님은 은총을 베푸실 것입니다.
그들의 영혼은 깨어나게 될 것입니다. 그리하여 무엇이 진정한 가치가 있는 것인지, 무엇이 영원한 것이며 참된 행복인지, 어떻게 그것을 구하고 누려야 할 것인지를 알아가게 될 것입니다.
그리하여 진정 그분이 주시기를 원하시는 천국의 빛과 영광을 풍성하게 경험할 수 있게 될 것입니다.
진정 사모하는 자들은 그것을 얻을 수 있게 될 것입니다.

8장 물질과 지옥, 내면과 천국

육신에 속한 자는 보이는 것을 추구하며 영적인 것, 천계에 속한 것을 구하지 않습니다. 그들은 오직 보이고 들리고 만져지는 것이 의미가 있을 뿐 내적인 것들은 그저 공허하게 보일 뿐입니다. 그들에게는 오직 현실적인 문제의 해결이 중요하며 물질의 많고 적음이 행복의 중요한 요소가 됩니다. 그것은 아주 낮은 차원의 의식입니다. 그러한 영적 어림이 비난받을 일은 아니지만 그들은 천국과 영적 세계의 무한한 빛과 풍성함을 누릴 수 없는 것입니다.

주를 알지 못하는 이들에게 복음을 전하면 그들은 흔히 말하기를 '예수를 믿으면 밥이 나오는가, 떡이 나오는가' 하고 묻습니다. 그러한 그들의 비아냥거림은 그들의 의식이 철저하게 물질적인 것에 사로잡혀 있는 수준임을 보여줍니다.
물론 그러한 의식이 잘못된 것은 아닙니다. 영적 세계를 알지 못하는 이방인들은 그러한 의식에 잡혀있는 것이 당연하기 때문입니다. 그러나 오래 동안 주를 믿으며 주님과 동행하고 교제하는 사람이 그러한 수준에 머물러있는 것은 부끄러운 일입니다. 더욱이 '주를 믿으면 모든 문제들이 해결된다'는 식의 가치관에 머물러있다면 이는 부끄러운 일입니다. 그러한 의식은 초보수준의 의식이며 그 다음에는 다음의 단계로 발전해 가야 하기 때문입니다.

물질을 추구하는 것이 죄라고 할 수는 없을 것입니다. 그러나 그것은 낮은 것이며 결과적으로는 지옥을 추구하는 것과 같은 것입니다. 왜냐하면 물질은 어두움에 속한 것이기 때문입니다.
천국은 빛의 세계이며 지옥은 어두움의 세계입니다. 어두움이란 무엇일까요? 그것은 어떤 특정한 상태가 아니라 빛이 없는 상태입니다. 다시 말하면 빛이 없으면 바로 어두움이 되는 것입니다.

어떤 방이 있습니다. 그 방에 어두움이 오게 하고 싶습니다. 그러면 어떻게 하면 될까요? 어떻게 어두움을 그 방에 넣을 수 있을까요? 아주 간단합니다. 방의 불을 끄면 됩니다. 불을 끄면 빛이 사라져 자연히 방이 어두워지는 것입니다.

지옥을 그렇게 이해할 수 있습니다. 지옥은 빛이 없는 곳입니다. 진리가 없으며 주님이 계시지 않는 곳입니다. 사랑과 기쁨과 생명과 모든 좋은 것이 주님께로부터 나오는데 그 주님이 없습니다. 빛이 없습니다. 그것이 바로 지옥이며 어두움입니다. 근원이 없는 것이 바로 지옥인 것입니다.

물질이란 근원이 아닙니다. 눈에 보이지만 근원이 아니기 때문에 썩는 것입니다. 없어질 것입니다. 그러므로 그것은 어두움이며 그것을 추구하는 이들은 어두움에 거하게 되는 것입니다.

지옥에 가는 이들은 왜 지옥에 가는 것일까요? 악한 행동 때문일까요? 아닙니다. 그들은 그 안에 생명이 없기 때문입니다.

예수가 빛이며 생명인데 그들은 그 생명을 받지 못했기 때문입니다. 그러므로 그들은 빛이 없으므로 어두움에 속하게 되는 것입니다.

예수를 구하고 그 안에 거하는 이들은 근원에 속한 이들입니다. 생명을 구하는 이들입니다. 그들은 만물의 근원되시는 분을 알고 교제합니다. 그들은 그분을 예배하며 빛과 생명을 유지해갑니다.

그러나 주님께 속하지 않은 이방인들은 그 빛을 구하지 않으며 보이는 것들을 구합니다. 물질, 보이는 것, 그것이 생명인줄 알고 구하는 것입니다. 빛이 아닌 것, 생명이 아닌 것, 죽고 썩을 것을 구합니다. 그러므로 그들의 영혼은 지옥과 연결되는 것입니다. 지옥은 빛이 없으며 근원이 없는 곳이기 때문입니다.

물질은 악한 것이 아닙니다. 그러나 본질로부터 멀리 있는 것입니다. 근원이 아닌 것입니다. 그러므로 물질을 구하는 이들은 영적으로 지옥의 영계와 가까워지게 되는 것입니다.

사람들은 흔히 하나님께서 천지를 창조하실 때 무에서 유를 창조하셨다고 생각합니다. 그러나 엄밀히 말해서 하나님은 무에서 유를 창조하셨다고 할 수 없습니다. 우리의 눈에 보이는 모든 것들은 무에서 온 것이 아니며 하나님 자신에서 나온 것입니다. 그러므로 우리는 모든 피조물에서 하나님의 성분을 발견할 수 있습니다.

이것은 모든 만물에 신성이 깃들어있다는 의미와도 같은 것입니다. 그것은 자연을 마치 하나님처럼 숭배하고 섬기는 그런 것을 의미하는 것은 아닙니다. 다만 보이는 모든 것들은 하나님의 솜씨이며 그 안에 하나님의 숨결과 의도를 포함하고 있다는 뜻입니다. 그러나 그러한 자연을 통해서 하나님을 보지 못하고 그 자체에 집중한다면 그것은 우상입니다. 보이는 것을 추구하고 섬기는 것은 우상입니다. 그러므로 하나님은 십계명을 주시면서 하나님을 일체의 형상으로 만들지 말라고 하신 것입니다. 이스라엘이 금송아지를 만들었을 때 그것은 다른 신을 섬긴 것이 아니었습니다. 그것은 우상을 만든 것입니다. 다른 신을 섬기는 것과 우상을 섬기는 것은 다릅니다. 다른 신은 하나님이 아닌 다른 존재를 신으로 섬기는 것입니다.

그러나 우상은 하나님을 섬기되 그 형상을 보이도록 만들어서 숭배하는 것입니다. 이스라엘 백성은 금송아지를 만들고 말하기를 '이것이 바로 하나님의 모습이다' 하고 생각했던 것입니다.

백성이 모세가 산에서 내려옴이 더딤을 보고 모여 아론에게 이르러 가로되 일어나라 우리를 인도할 신을 우리를 위하여 만들라 이 모세 곧 우리를 애굽 땅에서 인도하여 낸 사람은 어찌 되었는지 알지 못함이니라
아론이 그들에게 이르되 너희 아내와 자녀의 귀의 금고리를 빼어 내게로 가

져오라 모든 백성이 그 귀에서 금고리를 빼어 아론에게로 가져오매 아론이 그들의 손에서 그 고리를 받아 부어서 각도로 새겨 송아지 형상을 만드니 그들이 말하되 이스라엘아 이는 너희를 애굽 땅에서 인도하여 낸 너희 신이로다 하는지라
아론이 보고 그 앞에 단을 쌓고 이에 공포하여 가로되 내일은 여호와의 절일이니라 하니 이튿날에 그들이 일찍이 일어나 번제를 드리며 화목제를 드리고 앉아서 먹고 마시며 일어나서 뛰놀더라 (출32:1-6)

이들은 금송아지의 형상 앞에서 제사를 드리고 먹고 마시며 뛰놀면서 자신들이 하나님께 예배를 드린다고 생각했습니다.
그들은 애굽 땅에서 하나님의 살아 계신 능력을 실제로 보고 경험한 사람들입니다. 하나님의 그 크신 능력으로 그토록 강해 보였던 애굽을 초토화시키고 그들을 자유롭게 하셨던 하나님을 체험해본 사람들입니다. 그런데 그들은 한 동안 그러한 하나님의 실제를 보지 못하고 그 하나님의 살아 계심을 증명하던 모세도 보지 못하자 마음이 불안해졌던 것입니다. 그래서 그들의 의도는 하나님을 떠나겠다는 것이 아니라 하나님의 형상을 만들어서 보면서 믿자는 것이었습니다.

우상을 섬긴다는 것은 바로 그런 것입니다. 자기 딴에는 하나님을 믿지만 보면서 믿으려고 하는 것입니다. 느껴지고 보여지고 만져지고.. 그럴 때 분명히 하나님이 살아 계신다고 믿는 것입니다. 그러나 그것은 육신의 감각에 속한 것입니다. 육체의 감각을 만족시키기를 원하는 것이며 하나님이 원하시는 방식으로 믿는 것이 아닌 것입니다.
그것은 믿음 같이 보일지 모르지만 그것은 육체에 대한 추구이며 물질에 대한 추구입니다. 그것은 본질을 구하는 것이 아니라 피상적인 것을 구하는 것입니다.
하나님께서는 우상을 만드는 것을 금하셨습니다. 눈에 보이는 어떤 형상도 만들지 말라고 하셨습니다. 그분은 모든 것의 근원이시며 그분을 알

기 위해서 보이는 것을 추구하는 것이 아니라 믿음을 통해서, 들음을 통해서 하나님께 나아가기를 원하셨습니다.

너를 위하여 새긴 우상을 만들지 말고 또 위로 하늘에 있는 것이나 아래로 땅에 있는 것이나 땅 아래 물 속에 있는 것의 아무 형상이든지 만들지 말며 그것들에게 절하지 말며 그것들을 섬기지 말라 나 여호와 너의 하나님은 질투하는 하나님인즉 (출20:4-5)

예수께서 가라사대 너는 나를 본 고로 믿느냐 보지 못하고 믿는 자들은 복되도다 하시니라 (요20:29)

그러므로 믿음은 들음에서 나며 들음은 그리스도의 말씀으로 말미암았느니라 (롬 10:17)

보이는 것을 구할 때 그것은 실제의 영계와 멀어지는 것입니다. 빛은 근원이며 어두움은 파생입니다. 영계에서 모든 것이 시작되었고 물질계는 나중에 생겼습니다. 영계는 창조의 세계이며 물질계는 피조의 세계입니다. 하나님은 천계에서 말씀하셨고 그 말씀이 물질계에 이루어져 천지가 창조되었습니다. 물질계는 그림자이며 본체가 아닙니다. 그것은 썩어질 것이며 생명이 없는 죽은 것입니다. 그러므로 보이는 것들을 추구하는 이들은 사실은 죽음을 추구하는 것이며 어두움을 추구하는 것이며 지옥을 구하는 것이나 마찬가지입니다.

많은 이들이 많은 기도를 드리지만 근원을 구하지 않고 파생적인 것들을 구합니다. 그것은 아직 그들의 영혼이 어두운 곳에 있음을 보여주는 것입니다.
눈을 뜨게 되었을 때 그들은 비로소 영원한 것들을 구하게 됩니다. 그러므로써 비로소 천계의 빛이 그들에게 비추어지게 되는 것입니다.

물질은 악한 것이 아닙니다. 그러나 본질로부터 멀리 떨어져 있는 것입니다. 그것은 악은 아니지만 불완전한 것입니다. 그것은 먹어도 배부르지 않는 것이며 많이 취해도 만족할 수 없는 것들입니다.

영적으로 어린 사람일수록 거기에 빠지고 사로잡힙니다.

어린 사람일수록 많이 소유하려고 하며 명예를 얻으려고 하며 권세를 가지려고 합니다. 그 모든 것은 육체의식에서 나오는 것입니다.

영적 성장이란 그 의식의 비율이 육체의식, 자기 의식에서 영혼의식, 주님의식의 비율로 점점 높아져 가는 것을 의미하는 것입니다.

육체의식이 60%, 영혼의식이 40%를 차지하고 있다면 아직 그에게는 많은 묶임과 눌림이 있을 것입니다. 거기에서 육체의식이 40% 영혼의식이 60% 이런 식으로 바뀌게 된다면 그는 전과는 다른 차원의 세계에서 살게 되는 것입니다. 그는 무엇을 먹을까 무엇을 마실까 어떻게 살아갈까 하는 대부분의 세상 사람들이 하는 염려에서 조금씩 자유롭게 되어갈 것입니다.

오늘날 이 시대는 영혼의 성장에 대한 구체적인 열망이 부족합니다. 오늘날 많은 사역이 있지만 그것들은 대부분 바깥에 대한 것입니다.

어떤 이들은 기적에 대한 신앙을 추구합니다. 어떤 이들은 심고 거두며 복을 받는 부분을 강조합니다. 자신의 영역이 확장되고 창대하게 되는 것이 아주 좋은 것이라고 강조합니다.

어떤 이들은 자신의 미래에 대하여 많이 궁금해 하며 여기저기 예언을 받으러 다니는 것을 아주 좋아합니다.

그러한 것들이 나쁜 것은 아닙니다. 하지만 그러한 것들은 아직 본질을 보지 못한 것입니다. 영혼의 깨어남과 비교하면 그러한 것들은 너무 낮은 곳에 있다고 할 수 있는 것입니다. 그것은 피상적인 표면을 건드리고 있는 것이며 각 사람의 영원한 운명을 바꾸지 못합니다.

일시적으로는 좋은 것 같지만 근원적인 변화를 일으키는 것이 아닙니다.

죄에서 육에서 탐심에서 욕망에서 벗어나게 하지 못합니다. 오직 영혼의 깨어남만이 하나님의 실제로 들어가게 하며 모든 것을 새롭게 일으키는 것입니다.

사역의 초기에 주님께서는 사람들의 병을 고치며 사람들의 문제를 해결해주셨습니다. 그러나 차츰 주님은 본질적인 부분을 다루기 시작하셨습니다. 주님은 단순히 문제의 해결을 해주시는 것보다 그들이 진정한 진리를 깨닫게 되기를 원하셨습니다.

문제해결은 잠시 그 육체를 기쁘게 하지만 결국은 영혼을 더 약하고 비참하게 만들뿐입니다. 우리는 아무런 문제가 없이 이 땅에서 편안하게 사는 것이 우리가 이 땅에 온 목적이 아니라는 사실을 인식해야 합니다. 우리는 이 땅에서 영혼이 눈을 뜨고 발전하여 주님을 알고 천국의 시민으로서 준비되기 위해서 이 땅에 온 것입니다.

물질에 대한 욕망, 보이는 것에 대한 욕망, 명예와 남들이 알아주는 것, 더 많이 소유하는 것.. 그러한 것들을 추구할수록 그의 영혼은 어두워지게 되고 피곤해지게 됩니다.

그러한 차원에 있을 때 그는 지옥의 영들로부터 많이 괴롭힘을 당하게 됩니다. 그는 또한 그러한 것들을 추구하는 과정에서의 많은 고통, 시련과 실패, 허무함의 느낌 등을 겪게 됩니다.

그리고 이러한 과정을 거치고 경험하게 되면서 그는 서서히 육체와 물질의 허무함과 한계를 깨닫게 되고 그 외적인 감각에서 조금씩 벗어나게 되는 것입니다. 바로 그것이 영적 성장입니다.

만약 사람들이 자신이 구하는 대부분의 것들을 주님께로부터 받게 된다면 그는 지옥에 아주 가까워지게 될 것입니다. 비록 주님을 영접하고 거듭났다고 하더라도 사람의 영혼의 지식과 감각은 1,2년에 깨어나는 것이 아니기 때문입니다. 그러므로 아직 그는 이방인의 감각, 육체의 가치관과 감각을 가지고 있으므로 허무한 것들을 많이 구하게 됩니다.

그러나 감사할 것은 주님께서는 우리의 영혼의 깨어남과 발전을 위해서 우리 기도의 많은 것들을 허락하지 않으시며 많은 꿈의 좌절과 아픔을 허락하신다는 것입니다. 그리하여 우리는 주님의 인도하심과 그 가르치심을 통해서 천국의 빛 가까이에 나아가게 됩니다.
주님의 가르치심은 아주 명백합니다.

한 사람이 두 주인을 섬기지 못할 것이니 혹 이를 미워하며 저를 사랑하거나 혹 이를 중히 여기며 저를 경히 여김이라 **너희가 하나님과 재물을 겸하여 섬기지 못하느니라** (마6:24)

주님은 분명하게 말씀하시기를 돈과 하나님을 같이 섬길 수 없다고 가르치십니다. 돈은 물질의 대표적인 것이며 눈에 보이는 것들을 추구하는 이들은 보이지 않는 실제이신 주님을 알 수 없는 것입니다.
보이는 것들은 본질이 아닙니다. 인간은 타락한 상태로 태어나며 많은 훈련과 가르침을 경험하고 변화되기 전까지는 본능적으로 육적인 것들과 물질과 보이는 것들을 추구합니다. 그러나 인간은 본질적으로 영적인 존재이기 때문에 진정한 근원을 발견하기 전까지는 만족할 수 없을 것입니다. 인간은 지옥을 위하여 만들어진 것이 아니라 천국을 위하여 만들어졌기 때문입니다.

많은 이들이 편안한 삶과 낭만적인 사랑과 성공과 명예를 구합니다. 그러나 언젠가 눈이 떠지고 본질적인 것들을 발견하게 된다면, 그는 자신이 지금까지 구했던 것들이 지옥에 속한 것임을 깨닫게 될 것입니다. 그리고 더 이상 쓰레기와 같은 것을 구하지 않고 진정하고 영원한 보화를 구하게 될 것입니다.
물질을 구하고 거기에 빠져 있는 이들은 천국의 빛을 경험할 수가 없습니다. 비본질을 구하는 이들은 본질을 같이 가질 수가 없는 것입니다.
사람의 눈은 동시에 두 가지를 볼 수 없습니다. 어떤 이가 하나를 보고 있다면 그는 동시에 다른 것을 보지는 못합니다. 어떤 사람이 바깥 세계를 보고 있다면 그는 내적 세계를 볼 수가 없습니다. 바깥 세계를 보고 있는 것을 멈추어야 그는 내적 세계를 볼 수 있는 것입니다.

물질을 추구하고 보이는 것을 추구하는 이들은 점점 더 천국의 빛과 멀어집니다. 그는 점점 더 허무해지고 완악해지며 내적인 어두움 속에 잠기게 됩니다.

어떤 이들은 그들의 소원이나 기도 제목들이 오랫동안 응답되지 않을 때 좌절하고 낙담하며 주님을 원망합니다. 그러나 그들이 구하는 육신적인 소원들이 이루어지게 되었을 때 그들의 영혼이 천국의 빛으로부터 아주 멀어지는 경우가 많이 있습니다. 그 때문에 주님께서는 그들의 영혼을 보호하시기 위하여 그들의 소원을 물리치는 것입니다. 주님께서 이 땅에 계실 때 많은 이들의 소원을 그냥 지나치셨던 것처럼 말입니다.

영혼이 아직 어린 상태에 있을 때 사람은 물질과 보이는 것과 명예와 같은 것을 많이 구하게 됩니다.

그러나 영혼이 깨어나고 성장하게되면 그는 점차로 주님의 실상을 알고 영혼의 세계를 발견하게 되어 점점 본질적인 것, 영원한 것, 천국의 빛과 영광을 구하게 되는 것입니다.

그들은 예전에는 성공과 명예를 많이 추구하였습니다. 물질적인 여유와 넉넉함을 많이 추구하였습니다. 그러나 시간이 가면 갈수록 그는 그러한 것들을 추구하였던 지난날들이 허무하고 비참하게 느껴지게 되는 것입니다. 그것은 그의 육신이 세월의 흐름을 따라 후패하여서 약하여 지고 영혼이 서서히 깨어났기 때문입니다.

세월이 흘러서 육신이 약하여지면 조금씩 영혼의 감각이 깨어나는 것은 일반적인 영성의 원리입니다. 그러나 오랜 세월을 살고 고향으로 돌아갈 날이 가까이 다가와도 여전히 물질적이고 육신적인 사고에 묶여있는 이들도 많이 있습니다.

또한 반대로 젊은 시절부터 영원과 근원에 대하여 깨어있는 이들도 있습니다. 이러한 자들은 진정 복을 받은 사람들입니다.

물질은 악한 것이 아닙니다. 물질을 구하는 것이 잘못된 것도 아닙니다. 다만 그것은 바깥의 영역입니다. 그것은 시작일 뿐입니다. 그것은 종착역이 아닙니다.

사람은 누구나 육체로 태어납니다. 그러나 마지막에는 그 육체는 소멸되며 영혼의 세계로 가게 됩니다.

기초는 필요합니다. 처음에 물질의 세계에서 하나님께서 나타나지 않았더라면, 애굽에서 하나님의 권능이 나타나지 않았더라면 그들은 하나님을 알지 못했을 것입니다. 하나님의 능력은 처음에 물질과 육체의 영역에서 시작합니다. 그리고 서서히 영혼의 세계, 내면의 세계로 그분의 역사는 진행됩니다.

그러므로 그 기초에서 머물러 있어서는 안됩니다. 시작은 끝을 향해야 하며 바깥에 있는 이들은 안으로 들어가기 시작해야 합니다. 그것은 처음에는 바깥에서, 비본질에서 시작하였으나 나중에는 본질을 향하여 가야 하는 것입니다.

천국은 본질을 추구하는 이들이 가는 곳입니다. 썩어질 것을 구하지 않고 영원한 것의 가치를 아는 이들이 가는 곳입니다.

육체의 만족, 일시적인 만족이 아닌 근원적인 행복을 추구하며 영혼의 만족을 구하는 이들이 천국의 중심에 거하게 되며 천국의 향취와 영광을 맛보게 됩니다.

비본질을 구하며 비근원적인 것을 구할수록 그의 영혼은 천국의 중심에서 멀리 있으며 바깥에, 어두움에 가까이 있습니다.

그러나 본질과 근원을 발견하고 영원한 것들을 구할수록 그의 영혼은 천국의 중심을 향하여 가게 되는 것입니다. 그리하여 천국의 찬란한 영광과 빛을 경험하게 되는 것입니다.

아, 그러나 이 천국의 영광과 빛은 얼마나 이 시대에 감추어져 있는지요.
그래서 주님의 백성들, 주님의 사람들이 그 찬란한 보화를 구하지 않고 돼지가 먹는 쥐엄 열매로 배를 채우기를 원하고 있는지요!

우리는 진정 그 천국의 영원한 보화를 사모하고 구해야 합니다.
이 땅에 살아있는 동안, 육체를 가지고 있는 동안 진정 우리의 영혼을 깨우고 발전시켜서 참된 기쁨과 평화와 사랑의 세계에 들어가야 합니다.
그것이 우리가 지금 살아있는 목표가 되어야 할 것입니다. 왜냐하면 우리가 죽은 후에는 더 이상 발전할 수 없기 때문입니다.
부디 당신의 영혼이 깨어나기를 힘쓰고 주님께 구하십시오.
당신의 내면 세계가 열려서 그 천국의 빛을 발견하게 해달라고 주님께 간구하십시오.

부디 썩어질 것들, 세상이 구하는 것들에 당신의 마음을 쏟아 붓지 말고 영원하고 진정한 찬란한 보화를 구하십시오.
주님은 당신의 기도에 응답하실 것이며 당신은 진정한 천국의 빛을 경험하게 될 것입니다.
영원히 소멸되지 않는 천국의 보화를 소유하게 될 것입니다.

9장 주님 자신을 추구함이 천국의 근원이다

육적인 사람, 바깥에 속한 사람은 내면과 영원에 속한 것을 주목하지 못하고 오직 바깥에 속한 것을 추구하며 그것으로 성공과 만족의 근거로 삼습니다. 그들은 자신이 소유한 재물의 많음, 자신이 소유한 집의 크기, 자신의 명성, 자신이 목회하는 교회의 교인 숫자.. 그러한 것들로 성공과 행복의 기준을 삼습니다.

그러한 가치관은 낮은 의식 수준에서 나오는 것입니다. 그것은 아직 그가 내면의 영혼이 열려있지 않으며 육신 중심의 삶을 살고 있기 때문입니다.

육신이 더 큰 비중을 가지는 사람일수록 그의 영혼은 아래의 어두운 곳과 가까운 곳에 있으며 영혼의식의 비중이 커질수록 사람은 위의 빛의 세계에 가까워지게 됩니다.

아래, 어두움의 세계는 비본질의 세계로서 물질계와 가까운 곳이며 위의 빛의 세계는 본질의 세계이며 모든 것의 근원이신 분이 거하시는 세계입니다.

영계에서는 어떤 사람의 외적인 상태보다 그 사람의 내면의 상태가 중요한 것입니다. 그 사람은 얼마나 지혜로우며 얼마나 사랑으로 가득하며 얼마나 아름다움으로 가득한 지에 의해서 그의 모든 것이 평가받게 되는 것입니다. 그러므로 그러한 내면의 상태가 낮은 수준에 있다면 그의 외적인 모습이 아무리 화려하다고 하더라도 그는 어두운 곳으로 갈 수밖에 없는 것입니다.

그의 내면이 얼마나 아름답게 발전하였고 변화되었는가 하는 것은 곧 주님과의 연합이 어느 정도 이루어졌나와 같은 것입니다. 사람은 오직 주님과 연합함을 통해서만 변화될 수 있기 때문입니다.

그러나 내면이 변화되지 않거나 그 변화가 아주 미약한 사람은 오래 동안 신앙생활을 했어도 그는 주님을 중심으로 경험한 이가 아니기 때문에 그는 천국의 중심에 있을 수 없으며 바깥 어두운 곳에 거할 수밖에 없는 것입니다.

천국의 본체는 바로 주님 자신입니다. 천국의 모든 아름다움과 영광, 거룩함, 진리는 오직 주님 자신으로부터 나오는 것입니다. 그러므로 주님을 구하는 것은 천국을 구하는 것입니다. 주님을 아는 것은 천국을 아는 것입니다. 주님을 경험하는 것은 천국을 경험하는 것입니다.

오늘날 주를 믿는다고 시인하면서도 천국의 기쁨이 무엇인지 아는 이가 별로 없는 것은 주님을 외적으로 경험하는 것에 머물러 있기 때문이며 내면의 실제 속에서 누리고 경험하는 이들이 드물기 때문입니다.

주님을 육체로 알지 않고 영으로 아는 것, 영으로 교제하는 것.. 그것이 곧 주님을 내면으로 아는 것입니다.

천국은 주님 자신을 구하는 것입니다. 모든 아름다움과 진리와 지혜와 사랑의 근원으로서 주님을 구하는 것입니다.

주님 안에는 그 모든 보화가 있기 때문에 주님을 구하는 것은 그 모든 것을 얻는 것과 같은 것입니다.

주님 자신을 구하는 것과 주님이 주시는 선물을 구하는 것은 같은 것이 아닙니다. 주님 자신을 구하지 않고 다른 응답을 구하는 이들은 아직 천국의 중심 원리를 이해하지 못하고 있는 것입니다.

주님 당시에도 많은 이들이 본질 되신 주님을 구하지 않고 다른 것을 위하여 주님을 따라다녔습니다. 많은 이들이 기적을 보고 떡을 먹고 주를 따랐습니다. 그러나 그들은 주님 자신을 구하지 않았습니다. 그러므로 참된 빛과 영광을 누릴 수 없었습니다.

그러나 적은 숫자지만 주님 자신을 구하는 이들이 있었습니다. 그들은 주님께서 주시는 상급보다 주님 자신을 얻기를 원했습니다. 주님 자신을 알기를 원했습니다. 그들은 천국의 중심에 속한 사람들이었습니다. 열 명의 문둥병자가 주님께 치유를 받았을 때 주님께로 돌아온 사람은 오직 한 사람뿐이었습니다.

이 이야기가 의미하는 것은 무엇일까요? 90%의 사람들은 치유 자체에 만족했지만 10%의 사람은 치유의 근원 되시는 주님을 붙들기를 원했다는 것입니다.

그 아홉 명의 사람들은 다 나름대로 사연이 있었을 것입니다. 문둥병 때문에 헤어질 수밖에 없었던 애인이 있었는지도 모릅니다. 너무나 그리웠던 가족이 보고 싶었을 수도 있습니다.

그러나 오직 한 사람만이 그 무엇보다도 치유의 근원이시며 사랑과 긍휼의 주인이신 주님께로 나아왔습니다. 이것은 많은 이들이 기적과 능력을 경험하지만 주님 자신을 경험하지는 못한다는 것을 보여줍니다.

주님의 십자가에서의 죽으심이 가까워지고 있던 어느 날 주님은 베다니 문둥이 시몬의 집에 방문하셨습니다. 그 때 한 여인이 아주 귀한 향유 옥합을 가지고 와서 주님의 머리에 붓습니다.

이것을 보고 제자들은 분통을 터뜨립니다. 그것은 낭비라는 것이지요. 그러면서 그렇게 비싼 향유를 버리는 것보다 그것을 팔아서 가난한 자들을 돕는 것이 훨씬 더 나을 것이라고 이야기합니다.

제자들이 보고 분하여 가로되 무슨 의사로 이것을 허비하느뇨
이것을 많은 값에 팔아 가난한 자들에게 줄 수 있었겠도다 하니라
(마 26:8,9)

그것은 언뜻 들으면 매우 합리적인 이야기로 들립니다. 주님의 발에 붓는 순간 그 비싼 향유는 없어지고 마는 것이지만 그 향유를 비싼 값에 팔아서 가난한 이들을 돕는다면 그것은 실제적인 도움이 될 수 있는 것이니까요. 그러나 이 사건에 대한 주님의 말씀은 분명합니다.

예수께서 아시고 저희에게 이르시되 너희가 어찌하여 이 여자를 괴롭게 하
느냐 저가 내게 좋은 일을 하였느니라
가난한 자들은 항상 너희와 함께 있거니와 나는 항상 함께 있지 아니하리라
이 여자가 내 몸에 이 향유를 부은 것은 내 장사를 위하여 함이니라
내가 진실로 너희에게 이르노니 온 천하에 어디서든지 이 복음이 전파되는
곳에는 이 여자의 행한 일도 말하여 저를 기념하리라 하시니라 (마 26:10-
13)

주님의 말씀은 가난한 이들을 돕는 것도 중요한 일이지만 그보다 더 중
요한 것은 주님을 사랑하고 섬기는 것이라는 것입니다.
그 무엇보다도 그 어떤 선행보다도 주님을 사랑하며 섬기는 것보다 더
중요한 일은 없습니다. 주님은 바로 천국의 주인이시기 때문입니다. 그
리고 이 여인은 알지 못했겠지만 그녀의 행위는 얼마 후에 오게 될 주님
의 죽으심과 장사를 위한 것이었습니다.
또한 주님은 이 여인의 행위가 복음이 전해지는 모든 곳에서 같이 전해
질 것이라고 말씀하셨습니다. 그것은 어떤 의미에서일까요?
그것은 주님 자신을 사랑하고 추구하는 것은 그 어떤 것보다도, 물질적
인 가치보다도 선행보다도 더 중요하고 의미 있는 것이라는 가르침, 메
시지를 이 사건은 보여주고 있기 때문입니다.

이 여인은 부유한 여인이 아니었습니다. 그 향유에 해당하는 돈은 그녀
의 전 재산에 가까울 정도로 큰 돈이었습니다.
그녀는 주님의 머리에 향유를 부었습니다. 그러나 그것은 단순한 향유가
아니었습니다. 돈이 아니었습니다. 그것은 그녀의 생명이었고 모든 것
이었습니다. 그녀는 주님께 자신의 목숨을 드린 것입니다.
많은 이들이 주님을 통해서 문제를 해결 받고 주님을 스쳐 지나갔습니
다. 그러나 이 여인은 그렇게 하지 않았습니다. 그녀는 주님 자신을 사랑
했으며 주님께 무엇을 받기보다는 자신의 생명을 주님을 위해서 주기를

원했습니다. 그녀는 주님의 근원 되심을 알고 있던 여인이었습니다. 제자들까지도 그 여인의 마음을 이해할 수 없었습니다. 그들은 합리적이고 똑똑한 이야기를 했습니다. 그러나 그들은 주님을 알지 못했습니다. 진정 주님을 아는 이들이었다면 그렇게 말하지 않았을 것입니다.

주님께서 오병이어의 기적을 행하신 후에 많은 이들이 주님을 따랐습니다. 주님을 왕으로 모시자고 했습니다. 그러나 주님은 그들의 제안을 물리치셨습니다. 그리고 진정 중요한 것은 떡을 먹고 배 부르는 것이 아니며 주님을 진정한 하늘에서 내려온 생명의 양식으로 인식하는 것이라고 말씀하셨습니다. 그리고 주님 자신을 먹고 마셔야 한다고 가르치셨습니다. 이 말씀은 그들에게 어려운 말씀이었습니다. 현실적인 욕망의 충족은 누구나 기뻐했습니다. 그러나 영적인 메시지로 넘어가게 되면 그것을 이해하는 사람은 적었습니다. 그리고 대부분의 사람들은 그 메시지를 좋아하지 않았습니다.

예수께서 대답하여 가라사대 내가 진실로 진실로 너희에게 이르노니 너희가 나를 찾는 것은 표적을 본 까닭이 아니요 떡을 먹고 배부른 까닭이로다 썩는 양식을 위하여 일하지 말고 영생하도록 있는 양식을 위하여 하라 이 양식은 인자가 너희에게 주리니 인자는 아버지 하나님의 인치신 자니라 (요 6:26,27)

예수께서 가라사대 내가 곧 생명의 떡이니 내게 오는 자는 결코 주리지 아니할 터이요 나를 믿는 자는 영원히 목마르지 아니하리라 (요6:35)

예수께서 이르시되 내가 진실로 진실로 너희에게 이르노니 인자의 살을 먹지 아니하고 인자의 피를 마시지 아니하면 너희 속에 생명이 없느니라 내 살을 먹고 내 피를 마시는 자는 영생을 가졌고 마지막 날에 내가 그를 다시 살리리니 내 살은 참된 양식이요 내 피는 참된 음료로다 (요6:53-55)

제자 중 여럿이 듣고 말하되 이 말씀은 어렵도다 누가 들을 수 있느냐 한대 (요6:60)

이러므로 제자 중에 많이 물러가고 다시 그와 함께 다니지 아니하더라 (요6:66)

줄곧 주님을 따라 다니던 많은 이들이 이 메시지를 듣고 실족하여 다 사라져갔습니다. 불과 하루 전에 오병이어의 기적을 통하여 수 만 명이 환호하고 따라왔으나 이제 그들은 모두 사라졌고 단지 열 두 제자만이 남았을 뿐입니다.
그 절망스러운 고요함 속에서 주님은 조용히 물으셨습니다.

예수께서 열두 제자에게 이르시되 너희도 가려느냐
시몬 베드로가 대답하되 주여 영생의 말씀이 계시매 우리가 뉘게로 가오리이까 (요6:67,68)

항상 버림을 받으시며 배반을 당하시는 고독하신 주님의 질문에 베드로는 모처럼 아름다운 대답을 하였습니다. 그 대답은 주님께 큰 위로가 되었을 것입니다.

예수께서 대답하시되 내가 너희 열둘을 택하지 아니하였느냐 그러나 너희 중에 한 사람은 마귀니라 하시니 (요6:70)

베드로는 그렇게 대답하기는 했지만 그 당시에는 자신이 대답한 그 말의 의미가 무엇인지 잘 몰랐을 것입니다. 그러나 잘 모르기는 해도 그는 분명히 주님을 따르고 있었습니다.
다른 이들은 분위기와 상황에 따라서 주님 곁에 왔다 갔다 했지만 그는 어떠한 상황이 되든 오직 주님 자신을 따르며 그 곁에 있기를 원했습니다. 그도 주님을 모든 것의 중심이며 근원으로서 인식했던 것입니다. 성경과 역사와 현실을 통 털어 주님의 선물이 아닌 주님 자신을 구하고 사모하는 이들은 많지 않았습니다.

그들이야말로 참된 비밀을 발견하고 천국의 비밀을 소유한 자들이었습니다. 그들은 진정한 복을 발견한 자들이었습니다. 전 재산을 팔아서 사야만 하는 보화를 발견한 사람들이었습니다.

이들은 자신이 발견한 보화가 너무나 놀라운 것이었기에 이 보화를 소유하기 위해서 그 어떤 대가를 지불하는 것도 마다하지 않았습니다. 그것은 생명과도 바꿀 수 없는 것이었기 때문입니다.

바울이 평생을 주를 위하여 복음을 위하여 수고하고 감옥에서 죽어가고 있었을 때 그에게는 아무 것도 없었습니다.

그의 주변에는 아무도 없었습니다. 날은 춥고 겨울은 다가오고 그는 외롭고 병약한 노인이었습니다.

관제와 같이 벌써 내가 부음이 되고 나의 떠날 기약이 가까웠도다 내가 선한 싸움을 싸우고 나의 달려갈 길을 마치고 믿음을 지켰으니 이제 후로는 나를 위하여 의의 면류관이 예비되었으므로 주 곧 의로우신 재판장이 그 날에 내게 주실 것이니 내게만 아니라 주의 나타나심을 사모하는 모든 자에게니라

너는 어서 속히 내게로 오라 데마는 이 세상을 사랑하여 나를 버리고 데살로니가로 갔고 그레스게는 갈라디아로, 디도는 달마디아로 갔고 누가만 나와 함께 있느니라

네가 올 때에 내가 드로아 가보의 집에 둔 겉옷을 가지고 오고 또 책은 특별히 가죽 종이에 쓴 것을 가져오라

내가 처음 변명할 때에 나와 함께한 자가 하나도 없고 다 나를 버렸으나 저희에게 허물을 돌리지 않기를 원하노라 (딤후4:6-11,13,16)

그의 말년은 이 세상의 관점에서 보기에는 결코 성공한 인생이 아니었습니다. 그의 부모가 보았을 때는 결코 아들이 자랑스럽지 않았을 것입니다. 기껏 열심히 공부를 시켰더니 제대로 된 직업 하나 없이 장가도 못 가고 출세도 못하고 사람들에게 배척을 받으며 감옥에서 죽어 가는 아들.. 그것은 부모가 보았을 때 결코 자랑스러운 아들이 아니었을 것입니다.

주님과 복음을 발견한 이후 바울은 일생동안 그의 삶을 복음 사역에 내던졌습니다. 그는 모든 평탄한 삶과 권리를 포기하였습니다. 그가 말년에 이르렀을 때 그는 연약하고 외로운 노인이었습니다. 그는 추위에 떨면서 디모데에게 옷을 가져달라고 부탁했습니다.

나는 기독교인의 성공한 삶은 부자의 삶이라고 강조하는 어떤 책에서 바울은 아주 부자였으며 그가 디모데에게 가져다 달라고 부탁한 옷은 아주 값비싼 옷이라고 강조하는 것을 보았습니다. 그러한 해석은 자연스럽지 않으며 억지에 가깝습니다.

바울은 외로웠습니다. 그는 교제가 그리웠습니다. 그는 사랑하는 복음의 아들 디모데와 사랑의 교제와 안부를 나누고 싶었습니다.

그는 자기와 함께 있었던 이들을 회상합니다. 한때는 열심이 있었으나 어떤 이들은 세상과 타협하여 떠나갔고 어떤 이들은 다른 이유로 다른 곳에 갔습니다. 그가 어려움을 겪고 있을 때에 그를 도와준 자는 하나도 없었습니다. 모두가 다 그를 버렸습니다. 그는 이러한 일을 회상하며 디모데를 부릅니다.

그에게는 이미 떠나버린 이들에 대한 원망이나 분노가 남아있지 않습니다. 그는 그들을 조용히 주님의 손에 의탁할 뿐입니다. 다만 그는 오랜만에 사랑하는 제자를 만나 주님 안에서의 교제와 사랑을 나누고 싶은 것입니다.

모아놓은 재산도 없고 친구도 없고 이제 쓸쓸히 감옥에서 다가오는 죽음의 그림자를 기다리고 있는 노인 바울.. 그는 추운 겨울이 되기 전에 어서 디모데에게 오라고 다시 부탁합니다.
외롭고 추위에 떨고 있는 노인 바울.. 그는 정말 실패한 인생일까요?
아닙니다. 그는 진정 행복한 인생이었습니다.
그가 가진 모든 정열, 사랑, 땀과 피를 다 주님을 위하여 쏟아 부은 바울의 삶 - 그것은 진정 행복하고 아름다운 인생의 황혼이었습니다.
오직 주님을 추구하며 그를 위하여 자기의 인생을 소진하는 삶 - 그것만큼 아름다운 삶은 없습니다.
그는 복음으로 인하여 출세하고 이득을 얻은 자가 아닙니다. 복음을 위하여 모든 것을 잃어버리고 바친 사람입니다.
그에게 있어서 생명이란 하나도 중요한 것이 아니었습니다. 만약 그에게 생명이 백 개가 있더라도 그는 그 모든 생명을 주님께 바치기를 원했을 것입니다. 그에게 있어서 주님은 삶의 전부였고 삶과 죽음은 더 이상 아무런 의미가 없는 것이었습니다.

나의 간절한 기대와 소망을 따라 아무 일에든지 부끄럽지 아니하고 오직 전과 같이 이제도 온전히 담대하여 살든지 죽든지 내 몸에서 그리스도가 존귀히 되게 하려 함이니
이는 내게 사는 것이 그리스도니 죽는 것도 유익함이니라 (빌1:20, 21)

오직 성령이 각 성에서 내게 증거하여 결박과 환란이 나를 기다린다 하시나 나의 달려갈 길과 주 예수께 받은 사명 곧 하나님의 은혜의 복음 증거하는 일을 마치려 함에는 나의 생명을 조금도 귀한 것으로 여기지 아니하노라 (행 20:23, 24)

그에게는 죽든지 살든지 그것이 아무런 문제가 되는 것이 아니었습니다. 오직 그 안에서 주님만이 존귀하게 되는 것 - 그것만이 그에게 중요한 것이었습니다.

그의 달려갈 길을 위해서는 생명이 조금도 귀한 것이 아니었습니다. 그것이 바울의 삶이었습니다. 그리고 진정 성공한 인생을 산 사람의 삶이었습니다.

아주 소수이지만 이렇게 주님을 추구하는 것, 주를 위해서 어떤 이득이나 유익을 얻는 것이 아니라 자신을 드리고 목숨을 드리는 것을 선택한 인생이 있었습니다. 이들은 진정 보화를 발견한 사람들이었습니다.

어떤 이들은 더 좋은 부활을 얻고자 하여 악형을 받되 구차히 면하지 아니하였으며 또 어떤 이들은 희롱과 채찍질뿐 아니라 결박과 옥에 갇히는 시험도 받았으며 돌로 치는 것과 톱으로 켜는 것과 시험과 칼에 죽는 것을 당하고 염소의 가죽을 입고 유리하여 궁핍과 환난과 학대를 받았으니 (이런 사람은 세상이 감당치 못하도다) 저희가 광야와 산중과 암혈과 토굴에 유리하였느니라 (히11:35-38)

이들은 주님으로부터 오는 선물을 구하는 이들이 아니었습니다. 주님을 이용하려고 하는 이들이 아니었습니다. 이들은 주님을 더 얻기 위하여 주님의 소유가 되기 위하여 자신의 생명과 안이함과 평탄한 삶과 드릴 수 있는 모든 것을 드린 이들이었습니다.

모든 이들이 고통을 겪을 때 거기에서 벗어나기를 원합니다. 그러나 이들은 악형을 받을 때에 그것을 면하기를 원치 않았습니다. 그리고 오히려 기뻐했습니다.

그들은 그러한 고통을 통하여 주님을 더 깊이 알고 주님과 연합하기를 원했습니다. 그들은 오직 주님을 알기 위하여 그 어떤 대가도 지불하고 싶어했습니다. 세상은 그들을 이해할 수 없었으며 그들은 세상이 감당할 수 없는 사람들이었습니다.

자기의 목숨을 주님께 드리는 그러한 사람을 세상의 영들은 더 이상 어찌할 수가 없었을 것입니다. 그들은 이미 세상에 속한 자가 아니며 주님께 속한, 천국에 속한 자들이었습니다.

주님 자신을 구하는 이들은 이미 완성을 향하여 가는 이들입니다. 온 세상의 사람들이 많은 이상과 비전과 목적과 목표를 가지고 있으나 이들은 오직 주를 알기 원합니다. 그들은 오직 주님 자신을 구하기 원합니다. 그들은 주님과 주님의 뜻을 구하고 원합니다.

그들은 오직 주님 자신 외에는 아무런 목표도 꿈도 없습니다. 주님께서 그들에게 소원을 묻는 다면 그들은 대답할 것입니다.

"오. 주님.. 오직 당신과 당신의 원하심이 나의 유일한 소원입니다.."

그들은 이미 모든 것을 얻었고 승리한 사람입니다. 그들은 주를 추구하는 과정에서 얻어지는 고통과 어려움을 달콤한 사랑의 흔적으로 여깁니다. 그들은 오직 주를 얻기 위하여 모든 것을 잃기를 기뻐하기 때문입니다.

나는 오래 동안 예수를 믿으며 교회에 다니며 많은 시간을 기도하고 있지만 변화되지 않는 수많은 사람들을 보았습니다. 그 이유는 간단합니다. 그것은 그들이 주님 자신을 구하지 않고 다른 것을 구하고만 있기 때문입니다.

그들은 자기의 소원과 물질적인 것과 자기의 편안함과 욕망과 많은 개인적인 소원을 구합니다. 건강을 위해서 기도하며 돈을 위해서 기도합니다. 자녀가 유명한 대학, 출세를 보장하는 대학에 갈 수 있도록 목숨을 걸고 기도합니다. 가족을 위해서, 자녀를 위해서 손자, 손녀를 위해서 많은 것들을 구합니다.

그들의 관심은 항상 보이는 것이며 물질적인 것이며 영혼에 대한 것이 아닙니다. 그들은 주님 자신을 구하지 않으며 주님 자신을 알지 못합니다. 주님의 마음과 심장을 구하지 않으며 주님의 마음과 고독과 슬픔과 의도를 알지 못합니다. 그리고 그러한 상태에 있는 자들은 진정한 자유와 해방과 변화를 얻을 수 없는 것입니다.

모든 변화와 생명의 충만함은 오직 주님과의 연합을 통해서, 주님을 아는 것을 통해서 옵니다. 그러므로 바깥에서 주를 만나고 외부적인 주님을 아는 이들은 진정한 생명의 변화를 경험할 수가 없는 것입니다.
오래 동안 사람을 사귄다고 해서 누구나 다 그 사람의 마음을 아는 것은 아닙니다. 서로의 마음의 깊은 곳을 나누는 것은 아닙니다.
대부분의 관계는 그저 피상적인 관계입니다. 그저 얼굴을 알고 이름을 알고 약간의 정보를 아는 정도입니다. 외부적인 앎에 불과합니다. 사람들은 아주 소수의 사람과만 마음과 심령 속의 깊은 것을 나눕니다.

우리는 바로 주님과 그러한 관계를 형성해야 합니다. 그것이 바로 진리이고 생명입니다. 사람과 외부적인 관계에서 끝나는 것은 괜찮은 것이지만 주님과 그렇게 피상적인 관계라면 그것은 비참하고 실패한 인생입니다. 사람들이 알아주어도 건강하더라도 돈이 많더라도 명성이 있더라도 그것은 실패한 인생입니다.

교회를 오래 동안 다니며 신앙생활을 하지만 만족이 되지 않는 이들이 있습니다. 그들은 복을 받는 삶에 대하여 배웁니다. 그러나 만족이 되지 않습니다. 그들은 여러 가지 훈련을 받습니다. 그러나 만족이 되지 않습니다. 그들은 은사를 많이 경험하는 것을 배웁니다. 그러나 그들은 만족이 되지 않습니다.
이것이 다일까? 그 다음은 없는가? 하고 그들은 생각합니다. 어쩌면 그들은 사람들에게, 지도자들에게 비난을 받을지도 모릅니다. 교회에서 충성, 봉사하지 않고 쓸데없이 방황한다고..
그러나 그들의 마음 깊은 곳에는 갈망이 있습니다. 채워지지 않는 공허감이 있습니다. 그들은 사실 복을 받은 사람입니다. 그들의 갈망은 바로 주님 자신, 천국의 주인이시며 온 우주의 주인이신 그분의 임하심을 통해서만이 채워질 수 있는 것입니다. 어떤 은사나 능력이 아닌, 기적이나 문제의 해결이나 기도의 응답이 아닌, 주님 자신이 오실 때 그들은 채워질 수 있는 것입니다.

사랑의 본체이시며 기쁨과 영광의 본체이신 주님 자신이 우리에게 임하게 될 때 이것은 사람의 모든 갈망을 끝내버리는 것입니다. 그리고 그 이후에는 주님 외에는 더 이상 다른 것을 원하지 않게 됩니다.
왜냐하면 더 이상, 그 이상의 만족은 이 우주 안에 없다는 것을 알게 되기 때문입니다. 그리고 이 영광의 주님을 누리고 맛본 이들은 오직 이 놀라우신 주님 자신을 가르치고 싶어합니다. 이 주님 본체를 목숨을 다하여 구하라고 전하고 싶은 것입니다. 그는 너무나 놀라운 보화를 발견했기에 더 이상 다른 시시한 것들을 가르치고 전하기가 너무 어렵기 때문입니다.

주님 자신을 오직 사모하고 구할 것을 가르치는 목사님이 계셨습니다. 이 목사님이 직업 군인인 성도들이 많은 교회에서 집회를 하게 되었습니다.
어떤 직업에 속한 사람이든지 가장 중요하게 여기는 것이 있을 것입니다. 군인들에게 있어서는 진급이 아주 중요한 문제였습니다. 영관급이나 스타가 되기 직전의 군인들은 진급심사가 있는 기간에는 아주 긴장상태에 있었습니다. 예상외로 진급에 성공한 이들은 감사를 드리고 간증을 하고 기뻐했습니다. 의외로 진급에서 누락된 사람은 좌절하거나 실족하는 경우도 있었습니다.

많은 목회자들이 어떻게 기도를 드리고 어떻게 주를 기쁘시게 하면 진급을 할 수 있는가에 대해서 설교했습니다.
그러나 이 목사님은 달랐습니다. 그는 진급이 뭐가 중요하냐고 가르쳤습니다. 그 까짓 것 되면 어떻고 안 되면 어떠냐고 가르쳤습니다. 오직 예수를 사모하고 모시고 그에게 미치고 빠지라고 가르쳤습니다. 오직 예수를 알아야 한다고 설교했습니다. 담임 목사님은 성도들이 실족할까봐 노심초사했지만 모든 성도들이 큰 은혜를 얻고 감동을 받았습니다.

유감스럽게도 오늘날 그리스도인들은 평생을 교회를 다니면서 이러한 메시지를 잘 듣지 못합니다. 그저 윤리 도덕적인 메시지나 사회에서 유능한 사람이 되기 위한 성공적인 메시지나 아니면 현실의 고통스러운 문제에서 벗어나는 방법이나 자신의 소원과 욕망을 성취하는 법에 대해서 듣거나 하나님에 대한 피상적인 지식과 개념에 대해서 배울 뿐입니다.

그렇기 때문에 오늘날 그리스도인들은 주님과의 실제적인 교제에 대해서 잘 알지 못합니다.
문제를 해결하기 위한 기도는 알지만 주님과의 아름답고 놀라운 교통 속에 들어가는 기도에 대해서는 잘 모릅니다.
주님께 대한 그리움이 무엇인지 모릅니다. 주께 대한 사모함으로 가슴이 터지는 것이 무엇인지 모릅니다.
주님의 마음에 대해서 알지 못합니다. 주님의 눈물에 대해서 고독에 대해서 알지 못합니다. 그저 피상적인 많은 지식과 개념을 머리 속에 가지고 있을 뿐입니다.
그러므로 대부분의 그리스도인들은 그 영혼이 아직도 어두운 영역에 처해 있으며 주님의 마음과 천국의 빛을 받지 못합니다. 그래서 많이 집회에 참석하고 많이 기도하면서도 여전히 근심과 욕망과 두려움과 분노에 사로잡혀 있습니다.

부디 이 진리를 기억하시기 바랍니다.
주님은 천국의 주인이시며 천국의 전부이십니다.
당신이 진정한 천국의 빛과 영광을 알기 원한다면
당신은 오직 주님 자신을 추구해야 합니다.

당신에게는 많은 기도 제목과 소원이 있을 것입니다.
이것이 되었으면 얼마나 좋을까.. 하는 것이 반드시 있을 것입니다.
그것은 좋습니다. 나쁜 것은 아닙니다.

그러나 그 모든 것 위에 주님이 더 중요하다고 고백하십시오.
주님이 더 필요하다고 고백하십시오.
주님을 알기 원한다고 주님께 사로잡히고 싶다고
주님께 소유되고 싶다고 고백하십시오.
바로 그 기도를 주님께서 기다리고 계시기 때문입니다.

이 우주 안에 있는 그 어떤 것도 당신의 마음을 만족시켜줄 수 없다는 사실을 명심하십시오.
사랑하는 가족도, 배우자도, 자녀도, 그 어떤 대상도 당신을 채울 수 없습니다. 당신은 오직 주를 알고 그분께 소유될 때만이 참 만족을 경험하고 천국을 경험하게 됩니다.

이것이 바로 천국의 중심입니다.
천국은 주님을 모든 것의 근원으로서 이해하고 사모하고 추구하는 이들이 거하는 곳입니다.

오직 주님 자신을 추구하십시오.
그에게서 모든 선하고 아름다운 열매가 시작됩니다.
오직 주님을 얻기 위하여
당신의 목숨을 주께 드리십시오.
오직 주님을 구하십시오.
주님 자신을 구하십시오.
그것이 곧 천국입니다.
그 천국과 영광의 빛을 경험한 이들은
이 세상의 그 어떤 것과도 그것을 바꾸지 않을 것입니다.
심지어 당신 자신의 목숨까지도 말입니다.

4부
천국과 지옥의 속성

천국과 지옥은 서로 대치하고 있으며
서로 반대의 속성을 가지고 있습니다.
천국은 천국의 속성을,
지옥은 지옥의 속성을 가지고
그 속성에 맞는 자들에게
계속 영향을 행사하고 있습니다.
우리가 천국의 속성을 바르게 알고
그 천국의 원리 안에서 움직이고 행할 때
우리는 날마다 더 천국에 가까워지게 될 것입니다.
그리고 더욱 더 충만한
천국의 빛 가운데 거하게 될 것입니다.

1장 천국과 지옥의 전쟁

천국은 주님을 높이는 이들이 거주하는 곳입니다. 지옥은 자신을 높이는 이들이 사는 곳입니다. 그러므로 주님을 높이고 영광을 돌리면 천국의 빛이 임하며 자신을 높이고 자랑하면 지옥의 어두움과 그 영이 임합니다.

천국은 주님이 다스리는 곳입니다. 천국에 속한 모든 이들은 주님의 주인 되심에 순복하는 이들입니다. 지옥은 자기가 삶의 주인이 되어 멋대로 사는 이들이 가는 곳입니다. 그러므로 매사에 주님의 지배 속에서 말하고 생각하고 움직이며 주님 앞에 굴복되는 이들은 천국의 영을 경험하게 됩니다. 그러나 제 멋대로 살며 자기의 뜻대로 되지 않는다고 화를 내거나 염려하는 이들은 지옥의 어두움 속에 거하게 됩니다.

천국은 모든 실제의 근원이신 주님 자신을 구하는 이들이 거하는 곳입니다. 지옥은 눈에 보이는 모든 것들을 실재라고 생각하고 추구하는 이들이 거하는 곳입니다. 그러므로 주님 자신을 구하는 이들은 천국의 빛과 영광을 맛보게되며 보이는 것들을 추구하는 이들은 지옥의 영에 의하여 속고 살며 어두움의 영들 가운데 살게 됩니다.

빛에 속하여 빛의 영향 가운데 있는 이들은 천국의 열매를 맺게 됩니다. 그들의 중심에는 항상 세상에서 맛볼 수 없는 기쁨과 평화로움, 이웃에 대한 사랑, 하나님께 대한 사랑과 감사, 이 세상의 모든 집착에서 벗어난 초월적인 자유함 등의 열매가 따릅니다.

그러나 지옥의 영에 의하여 영향을 받고 눌린 이들은 그 심령 속에 항상 두려움과 근심과 불안과 분노와 원망과 탐심과 집착이 있습니다. 그들은 진리 가운데 거하지 못하며 어둠 속에서 거짓의 영 가운데 속으며 삽니다.

그들은 주님의 영광과 환희에 대해서 알지 못하며 이 세상에 속한 이들과 별로 차이가 없는 삶을 삽니다. 아무리 예수의 이름을 부르더라도 그들에게 그것은 하나의 개념에 불과할 뿐 예수 안에 거하는 기쁨과 안식에 대해서 알지 못합니다.

진정 중요한 것은 우리는 개념이나 문자를 믿는 것이 아니라 살아있는 실제, 살아있는 주님, 살아서 움직이는 천국의 영을 경험하며 살아가야 한다는 것입니다. 그것이 우리를 변화시키며 새롭게 하는 것입니다.

이상과 같은 것이 천국의 중심 원리입니다. 1부, 2부, 3부의 내용에 대한 요약이기도 하지요. 이러한 기초 속에서 우리는 육신을 벗고 완전한 천국에 가기 전에 이 땅에 살면서도 날마다 천국의 빛에 가까이 나아갈 수 있습니다.

이러한 천국의 중심 원리 외에도 천국과 지옥은 다양한 성질을 가지고 있습니다. 우리는 그러한 원리들을 이해함으로써 우리의 삶 속에 천국의 기름부음을 증가시켜서 지옥의 영들을 소멸할 수 있을 것입니다.

천국과 지옥은 우리에게서 멀리 있는 것이 아닙니다. 영계는 물질계와 동전의 양면과 같이 우리가 이 땅에 살면서도 같이 경험하고 있는 것입니다.

우리가 예배를 드리면서 경험하는 기쁨과 만족은 바로 천국의 빛과 영광을 부분적으로나마 경험하고 있는 것입니다. 또한 우리는 깨어있지 않을 때 지옥의 영들로부터 시달리게 되며 고통을 겪게 됩니다. 주님을 믿고 시인하는 교회가 이 지옥에 속한 악한 영들의 권세를 이길 수 있다는 것은 주님께서 우리에게 약속하신 놀라운 복음입니다.

또 내가 네게 이르노니 너는 베드로라 내가 이 반석 위에 내 교회를 세우리니 음부의 권세가 이기지 못하리라 내가 천국 열쇠를 네게 주리니 네가 땅에서 무엇이든지 매면 하늘에서도 매일 것이요 네가 땅에서 무엇이든지 풀면 하늘에서도 풀리리라 하시고 (마 16:18,19)

이 말씀은 베드로 개인에게 천국의 열쇠를 주셨다고 해석할 수 없습니다. 베드로가 주님의 그리스도이심을 고백한 후에 이러한 약속의 말씀이 주어졌는데 주님께 대한 이러한 고백과 시인이 교회의 기초이며 이러한 교회와 성도들에게 지옥의 권세를 이기는 힘이 주어지는 것을 의미하는 것입니다.

이 말씀을 보면 지옥의 영들이 사람들을 공격하며 괴롭힌다는 사실을 알 수 있습니다. 그러나 성도들은 그것을 이길 수 있다는 약속입니다. 지옥만 우리에게 영향을 행사하는 것이 아닙니다. 천국도 우리와 가까이 있습니다.

너희의 허물과 죄로 죽었던 너희를 살리셨도다 그 때에 너희가 그 가운데서 행하여 이 세상 풍속을 좇고 공중의 권세 잡은 자를 따랐으니 곧 지금 불순종의 아들들 가운데서 역사하는 영이라
전에는 우리도 다 그 가운데서 우리 육체의 욕심을 따라 지내며 육체와 마음의 원하는 것을 하여 다른 이들과 같이 본질상 진노의 자녀이었더니 긍휼에 풍성하신 하나님이 우리를 사랑하신 그 큰 사랑을 인하여 허물로 죽은 우리를 그리스도와 함께 살리셨고 (너희가 은혜로 구원을 얻은 것이라)
또 함께 일으키사 그리스도 예수 안에서 함께 하늘에 앉히시니 (엡2:1-6)

이것은 우리의 영적 위치를 보여줍니다. 전에는 우리가 주를 알지 못하여 세상의 왕들에게 속했고 그 지옥의 영들의 지배 속에 있었습니다. 그리하여 육체의 욕망을 따라 살았습니다. 즉 육체의 욕망을 따라 사는 것은 악의 영, 지옥의 영들의 지배 가운데서 사는 것을 의미하는 것입니다. 그러나 이제 주님을 믿고 주께 속한 사람이 됨으로 말미암아 우리는 하늘에 속한 사람이 되었습니다. 그리하여 지금 우리의 위치는 하늘에 있는 것입니다. 그리스도 예수와 함께 하늘에 앉아있는 것입니다.

우리의 육체는 지금 이 땅에 거하고 있습니다. 그러나 우리의 영혼은 주님과 함께 하늘에 있으며 하늘, 곧 천국의 빛과 영광을 누리고 경험할 수 있는 것입니다. 그러나 이것은 우리의 의식과 삶과 상관없이 자동적으로 이루어지는 것이 아닙니다. 우리가 세상에 속한 사람들처럼 육체의 소원과 욕망을 따라 살며 보이는 것들을 추구하고 살면 우리는 여전히 땅에 속한 영들, 지옥에 속한 영들의 지배 가운데 신음하게 되는 것입니다.

아직 세상에 사는 동안 우리는 지옥의 공격을 받습니다. 그리고 또한 천국에서 오는 은총과 빛을 경험합니다.
우리는 아직 두 세계 사이에 끼여 있으며 육체가 살아있는 동안에는 이 전쟁 속에 있을 것입니다. 천국과 지옥은 전쟁 중에 있습니다. 천국도 지옥도 서로 우리를 끌어당기려고 합니다. 우리가 천국의 원리 가운데 거하고 그 원리 안에서 산다면 우리는 천국의 임재를 점점 더 경험하게 될 것입니다. 그리고 점점 더 천국에 속한 사람이 될 것입니다.
그러나 천국과 반대되는 지옥의 원리 가운데 거하고 지옥의 속성 속에서 산다면 우리는 천국과 점점 더 멀어지게 되며 지옥에 가까워지게 될 것입니다.

우리는 할 수 있는 한 천국의 깊은 곳으로 가까이 나아가며 사람들을 그곳으로 이끌어야 합니다. 우리가 천국의 실제를 가지고 있지 않다면 우리는 지옥에 속한 이들을 천국의 빛 가운데로 인도할 수가 없습니다. 같이 구덩이에 빠져 있는 사람이 구덩이에 빠진 다른 이를 구제할 수는 없습니다.
우리가 살아있는 한 우리를 향한 천국과 지옥의 전쟁은 끝나지 않을 것입니다. 우리는 주를 따르며 결국에는 승리할 것입니다. 그리고 천국에서 주님의 풍성함을 누리며 맛보게 될 것입니다.
영적 성장이란 우리의 영혼이 발전하여 점점 더 천국에 속한 사람이 되며 천국의 속성을 가지는 사람이 되는 것입니다. 그리고 지옥으로부터 점점 더 멀어지는 것입니다. 우리가 살아있는 동안 우리는 그러한 성장을 이루어가야 합니다.

우리는 천국의 속성을 알고 배우며 그 천국의 빛 가운데 거하며 날마다 그 천국에 가까워져야 합니다. 천국의 원리를 따라 살고 천국의 기름 부으심을 경험해야 합니다.

천국의 시민으로서 천국적인 삶을 사는 것은 그리 어려운 일이 아닙니다. 우리는 점점 더 그렇게 자라고 발전해갈 수 있습니다.

이 땅에 지옥적인 어두움이 가득하며 많은 이들이 그 길을 걸어가고 있지만 우리는 그러한 가운데서도 천국의 빛과 충만함을 더 많이 누릴 수 있습니다. 그것은 우리에게 달려있는 것입니다.

애굽에 태양이 어두워져서 흑암이 애굽 전체를 덮었을 때도 이스라엘이 거하는 곳에는 빛이 있었습니다.

마찬가지로 이 어두움과 근심과 고통이 가득한 세상에서도 신실한 주의 백성들은 천국의 빛과 그 영광 속에서 살아갈 수 있을 것입니다.

주님을 간절하게 붙잡으며 그 천국의 원리를 따라 살아간다면 말입니다.

2장 빛의 천국과 어두움의 지옥

천국은 빛의 세계입니다. 하나님은 빛이시며 그분에게는 어두움이 조금도 없으십니다. (요일1:5) 그리고 그 분이 통치하시며 지배하시는 곳이 천국입니다. 그러므로 그 곳은 빛으로 충만합니다.

그 성은 해나 달의 비침이 쓸데없으니 이는 하나님의 영광이 비취고 어린 양이 그 등이 되심이라 만국이 그 빛 가운데로 다니고 땅의 왕들이 자기 영광을 가지고 그리로 들어오리라 성문들을 낮에 도무지 닫지 아니하리니 거기는 밤이 없음이라 (계 21:23-25)

요한은 기도 중에 성령에 감동하여 주님의 형상을 보고 그가 본 주님의 모습을 이렇게 묘사하고 있습니다.

그 머리와 털의 희기가 흰 양털 같고 눈 같으며 그의 눈은 불꽃 같고 그의 발은 풀무에 단련한 빛난 주석 같고 그의 음성은 많은 물 소리와 같으며 그 오른 손에 일곱 별이 있고 그 얼굴은 해가 힘있게 비취는 것 같더라 (계 1:13-16)

얼굴에 광채가 가득하여 해가 힘있게 빛나는 것 같은 모습이 바로 부활하신 후의 주님의 모습이었습니다. 그 모습은 천국의 왕이신 주님의 모습을 잘 보여줍니다. 천국은 빛으로 가득한 곳이며 빛에 속한 이들이 거하는 곳입니다. 주님은 바로 세상의 빛이시며 주를 믿는 우리들은 빛의 자녀라고 불리워 집니다. 빛의 자녀라는 것은 천국에 속해있다는 의미입니다.

너희가 전에는 어두움이더니 이제는 주안에서 빛이라 빛의 자녀들처럼 행하라 (엡5:8)

그리스도인들은 빛에 속한 자들입니다. 그리스도인들은 그 안에 빛을 가지고 있습니다. 그 빛은 주님이며 복음입니다. 그 안에 빛이 부족한 이들은 천국의 찬란한 빛을 견딜 수 없습니다. 빛이 없는 명목적인 신자들은 천국의 빛이 비취지 않는 어두운 곳으로 쫓겨나야 했습니다.

그에게서 한 달란트를 빼앗아 열 달란트 가진 자에게 주어라
무릇 있는 자는 받아 풍족하게 되고 없는 자는 그 있는 것까지 빼앗기리라
이 무익한 종을 바깥 어두운 데로 내어 쫓으라 거기서 슬피 울며 이를 갊이 있으리라 하니라 (마25:28-30)

무익한 이 종은 천국의 빛을 견딜 수 없었으며 바깥 어두운 곳으로 쫓겨날 수밖에 없었습니다. 이것은 천국의 중심은 빛으로 충만한 곳이며 외곽 지역으로 나갈수록 그 빛이 어두워지는 것을 보여줍니다.
천국은 이와 같이 빛으로 가득합니다. 행복과 기쁨과 만족으로 가득합니다. 천국에 슬픔과 근심이 있다면 그것은 자연스럽지 않습니다. 그것은 지옥과 어울립니다.

썬다싱의 책에서 이런 이야기를 읽은 적이 있습니다. 천국에 들어간 이들이 가끔 지옥에 있는 자신의 친지를 방문할 때가 있다고 합니다. 그리고 천국에 속한 이들은 지옥에 있는 그들의 모습을 보면서 몹시 슬퍼하고 고통스러워한다는 것입니다.
그러면서 썬다싱은 그러한 질문을 던집니다. 그렇다면 지옥에 친지를 두고 있는 이들은 천국에 있으면서도 고통과 슬픔을 느끼게 되지 않을까 하는 것입니다.
그는 대답합니다. 그것은 세상의 생각으로는 그럴 듯해 보이지만 영계에

서는 그렇지 않다는 것입니다. 그들은 비록 잠시 고통과 슬픔을 느끼지만 그들이 친지를 떠나 천국의 문 앞에 이르게 되면 그 문을 보는 순간에 모든 슬픔과 고통의 기억은 다 사라져버리고 다시 기쁨과 행복감에 사로잡히게 된다는 것입니다. 천국의 빛 가운데는 지옥의 어두움과 슬픔과 고통이 들어올 수 없기 때문입니다.

이 세상에 슬픔과 기쁨, 사랑과 미움이 공존하는 이유는 이 세상에 천국과 지옥이 같이 공존하며 역사하고 있기 때문입니다. 그러나 이 세상을 떠나게 되면 빛은 빛끼리, 어두움은 어두움끼리 나뉘어지게 될 것입니다. 다시는 섞임이 없을 것입니다.
세상이 창조되면서 주님은 물과 흙이 서로 나뉘어지라고 명령하셨습니다. 그래서 물은 바다가 되고 흙은 육지가 되었습니다. 그와 같이 영의 세계에서는 같은 성분의 것들만이 같이 있을 수 있을 것입니다.
이 세상에 고통스러운 이유는 섞임이 있기 때문입니다.

이 세상은 영의 상태와 수준에 따라 사는 곳이 아닙니다. 육체와 혈연을 따라 사는 곳입니다. 그러므로 영적 성향이 틀려도 혈연에 의해서 묶여집니다. 관심사가 다르고 소망이 틀려도 같이 거하게 됩니다. 그래서 서로 고통을 겪는 것입니다.
빛은 빛을 좋아하지만 어둠은 빛을 싫어하며 빛으로 인하여 고통을 겪습니다. 그러나 언젠가 때가 되면 빛은 빛으로 어둠은 어둠으로 나뉘어집니다. 그것이 영계입니다. 영계는 혈연에 속하고 물질에 속한 것이 아니라 영적 속성에 의해서, 마음의 상태와 비슷한 성향에 의해서 같이 모이고 이루어지게 되는 것입니다.
그렇기 때문에 몸으로는 교회 안에 있고 신앙의 문화 속에서 평생을 살았다고 하더라도 그 중심의 성향 속에 주님이 계시지 않고 자기 중심적이고 물질 중심적인 사람들은 천국의 빛과 아주 멀리 있는 것입니다.

천국은 빛의 세계입니다. 빛은 밝고 환한 것입니다. 빛에 속한 사람은 그래서 생각도 감정도 아주 밝습니다. 그것은 천국의 열매입니다.
물론 흔히 말하는 긍정적이고 낙관적인 사고가 빛에 속한 것이라고 할 수는 없습니다. 빛의 근원은 바로 주님이시기 때문입니다. 주님으로부터 온 빛과 세상으로부터 온 빛은 다릅니다. 그것은 다른 밝기를 가지고 있습니다. 태양 빛과 촛불의 빛은 비교할 수 있는 것이 아닙니다.

주님의 말씀은 사람의 심령 속에 빛을 일으킵니다. 그것은 심령을 밝고 맑고 아름답고 환하게 합니다. 그것은 세상이 주지 못하는 기쁨을 일으킵니다. 우울하고 지쳐있다가도 주님 앞에 나아가 주님의 영광과 그 빛을 구하면 금방 마음이 새로워지고 빛으로 가득하게 됩니다. 그것은 천국의 빛이 그에게 임하기 때문입니다.

이와 반대로 지옥은 어두움으로 가득합니다. 근심과 염려, 두려움과 같은 것은 다 지옥으로부터 오는 것입니다. 그 영혼이 천국의 빛 가운데 있는 이들은 어려운 상황 속에 있어도 여전히 평안과 기쁨 속에 있습니다. 그들이 마음 속에 불안과 근심을 느끼는 것은 그 영혼이 잠시 어두움의 영계로부터 공격을 받고 있기 때문입니다.
모든 어두움의 사고는 지옥에서 오는 것이며 문제는 환경에 있는 것이 아니라 환경을 바라보다가 영혼이 어두움의 영역으로 떨어지는 것이 바로 문제입니다. 그러므로 언제 어떠한 상황에서든지 그리스도인들이 가장 지켜야 할 것은 자신의 마음과 심령인 것입니다.

어두움은 빛의 부족에서 오는 것입니다. 우울증은 초가을에 많이 생기는 것으로 알려져 있는데 의학자들은 그 중요한 원인으로서 일조량의 부족을 이야기합니다. 갑자기 여름철에 비해서 일조량이 부족할 때 마음도 그 영향을 받아서 우울해질 수 있다는 것입니다. 우울증이란 일종의 정신적인 어두움이며 빛이 부족할 때 정서적으로도 그러한 영향을 받을 수 있습니다. 그것은 날씨가 아주 화창한 날의 햇살을 접할 때 우울한 마음이 순식간에 사라지는 것을 통해서도 알 수 있습니다.

태양의 볕은 생명에너지로 충만한 것이며 지구에 있는 모든 생명체들은 근본적으로 태양을 통해서 에너지를 얻는 것입니다.

이 태양의 볕은 하나님의 속성의 일부분을 보여줍니다. 이 태양 볕을 통해서 사람들이 생기와 활력을 얻게 된다면 진정한 빛이신 주님을 묵상하고 그 빛을 받아들일 때 우리의 영혼이 얼마나 충만해질지 이해할 수 있는 것입니다.

어두움은 지옥을 느끼게 합니다. 대부분의 범죄는 어두울 때 일어납니다. 어두움은 두려움을 일으킵니다. 악한 영들은 빛을 싫어하며 어두운 곳에서 일하기를 좋아합니다. 귀신들이 대낮에 돌아다닌다는 이야기는 별로 듣기 어렵습니다.

악한 영들에게 시달리는 이들의 집에 가 보면 그 특성이 집안의 분위기가 어둡고 침침하다는 것입니다. 나는 그러한 곳에 가면 제일 먼저 조명을 바꾸라고 이야기하곤 합니다. 밝기를 두배 이상 밝게 하라고 이야기하지요.

또한 우울한 사람들에게는 가능하면 자주 외출을 해서 태양의 밝은 빛 가운데 노출하라는 이야기를 합니다. 많이 기도하는 것도 아닌데 단순히 밝은 곳으로 가서 햇살을 쐬기만 해도 마음이 밝게 회복될 수가 있는 것입니다. 어둠침침한 곳에서 하루 종일 혼자 있다면 누구라도 정신이 어두워지게 되어 있는 것입니다.

우리는 빛을 사모해야 합니다. 마음을 밝게 해야 합니다. 그래야 빛의 왕국인 천국과 자꾸 연결되며 파장이 맞게 됩니다. 그러므로 밝은 마음, 기뻐하고 즐거워하는 마음을 가지는 것이 필요합니다. 그러한 것을 자꾸 훈련하고 연습해야 합니다. 아마 귀신에게 시달리는 사람들 중에 명랑한 이를 본 적이 없을 것입니다.

악한 영들은 체질적으로 밝은 이들을 싫어합니다. 그들은 우울하고 어두운 이들을 좋아합니다.

마음이 비뚤어지고 부정적인 이야기만을 자꾸 하는 사람이 있습니다. 남이 무엇을 잘 해도 꼭 트집을 잡고 좋지 않은 쪽으로 해석을 하는 이들이 있습니다. 친절하게 대해주어도 좋게 받아들이지 않습니다. 이러한 이들은 이미 그 안에 어두움이 가득하게 자리를 잡고 있는 것입니다. 할 수 있다면 이러한 이들을 피해야 합니다.

그들이 자신의 상태에서 벗어나기를 원한다면 그들을 도울 수 있지만 자신의 상태를 바꾸기를 원치 않는다면 그것은 어느 누구도 도울 수 없습니다. 그들 주변에는 악한 영들이 쫓아다니기 때문에 그들 주변에 있는 사람도 같이 고생을 하게 됩니다.

그러한 경향을 상처와 어려운 환경 때문이라고 이해해서는 안 됩니다. 상처를 받고 어려운 환경에 있었다고 해서 모든 사람이 비뚤어지는 것은 아닙니다. 그것은 그들이 스스로 지옥을 끌어당기고 있기 때문입니다.

지옥의 악령들도 아무에게나 역사하는 것은 아닙니다. 그 사람의 안에 무엇인가 지옥의 영들과 파장이 맞을 때 들어가서 역사할 수 있는 것입니다. 그런데 어둡고 부정적인 시각과 관점을 가지고 있는 이들은 근본적으로 지옥의 영들과 파장이 맞습니다. 그러므로 지옥의 영들은 그러한 이들의 안에 있을 때 편안함을 느끼기 때문에 잘 나가려고 하지 않는 것입니다.

어떤 능력자가 와서 귀신을 쫓는다고 해결되는 것이 아닙니다. 본인의 성향이 바뀌지 않는 한 그들은 다시 돌아오기 때문입니다. 그러므로 어두운 성향을 버리는 것만큼 중요한 것이 없습니다. 그 순간부터 지옥과 멀어지고 천국과 가까워지기 때문입니다.

나는 젊은 청년 시절부터 다른 사람들을 도우면서 영적 전쟁을 많이 치렀습니다. 악한 영들에게 눌리는 이들을 많이 경험했고 귀신을 쫓아내고 기도해주고.. 그런 일을 많이 했었습니다. 그러한 일은 보람이 있기는 했지만 참으로 지치고 힘든 일이었습니다. 왜냐하면 그러한 전쟁의 과정에서 내가 돕는 이들의 증상이 나에게도 똑같이 전달되었기 때문입니다. 한번은 신학대학교를 다니던 시절 어떤 이의 귀신을 쫓아내었는데 상대방은 회복되었지만 나는 어지럽고 힘이 들어서 며칠동안 일어날 수조차 없었습니다. 난처하게도 그 기간이 시험 기간이었습니다. 시험을 치지 못했으니 학점이 나올까 걱정이 되었습니다.

교수님들을 찾아가서 사정을 해서 리포트로 시험을 대치하기도 하고 나중에 재시험을 치르기도 하고 그랬는데 교수님들께 '귀신을 쫓아내다가 전이현상이 와서..' 그런 식으로 이야기했을 때 납득을 하실 지 의문이 들었습니다. 그래서 연탄가스를 마셔서 쓰러졌었다고 이야기하고 재시험을 치른 적도 있었습니다.

그러한 영적 전쟁을 치르면서 차츰 느끼게 된 것은 귀신의 문제는 단순히 능력으로 해결되는 문제가 아니라는 것이었습니다. 그것은 1,2년에 해결되는 문제가 아니었고 대부분 그 가정의 구조적인 문제와 관련이 있었으며 가장 중요한 것은 본인의 기질적인 문제였습니다. 즉 어두운 사람에게는 어두움의 영들이 항상 따라다녔던 것입니다.

나는 그 즈음에 아내를 만났는데 아내와 결혼을 하게 된 가장 큰 이유가 있다면 아내가 밝은 사람이었다는 것이었습니다. 아내는 성품이 밝고 맑았습니다. 그녀는 어떤 문제가 있어도 꽁하고 있는 사람이 아니었습니다. 그녀는 매사에 모든 것을 좋게 보고 긍정적으로 생각하는 사람이었습니다. 그리고 그러한 그녀의 기질 때문에 그녀는 악한 영들로부터 별로 공격을 받지 않았습니다. 악한 영들에게 눌린 이들을 돕느라고 지친 나는 그녀의 밝음을 보면서 자유함과 휴식을 느꼈습니다.

나는 사역에 있어서 영적 전쟁이 있음을 알았지만 집안에서까지 긴장된 삶을 살고 싶지는 않았습니다. 밖에서는 싸움이 있어도 집에서는 휴식과 누림을 가지고 싶었습니다. 만일 그녀가 어두운 기질이라면 나는 집에서도 항상 영적 전쟁에 시달리게 될 것입니다. 나는 그래서 그녀와 결혼을 하게 되었습니다.

아내는 결혼을 해서 여러 어려움에 처한 적이 많이 있었습니다. 천식으로 죽을 뻔한 적도 여러 번이고 경제적으로 많이 시달려서 굶기 직전인 적도 참 많았습니다. 그러나 그녀는 그래도 여전히 밝고 즐겁게 살았습니다.

한번은 전 재산이 천 원 밖에 없을 때가 있었는데 아내는 그 돈으로 오백 원짜리 과자를 사왔습니다. 그리고는 너무 맛있다며 아주 행복한 모습으로 먹는 것이었습니다. 그 다음부터는 굶어야 하는 데도.. 그러니 이러한 스타일의 사람에게는 어두움의 영들이 역사하기가 어려운 것이었습니다. 파장이 잘 맞지 않으니까요.

영적으로 자신이 깊다고 생각하는 이들을 보면 대체로 우울한 사람이 참 많습니다. 그들은 침체되고 눌려 있으며 삶에 기쁨과 즐거움과 자유함이 별로 없는데 그럼에도 불구하고 자신은 성숙한 사람이며 깊은 사람이라고 생각합니다. 그것은 오해를 하고 있는 것입니다. 천국은 기쁨으로 가득하고 빛으로 충만한 곳이며 결코 우울하고 어두운 곳이 아닙니다.

푸념이나 원망을 입에 달고 사는 이들이 있습니다. 이러한 이들을 돕는 것은 거의 불가능에 가깝습니다. 그들은 스스로 지옥과 재앙을 끌어당깁니다. 그들은 자신을 스스로 불쌍히 여기며 모든 것을 남의 탓으로 돌리고 하나님의 탓으로 돌립니다. 그리고 자신들에게 동조하면 그들이 아주 좋은 사람이라고 생각하고 자신들에게 동조하지 않는다면 원수같이 생각합니다. 그들은 지옥의 어두움 가운데 잡혀있는 것입니다.

자신을 반성하지 않고는 어느 누구도 자기에 속한 어두움과 고통의 영역에서 벗어날 수 없습니다. 악한 영들은 그들에게서 떠나지 않습니다.
그들을 위로하며 돕는 것은 그들을 그 어두움의 영계에 계속 머물러 있게 하는 것입니다. 그들은 다른 이들의 위안을 원하지만 그것으로는 결코 그들이 속한 어둠의 영계에서 벗어나지 못합니다.
그들은 자기 반성을 통해서만 그 어두움에서 빠져나올 수 있습니다.
그렇지 않으면 그들은 많은 고통을 통과해야 합니다. 많은 고통을 겪은 후에 그들의 생각이 조금 바뀐다면 그들은 조금 밝은 곳으로 나갈 수도 있습니다. 영계는 철저하게 본인의 선택에 의해서 이루어지는 것입니다. 아무도 본인의 선택을 바꾸어 줄 수는 없습니다.

우울함에는 어떤 쾌감의 요소도 있습니다. 어떤 이가 깊은 침체와 우울함 속에 빠져 있을 때 그는 한편으로 어두운 상태에 있으면서도 묘한 즐거움을 누릴 수도 있습니다. 비가 오는 날 어두운 공간에서 우울한 생각에 빠져 있으면서 우울하고 어두운 음악을 듣는 것.. 그것은 묘한 즐거움을 줄 수도 있습니다. 그러나 그것은 지옥의 쾌감입니다.
남에게 분노를 터뜨리거나 험담을 하면서도 일종의 카타르시스와 같은 쾌감을 얻을 수 있는데 그것 역시 지옥에서 올라오는 쾌감입니다.
오늘날 성경에 입각하지 않은 심리학의 논리를 그대로 믿어서는 안 됩니다. 세상에서 가르치는 원리와 영성의 원리는 다릅니다. 천국은 세상의 지식에서 얻을 수 있는 것이 아닙니다.

그러한 어두움의 쾌락에서 벗어나야 합니다. 그것을 즐기지 말아야 합니다. 자신의 성격을 우울한 편이라고 여기면서 그것을 내버려두어서는 안 됩니다. 그것은 자신을 지옥에 속한 사람이라고 생각하면서 내버려두는 것과 같습니다.
당신이 우울하고 어두운 편이라면 당신은 밝음과 빛을 훈련해야 합니다. 하다못해 거울을 보면서 웃는 연습이라도 해야 합니다. 정 마음이 어두워서 웃을 일이 없다면 차라리 티브이에서 보여주는 코미디라도 보면서 웃어야 합니다. 그런 것을 유치하다고 여기면서 우울함 속에 있는 것보다는 차라리 그것이 낫습니다.

물론 가장 아름다운 것은 그렇게 세상이 주는 즐거움에 빠져 있는 것 보다 주님의 빛과 기쁨을 묵상하며 즐거워하는 것입니다. 주님을 기뻐하며 주님을 즐거워하는 것입니다.

이상하게도 사역자들은 명랑한 사람을 찾기가 어렵습니다. 여기저기에서 영적인 훈련을 많이 받은 이들 중에 명랑하고 재미있는 사람을 찾기가 어렵습니다. 그러한 이들은 대체로 딱딱하고 엄하고 접근하기가 힘이 듭니다. 말하는 것도 조심스럽게 됩니다. 괜히 사소한 실수를 저질렀다가는 비난을 받을 수도 있으니까요.

그러한 이들은 유머를 즐기는 이들을 가볍다고 비난하며 깊이가 없다고 싫어하는 경향이 있습니다. 그렇게 영이 무거워지는 이유는 여러 가지가 있겠지만 가장 중요한 이유는 대부분 그러한 이들이 발성기도가 부족하기 때문입니다.

사역자들이 부르짖는 기도, 발성기도의 훈련이 어느 정도 되어있지 않은 상태에서 묵상기도, 조용한 기도만을 좋아하면 영이 침체되고 눌립니다. 그것은 흐르지 않는 시냇물이 썩는 것과 같습니다.

그래서 그러한 이들은 농담이나 여유를 싫어하게 되고 가볍게 여기게 되며 지나치게 점잖고 경직된 사람이 되어버리게 됩니다.

이것은 다른 책에서 좀 더 자세하게 설명해야겠지만 발성기도가 충분히 이루어진 후에 묵상기도와 내면의 기도에 들어가야 합니다. 기도의 권능을 받기 전에 내적 기도에 들어가는 것은 영혼의 눌림을 가져와서 삶에서도 자유함이 없게 됩니다. 그러면 자꾸 정죄하게 되고 율법적이 됩니다. 자신도 자유함이 없으면서도 남들에게도 자꾸 요구하고 불편하게 만드는 사람이 되어 가는 것입니다.

그리스도인들은 밝은 사람이 되어야 합니다. 빛에 속한 사람이 되어야 합니다. 이상하게도 세상에 속한 사람은 밝고 환한 사람들이 많은데 그리스도인들, 헌신되었다고 자처하는 사람들은 어두운 경향이 있습니다.

융통성이 없고 경직되어 있으며 삶을 즐기고 누릴 줄을 모릅니다. 그것은 세상과의 구별됨이 아니라 묶임입니다. 진정 영혼이 열리고 천국의 빛을 경험하는 이들은 반드시 기쁨과 누림에 대해서 이해하고 경험합니다. 바울은 빌립보서에서 기뻐할 것을 권면했습니다. 기뻐하고 기뻐하고 또 기뻐할 것을 계속해서 빌립보 교회의 성도들에게 권면했습니다. 빌립보서의 주제는 바로 기쁨이었습니다.

주 안에서 항상 기뻐하라 내가 다시 말하노니 기뻐하라 (빌4:4)

그가 이 편지를 쓴 장소가 감옥이었다는 것은 몹시 흥미로운 일입니다. 그는 결코 기뻐하고 즐거워할 만한 상황에서 이 말을 한 것이 아닙니다. 그는 얼마든지 절망과 낙담에 빠질 수 있었습니다. 원망에 잠길 수도 있었습니다. 내가 주님을 위해서 그토록 헌신했는데.. 내게 주어진 것이 도대체 무엇이냐고.. 그렇게 원망하는 것을 선택할 수도 있었습니다. 하지만 그는 기쁨을 선택했습니다. 감사를 선택했습니다. 그는 주님께 속해 있었고 천국에 속해 있었습니다.

그리스도인들은 빛 가운데 거해야 합니다. 기쁨과 즐거움 속에 거해야 합니다. 그것은 천국이 빛의 왕국이며 빛은 빛끼리 서로 통하기 때문입니다. 우리가 세상을 구원하고 주님께로 인도하기 전에 우리는 먼저 그 천국의 충만한 기쁨 가운데 거해야 합니다. 빛에 속한 사람이 되어야 합니다. 당신이 우울하고 어둡다면 당신은 아직 세상에 빛을 줄만한 상태가 되지 않았습니다. 당신은 먼저 자신이 주님의 빛과 천국의 빛을 구해야 하며 그것으로 충만해져야 합니다.

어떤 이들은 우울함 속에 잠겨 있으며 거기에서 나오려고 하지 않습니다. 그들은 밝은 이들을 싫어합니다. 그래서 누군가가 즐거워하면 그 기쁨을 빼앗으려고 하고 그들의 웃음을 보면서 분노를 느낍니다.
그들은 어두움 속에 있으며 빛을 소멸시키고 지옥의 어두움을 확산하려고 하는 것입니다. 이러한 이들을 조심해야 합니다. 당신의 빛을 빼앗기고 싶지 않다면 당신은 이러한 이들을 피해야 하며 자신을 방어하기 위해서 주의하지 않으면 안됩니다.

먼저 당신은 빛으로 충만한 사람이 되어야 합니다. 우울한 사람이 되지 말고 명랑한 사람이 되어야 합니다. 그리고 이 세상에는 그러한 빛과 즐거움을 빼앗으려는 영들이 많으며 그 기쁨을 유지하는 것이 쉽지 않다는 것을 이해해야 합니다. 빛을 얻고 기쁨을 얻고 그 빛과 기쁨을 유지하는 것 - 그것은 곧 영적인 전쟁인 것입니다.

천국에는 빛이 있습니다. 천국은 기쁨으로 가득한 장소입니다. 우리는 기도 중에, 집회 중에 주님의 은총이 임하여 많은 눈물을 흘리는 경우가 있습니다.

그러나 그렇다고 해서 천국이 눈물과 관련된 곳이라고 생각해서는 안됩니다. 우리는 이 땅에 사는 동안에는 기도하며 찬양하며 눈물을 흘릴 것입니다. 그러나 영원한 곳에서는 더 이상 눈물을 흘리지 않을 것입니다. 눈물은 우리의 영혼을 치유하는 것입니다. 그것은 우리 안에 있는 어두움과 슬픔을 치유해줍니다. 그리고 그 눈물 후에 우리는 비로소 찬란한 기쁨과 웃음을 가질 수 있게 되는 것입니다.

부디 충만한 사람이 되십시오. 빛으로 가득한 사람이 되십시오.
부디 주님의 빛을 구하십시오.
주님께 천국의 빛을 달라고 기도하십시오.
그 빛이 당신의 안에 있는 모든 어두움과 슬픔을
남김없이 소멸시켜달라고 구하십시오.
당신이 기도를 드릴 때 천국의 빛이
당신의 머리에 임하는 것을 믿으십시오. 그것을 상상하십시오.
천국의 빛, 그 영광의 빛이
당신의 주변을 항상 감싸고 있다고 믿으십시오. 그렇게 상상하십시오.

그 빛이 당신의 가정에 들어오는 것을
상상하고 기도하고 받아들이십시오.
당신이 사랑하는 사람에게 그 빛이 임하는 것을
명령하고 기도하고 믿으십시오.
당신의 일터가 주님의 빛으로 가득 차 있다고 믿으십시오.
상상하십시오. 믿음으로 보는 것은 이루어집니다.
당신은 단순히 빛을 상상하고 시인하는 것만으로도
마음이 즐거워지고 가벼워질 것입니다.
그것은 단순한 상상이 아닙니다.
당신이 빛을 향하게 되면
주님은 당신에게 빛의 천사를 보내십니다.

다시 한 번 이 사실을 기억하시기 바랍니다.
천국은 빛에 속한 공간입니다.
주님의 영광스러운 빛이 가득한 공간입니다.
그러므로 당신도 빛에 가까이 있어야 합니다.
당신의 생각에, 마음에, 입술에, 행동에 빛이 충만해야 합니다.
그럴 때 당신은 천국과 파장이 맞게 되며 교통할 수가 있습니다.
부디 우울한 사람이 되지 말고 명랑한 사람이 되십시오.
빛의 사람이 되십시오.
당신이 있는 곳이 당신으로 인하여 빛으로 가득하게 하십시오.
부디 주님께 빛을 달라고 구하십시오.
그분은 세상의 빛이며 천국의 빛을 무한하게 소유하신 분으로
당신이 구하고 원할 때
그 빛과 기쁨을 당신에게 충만하게 부으실 것입니다.
당신은 그 빛으로 감싸이게 될 것이며
세상의 환경이 어떠하든지
그 천국의 기쁨으로 가득하게 될 것입니다. 할렐루야.

3장 빛과 어두움의 영계

영계는 천국계와 지옥계로 나뉘어지며 천국계와 지옥계는 곧 빛과 어두움의 영계입니다. 즉 천계는 빛으로 가득하며 지옥계는 어두움으로 가득합니다. 높은 곳으로 올라갈수록 빛은 더욱 더 밝아지고 환해지며 낮은 곳으로 내려갈수록 빛은 어둡고 캄캄해집니다.
그것은 이 땅에서 보이는 것과 같습니다. 높은 산에 오를수록 빛을 잘 받아서 환하고 밝으며 산 밑의 어두운 골짜기에는 빛이 잘 비취지 않아서 어두운 것과 같습니다. 부활 장으로 알려진 고린도 전서 15장을 보면 각 사람의 빛과 영광의 상태가 다른 것을 묘사하고 있습니다.

육체는 다 같은 육체가 아니니 하나는 사람의 육체요 하나는 짐승의 육체요 하나는 새의 육체요 하나는 물고기의 육체라
하늘에 속한 형체도 있고 땅에 속한 형체도 있으나 하늘에 속한 자의 영광이 따로 있고 땅에 속한 자의 영광이 따로 있으니
해의 영광도 다르며 달의 영광도 다르며 별의 영광도 다른데 별과 별의 영광이 다르도다 (고전15:39-41)

별과 별, 달과 해의 빛과 영광은 차이가 있습니다. 빛의 세기가 차이가 있습니다. 그것은 밝기에 의해서 엄청난 차이가 있습니다.
촛불과 등잔은 태양의 밝기와 비교할 수 없습니다. 그것은 영광이 다릅니다. 부활의 상태는 이와 같아서 각 사람이 부활하여 누리고 있는 빛의 차이는 이처럼 엄청난 차이가 있습니다. 그것은 이 땅에 살면서 어느 정도의 빛을 경험하고 받았는가에 달려있는 것입니다.
빛의 경험이란 진리의 경험을 의미하는 것입니다. 성경에서 빛의 비췸은 곧 진리의 깨달음을 말합니다.

그 안에 생명이 있었으니 이 생명은 사람들의 빛이라 빛이 어두움에 비취되 어두움이 깨닫지 못하더라 (요1:4,5)

주님은 빛이시며 생명이시며 진리이십니다. 그러나 그가 사람들에게 비춰졌으나 어두움에 속한 사람들은 그를 받아들이지 않았습니다. 주님의 진리 되심을 깨닫지 못했습니다. 그것은 그들이 어두움에 속하고 어두움을 기뻐하며 빛을 즐거워하지 않았기 때문입니다.

또 우리에게 확실한 예언이 있어 어두운 데 비취는 등불과 같으니 날이 새어 샛별이 너희 마음에 떠오르기까지 너희가 이것을 주의하는 것이 가하니라 (벧후1:19)

우리의 마음 속에 샛별이 떠오르는 것은 곧 진리의 빛이 비취는 것을 의미합니다. 이와 같이 빛은 진리에 대한 인식이며 깨달음입니다.
빛에 대한 경험, 진리에 대한 인식과 체험이 없는 이들은 천국의 그 빛과 영광을 견딜 수 없습니다. 그리하여 그들은 바깥 어두운 곳에 쫓겨날 수밖에 없습니다.

빛은 진리이며 빛의 세계로 상승하는 것은 진리에 대한 깨달음이 깊어지는 것입니다. 낮은 어두움의 세계는 무지의 세계이며 거짓의 세계입니다. 낮은 세계는 물질의 영역이며 높은 세계는 영혼의 영역, 초월의 영역입니다.
이는 가벼운 공기가 위로 올라가고 무거운 공기는 아래로 내려가는 것과 같습니다. 이는 무거운 물건은 하늘에서 떨어지고 가벼운 공기는 하늘로 올라가는 것과 같습니다.
물질은 무거운 것이며 아래의 영역에 있습니다. 영혼은 가볍고 자유로운 것이며 위의 영역에 있습니다. 지옥계는 물질계와 대응하는 것이며 천계의 영역은 영혼과 대응하는 것입니다. 그러므로 물질 중심의 사람은 아래의 영역, 어두움의 영역에 가까우며 영혼 중심의 사람은 빛의 영역, 위의 영역에 가깝습니다.

인생에게 임하는 일이 짐승에게도 임하나니 이 둘에게 임하는 일이 일반이라 다 동일한 호흡이 있어서 이의 죽음같이 저도 죽으니 사람이 짐승보다 뛰어남이 없음은 모든 것이 헛됨이로다
다 흙으로 말미암았으므로 다 흙으로 돌아가나니 다 한 곳으로 가거니와 인생의 혼은 위로 올라가고 짐승의 혼은 아래 곧 땅으로 내려가는 줄을 누가 알랴 (전3:19-21)

외적으로 보기에는 사람과 짐승의 모습이 비슷합니다. 사람도 포유류로서 외적으로는 동물의 모습을 가지고 있습니다. 그래서 같이 움직이고 같이 호흡하며 같이 먹고 같이 죽습니다.
그러나 사람과 짐승의 차이는 영혼이 있고 없는 차이입니다. 짐승도 사람과 같이 흙으로 만들어졌지만 사람은 흙과 함께 하늘에서 온 생기를 가지고 있습니다.
그래서 사람은 근본적으로 하늘에 속한 자들이며 흙에서 온 육체는 땅으로 돌아가지만 하늘에서 온 생기는 하늘의 영계로 돌아갑니다. 그러나 동물은 단순히 땅에서 왔기 때문에 그 혼은 아래로 내려가는 것입니다. 땅에 속한 것은 아래의 어두움으로, 하늘에 속한 것은 위의 빛으로 나아가게 됩니다.

사람의 외형을 가지고 있으나 영혼이 발전되지 않은 이들은 영적으로 동물과 같은 상태에 있습니다. 그들은 육체의 욕망을 따라 사는 것으로 만족과 행복을 느낍니다.
큰집을 짓고, 많이 소유하고, 육의 향락을 즐기며 사는 것으로 만족하는 이들은 아직 어두움의 영계에 속한 이들입니다. 그러므로 이러한 사람들은 사후에 빛의 영계를 견디지 못합니다. 그래서 동물의 혼이 아래로 내

려가는 것처럼 그들의 영혼은 아래 어두운 곳으로 떨어집니다. 그들은 영혼이 전혀 발전하지 않아 육체의 욕망으로만 만족하고 영혼의 기쁨이 무엇인지 알지 못하기 때문에 하늘의 빛에 고통을 느끼기 때문입니다. 오늘날의 기독교는 지나치게 물질과 욕망중심입니다.
그것은 어차피 영적 세계를 알지 못하고 물질중심으로 갈 수밖에 없는 세상의 문화가 기독교 안에 너무 많이 침투해왔기 때문입니다.

세상적인 가치관을 배경으로 하는 각종 심리학, 의학, 철학이 교회 안에 들어오면서 사람들은 내면의 변화보다 외적인 풍성함을 성공의 기준으로 생각하게 되었습니다. 이런 풍토 속에서는 사람의 영혼이 점점 더 동물과 같은 수준으로 떨어질 수밖에 없는 것입니다. 사람은 점점 더 동물을 닮아가며 그들의 흉내를 내게 됩니다.
동물은 악한 자들이 아닙니다. 다만 낮은 영역에 머물러 있는 존재들입니다. 사람은 하나님의 영역, 하나님과 교제하며 예배함으로써 만족과 천국의 빛을 누릴 수 있도록 만들어진 존재입니다.
그러므로 그러한 영역에 들어가기 전까지는 결코 참된 만족과 기쁨을 누릴 수 없는 것입니다.

물질과 육체가 악한 것은 아니며 거기에서부터 사람이 태어나고 영성의 발전이 시작되는 기초라고 할 수 있습니다. 그러나 오래 동안 신앙생활을 하면서도 여전히 가치관이 육 중심이고 자아중심이라면 그는 아직 천계의 빛에 대해서 준비되지 않은 것입니다.
빛은 진리이며 지혜입니다. 높은 영역의 빛의 세계일수록 근원에 대한 진리가 있고 진리에 대한 깨우침이 있습니다.
낮은 영역일수록 어둡고 캄캄합니다.
낮은 영역의 사람들은 본능으로 살며 진리의 빛을 즐길 수 없습니다.
그들은 어두움과 무지 속에서 육체의 욕망을 따라 살게 됩니다.
무엇을 먹을까 무엇을 마실까 어떻게 많이 소유할까 근심하고 걱정하며 내일을 위하여 두려워하고 삽니다. 영혼 속에 어두움이 가득 차도 영이 마비되어 알지 못하고 깨닫지 못하며 낮은 영역에서 쥐엄열매를 구하고 삽니다. 이는 그 영혼이 어두움 가운데 있기 때문입니다.

빛의 세계로 올라갈수록 사람은 물질의 영역에서 자유해집니다.
그리고 진리와 빛을 즐기게 됩니다.
모든 것들이 점점 더 명료해지기 시작합니다.
머리는 맑아지며 점점 많은 빛과 깨달음이 오기 시작합니다.
예전에 혼미하고 이해할 수 없었던 것들이 이제는 보이기 시작합니다.
진리의 이해와 깨달음은 더 깊은 자유와 해방의 세계로 그를 이끌게 됩니다.
그리하여 그는 점점 모든 것의 근원이시며 진리의 빛이신 주님만을 사랑하고 추구하게 되는 것입니다.
아래의 영역에는 집착이 있고 욕심이 있습니다. 그것은 물질의 영역이며 제한이 많은 영역이며 묶임의 영역이기 때문입니다.
그러므로 거기에서는 서로 미워하고 싸우며 경쟁하고 분노하며 많은 이들이 서로 얽혀 삽니다. 구원과 성장이란 그 어두움을 깨닫고 빛을 받아서 그 욕망의 세계를 벗어나 진리와 지혜의 빛의 영역으로 상승하는 것을 의미하는 것입니다.

자녀들의 대학입시 시즌이 되면 교회에 기도하러 오는 어머니들로 가득하게 되는 것은 이 땅의 많은 이들이 아직 물질과 어두움의 영역에서 벗어나지 못하고 있는 것을 잘 보여주는 것입니다.
빛이 부족하게 되면 생명 적인 것이 아닌 일시적인 것들, 사소한 것들에 목숨을 걸게 됩니다. 무엇이 가장 귀하고 소중한 것인지 어두움 속에서는 아무 것도 보이지 않게 됩니다. 빛의 세계로 들어오고 자유함의 세계를 경험할수록 사람은 비로소 천국의 영광과 영원함을 누리고 맛볼 수 있습니다.

빛을 경험하고 영혼의 상승을 경험할수록 그는 세상에서 경험할 수 없는 초월적인 영광을 알게 됩니다. 주를 사랑하던 제자들이 세상의 많은 즐거움들을 버리고 주를 위한 고난을 기뻐하며 자신의 목숨을 버리는 것을 조금도 아까워하지 않았던 것은 그들이 믿음을 통해서 돈을 많이 벌게 되었다든지 명예를 얻게 되었다든지 하는 것과는 차원이 다른 것이었습니다. 그들의 영혼은 하늘의 영광이 무엇인지를 알고 있었습니다.

의를 위하여 핍박을 받은 자는 복이 있나니 천국이 저희 것임이라 나를 인하여 너희를 욕하고 핍박하고 거짓으로 너희를 거스려 모든 악한 말을 할 때에는 너희에게 복이 있나니
기뻐하고 즐거워하라 하늘에서 너희의 상이 큼이라 너희 전에 있었던 선지자들을 이같이 핍박하였느니라 (마5:10-12)

저희가 옳게 여겨 사도들을 불러들여 채찍질하며 예수의 이름으로 말하는 것을 금하고 놓으니 사도들은 그 이름을 위하여 능욕받는 일에 합당한 자로 여기심을 기뻐하면서 공회 앞을 떠나니라
저희가 날마다 성전에 있든지 집에 있든지 예수는 그리스도라 가르치기와 전도하기를 쉬지 아니하니라 (행5:40-42)

주님은 그 어떠한 복보다도 주님을 위하여 받는 고난의 복이 큰 것이라고 말씀하셨습니다.
사도들은 그러한 일을 겪게 되자 자신들이 주를 위하여 고난을 받을 수 있는 자격이 있다고 인정받음으로 알고 크게 기뻐하였습니다.
이는 오늘날 주로 인하여 편하게 살기를 원하는 대부분의 그리스도인들의 사고와는 많은 차이가 있는 것입니다. 그것은 그들이 주님의 빛과 영광을 경험하였기 때문입니다. 그들은 자신이 가지고 있는 것을 위해서 어떤 대가를 지불하는 것도 아깝지 않았습니다.
오늘날 많은 그리스도인들이 너무나 낮은 영역에 속해 있습니다.

어두움 가운데 있으며 빛의 기쁨과 진리의 기쁨을 누리지 못하고 있습니다. 그것은 그들의 영이 열리지 않았기 때문입니다. 그래서 낮은 의식의 수준에 머물러 있는 것입니다.

낮은 영역에서는 오직 일시적인 것을 구할 뿐입니다. 거기에서는 영원이 보이지 않습니다. 돼지는 자신의 미래를 볼 수 없습니다. 그저 순간의 만족을 추구할 뿐입니다. 그들은 육욕적인 삶을 보여주는 것입니다.

집회에서 많은 이들이 통곡한다고 해서 그것이 과연 그들의 삶에 근본적인 변화를 가져올 것인지 그것은 알 수 없는 일입니다. 중요한 것은 그들의 영혼이 깨어났는가의 문제입니다. 영혼이 깨어나게 되면 점차로 그들의 의식은 달라지게 될 것입니다.

우리는 진정 영혼의 깨어남을 사모해야 합니다.

영혼의 열림을 구해야 합니다.

우리의 영혼이 빛을 경험하고 진리를 깨달으며 주님의 실제 가운데로 나아가게 될 때 우리는 진정 낮은 것들을 버리게 될 것입니다.

우리가 누리는 천국의 영광과 기쁨이 너무나 기가 막히고 놀라운 것이기에 우리는 더욱 더 즐겁게 주를 위하여 헌신하고 자신을 드릴 수 있게 될 것입니다.

천국은 빛이며 지옥은 어두움입니다.

우리의 영혼은 빛을 받을수록 그 아름다운 영계로 상승해갈 것입니다. 그리고 거기서 얻어지는 기쁨은 온 세상을 다 얻는다고 해도 비교할 수 없는, 그러한 기쁨일 것입니다.

4장 진실의 천국과 거짓의 지옥

주님은 나다나엘을 보시고 말씀하시기를 '이는 참 이스라엘 사람이라 그 속에 간사한 것이 없도다' 하고 칭찬하셨습니다. (요1:47)
이것은 그의 마음이 거짓이 없고 진실한 사람이라는 것입니다.
나다나엘은 빌립이 그에게 예수님을 소개했을 때 '나사렛에서 무슨 선한 것이 날 수 있느냐'고 부정적인 반응을 보인 사람이었습니다.
그러나 주님은 그를 인정해주셨습니다. 그가 비록 선입견에 사로잡혀서 처음에는 주님을 받아들이지 않았지만 그 마음의 중심은 아주 진실하다는 것이었습니다. 나다나엘은 자신이 기도하는 모습을 주님께서 미리 보시고 알고 있었다는 말에 충격을 받고 주님을 믿고 시인하게 됩니다.

예수께서 나다나엘이 자기에게 오는 것을 보시고 그를 가리켜 가라사대 보라 이는 참 이스라엘 사람이라 그 속에 간사한 것이 없도다
나다나엘이 가로되 어떻게 나를 아시나이까 예수께서 대답하여 가라사대 빌립이 너를 부르기 전에 네가 무화과나무 아래 있을 때에 보았노라
나다나엘이 대답하되 랍비여 당신은 하나님의 아들이시요 당신은 이스라엘의 임금이로소이다 (요1:47-49)

나다나엘은 중심이 진실한 사람이었습니다. 그리고 주님께서는 그 부분을 높이 평가하셨습니다. 중심이 바르고 진실하다는 것은 정직하다는 것과도 비슷합니다. 겉과 속이 다르지 않다는 것이지요.
예수님의 제자들도 대부분 단순하고 무식하기는 했지만 중심이 진실하고 바른 사람들이었습니다. 주님의 제자들을 보면 지혜롭고 영리하며 유능한 이들은 별로 없는 것 같습니다. 다만 순박하면서 단순한 사람들이었습니다.

주님께서는 지혜롭고 유능한 사람들보다 이렇게 중심이 단순하고 진실한 사람들을 사용하기를 기뻐하시는 것 같습니다.

사도 바울처럼 주님을 거스르고 대적하는 자가 주님께 크게 쓰임 받은 것을 보면 조금 의아한 마음이 듭니다. 그처럼 극단적으로 주님과 복음을 대적하던 자도 없었으니까요.

그러나 주님께서 그를 사용하신 것을 보면 그의 중심이 진실된 것을 보시고 사용하신 것이 아닌가 싶습니다. 적어도 그는 무엇이 진리다 싶으면 그것에 온 인생을 던졌습니다.

바울에게 있어서는 어떠한 사역이 자기에게 유리하다 불리하다는 측면이 중요하지 않았습니다. 오직 그에게 있어서 중요한 것은 그것이 과연 진리인가 하는 문제였습니다. 그렇기 때문에 그는 주님이 진리이시며 복음이 진리요, 비밀인 것을 깨닫게 되자 주저 없이 자신의 생명과 전 삶을 이를 위해서 바쳤던 것이었습니다. 이는 중심이 단순하고 진실한 사람이 할 수 있는 결단이었습니다.

중심이 진실한 것은 겉과 속이 일치하는 것입니다. 그것은 단순한 삶이며 단순한 인격입니다. 그러나 모든 이들이 그렇게 단순한 것은 아닙니다. 복잡한 이들도 많이 있었습니다. 그것은 거짓에 속한 사람입니다. 거짓에 물들어 있는 이들도 많이 있었습니다.

세리와 창기는 악한 사람들이었습니다. 하지만 단순했습니다. 그들이 악하고 잘못된 사람들이라는 것은 누구나 다 알고 있었습니다. 그들은 나쁜 짓을 했고 사람들에게 욕을 먹고 있었습니다. 그들은 자신이 나쁘다고 잘 알고 있었습니다.

창기가 자기의 직업에 대해서 긍지와 자부심을 느끼는 경우는 없습니다. 죄인인 것을 잘 알고 있습니다. 그리고 모든 사람이 자기를 경멸하는 것을 잘 알고 있습니다. 그래서 어떤 여인은 주님께 용서를 받고는 너무나 감사하고 놀라서 주님 앞에 엎드러져 울면서 주님의 발을 씻고 감격했던 것입니다.

한 바리새인이 예수께 자기와 함께 잡수시기를 청하니 이에 바리새인의 집
에 들어가 앉으셨을 때에 그 동네에 죄인인 한 여자가 있어 예수께서 바리새
인의 집에 앉으셨음을 알고 향유담은 옥합을 가지고 와서 예수의 뒤로 그 발
곁에 서서 울며 눈물로 그 발을 적시고 자기 머리털로 씻고 그 발에 입맞추
고 향유를 부으니 (눅7:36-38)

세리도 마찬가지입니다. 그들도 자신의 안에서 일어나는 탐욕과 악한 행
동에 대해서 잘 알고 있었습니다. 그리고 많은 사람들이 자신들을 욕하
는 것을 잘 알고 있었습니다. 만나는 사람들마다 자기를 보고 수군거리
는데 그것을 모르는 이는 없었을 것입니다.
삭개오는 그래서 항상 갈등 속에 있었습니다. 그러다가 주님을 맞이하게
되고 그의 집안에 모셔들이게 되자 그는 주님의 용서와 사랑을 경험하게
되고 자신이 가지고 있던 어두움에서 놓여나게 되었던 것입니다.

그러나 바리새인과 서기관은 달랐습니다. 그들의 외모는 아주 경건했습
니다. 그들은 선에 속한 자들같이 보였습니다. 그들은 그렇게 선하고 진
실되게 보였을 뿐만 아니라 자신들도 그렇게 믿고 있었습니다.
자기들은 영적 지도자들이며 아주 경건하고 훌륭한 사람들이라고 생각
하고 있었습니다. 그러나 주님은 사람의 내면과 중심을 보시는 분이었습
니다. 주님은 그들이 겉으로는 아름답게 보이지만 그 내면이 거짓과 악
으로 가득한 것을 아셨습니다. 그리하여 주님은 그들의 내적인 잘못된
동기를 지적하셨습니다. 그들의 외식을 지적하셨습니다. 그들의 경건하
게 보이려는 모습을 꾸짖으셨습니다.

화 있을진저 외식하는 서기관들과 바리새인들이여 회칠한 무덤 같으니 겉으
로는 아름답게 보이나 그 안에는 죽은 사람의 뼈와 모든 더러운 것이 가득하
도다 이와 같이 너희도 겉으로는 사람에게 옳게 보이되 안으로는 외식과 불
법이 가득하도다 (마23:27,28)

모든 백성이 들을 때에 예수께서 그 제자들에게 이르시되 긴 옷을 입고 다니는 것을 원하며 시장에서 문안받는 것과 회당의 상좌와 잔치의 상석을 좋아하는 서기관들을 삼가라 저희는 과부의 가산을 삼키며 외식으로 길게 기도하니 그 받는 판결이 더욱 중하리라 하시니 (눅20:45-47)

주님께서는 사역을 하시는 동안 많은 사람들, 많은 죄인들을 만나셨습니다. 그런데 그렇게 많은 이들을 만나고 사역을 하시면서 혼을 내시고 꾸짖은 경우는 거의 없었습니다. 모두가 손가락질을 하면서 상종을 하지 않는 세리와 창기에 대해서도 친절하게 대해주셨고 유대인들이 몹시 꺼려하던 이방인들에게도 잘 대해주셨습니다.
몇 번의 예외를 제외하고는 주님께서 대부분 꾸짖으시고 야단을 치신 유일한 대상은 바로 바리새인들과 서기관들이었습니다.
이상하게도 주님은 모든 사람들이 더럽고 악하다고 여기는 이들은 별로 더럽고 악하다고 여기지 않으셨고 사람들이 존경하며 따르는 이들은 꾸짖고 야단치시는 적이 많았습니다.
주님께서는 육체의, 바깥의 관점에서 사람을 보시지 않고 그 중심의 동기로 판단하셨던 것입니다.

예수님께서 모든 바리새인들과 서기관들을 무조건 다 싫어하신 것은 아니었습니다. 바리새인들 중에서도 주님을 사모하고 진리를 사모하는 이들이 가끔 있었습니다. 예를 들어 니고데모 같이 진리는 그립고, 사람들의 시선은 두려워서 밤에 몰래 찾아온 사람도 있었습니다. 주님께서 그러한 이들도 다 배척하신 것은 아니었습니다.
주님께서 이들을 꾸짖으신 말씀은 항상 '외식하는..' 으로 시작되었습니다. 즉 바리새인들과 서기관들의 외식.. 그것을 주님은 꾸짖으셨던 것입니다. 악이 드러난 것에 대해서 주님은 심판하지 않으셨습니다.
세리와 창기에 대해서 '이 더러운 것들..' 하고 말씀하신 적이 없었습니다. 하지만 악이 감추어져 있을 때 주님은 그것을 드러내셨습니다. 왜냐하면 죄인이 되어야 구원을 받을 수 있는데 스스로 온전하고 괜찮은 사람으로 여기면 구원이 올 수 없기 때문입니다.

주님께서 바리새인들과 서기관들을 특별하게 미워하신 것은 아니었습니다. 다만 그렇게 바리새인들과 서기관들이 야단을 맞은 것은 그들의 위치와 역할이 외식하기 쉬운 여건이었기 때문입니다.

그들은 영적 지도자들이었습니다. 그러므로 사람들에게 진리의 길을 가르치고 전하는 그러한 위치에 있었습니다.

그들은 항상 존경을 받았으며 또한 그렇게 존경을 받는 것이 합당하다고 여기고 있었습니다.

그들은 지도자의 위치에 있었기 때문에 자신의 육적이고 부끄러운 부분이 있다면 자연히 그것을 감추어야 했습니다. 지도자는 항상 존경을 받아야 하기 때문입니다. 그들의 그러한 위치가 점점 그들의 삶에서 경건을 가장하고 위선에 익숙해지는 계기가 되었던 것입니다.

외식이란 정말 무서운 것입니다. 자신의 삶 가운데는 자유함이 없지만 그래도 있는 척 해야 합니다. 자신의 속에 악이 있어도 숨겨야 합니다. 이것은 정말 비극적인 일입니다. 자신의 안에는 절망과 비극이 있는데 많은 이들이 존경하고 따릅니다. 그것처럼 무서운 일도 없습니다. 문제는 오래 동안 그러한 외식에 사로잡혀 있다보면 양심의 감각과 영혼의 감각이 마비되어 영적 실제가 없으면서도 고통을 느끼지 못한다는 것입니다.

그들의 가는 방향은 어떻게 될까요? 예수님 당시의 바리새인들이 한 행동과 같은 길로 가게 됩니다. 즉 자신보다 인기가 있는 영적 지도자가 나타나면 자신의 세력을 잃지 않도록 공격하고 비방하는 것이지요.

진정한 영적 지도자가 나타나면 시기하고 분노하게 되는 것입니다.

영혼의 감각이 마비되면 이처럼 영의 흐름을 거스르는 도구가 될 수 있는 것입니다. 영적인 실제가 부족한 상태에서 영적 지도자가 되고 사람들을 이끌어야 하는 입장에 선다는 것 - 정말 그것처럼 무서운 일도 이 세상에 다시없을 것입니다. 그것은 자기도 모르는 사이에 주님의 대적자가 될 수 있으니까요. 그러한 일은 오래 전의 지나간 사건으로 끝난 것이 아닙니다. 사역자들이 외식하는 성향을 가질 수 있다는 것은 오늘날에도 여전히 존재하는 위험입니다.

제자 훈련과 탁월한 강해 설교자로 유명하신 어떤 목사님이 설교 중에 이러한 예화를 이야기하는 것을 들은 적이 있습니다. 아마 그리스도인들 중에서 이와 비슷한 이야기를 듣지 않은 이들은 드물 것입니다. 그것은 이러한 이야기입니다.

어떤 평신도가 죽어서 천국에 갔습니다. 그런데 예수님이 '지금 막 천국에 목사 한 사람이 도착했다'는 소식을 듣고는 맨발로 뛰어 나가시는 것을 보았다는 것입니다. 그래서 이 평신도는 불평을 했습니다.
"예수님. 천국에서 이렇게 차별을 하시는 것은 너무 하지 않습니까?"
그러자 예수님은 '아니다, 오해야, 오해' 하고 말씀하시면서 이렇게 대답하셨다는 것입니다.
"내가 이렇게 목사를 반기는 것은 하도 오래간 만에 한 명이 올라왔기 때문이란다."

비슷하게 많이 알려진 유머로 다음과 같은 이야기가 있습니다. 어떤 평신도가 죽어서 천국에 갔습니다. 가는 동안 배가 고파서 식당을 찾다가 중국집을 발견했습니다. 그래서 식당에 들어가 짜장면을 시켰습니다. 그런데 주방에서 서빙을 하는 분이 자기가 다니던 교회의 장로님이었습니다.
'아니, 장로님이 천국에서 상급을 많이 받을 줄 알았더니 이렇게 중국집에서 일하시는 구나' 하고 의아한 생각이 들어서 평신도는 물었습니다.
"장로님.. 어떻게 여기서 일하고 계세요?"
장로님은 창피하기는 했지만 천국에서 거짓말을 할 수도 없어서 할 수 없이 솔직하게 대답했습니다.

"예수님이 그러시는데 너는 세상에서 너무 섬김이 부족했기 때문에 여기서 이런 봉사를 하면서 섬기는 것을 좀 배우라고 하시더군요."
평신도는 의문이 생겼습니다.
"그럼 혹시 먼저 하늘나라에 가신 우리 목사님은 어디 계신지 아세요?"
장로님이 대답했습니다.
"지금.. 배달 나가셨어요.."

이 이야기는 물론 우스개의 이야기입니다. 하지만 이것은 단순히 농담만은 아닐지도 모릅니다. 이것은 '이 세상에서 인정받는 신앙인이 의외로 천국에서는 홀대를 받을 수도 있지 않을까' 하는 생각에서 나온 유머일 것입니다. 하지만 그러한 사상은 성경 안에서 많이 찾아볼 수 있는 것이었습니다. 그런 내용은 주님의 가르치심을 통해서 많이 발견할 수 있는 것입니다.

성경에 나타나는 주님의 경고를 가벼이 넘기지 않는다면 정말 위험한 직업은 목사일지도 모릅니다. 모든 이들이 은혜를 받으러 교회에 가고 성경을 읽지만 목사는 다를 수 있습니다. 그에게 주어진 의무가 있기 때문입니다.
식당에서 음식의 냄새를 가장 지겹게 느끼는 이들은 주방장입니다. 손님들은 음식을 즐겁게 먹지만 그 냄새를 항상 맡는 주방장은 막상 음식은 맛있게 만들면서 자신은 그 음식을 즐기지 못할 수 있습니다. 이것은 사역자에게도 마찬가지로 적용될 수 있습니다.

사역자들은 구조적으로 외식하기 쉽습니다. 나와 아내는 목회자들에게서 전화를 많이 받는 편인데 아내는 말하기를 목회자들의 목소리는 한마디만 들어도 바로 목회자인지 알 수 있다고 합니다. 그것은 목회자 특유의 말투가 있기 때문입니다.
경건하다고 할 수도 있고 아무튼 묘한 억양이 있습니다. 아마 대부분의 그리스도인들도 비슷하게 느낄 것입니다. 나와 아내는 '그분들이 평소 집에서 하는 대화에도 목소리가 저럴까?' 하고 대화를 나누기도 합니다. 보통 예배 시에 대표기도를 하는 분들의 목소리는 자연스럽지 않게 느껴집니다. 이상하게도 평소의 자연스러운 대화와는 조금 다른 종교적인 냄새가 많이 풍기는 목소리입니다.

웅변적으로 기도하시는 분들도 있지요. 그것이 잘못되었다고 말하는 것은 아니지만 평소의 삶에서 느껴지는 언어와 조금 다른 느낌이 들고 자연스럽지 않게 느껴지는 것은 사실입니다.

굳이 말하자면 일반적인 그리스도인들의 생활은 종교 행사와 삶에서 많은 괴리감이 느껴지는 것이 사실입니다. 넓게 보면 그것도 일종의 외식과 가까운 것이 아닐까 싶습니다.

외식이란 좋지 않은 것입니다. 자신을 좋게 보이려고 꾸미는 것은 좋지 않은 일입니다. 주님께서 살인이나 간음과 같은 악한 일들보다 외식에 대해서 더 많이 꾸짖으시고 경고하신 이유는 그것이 영혼에게 말할 수 없는 재앙이 되기 때문입니다. 살인자도 간음자도 그것이 악한 행위이기는 하지만 회개를 통해서 주님께 빛의 세계로 나아갈 수가 있습니다. 그러나 외식은 다릅니다.

겉이 악하고 속이 악한 사람은 악한 것입니다. 겉이 선하고 속이 선한 사람은 선한 것입니다. 이 두 가지는 단순합니다. 그러나 겉이 선하고 속이 악한 것은 복잡합니다. 그것은 영혼의 혼돈을 일으킵니다.

겉과 속이 진실로 선한 이들은 주님의 빛이 임하십니다. 겉과 속이 악한 이들은 주님께서 징계하시며 그 악함이 깨어지고 회개한 후에 빛을 받을 수 있습니다.

그러나 겉과 속이 다른 이들은 영혼이 혼합되어 있습니다. 이것은 영혼을 혼란시키며 마비시킵니다. 이것은 어두움의 상태보다 더 나쁜 것입니다.

즉 어둠에 있는 이들은 자신의 어두움을 알고 거기에서 벗어나고 싶어합니다. 그러나 영혼이 마비된 사람은 어두움에 있으나 그 사실 자체를 알지 못합니다. 그들은 감각이 죽어있습니다. 그들은 지옥의 어두움 속에 있고 재앙 속에 있으나 그 사실을 알지 못합니다.

그렇게 내적 감각이 마비되어 있기 때문에 그들은 겉으로 아름답고 선한 모습을 만들어 낼 수 있습니다. 경건하고 길게 기도할 수 있으며 멋지게 가르칠 수 있습니다. 그것은 정말로 비참한 상태입니다.

그들은 주의 영을 대적하면서도 자신은 전혀 알지 못하며 자신이 주님을 사랑한다고 생각합니다. 이것처럼 비참한 상태도 없습니다.

그들은 주님의 아름답고 달콤한 임재에 대해서 모릅니다. 하지만 그들은 자신의 그러한 마비 상태가 정상이라고 믿으며 어떤 개인적인 체험에 대한 이야기를 하는 사람은 신비적이거나 잘못된 신앙을 가진 사람으로 생각합니다.

세상에서 영혼의 마비처럼 무서운 것은 또 없을 것입니다. 신체의 마비는 몸을 움직일 수 없고 눈의 감각이 마비된 사람은 볼 수 없지만 영혼의 감각이 마비된 이들은 영적 세계를 경험하고 알 수 없어서 단순히 이론과 개념으로 성경과 주님을 이해할 수밖에 없기 때문입니다. 그리고 성경과 주님에 대한 그러한 이해와 지식은 그에게 진정한 해방과 기쁨과 자유를 주지 못합니다.

외식이란 거짓된 것입니다. 그것은 자신을 옳게 보이고 싶어하는 성향입니다. 그러나 사람에게 인정을 받고 존경을 받는 것은 그리 좋은 것이라고 볼 수는 없습니다. 주님은 그러한 성향을 경고하셨습니다.

바리새인들은 돈을 좋아하는 자라 이 모든 것을 듣고 비웃거늘 예수께서 이르시되 **너희는** 사람 앞에서 스스로 옳다 하는 자이나 **너희** 마음을 하나님께서 아시나니 사람 중에 높임을 받는 그것은 하나님 앞에 미움을 받는 것이니라 (눅16:14,15)

그러나 **너희**는 랍비라 칭함을 받지 말라 너희 선생은 하나요 **너희**는 다 형제니라 땅에 있는 자를 아비라 하지 말라 너희 아버지는 하나이시니 곧 하늘에 계신 자시니라 또한 지도자라 칭함을 받지 말라 너희 지도자는 하나이니 곧 그리스도니라 너희 중에 큰 자는 너희를 섬기는 자가 되어야 하리라 (마 23:8-10)

육체에 속한 생명은 다른 이들보다 우월하기를 원하며 인정받기를 원하며 존경받고 싶어합니다. 그리고 이를 위해서 자신의 약점을 감추고 좋은 부분을 보여주고 싶어합니다. 이러한 성향은 바로 외식으로 가는 길이 될 수 있습니다. 그러므로 주님의 말씀을 따라 이렇게 인정받고 좋게 보이고 싶어하는 욕심 자체를 포기해야 하는 것입니다. 그것은 육으로부터 나오는 것이며 사람의 영혼을 어둡게 하는 것이기 때문입니다.

외식은 거짓에 속한 것입니다. 그리고 거짓은 지옥의 특성이며 마귀의 특성입니다. 주님은 마귀가 거짓말쟁이이며 거짓의 아비가 되었다고 말씀하십니다.(요8:44)
오늘날 그리스도인들이 거짓말을 쉽게 하면서 별로 고통을 느끼지 않는 것은 놀라운 일입니다. 그것은 서서히 그들의 영혼의 감각을 마비시키게 됩니다. 거짓을 말할수록 그것은 지옥을 확산시키는 힘이 있습니다.

문화가 발달할수록 사람들은 외식에 익숙해집니다. 속마음을 감추게 됩니다. 겉으로는 예절을 지키지만 속은 아주 냉정하고 차갑습니다.
물질문명이 발전하지 않은 나라일수록 사람들이 정이 많고 소유욕에서 좀 더 자유로우며 따뜻하지만 물질 문명이 발달된 나라일수록 겉으로는 아주 세련되지만 속으로는 차갑고 냉냉합니다.
사교모임도 많고 파티도 많지만 사람들의 속은 점점 더 고독하고 허무해집니다. 그것은 사람들이 점점 더 외식에 익숙해지기 때문입니다. 머리가 좋은 사람일수록 위장에 능합니다.

단순한 사람은 속의 감정이 그대로 드러납니다. 그래서 체질적으로 외식하기가 어렵습니다. 이들은 쉽게 하늘의 은총과 은혜를 맛보게 됩니다. 그러나 외식하는 기질이 있고 의식 구조가 복잡한 사람들은 그 빛을 받는 것이 어렵습니다. 그들은 자신이 남들에게 이상하게 보여지지는 않는지 남들의 눈치를 봐야하고 이것저것 신경을 쓸 것이 많아서 주님께 집중하기가 어렵습니다.

외식은 거짓이며 참이 아닙니다. 우리는 남에게 좋게 보이고 싶어하는 소망을 주님 앞에 내려놓아야 합니다. 우리는 자신을 있는 그대로 보여주어야 하며 남들에게 좋게 보이는 것은 부담스럽기만 할 뿐 결코 좋은 일이 아닌 것을 알아야 합니다.
어느 정도 알려진 사역자들이라면 비슷한 일을 겪겠지만 내게도 나를 지나치게 생각하는 이들이 많이 있습니다. 지나친 찬탄과 감사의 고백들을 나는 많이 듣는 편입니다.
나는 나의 홈페이지에 가능하면 나의 살아가는 모습을 그대로 기록하는 것을 좋아합니다. 집에서 아내와 나눈 이야기, 아이들과 나눈 이야기들도 그대로 기록합니다. 실수하고 후회하는 이야기라든지 장난이나 유머에 대한 것들도 그대로 이야기합니다.
그러한 것들은 나에 대한 환상을 사람들이 가지지 않게 하기 위한 것입니다. 나는 사람들에게 존경을 받고 인정을 받는 것이 얼마나 무서운 일인지 압니다.

사람들에게 인정을 받고 마지막 날에 주님께 버림을 받는다면 그것처럼 비극적인 인생도 다시없을 것입니다. 그러나 사람들에게는 업신여김을 받는 사람이라고 하더라도 마지막 날에 주님께 칭찬과 인정이 있다면 그것은 진정 성공한 인생일 것입니다. 마치 나사로와 같이 말입니다.
거짓은 지옥의 속성입니다.
그것은 지옥의 힘을 확산시킵니다. 우리는 단순한 사람이 되어야 하며 사람에 따라 상황에 따라 말이 달라지는 사람이 되어서는 안 됩니다. 우리에게 불리하든 유리하든 우리의 말은 진실해야 합니다.

무식한 것은 나쁜 것이 아니지만 거짓되고 간교한 것은 좋지 않습니다. 그것은 우리의 영혼을 복잡하게 만듭니다. 속으로는 이렇게 생각하는데 겉으로는 다른 말을 한다면 그것은 영혼을 혼란시킵니다. 영혼이 어둠 속에 떨어지게 됩니다.

마음에는 전혀 그렇지 않은데 입은 전혀 다른 이야기를 습관적으로 하는 사람들이 있습니다. 이들은 언젠가는 자신의 영혼을 잃어버리게 됩니다. 그리고 어두움의 영역으로 떨어지게 되는 것입니다.

오래 전에 어떤 이가 내게 모욕을 가한 적이 있었습니다. 나는 그에게 그것을 지적하였습니다. 그는 정중하게 사과를 하고 용서를 빌었습니다. 하지만 나는 알았습니다. 그가 비록 겉으로는 사과하는 모습을 보였지만 속으로는 오히려 분노하고 있다는 것을.. 그가 앞으로는 나와 상종하지 않겠다고 속으로 결심하고 있는 것을 나는 알 수 있었습니다. 그는 표면적으로는 아주 예의바른 모습을 보였지만 내면의 상태는 그렇지 않았습니다.

이런 경우에 영계에 기록되는 것은 외면의 말이나 행동이 아니라 내면의 상태이며 동기입니다. 그래서 외적인 사람들은 영계에 가게 되면 그들의 세상에서의 삶과 영계의 상태가 너무 달라서 몹시 충격을 받게 되는 것입니다. 나사로와 부자와 같이 말입니다.

이 시대에는 그런 식으로 사는 이들이 너무나 많이 있습니다. 대체로 머리가 좋고 영리한 이들이 그렇게 사는 경향이 있습니다. 하지만 그러한 삶의 태도가 얼마나 영혼을 비참하게 하는지 모릅니다. 평소에 그렇게 겉과 속이 다르게 살아온 사람이 급할 때 간절하게 기도를 드려도 영혼은 과연 이 사람이 무엇을 원하는지 혼동을 느끼게 됩니다. 그의 영혼은 혼돈 속에 있기 때문입니다.

많은 이들이 속으로는 상처를 입었으면서도 겉으로는 '괜찮아. 아무 것도 아니야' 하고 말합니다. 그것은 좋지 않습니다. 그의 안에 어두움을 확산시킵니다. 지옥의 영들을 불러들입니다.

'오, 난 지금 좀 힘들어요. 그러니 나를 위해서 기도해 주겠어요?' 하고 말하는 것이 낫습니다. '그렇게 말하면 나를 속이 좁은 사람으로 보지 않을까?' 하는 의식은 외식으로부터 거짓으로부터 오는 생각입니다.

나는 속으로는 분노로 가득 차 있는데 '괜찮아요. 이미 다 지난 일인데요. 다 용서했어요. 주님의 사랑으로오..' 이렇게 말하는 이들을 많이 보았습니다. 그들은 건강한 사람들이 아닙니다.

속으로는 고민으로 가득해도 '인생이 얼마나 즐거운데요?' 하는 이들도 보았습니다. 그러한 것은 좋지 않은 것입니다. 그것은 거짓된 것입니다. 그리고 그러한 심령에는 주님이 임하시기가 아주 어렵습니다. 거짓은 어두움이며 주님은 빛에 속하신 분이시기 때문입니다. 그러므로 참말을 할 수 없는 상황에서는 차라리 입을 다물고 있는 것이 낫습니다. 그러면 그의 영혼이 어두움의 세계로 떨어지지는 않으니까요.

마음에 없는 이야기를 하는 것은 좋은 것이 아닙니다. 그 순간 그의 영혼은 혼란스러워지며 그것이 되풀이되면 영혼이 마비되어 감각을 상실하게 됩니다. 그들을 보호하며 함께 있는 천사들은 혼란스러워지며 귀를 막고 사라지게 됩니다. 그러므로 그들의 주위에는 어두움의 영이 가까이 다가오게 되며 그들의 영혼은 어두운 곳으로 떨어지게 되는 것입니다.

겉보기에 세련되어 보이는 많은 사람들이 그런 식으로 마음에 없는 말들을 많이 합니다. 그리하여 심령이 많이 망가져 있습니다.

이들은 자신의 마음을 잘 숨길 수 있기 때문에 쉽게 자신의 감정을 표출하고 흥분하는 사람들을 낮은 수준의 사람으로 여길지 모릅니다. 거짓말을 하지 못하며 그 마음의 감정이나 생각이 그대로 드러나는 사람들을 우습게 여길지도 모릅니다.

하지만 주님은 그러한 사람을 '그 속에 간사가 없도다'고 말씀하시며 인정해주셨습니다. 외적으로 경건하게 보이는 것보다 속이 그대로 드러나는 것이 더 나은 것입니다. 적어도 영적으로는 말입니다. 아무리 겉의 포장을 잘 하는 데에 익숙해도 그것은 피곤한 삶일 뿐만 아니라 주님께 나아가는 데에는 전혀 도움이 되지 않기 때문입니다.

이 부분에 대해서 지나치게 융통성이 없게 절대적으로 적용해야 한다는 것은 아닙니다. 우리가 거짓을 싫어하고 진실됨을 좋아하기 때문에 남이 상처를 받든 말든 우리가 하고 싶은 말을 다 해야 한다는 의미는 아닙니다.
중요한 것은 사랑의 동기입니다. 우리가 사랑을 가지고 주님께 구한다면 주님께서는 구체적인 상황에서 그 상황에 맞는 합당한 지혜를 우리에게 주실 것입니다.
성경에서 라합이 정탐군을 찾으러 온 사람들에게 한 말은 분명히 거짓말이었습니다. 그러나 거짓말을 하지 않았더라면 이스라엘의 정탐군은 죽었을 것입니다. 어쩌면 거짓말을 하지 않았더라도 주님께서 지켜주셨을지도 모르지요.

아무튼 성경의 경우를 보더라도 철저하고 예외 없이 완벽하게 모든 상황에서 진실만을 말하는 것을 지켜야하는 것은 아닐 것입니다. 중요한 것은 사랑이며 동기이며 지혜이겠지요.
그러나 분명한 것은 우리는 할 수 있는 한 우리의 속과 겉을 일치시켜야 한다는 것입니다. 상황을 따라 사람을 따라 말이 달라진다면 그것은 복잡한 삶입니다.
'거짓말을 하는 사람은 머리가 좋아야 한다'는 말이 있지요.
그것은 당연한 이야기입니다. 왜냐하면 여태까지 자기가 한 말을 다 암기하고 있어야 하니까요. 그래서 머리가 나쁜 사람이 사기를 치는 것도 어렵다는 말이 있습니다.

겉과 속이 일치하는 삶은 단순한 삶입니다. 그것은 어린아이처럼 단순합니다. 임금님이 벌거벗었다는 사실을 모든 사람은 알고 있었지만 어린아이만이 그것을 말할 수 있었습니다. 어린아이는 계산하지 않으며 단순하기 때문입니다.
진실된 언어, 진실된 자세는 천국의 빛을 끌어당깁니다.
거짓과 외식은 영혼을 어둡게 만들어 지옥의 힘을 확산시킵니다.
단순하고 진실한 기도는 사람에게 감동을 줍니다.
그러나 복잡하고 외식하는 기도는 아무리 길어도 사람의 심령 속에 반향을 일으키지 못하며 천국도 가져오지 못합니다.

천국의 기름부음을 증가시키기 위해서 우리는 단순함을 훈련해야 합니다. 거짓과 외식을 벗어버려야 합니다. 어린아이처럼 순수해져서 아는 것을 안다고 하고 모르는 것을 모른다고 해야합니다.
이렇게 말하면 상대가 어떻게 생각할까 내게 유리할까 불리할까 생각하다보면 벌써 복잡해지기 시작하며 영혼의 감각보다 머리로 사는 사람이 되어버리게 됩니다. 머리와 생각으로 살게 되면 점차로 영혼의 감각이 죽으며 복잡해지게 되는 것입니다.

우리의 생각과 언어는 단순해야 합니다.
어떤 이들은 말과 생각이 복잡합니다.
그런 것은 좋지 않습니다.
어떤 이의 언어 표현은 애매하고 모호합니다.
무엇을 말하는지 분명하지 않습니다.
어떤 이들은 일부러 말을 모호하게 합니다.
어디까지가 진실이고 어디까지가 농담인지 거짓인지 불확실합니다.
그것은 좋지 않습니다.
그러한 것들은 영혼을 혼란스럽게 합니다.
복잡한 글도 좋은 것이 아닙니다.

그 의미와 뜻이 분명해야 합니다.
주님의 말씀도 항상 명료하고 단순한 것이었습니다.
진리는 항상 단순한 것이며 복잡한 것이 아닙니다.
복잡한 말과 글은 그 영혼의 혼란스러움을 보여주는 것입니다.

그래서 언어의 의미가 명백해야 하고
누구나 그것을 쉽게 알아들을 수 있어야 합니다.
부디 주님 앞에서 단순한 사람이 되십시오.
당신의 언어가 단순한 것이 되게 하십시오.
당신의 마음을 쉽게 표현하는 것이 되게 하십시오.
진실되게 말하고 생각하고 행동하십시오.
두마음을 품지 말고 속과 겉이 일치되게 하십시오.
천국은 빛으로 가득하고 진실된 곳으로서 그러한 훈련을 통해서 우리는 점점 더 천국의 빛에 가까워지게 될 것입니다.

5장 사랑의 천국과 미움의 지옥

천국은 사랑의 공간입니다. 하나님은 천국의 주인이시며 사랑이십니다.
천국은 하나님이 통치하시는 곳이며 그 통치는 사랑의 통치입니다.
천국의 외곽은 권능의 천사들이 지키고 있지만 그 내부의 삶은 사랑에 의하여 형성되고 움직입니다. 즉 모든 사람들이 사랑과 친절과 선의로 서로 대하며 살아가는 것입니다.

사랑이 있는 곳에 하나님이 임하시며 사랑이 있는 곳에 천국의 빛이 임합니다. 사랑의 고백과 표현은 그 공간에 천국의 기름부음을 충만하게 만듭니다.
어떤 이가 사랑을 고백하고 시인할수록 그는 천국과 가까워집니다. 사랑은 천국의 에너지이며 천국의 중심이기 때문입니다. 그러나 어떤 이가 미움을 표현하고 분노를 표현하게 되면 그는 지옥과 가까워집니다. 분노는 지옥의 에너지이며 분노의 불은 지옥으로부터 올라오는 특성이기 때문입니다.

진리의 빛은 모든 것을 명확하게 합니다. 그것은 지혜와 계시와 깨달음을 일으킵니다. 사랑은 따뜻하게 하며 불을 일으킵니다. 사랑의 불은 천국에서 일어나는 불이며 분노의 불은 지옥에서 일어나는 불입니다.
흔히 '화가 머리끝까지 올라갔다' 는 말이 있는데 그것은 지옥의 불로 사로잡혔다는 의미입니다.

혀는 곧 불이요 불의 세계라 혀는 우리의 지체 중에서 온 몸을 더럽히고 생의 바퀴를 불사르나니 그 사르는 것이 **지옥 불에서 나느니라** (약3:6)

우리의 혀가 악한 말을 할 때 그것은 지옥 불의 통로가 되는 것입니다. 그 지옥의 불은 마음에서부터 시작됩니다. 분노의 마음은 마음 속에서 지옥의 불이 붙는 것과 같은 것입니다.

사랑의 불은 따뜻하고 아름다운 것입니다. 그것은 천국의 대기이며 화사하고 따뜻한 햇살과 같습니다. 그러나 분노의 불은 악하고 더러운 불이며 또한 차갑고 썰렁한 것입니다. 분노의 불은 순식간에 타오르지만 그것이 꺼진 후에는 냉냉하게 차가운 죽음의 냉기가 남을 뿐입니다.

사랑과 미움은 천국과 지옥의 중심 에너지이며 천국과 지옥을 명백하게 나누는 것입니다. 빛과 어두움은 천국과 지옥의 외적 원리이며 사랑과 미움은 천국과 지옥의 내적인 원리입니다.

사랑의 특성은 서로 끌어당기는 것입니다. 사랑은 거리를 초월하는 것입니다. 사랑하는 이와 멀리 떨어져 있는 것은 고통입니다.

그러므로 사랑은 서로 끌어당기는 속성을 가지고 있습니다. 사랑이 증가될수록 나중에는 서로의 모든 경계선이 무너지며 하나로 연합하게 됩니다. 온 우주에는 서로 끌어당기는 인력으로 가득합니다. 그것은 하나님의 사랑을 보여줍니다. 온 우주는 하나님의 사랑으로 창조된 것입니다. 창조의 원리는 곧 사랑의 원리이며 창조는 사랑의 결실입니다.

사랑은 자신을 주며 상대를 채우는 것입니다. 사랑의 깊이와 넓이와 수준만큼 자신에게 속한 것을 주어서 상대를 충만하게 하고 싶어합니다. 이는 하나님께서 자신의 모든 풍성함을 사람들에게 주시려고 하는 것과 같습니다. 그래서 하나님께서는 천국의 모든 풍성함을 사람들에게 주시려고 하시며 사람들이 천국을 받을 수 있도록 그들의 수용능력을 넓히시기 위해서 훈련하시는 것입니다.

미움의 원리는 반대입니다. 그것은 상대를 창조하며 채우며 온전케 하는 것이 아니라 상대를 파괴하려 합니다. 상대에게서 빼앗으려고 합니다. 주는 것을 고통스럽게 느끼며 상대로부터 얻는 것을 좋아합니다.

어떤 대상으로부터 무엇을 주는 것보다 받는 것을 좋아한다면 그것은 사랑이 아닙니다. 배우자에게서 많은 기대를 채우기 원하며 공급받는 것에서 기쁨을 느낀다면 그것은 욕심이지 사랑이 아닙니다. 나의 행복을 위해서 상대방이 필요하다는 것은 욕심이지 사랑이 아닙니다. 그것은 반대의 성질을 가지는 것입니다.

많은 시간을 기도하면서 주님께 많은 것을 받기 원하는 것도 사랑으로 보기는 어렵습니다. 어떤 이들은 주님께서 자신에게 기대하는 것을 주시지 않는다고 분노합니다. 그것은 지옥에 속한 것이며 사랑의 원리가 아닙니다. 사랑이란 상대로부터 받으려고 하는 것이 아니라 상대를 위해서 자신을 주고 싶어하는 것입니다.

그러므로 진정 주님을 사랑하는 이들은 주님으로부터 무엇을 받을 때보다 자신을 드릴 때 진정한 행복을 얻습니다. 그렇기 때문에 주를 위하여 고난을 받으며 심지어 목숨까지 드리게 될 때 행복감을 얻게 되는 것입니다. 이는 주를 사랑하기 때문입니다. 그리고 이러한 이들에게 주님은 자신의 모든 풍성함을 나누어주시기를 원하십니다. 그러한 사랑의 수준에서 비로소 천국의 아름다움을 누릴 수 있는 그릇이 될 수 있으며 천국의 영계와 파장이 맞기 때문입니다.

우리가 사랑의 표현을 하게 될 때 우리는 그 공간의 변화를 느끼게 됩니다. 어떤 사람이 상대방에게 부드럽고 따뜻한 말을 할 때에 그것은 그 주변의 영적 분위기를 바꾸게 됩니다. 그 사람의 입을 통해서 나오는 말이 영적 에너지가 되어 그 주변의 공간이 진동하게 됩니다.
전율이 흐르듯이 그 사람과 상대방이 있는 곳에 영적인 진동이 일어납니다. 그 공간의 대기가 바뀌게 되는 것입니다. 상대방의 영혼에 반향을 일으키는 따뜻한 불이 그 영혼에 스며들어가게 됩니다.
그것은 사랑의 진동이며 창조의 진동입니다. 사랑에서 창조가 시작되기 때문입니다.

사랑은 곧 창조이며 지혜와 용기와 빛과 모든 아름다움을 만들어내기 시작합니다. 그럼으로써 상대의 영혼을 아름다움으로 채우기 시작하는 것입니다. 그러므로 어떤 이들이 사랑을 표현하고 공급하게 될 때 그는 천국의 통로가 되는 것입니다.

주님께서는 너희에게 물 한 그릇을 주는 이들도 결단코 상을 잃지 않을 것이라고 말씀하셨습니다. (막9:41) 그것은 물 한 그릇을 주는 행위 자체는 대단한 것이 아니지만 그것은 사랑과 친절이 담겨있는 행동이기 때문입니다.

분노는 상대에 대한 공격을 일으킵니다. 분노는 상대방을 파괴시키고 싶어합니다. 상대에게 고통을 주며 그것을 통해서 만족을 얻으려고 합니다. 그래서 싸울 때 사람들은 언어에 날카로운 칼을 담아서 상대방을 공격합니다. 그러한 언어들은 저주에 가까운 것이며 상대의 영혼을 죽이는 것입니다. 물론 그러한 악들은 지옥에서 나오는 것입니다.

악한 말을 할 때 상대를 비난하는 말을 할 때 그것은 그 주변의 공기를 오염시킵니다. 그 공간의 파장은 어둡고 섬뜩하고 삭막해지며 지옥의 영들로 채워지게 됩니다.

분노하면서 하는 모든 말은 저주입니다. 그것은 상대방을 파괴하는 것입니다. 그것은 상대방의 몸과 마음을 깨뜨립니다. 그러한 말을 합리화시키기 위해서 성경을 인용하고 여러 논리적인 이유를 제시해도 그것은 여전히 지옥으로부터 나오는 것입니다.

상대에게 잔인한 말을 하고 찌르는 말을 할 때 실제로 영적으로는 날카로운 화살과 칼과 같은 에너지가 상대의 심령을 찌르는 것입니다. 그것은 영혼을 파괴하고 깨뜨리는 것이며 지옥을 만족시켜줍니다. 지옥이란 상대가 겪는 고통을 통해서 기쁨을 느끼는 것입니다. 그러한 언어는 실제적으로 살인과 같은 것입니다. 그것의 충격이 반복되면 실제로 목숨을 빼앗을 수 있습니다.

흔히 스트레스 해소를 위한 것이라고 말하는 액션영화와 같은 것은 지옥의 영들의 힘을 증가시키는 것입니다. 그러한 것들을 통해서 파괴의 영들을 몸 안으로 받아들이게 되며 악한 영으로 사로잡히게 됩니다.
그렇게 되면 그 악한 영으로 충만하여 자신의 마음에 맞지 않는 이에게 그러한 저주를 퍼붓게 됩니다. 그는 점차로 지옥의 원리를 따라 살아가는 사람이 되어 가는 것입니다. 부모들은 자주 자녀들에게 그러한 분노를 폭발시킵니다. 그것은 저주와 같은 것이 아니라 실제로 저주입니다. 그것은 지옥으로부터 오는 것입니다. 그것은 교육이 아닙니다.
가르치는 것과 분노하는 것은 다른 것입니다.
가르침에 분노가 섞이면 그것은 비난이며 정죄이지 교육이 아닙니다.

부모가 자녀에게 분노할 때 자녀의 마음이 여린 경우 그들은 지옥의 영들에게 눌리게 됩니다. 그래서 바깥에 나가서 사고를 당하기도 하고 홧김에 죽으려고 하기도 합니다. 그것은 부모가 그들에게 파괴 에너지를 공급했기 때문입니다.
자녀가 마음이 강한 자들이라면 그들은 같이 대적하고 분노하여 자신을 방어합니다. 그러나 마음이 여리고 약한 자들이라면 그 저주의 기운을 고스란히 받아들이게 됩니다. 그렇게 될 때 영혼 자체가 근본적으로 파괴되는 것은 아니지만 그들이 겪는 분노의 강도에 따라서 영혼에 많은 손상을 입게 되며 육신의 수명이 짧아지게 되고 이 땅에 좀 더 오래 거하면서 영적 성장을 할 수 있는 기회를 많이 잃어버리게 될 수 있습니다.

가르치는 입장에 있는 이들, 지위나 힘에서 우월한 입장에 있는 이들이 분노를 터뜨리면서 그것을 합리화하는 경우가 많이 있습니다. 사역자들이 분노를 터뜨리면서 그것이 의분이라고 생각하는 경우도 있습니다. 그러나 그것은 오해입니다. 하나님의 나라는 그렇게 살벌한 방법으로 확장되지 않습니다.
비난과 정죄를 통해서 사람을 치고 사람의 기를 죽이고 사로잡으려고 하는 영적이라 주장하는 단체를 나는 많이 보았습니다. 그들은 이른바 군대식으로 군기를 잡고 사람들을 소유하려고 하곤 하였습니다.

그러나 그러한 모든 경향은 다 악한 것입니다. 비난과 정죄는 결코 천국에서 오는 것이 아닙니다.

천국은 사랑과 격려를 통해서 사람의 영혼에게 빛과 따뜻함을 공급합니다. 영혼이란 사랑의 가르침을 통해서 거듭나고 변화되는 것이며 비난과 정죄와 꾸짖음과 위협을 통해서는 결코 변화되지 않습니다. 억지로 누르는 것은 내적인 변화를 일으킬 수 없습니다.

우리는 오직 사랑의 통로가 되어야 합니다. 우리는 사람들에게 사랑을 고백하고 격려하는 훈련이 필요합니다. 그것은 우리가 속한 공간을 천국으로 바꾸는 것입니다. 우리는 거기에 익숙해져야 합니다.

어떤 이들은 말하기를 '나는 다른 것은 다 잘하는데 사랑이 없어. 사랑을 표현하지를 못해' 합니다. 그것은 자신이 천국과 상관이 없는 자라고 고백하는 것과 같습니다. 사랑하지 못하면 아무 것도 할 수가 없는 것입니다. 사랑은 모든 아름다운 것들을 창조하는 것이기 때문입니다.

예배는 주님께 사랑을 고백하는 것입니다. 예배를 통해서 우리는 또한 사람들에게 사랑을 고백해야 합니다. 그러한 애정의 고백과 표현이 어려운 것은 그것을 반대하는 어두움의 기운이 우리 안에 있기 때문입니다. 우리는 그것과 싸워야 하며 우리 안에 있는 지옥을 소멸시키고 천국의 기름부음이 증가되도록 해야 합니다.

우리 안의 지옥이 소멸될수록 우리는 사랑의 통로가 될 수 있습니다. 사람들을 따뜻하게 해주고 친절하게 대해줄 수 있습니다. 그것은 체질의 문제가 아니고 영의 성질의 문제입니다. 그것은 우리가 천국에 속한 사람이냐, 지옥에 속한 사람이냐의 문제입니다.

하나님의 사랑이 당신 안에 충만하게 임하시기를 기도하십시오.

그리고 그 사랑이 당신의 안에 머물러 있지 말고 당신을 통해서 자연스럽게 흘러나올 수 있도록 사랑을 표현하고 훈련하십시오.
아무도 나쁘게 보지 마십시오. 그것은 지옥을 일으킵니다.
남을 결코 비난하거나 비판하지 마십시오.
당신과 마음이 맞지 않다면 같이 있지 않으면 됩니다.
그러나 비난하지는 마십시오. 그것은 주님이 기뻐하시는 일이 아닙니다. 그것은 당신 안에 있는 천국을 소멸시킵니다.
밤을 새워서 기도했다 하더라도 한번 비난하는 순간에 당신의 안에 있는 주님의 영은 소멸됩니다.

순수한 마음으로 사람을 격려해주십시오.
사랑을 고백하며 사람의 영혼을 세워 일으키십시오.
지치고 힘든 자들에게 용기와 힘을 주십시오.
그것은 천국을 확장시킵니다.
그것은 상대방보다 당신 자신을 더욱 더 충만하게 합니다.
천국이 당신으로부터 흘러나오기 때문입니다.

부디 사랑의 통로가 되십시오.
외롭다고 하소연하지 말고 사람들을 축복해주십시오.
당신은 더 이상 외롭지 않게 될 것입니다.
천국은 증가되며 당신은 더욱 더 풍성한 세계에 머물게 될 것입니다.
천국은 곧 사랑의 세계이기 때문입니다.

6장 섬김의 천국과 지배의 지옥

예수님의 제자들은 서로 높은 위치를 차지하기 위해서 자주 경쟁하고 싸웠습니다. 한 번은 야고보와 요한이 주님의 나라에서 주님의 왼편, 오른편에 앉게 해달라고 주님께 특별히 부탁을 드린 적이 있었습니다. 그것을 보고 다른 제자들이 화가 나자 주님은 이들에게 말씀하셨습니다.

열 제자가 듣고 야고보와 요한에 대하여 분히 여기거늘 예수께서 불러다가 이르시되 이방인의 소위 집권자들이 저희를 임의로 주관하여 그 대인들이 저희에게 권세를 부리는 줄을 **너희**가 알거니와 **너희** 중에는 그렇지 아니하니 **너희** 중에 누구든지 크고자 하는 자는 **너희**를 섬기는 자가 되고 **너희** 중에 누구든지 으뜸이 되고자 하는 자는 모든 사람의 종이 되어야 하리라 인자의 온 것은 섬김을 받으려 함이 아니라 도리어 섬기려 하고 자기 목숨을 많은 사람의 대속물로 주려 함이니라 (막10:41-45)

이 말씀은 천국과 지옥의 인간관계의 원리를 선명하게 보여줍니다.
천국은 섬김이 중심이 되는 곳으로 서로 섬기려고 애쓰는 곳이며 지옥은 서로 지배하려는 욕망과 싸움으로 가득한 세계입니다.
주님은 세상 권세의 특징에 대해서 이렇게 말씀하십니다.

집권자들이 저희를 임의로 주관하여 그 대인들이 저희에게 권세를 부리는 줄을 너희가 알거니와 (막10:42)

그것이 세상 권세입니다. 사람들은 권세를 가지고 명령하는 것을 좋아합니다. 다른 사람을 마음대로 부립니다. 그리고 자기의 명령에 다른 사람들이 쩔쩔매며 복종하는 것을 보고 즐거워합니다. 그러나 이러한 속성은 지옥으로부터 오는 것입니다. 그것은 세상 권세의 특징이자 지옥의 특징입니다. 지옥은 자기의 즐거움을 위하여 남들을 괴롭히고 부리는 곳입니다. 지옥은 오직 자기 중심적인 이들이 사는 곳입니다. 천국은 주님을 섬기고 다른 사람을 섬기는 것을 기뻐하는 이들이 사는 곳입니다.

천국에 속한 사람은 자기의 기쁨을 구하는 것보다 주님을 기쁘시게 하며 다른 사람을 기쁘게 하는 것으로 즐거움을 삼습니다. 그렇기 때문에 천국의 영으로 사는 이들은 항상 즐거움으로 가득하며 지옥의 영으로 사는 이들은 전쟁과 경쟁과 미움과 긴장과 갈등 속에 있습니다.

세계의 역사는 바로 전쟁입니다. 그리고 세상에 가득한 이 전쟁은 서로 더 많이 가지고 지배하기 위한 것입니다. 스스로 왕이 되기 위한 것입니다. 약한 이들을 굴복시켜서 나의 종으로 만들기 위한 것입니다.

정복욕과 지배욕은 지옥의 특성입니다. 나라의 군주들은 이 욕망을 위하여 수많은 사람들의 피를 흘리는 것을 마다하지 않았습니다.

어떤 이는 아주 많은 지배욕을 가지고 있습니다. 그는 지배욕을 위해서 목숨을 걸 수도 있습니다. 어떤 이는 좀 더 적은 지배욕을 가지고 있습니다. 그는 지배를 사랑하지만 목숨을 걸 정도는 아닙니다.

그러나 지배욕의 크기에 상관없이 그것의 근원은 지옥입니다. 그것은 자기를 기쁘게 하기 위하여 다른 사람을 이용하는 것입니다. 리더쉽이 없고 마음이 약한 이들도 속으로는 남들을 지배하기 원하는 이들이 많이 있습니다. 그들은 상상 속에서 다른 이들을 지배하려고 합니다.

자기가 사랑하는 사람을 납치해서 가두어 놓고 사랑을 한다는 그런 종류의 영화들도 있습니다. 그러한 것들도 다 지배욕에서 나오는 것입니다. 물론 그러한 것은 사랑과는 관계가 없는 것입니다. 흔히 스토커라고 불리우는 이들이 있는데 이것도 애정과는 관련이 없는 것이며 일종의 지배욕에 해당되는 것입니다.

사랑이란 상대를 기쁘게 해주는 것인데 이러한 것은 자기의 기쁨을 위해서 상대의 의사를 무시하고 괴롭히는 것입니다.

부모와 자녀와의 관계가 겉으로는 사랑으로 포장되어 있지만 이러한 지배의 관계가 형성되어 있는 경우는 아주 많습니다. 그들은 자녀를 위한다고 하면서 실제로는 자녀의 의사를 억압하고 자신이 원하는 것을 강요합니다. 그것도 일종의 지배입니다. 그것은 사랑이 아니며 천국에서 오는 것이 아닙니다.

입으로는 주님을 시인하며 자주 예배를 드리고 교회에 가지만 인간관계에서 천국을 누리지 못하는 이들은 아주 많이 있습니다. 그러나 아무리 외적으로 신앙인의 모습을 가지고 있어도 천국의 영으로 살지 않는다면 그들은 지옥의 영에게 고통을 겪게 됩니다.

천국적인 인간관계는 지배가 아닌 섬김의 영으로 사는 것이며 섬김의 관계입니다.

그러나 많은 그리스도인 부부들도 서로 섬기며 상대의 행복을 추구하는 것보다 서로를 향해서 지배하기를 원합니다. 상대를 조종하려고 합니다. 그것은 지옥으로부터 옵니다. 지옥의 관계를 가지고 있다면 그들이 행복할 리는 만무한 것입니다. 우리가 천국에서 살기를 원한다면 우리는 천국의 영으로 살아야 합니다. 지옥적인 에너지와 지옥의 영으로 살면서 행복하기를 기대해서는 안됩니다.

많은 이들이 다른 사람 때문에 고통하고 상처를 받습니다. 그것은 어리석은 일입니다. 그것은 지배욕과 관련이 있는 것입니다. 자식이 속을 썩인다고 괴로워하는 사람도 있습니다. 자식이 말을 듣지 않는다고 괴로워하는 사람도 있습니다. 그러한 고통은 다 지배욕으로부터 소유욕으로부터 오는 것입니다.

우리는 주님이 허락하시는 범위 안에서 우리에게 맡겨진 이들을 사랑하고 존중하며 봉사합니다. 그러나 어디까지나 선택은 본인에게 속하는 것입니다.' 그 사람이 나에게 이럴 수가 있느냐' 고 말하며 괴로워하는 사람들이 있습니다. 그것은 지배욕으로부터 나오는 것입니다. 사람에게 아무런 기대를 하지 않고 자신을 주며 섬길 때 거기에는 그러한 고통이 올 수 없습니다. 그것은 천국에 속하며 천국의 빛으로 사는 이들의 특성입니다.

천국의 관계는 강요가 없습니다. 아무리 좋은 것이라도 상대가 원하지 않는 것을 주지는 않습니다. 영계의 중심은 소원이며 애정이기 때문에 상대방이 어떤 것을 원치 않는다면 누가 아무리 강요해도 그 사람은 그것을 얻을 수 없습니다.

어떤 이가 귀신의 영을 좋아한다면 아무도 그 귀신을 쫓을 수 없습니다. 어떤 이가 연애의 영이나 자기 연민의 영, 미움의 영을 선택한다면 그것을 제거해줄 수 있는 방법은 없습니다.

우리의 중심으로 무엇을 좋아하고 추구한다면 그 영이 우리에게 오는 것입니다. 영계는 애정으로 형성되어 있으며 그 법칙을 우리가 깨뜨릴 수는 없습니다. 그러므로 입으로만이 아닌 진정 주님을 추구하는 이들은 주님의 영에 사로잡히게 됩니다. 악한 것을 좋아하는 이들은 악한 영들에게 잡히게 됩니다. 이것은 너무나 명백한 원리이며 아무도 바꿀 수 없는 것입니다.

많은 부부관계가 서로를 지배하려 합니다. 상대에 대해서 기대하며 자신의 기대를 충족시켜주지 않을 때 분노하고 상처받고 미워합니다. 그것은 지옥적인 관계이며 자기 중심적인 관계입니다.

위협이나 설득이나 눈물이나 여러 방법을 통해서 상대를 자기에게 속한 사람이 되도록 만들려고 합니다. 그러한 것들은 어둠에 속한 일인 것입니다. 거기에는 기쁨이 없습니다. 그것은 지옥의 영으로 사는 것입니다. 아무리 외형적으로는 주를 믿는다고 해도 그러한 영으로 산다면 그곳에는 악한 영들이 역사하게 됩니다.

천국은 사람을 자유롭게 합니다. 아무도 지배하려고 하지 않습니다.

상대에게 편안함과 자유를 주려고 합니다. 상대의 모든 선택을 존중하며 강요하지 않고 축복합니다. 그것이 천국의 원리입니다. 거기에는 비난이 없으며 오직 존중이 있을 뿐입니다. 어찌하든 상대를 돕고 섬기기 원합니다. 그리고 거기에서 기쁨을 얻습니다.

천국에 속한 사람들은 항상 남을 사랑하고 친절하게 대하기를 원합니다. 그것을 통해서 어떤 상급을 기대하거나 남에게 잘 보이려고 하는 것이 아니라 그것이 그들의 속성이기 때문에 그렇게 남에게 사랑과 친절을 베풀면서 기쁨을 느끼는 것입니다. 그리고 그러한 사랑과 친절을 통해서 천국의 영은 증가되며 천국이 확장되는 것입니다.
자기가 선을 베풀었는데 상대가 배신했다고 비난하는 것은 그가 상대에게 기대하기 때문입니다. 자신이 베푼 것으로 인하여 상대에게 되돌려 받기를 원한다면 그것은 순수한 천국의 영으로부터 온 것은 아닙니다.

천국에 속한 사람들은 약자들을 불쌍하게 여기고 돕기를 좋아하지만 지옥에 속한 사람은 약한 이들을 업신여기고 압제합니다. 그들은 강자에게는 비굴하고 잘 보이려고 노력합니다. 그러나 자기에게 유익이 되지 않는 사람이나 약한 사람들은 무시하며 괴롭힙니다.
약육강식의 문화는 곧 지옥의 문화이며 그러한 삶의 태도를 보면 그의 외적인 신앙행위와 상관없이 그가 천국에 속한 사람인지 지옥에 속한 사람인지 알 수 있는 것입니다.
섬김에도 수준이 있습니다. 사랑에는 진리와 지혜가 필요합니다. 낮은 수준에 있으면 상대를 섬긴다는 것이 고통만 주는 수가 있습니다. 상대를 기쁘게 한다고 하는 것이 자기가 원하는 것을 주기 때문입니다.
어떤 이들은 상대가 원치 않는 자기가 좋아하는 것을 주면서 상대가 그것을 즐기지 않으면 분노하는 이들도 있습니다. 그것은 아직 영혼이 어두운 곳에 있기 때문입니다. 어두운 곳은 진리의 빛이 부족한 곳입니다. 물론 칠흑같이 어두운 곳도 있고 어느 정도의 어두움이 있는, 빛이 적어서 어슴프레한 곳도 있습니다. 빛이 적으면 분별이 어렵습니다.
나와 아내는 아무리 거절해도 계속 강요하는 사람들의 음식 강요 때문에 위장에 탈이 나서 고생한 적이 여러 번 있었습니다. 그것은 사랑이지만 고통을 줍니다.
하지만 그럴 경우 상대의 사랑을 받아들이기 위해서 몸의 건강을 포기할 수밖에 없습니다. 미숙하지만 사랑은 사랑이기 때문입니다. 다만 사랑에 지혜와 성숙이 포함될 때 그들은 좀 더 천국을 확산시키는 통로가 될 수 있을 것입니다. 어떤 이들은 묻지도 않고 개고기를 먹는 곳에 데려가기도 합니다. 이런 경우 끔찍하기는 하지만 그 마음만은 받아들일 수밖에 없습니다.

무지는 사람들에게 고통을 줍니다. 진정 주를 위한다고 생각하면서 주를 괴롭게 하는 이들도 많이 있습니다. 그들에게는 좀 더 많은 빛이 필요합니다.
나는 지옥을 악한 세계라기보다는 낮고 발전하지 않은 세계라고 이해하고 있습니다. 혈기가 많고 욕심이 많은 이들은 악한 사람이라기보다는 어린 사람입니다. 지배하려는 욕망도 지옥 적인 것이지만 결국은 빛이 부족한 무지와 어둠 속에 있는 것이라고 생각합니다.
물질세계도 악한 것이라기보다는 본질적인 것이 아닌 한계가 있고 피상적인 세계입니다.
산 밑의 골짜기에 있는 사람에게는 높은 곳의 빛이 비취지 않아서 길을 잘 모를 뿐입니다. 그러나 좀 더 높이 올라가면 빛을 보게 되고 진리를 이해하며 길을 알게 될 것입니다. 주님은 바로 그 빛이십니다.

지배욕은 다른 지옥의 욕망과 마찬가지로 낮은 차원의 욕망입니다. 그것은 어린 것입니다.
영혼이 발전하지 않은 어린 사람은 물질적인 사고 속에서 삽니다.
물질적인 차원에서 보면 모든 사람은 다 다른 사람입니다.

그러나 인간은 섬이 아니라는 말과 같이 겉보기에는 섬은 떨어져 있으나 속으로는 모든 땅은 연결되어 있습니다. 그와 같이 인간은 겉보기에는 모두 다른 사람들같이 보이지만 그 내면으로는 한 하나님의 작품이며 서로 연결되어 있는 것입니다.

지배욕은 다른 사람을 완전한 남으로 보기 때문입니다. 다른 이들을 이용하고 지배하고 괴롭혀도 그것은 자기와 상관이 없다고 생각합니다.

하지만 영으로는 서로 통하는 것입니다. 우리는 하나님 안에서 모두 하나입니다. 거듭나게 되면 좀 더 가까운 하나가 될 수 있습니다. 그러나 아직 구원받지 않고 주를 모르는 사람이라도 근본적으로는 모두 하나님 안에서 한 사람입니다. 그러므로 남을 위하는 것은 곧 하나님을 위하는 것이며 자신을 위하는 것입니다.

어떤 사람이 걷다가 다리가 실수해서 넘어졌다고 합시다. 그럴 경우 화가 나서 망치로 자기 다리를 때리는 사람은 없습니다. 자신의 것이기 때문입니다.

마찬가지로 남을 아프게 하는 사람은 자기의 손이나 발이나 몸을 때리는 것과 같은 것입니다. 우리는 다 한 사람이기 때문입니다.

남을 지배하기 원하며 이용하기 원하는 사람은 악하다기보다 어린 사람입니다. 그는 영혼이 깨어나야 하며 눈을 떠야 합니다. 그럴 때 진정한 섬김의 의미에 대해서 깨닫고 나아갈 수 있습니다.

특별히 지배욕이 강한 사람들이 있습니다. 그들은 사람들을 사로잡으려고 하며 조종하려고 합니다. 남이 싫어하는 것을 강요하며 자신을 떠나지 못하게 하려고 합니다.

어떤 이들은 자기를 떠나는 이들은 재앙을 겪을 것이라고 위협하기도 합니다. 자신이 이끄는 교회나 영적 단체를 떠나면 재앙이 올 것이라고 위협하거나 암시하는 이들을 나는 많이 보았습니다. 그리고 그러한 곳에서 두려워하며 떠나지 못하는 이들도 나는 많이 보았습니다.

마음이 약하고 의존적이며 두려움이 많은 이들이 그러한 곳에서 고통을 겪으면서도 여전히 매여있는 모습을 나는 많이 보았습니다.
그러나 그것은 옳은 일이 아닙니다. 그러한 지배의 사람은 천국에 속한 사람이 아니며 할 수 있는 한 그러한 이들과는 멀어져야 합니다.
그러한 이들은 사람의 영혼을 억압하며 많은 어두움의 영들이 그들을 통하여 올 수 있기 때문입니다. 그러므로 그러한 이들과 같이 있는 것이 오히려 더 큰 재앙이 되는 것입니다.

천국에 속한 사람이 되기 위해서는 남들을 지배해서도 안 되며 또한 남들에게 쓸데없이 지배를 받을 필요도 없습니다. 천국은 결코 지배하고 억압하려고 하지 않으며 오직 섬기며 사랑하고 돕기를 원하기 때문입니다.
우리는 꿈속에서라도 남을 지배하려고 해서는 안 됩니다. 남에게 강요하려고 해서는 안 됩니다.
도덕적인 자기 확신이 많은 이들은 남들에게 강요를 많이 하는 경향이 있습니다. 원하지도 않고 준비되지도 않은 이들에게 자꾸 잔소리를 하고 설득을 하려 합니다.
그러면서 자신의 좋은 말을 듣지 않는 상대방에 대하여 비난하고 미워합니다. 그러나 그것은 무지에서 오는 것이며 악에 가까운 것입니다. 그것은 상대의 영혼을 억압하게 되는 것입니다.
우리는 단순히 사람들을 도우려고 해야 합니다. 사람들의 수준에서 그들을 도와야 하며 가능한 한 그들이 좋아하는 것을 주려고 해야 합니다. 아무리 좋은 떡도 상대가 준비되지 않았을 때 먹이려고 해서는 안됩니다.

주님은 빛을 가지고 이 땅에 오셨습니다. 진리를 주시고 싶어 하셨습니다. 그의 안에는 보화와 영광이 있었습니다. 그러나 사람들은 단순한 질병을 고치기 위해서 주님께 나아왔습니다. 삶의 사소한 문제를 처리 받기 위해서 주님께 나왔습니다.

주님을 사소한 A/S 센터의 직원 정도로 취급하였습니다. 그러나 주님은 조용히 그들의 요구를 들어주셨습니다.
그분은 진리와 보화를 주고 싶어 하셨지만 아직 그들이 준비되지 않음을 아셨습니다. 제자들이 서로 높아지려고 싸울 때에 주님은 부드럽게 그들을 제지하셨습니다. 주님은 그들이 좀 더 자라기를 기다리셨습니다.
주님은 항상 상대의 수준에 맞게 음식을 나누어 주셨습니다.

우리가 좀 더 빛을 받고 좀 더 성장해갈수록 우리는 섬김에 대해서도 좀 더 발전해갈 것입니다. 사랑에 대해서도 발전해갈 것입니다.
우리는 좀 더 천국에 속한 사람이 되기 위해서, 천국의 빛을 나누어주기 위해서 모든 이들에 대한 지배를 포기해야 합니다. 그리고 단순히 상대의 원하는 것들을 발견하는 지혜를 발전시켜야 합니다.

천국은 섬김입니다.
부드럽고 따뜻하고 친절하고 아름답게..
그렇게 우리는 사람들을 대하며 섬기려고 해야 합니다.
그러한 따뜻함과 부드러움 속에서 사람들의 영혼은 깨어나게 되고
우리는 좀 더 천국을 확산시킬 수 있을 것입니다.
할렐루야.

7장 봉사의 천국과 게으름의 지옥

주님은 여러 번 사람들에게 달란트를 맡긴 종에 대한 말씀을 들려주셨습니다. 이 말씀에는 항상 주님의 말씀을 지키지 않고 게으르게 살다가 주인에게 야단을 맞는 종의 이야기가 나옵니다. 그런데 주인이 종을 꾸짖을 때 그 종을 항상 이렇게 부르십니다.
악하고 게으른 종아 (마25:26) 이것은 게으른 것이 곧 악한 것임을 말해주고 있는 것입니다. 게으른 것은 악한 것입니다. 일을 하기 싫어하는 것은 악한 것입니다. 그것은 자기의 존재 이유를 부인하는 것과 같습니다.

세계에서 가장 부자는 컴퓨터 황제로 알려져 있는 빌 게이츠라고 합니다. 그런데 그의 삶은 아주 검소하며 그는 일을 하느라 바빠서 점심을 햄버거로 때울 때도 많이 있다고 합니다. 이런 저런 이야기를 하면서 사람들이 흔히 하는 질문은 이것입니다.
"그렇게 돈이 많은 사람이 뭐 하러 일을 하지? 나 같으면 그냥 놀겠는데.."
이러한 의식이 많은 사람들 안에 있는 것이 사실입니다. 그러한 의식 속에는 일이란 괴로운 것이며 노는 것이 훨씬 더 행복한 것이라는 생각이 바탕에 깔려 있는 것입니다.
특히 한국 사람의 의식 속에 그러한 부분이 더 많이 깔려져 있는 지도 모르겠습니다.

이런 이야기가 있지요. 처음 복음이 들어오고 있던 시절에 선교사가 어느 날 열심히 땀을 흘리며 테니스를 치고 있는 것을 보고 어떤 사람이 말하더라고 합니다. 이렇게 힘든 일을 왜 종을 시키지 않고 직접 하시느냐는 것입니다.

지나간 시절의 유머에 불과한 것이지만 아무튼 이러한 의식에는 힘든 일은 천한 사람이나 하는 것이며 높은 사람은 몸을 움직이지 않고 편하게 앉아서 남을 부리고 가만히 있는 것이라는 생각이 담겨있는 것입니다. 많은 이들이 몸을 움직이는 것을 싫어합니다. 그러나 인간은 동물이기 때문에 움직이지 않으면 모든 신체기능이 약해지고 죽어 가는 것 밖에 없습니다.

나이가 들수록 일부러 움직이고 일을 하는 것을 즐거워하는 사람도 있고 아직도 이 나이에 움직여야 하다니 하고 생각하는 이들도 있습니다. 어느 쪽이 건강하고 활기 있는 삶을 살아가는 지는 뻔한 것입니다.

악하고 게으른 종에 대한 다음과 같은 말씀이 있습니다.

만일 그 악한 종이 마음에 생각하기를 주인이 더디 오리라 하여 동무들을 때리며 술친구들로 더불어 먹고 마시게 되면 생각지 않는 날 알지 못하는 시간에 그 종의 주인이 이르러 엄히 때리고 외식하는 자의 받는 율에 처하리니 거기서 슬피 울며 이를 갊이 있으리라 (마24:48-51)

여기서 재미있는 것은 그 악하고 게으른 종의 태도입니다. 그는 술친구들과 더불어 먹고 마시면서 동무들을 때린다고 했습니다. 왜 그는 동무들을 때릴까요? 왜 그는 폭력적인 증상을 가지게 되는 것일까요? 그것은 그의 안에 기쁨과 평안이 없기 때문입니다.

우리는 모두가 다 사명을 받은 사람들입니다. 이 세상에 태어난 자체가 사명을 받은 것입니다. 어떤 이들은 자신을 '사명자'라고 말하며 특별한 종류의 사람인 것처럼 생각하기도 하지만 우리 모두는 다 사명자입니다. 자기의 사명을 발견하고 그 일을 하며 사는 이들은 참으로 행복하고 복 받은 자들입니다.

그러나 자기의 일을 감당하지 않는 이들은 과연 기쁨이 있을까요? 그들은 별로 행복하지 않습니다.

자, 내일 시험을 치르는 학생이 있습니다. 그런데 그는 시험준비를 하지 않고 하루종일 컴퓨터 게임을 하면서 놉니다. 그의 마음 속에 평안이 있을까요? 결코 없습니다. 그는 다만 감각을 마비시켜서 도피하는 것에 불과합니다.

진정한 보람과 기쁨이 없는 것 - 그것은 사람을 폭력적으로 만들고 파괴적으로 만들 수 있습니다. 가장이 자기의 맡은 바 책임과 역할을 하지 못하면 그는 오히려 폭력적이 될 수 있습니다. 그것은 그의 안에 있는 좌절과 열등감에 기인한 것입니다. 일이 없이 논다는 것은 결코 행복한 일이 아닙니다.

아마 악하고 게으른 종의 마음 속에도 그와 같은 것이 있었던 것이 아닐까요? 그는 날마다 술친구와 더불어 먹고 마시고 놀았지만 그의 깊은 심령 속에서는 진정한 만족과 기쁨이 없었을 것입니다. 그러므로 그는 사소한 것에도 분노하고 폭발하며 동무들을 때렸을 것입니다.

술집에서는 참 싸움이 많이 일어나는데 아마 비슷한 이유가 아닐까요. 사람은 놀면서 행복하기보다는 오히려 불행해지는 면이 있는 것 같습니다. 복권을 통해서 일확천금을 얻은 이들의 삶을 추적해보면 대부분 이혼이나 타락, 빚더미에 올라앉거나 하는 식으로 비참하게 끝난다는 보고들이 많이 있습니다. 그 역시 그러한 수입과 재산이 건강한 노력을 통해서 얻은 것이 아니기 때문일 것입니다.

악하고 게으른 것은 지옥의 영들과 관련이 있는 것입니다. 그것은 하나님께서 우리에게 주신 사명을 통해서 봉사하고 섬기며 진정한 기쁨을 얻는 것을 방해하는 것입니다.

단순히 먹고 마시며 육체의 즐거움을 누리면서 그것이 가장 행복한 삶인 것처럼 악한 영들은 우리를 속입니다. 그러나 그것은 항상 불안하고 쫓기며 진정한 보람과 기쁨이 없는 삶입니다. 맛있는 음식으로 배를 가득하게 채우는 것은 한 시간 이상 행복하지 않으며 육체의 모든 탐욕은 사람을 점점 더 비참하게 만들뿐입니다. 사람은 사랑을 위하여 봉사를 위하여 태어났기 때문에 자신의 일을 발견하지 못하는 이들은 결코 만족을 얻을 수 없는 것입니다.

천국에서는 과연 무엇을 하게 될까요? 오직 하루 종일 파티를 하고 하루 종일 먹고 마시며 오직 예배만을 드릴까요?

나는 천국에서 우리들은 일을 할 것이라고 생각합니다. 그리고 일을 하면서 한없는 기쁨과 보람을 느끼게 될 것이라고 믿습니다.

일을 하지 않는 것은 비참한 삶입니다. 무엇이든 존재 이유가 있습니다. 예를 들어 시계는 시간을 알려주기 위해서 존재합니다. 그러나 일을 하기 싫어서 움직이지 않는 시계는 망가지거나 죽은 시계입니다. 그는 존재의 의미가 없는 것입니다.

우리들은 일에 빠져서 가족이나 건강 등 인생의 소중한 것을 잃어버리고 무너지는 사람들의 이야기를 많이 듣습니다. 그러나 그것은 일에 대한 참다운 깨달음과 사랑이라고 보기 어렵습니다.

주님께서 우리에게 주신 사명과 일이란 세상에서 생각하는 일과 다르기 때문입니다.

세상에서는 일의 가치를 경제적 가치에 결부시켜 생각합니다. 다시 말해서 돈을 위해서 일하는 경향이 있다는 것이지요. 그러나 주님이 우리에게 주시는 사명은 그 자체에서 우리에게 활력과 기쁨을 줍니다.

인간은 모두가 한 사람입니다. 어떤 이는 손에 재능을 주시고 어떤 이들은 머리에 재능을 주시며 어떤 이들은 언어에 재능을 주십니다.

그러한 재능을 받은 이들이 자신의 재능을 통해서 주님을 섬기고 다른 이들을 섬기게 될 때 그것은 온 우주적인 한 사람을 점점 더 아름답고 온전하게 만드는 것입니다.

지옥의 영들은 외면으로 보았을 때 하나같이 괴물의 모습을 가지고 있습니다. 그것은 하나같이 흉측하고 악하게 생겼습니다. 괴물이란 무엇입니까? 그것은 균형을 잃어버린 모습입니다.

예를 들어서 얼굴에 눈이 다섯 개쯤 된다면 그는 괴물입니다. 코가 팔만큼 길다면 그것은 괴물입니다. 지옥에 속한 형상들은 그처럼 균형을 잃고 괴물의 모습을 가지고 있는데 이는 각 지체들이 서로 싸우고 경쟁하기 때문입니다.

그래서 어떤 이는 너무 배가 부르고 어떤 이는 굶주립니다. 어떤 이들은 많이 가지고 있지만 만족하지 못하여 조금 있는 자들의 것을 빼앗으려 싸웁니다. 적게 가진 이들은 또한 증오하고 미워하며 공격합니다. 그것이 지옥입니다.

머리가 없기 때문에 지옥에서는 각자가 제멋대로 움직입니다. 그래서 다들 괴물이 되고 흉측한 모습이 됩니다.

그러나 천국은 주님의 사랑의 통치 속에서 다 서로 섬기며 사랑하고 다른 지체를 섬기기 원합니다. 그래서 위장은 머리의 통제를 따라 적당히 먹고 몸은 머리의 통제를 따라 적당히 움직이며 그래서 아름답고 건강한 몸을 가지게 되는 것입니다.

한 사람의 사명은 결국 많은 사람들, 모든 사람들을 온전하게 만들도록 섬기고 돕는 것입니다.

우리가 주님 앞에 나아갈 때 주님은 우리가 무엇을 해야할지 보여주십니다. 우리의 마음 속에 어떤 일에 대한 기쁨을 주시고 감동을 주시며 그 일에 대한 지혜와 탁월함을 주십니다.

우리는 주님께서 우리에게 맡기신 일을 하면 할수록 우리 안에 기쁨이 증가되는 것을 느끼게 됩니다. 천국의 기름부음이 우리 안에서 증가되는 것을 경험하게 됩니다. 그리하여 그 일을 하면서 우리는 주님을 섬기며 사람을 섬기고 우리의 영혼도 발전시키면서 천국을 점점 더 아름답고 온전하게 만들어 가는데 쓰여지게 되는 것입니다.

주님께서는 내 아버지께서 이제까지 일하시니 나도 일한다 고 하셨습니다. (요5:17)

주님, 우리의 왕이시며 아버지 되신 그분은 무슨 일을 하고 계신 것일까요?

〈TV동화 행복한 세상〉이라는 책에서 나왔다는 다음과 같은 이야기를 본 적이 있습니다.

한 아이의 아버지가 직장을 잃고 실업자가 되어 버렸습니다. 간신히 마련한 작은 식당도 잘 안되어 문을 닫고 결국은 산동네에 한 작고 허름한 집으로 이사를 오게 되었습니다.

아버지는 매일 방에만 누워서 꼼짝도 않으시고 어머니가 구슬 꿰는 일로 돈을 벌어 간신히 하루하루를 살고 있었습니다. 그러던 어느 날 비가 장대 같이 쏟아져서 낡은 천정에서 비가 새기 시작했습니다.

어머니는 급히 양동이를 가져와 떨어지는 비를 받았습니다. 벽으로 돌아앉아 술을 마시던 아버지는 양동이에 떨어지는 빗소리가 듣기 싫다는 듯 밖으로 나가서는 한 시간이 지나고 두 시간이 지나고 밤이 아주 늦도록 돌아오시지 않았습니다.

걱정이 된 어머니와 아이는 우산을 들고 밖으로 아버지를 찾아 나섰지만 어디에서도 아버지는 찾을 수 없었습니다.

아버지를 찾다 지쳐 집으로 다시 돌아올 때쯤 아이는 지붕 위에서 한 검은 그림자를 발견합니다. 지붕 위를 천천히 살펴보는데 번갯불에 비치는 그 그림자의 주인은 우산을 받쳐든 아버지였습니다.

우산을 들고 비바람을 맞으며 지붕 위 구멍이 난 곳에 아버지가 그렇게 우두커니 앉아 계셨던 것입니다. 아이가 그런 아버지를 보고 아버지를 부르려하자 엄마는 아이를 말리면서 이렇게 말합니다.

"우리..아버지를 부르지 말자.. 우리를 위해 아버지가 저것이라도 할 수 없으시면 더 슬프실 지도 모르잖아.."

이 이야기는 아버지의 마음을 보여줍니다. 아무 것도 할 수 있는 것이 없지만.. 가족을 위하여 아무 것도 해주지 못하지만.. 온몸으로 비를 맞으며.. 내 사랑하는 사람을 보호해 주고 싶은 것.. 무엇이라도 내가 할 수 있는 한 무엇이라도 해주고 싶은 것.. 나를 버리고.. 남을 위해 주고 싶은 마음.. 바로 그것이 아버지의 마음인 것입니다.
희생할 수 없을 때 섬길 수 없을 때 남에게 아무런 도움이 될 수 없을 때 사람은 비참해집니다.
자신의 존재가 아무런 의미가 없을 때 사람은 비참해집니다. 그러므로 사랑을 주지 못하고 받기만 하는 이들은 너무나 비참한 상태가 되는 것입니다.

이들은 자기가 줄 수 있는 어떤 것을 찾아야 하겠지요. 주님께서 자기에게 맡기신 것, 다른 것은 잘 하지 못하지만 그래도 이것만큼은 어느 정도 잘 할 수 있는 것..
생각만 해도 행복해지고 즐거워지는 일.. 그것을 찾아야 합니다. 그리고 그것이 바로 자기의 일이며 사명인 것입니다.
주님께서는 우리에게 천국을 확장시키기 위해서 우리에게 일과 사명을 주셨습니다. 그것을 발견하고 추구할 때 우리는 행복한 사람이 됩니다.
그리고 그러한 일을 통해서 우리는 천국을 확장할 수 있는 것입니다.

나는 몇 십 년 전부터 문서 사역에 대한 꿈을 가지고 있었습니다. 영적 세계의 진리에 대한 탐구와 그 기쁨에 사로잡혔었습니다.
나는 날마다 다양한 영성의 원리를 발견하고 추구하고 훈련하였습니다. 나는 그 세계를 나누고 싶었고 문서화하고 싶었습니다. 하지만 많은 이들과 상담을 해도 그것을 지지하는 이들은 없었습니다. 먼저 목회를 하고 교회가 커져야 한다고 모두가 말했습니다.
나는 신학을 하고 목회를 시작했지만 거기에는 별로 기쁨이 없었습니다. 교회는 작았지만 일은 많았습니다.
아픈 사람이 있으면 수 없이 병원을 들락거려야 했고 이사가는 사람이 있으면 도와주어야 했습니다. 그것들은 좋은 일이었지만 내게 맡겨진 일이라는 느낌이 들지 않았습니다. 그것은 내가 아니더라도 다른 사람이 할 수 있는 것이었습니다.

십 여 년 목회를 하면서 마음 속의 갈등이 점점 더 커져갔습니다. 나는 주님께서 목회를 내려놓으라고 말씀하시는 것을 느꼈습니다.

하지만 막상 사람들에게 정이 들어서 그 말씀에 순종하는 것은 쉽지 않았습니다. 사람들과 같이 있는 것은 행복한 일이었기 때문입니다.

내게는 수많은 메시지들이 밤낮으로 떠올랐습니다. 나는 설교 준비에 어려움을 겪은 기억은 없었습니다. 무엇이든지 주님께 물어보고 기다리면 몇 분이 안되어 책 몇 권의 분량이 떠올랐기 때문입니다.

예를 들어서 '주님. 영계의 구조에 대해서 설명해주십시오' 하고 기도한 후에 주님의 응답을 기다리며 누워있으면 잠시 후에 수많은 성경구절과 환상과 메시지가 순식간에 쏟아지기 시작했습니다.

모든 질문에 대해서 대답이 오는 것은 아니었지만 거의 대부분 그러한 지식들은 쏟아지듯이 내려왔습니다.

영성의 원리에 대해서, 전도의 원리에 대해서, 찬양의 원리에 대해서, 영적 전쟁의 급소에 대해서, 영성의 단계에 대해서, 영계의 법칙에 대해서.. 무엇이든 묻고 기다리기만 하면 그 후에는 받아 적기만 하면 되었습니다. 그러니 책 한 권의 분량이 불과 몇 분이면 정리가 끝났습니다. 그것은 내게 쉬운 일이었습니다. 물론 그것을 일일이 정리해서 실제로 책을 내는 것은 힘든 일이었지만 그러한 착상들은 순식간에 다가왔습니다.

그러나 그 외의 대부분의 일에 나는 아주 무능했습니다.

작은 교회의 사역자에게 요구되는 것은 그러한 것들보다는 강력한 체력이었습니다. 보일러를 잘 고친다든지, 전기를 잘 다룰 줄 안다든지.. 그런 면이 더 필요했습니다. 세상 물정에 대한 지식이나 처세의 방법들도 중요했습니다. 그런 면에서 나는 유능한 사역자라고 할 수 없었습니다.

마음은 아프지만 결국 나는 사역을 내려놓았습니다.

책을 쓰고 만들어야겠다는 마음은 들었지만 경제적으로는 도무지 길이 보이지 않았습니다. 이미 책은 여러 권 썼지만 경제적으로는 전혀 도움이 되지 않았습니다. 오직 글을 쓰는 것으로 생활이 가능하려면 매달마다 책을 2-3권은 써야할 것입니다. 그것도 인세를 제대로 받을 수 있다는 조건 하에서 말입니다. 출판사의 취향대로 글이 잘리지 않기 위해서는 내가 직접 책을 만들어야 했습니다.

길은 보이지 않았지만 마음에 기쁨이 오고 감동이 오는 쪽을 선택하고 순종하기로 마음을 먹었습니다. 목회 사역을 내려놓고 2주일동안 앞으로 쓸 책에 대해서 제목과 목차를 정리해보았습니다.
2주일 만에 100권 정도의 제목과 주제와 상세한 목차가 만들어졌습니다. 2주일 만에 100권의 주제가 생겨났으니 이제 몇 년이 지난 지금 어떠할지에 대해서는 이해하실 수 있을 것입니다. 영적 세계의 지혜와 지식은 그야말로 무한대이기 때문입니다.
베스트셀러 작가로 유명하신 어떤 목사님이 메일을 보내신 적이 있었습니다. 나의 책을 보고 놀랐다면서 목사님의 책은 독서를 통해서 나오는 것이 아닌 것 같은데 그 소스가 도대체 무엇이냐는 것이었습니다.
이해하기 어렵겠지만 나는 그저 주님께 기도하고 기다리면 모든 것이 쏟아진다고 말할 수밖에 없습니다. 모든 사람은 누구나 다 주님께서 자기에게 허락하신 재능이 있으니까요.

최근 4년 동안 24권의 책을 냈습니다. 이 책은 25번째 책입니다. 아직 쓰려고 하는 것의 10분의 1도 쓰지 못했다고 할 수밖에 없습니다. 아직도 다루어야 할 부분들이 너무나 많이 있습니다. 아주 기초적인 영성의 원리들도 별로 알려져 있지 않다고 생각하기 때문입니다.
이 시대는 영성에 대한 이론은 많이 있지만 실제는 별로 없습니다. 이론과 개념에 치우쳐 있는 서구 기독교의 영향을 많이 받고 있기 때문입니다. 그러므로 실제적인 영성과 변화와 경험들이 필요합니다.

책을 쓰고 만들면서 많은 것들을 깨닫게 되었습니다. 그것은 사람은 주님이 허락하신 사명을 발견하고 순종함으로 앞으로 나아갈 때 주님께서 축복하시고 인도하신다는 사실입니다.

그리고 경제적으로나 현실적인 여러 여건들이 좋지 않을 때에도 마음 속의 감동과 그 흐름을 따르다보면 반드시 주님께서 길을 여신다는 것입니다. 도무지 길이 보이지 않을 때 꿇어앉아서 주님의 도우심을 요청하면 주님은 반드시 새로운 길을 보여주시며 오히려 그것이 복이 되게 하신다는 것입니다.

아직 여건이 그리 좋은 편은 아니지만 나는 무척 행복합니다. 그것은 내게 맡겨진 일을 하고 있다는 사실 때문입니다. 오래 동안 하고 싶었던 것. 그것을 할 수 있다는 사실만큼 행복하고 보람된 것도 드물 것입니다. 주님은 우리 모두에게 무엇인가를 맡겨 주셨습니다.

우리는 모두 사명을 가지고 태어났습니다. 아무도 우연히 아무 이유 없이 태어나지 않았습니다. 지금 이 세상은 경제논리로 사람의 삶을 이끌어나갑니다. 그러나 주님께서는 그분에게 순종하기 원하는 자들에게 그분의 길을 열어주실 것입니다.

찰스 콜슨이 지은 〈어떻게 하나님을 사랑할까?〉 라는 책에는 어떤 한 노부인의 이야기가 나옵니다.

혼자 사는 그 할머니는 몸을 거의 움직이기 어려운 불구의 몸임에도 불구하고 수많은 죄수들에게 편지를 쓰면서 살아가고 있습니다.

그것은 그녀가 할 수 있는 유일한 봉사입니다. 그러나 그 봉사를 통해서 얼마나 많은 이들이 힘과 용기를 얻고 새 삶을 찾았는지요! 많은 이들이 그녀의 편지를 기다리며 그녀는 그들에게 기쁨과 소망을 주기 위해서 날마다 편지를 쓰고 그 기쁨으로 인하여 아름답고 행복한 삶을 살아가고 있는 것입니다.

그녀의 삶은 자기의 삶을 한탄하며 외로움을 호소하는 시간에 남을 돕고 섬기며 일을 하는 것이 천국적인 삶이며 진정한 아름다운 삶인 것을 보여주고 있는 것입니다.

천국은 일을 즐거워하며 일을 통하여 다른 이들을 섬기고 기쁨을 주는 이들이 가는 곳입니다.
그 곳에서는 아무도 쓸모 없는 사람이 없을 것입니다.
모든 사람들이 주님 안에서
즐겁고 행복하게 일을 하면서
서로 사랑하며
천국의 영광을 즐기고 있을 것입니다.

우리는 모두 자신의 일을 통해서 역할을 통해서
사람을 사랑할 수 있습니다.
섬길 수 있습니다.
도울 수 있습니다.
이 땅에 거하는 동안에도
우리는 그렇게 천국에 거하며
천국의 영광을 확장할 수 있게 될 것입니다.
할렐루야..
아멘..
주님. 너무나 감사 드립니다.

5부

적용 및 결언

영성의 원리를 이해하는 것은 중요한 일입니다.
그러나 이에 못지 않게 중요한 것은 적용입니다.
우리가 그 원리들을 구체적으로 적용하고 시도해 볼 때
책 속의 이야기들은 우리의 삶에서
실제가 될 수 있을 것입니다.

1장 공간을 주님께 드리는 훈련

우리의 모든 삶에서 주님이 우리의 주인이시며 왕이심을 고백하는 것은 놀라운 일입니다. 우리에게 속한 모든 소유, 물질, 권리, 인간관계, 시간, 공간을 주님께 드리며 주님의 주인 되심을 고백할 때 주님께서는 구체적으로 우리의 삶에 개입하시며 역사하십니다.
그렇게 하심으로써 주님은 그분이 우리의 기도를 들으셨으며 진정한 우리의 주인이신 것을 보여주시는 것입니다.
나는 〈지금 이 공간에 임하시는 주님〉 이라는 책을 저술한 바 있는데 이것 역시 구체적인 공간의 주인으로서 주님을 시인해야 하는 내용에 대한 것이었습니다. 어떤 구체적인 장소나 지역에 대해서도 그 지역을 대표하는 곳에서 그렇게 주님의 왕 되심을 시인하고 선포하는 것은 아주 아름답고 놀라운 사역이며 그것은 공간의 정화를 일으킵니다. 그것은 천국이 저 멀리에 있는 것이 아니라 우리가 사는 이 땅에 임하고 내려올 수 있게 하는 귀한 사역인 것입니다.

내가 운영하고 있는 〈정원 목사 독자모임〉이라는 인터넷 카페에서 같이 활동하며 교제하고 있는 청년들이 이번 여름 방학을 맞이해서 영호남 지역을 며칠동안 방문한 적이 있었습니다.
그들은 광주, 전주, 부산 등 여러 도시를 돌면서 그 지역에 있는 카페의 회원의 가정과 교회에 방문하여 같이 교제도 나누고 기도와 찬양 집회를 나누기도 하였습니다. 그들은 여러 지역을 방문하면서 그 공간을 주님께 드리고 고백하는 것을 적용하기를 원했습니다.
그들은 〈지금 이 공간에 임하시는 주님〉에 나오는 원리를 실제로 적용하고 어떤 일이 생기는지를 보고 싶어했습니다. 특히 그들은 지난 시절의 상처와 고통의 흔적이 있는 광주의 도청을 방문하여 그 공간을 치유하고 주님께 드리는 의식을 가지기로 하였습니다. 이들이 공간을 주님께 구체적으로 드리고 시인하는 선포를 하면서 느꼈던 마음의 상태를 그들의 글을 잠시 발췌해서 살펴보면 이것이 아주 실제적인 기도라는 것을 이해하는 데 도움이 될 것입니다.

공간을 주님께 드리고 정화하는 기도의 싸움 -H자매-

1. 전주 도청 앞에서

(중략) - 우리는 택시를 잡고 도청으로 향했습니다. 그러나 도중에 데모가 있어서 교통이 막혀서 가기가 힘들었습니다. 새만금 지역에 방사물 폐기물 처리장을 만드는 문제 때문에 데모가 심하다고 합니다. 택시 안에서도 매캐한 최루탄 냄새가 났습니다.
우리는 전주 도청을 돌면서 땅 밟기 기도를 하려고 하였으나 전경들이 도청 앞에 포진해있고 길을 막고 있어서 들어갈 수가 없었습니다.
우리는 오도 가도 할 수가 없어서 음식점에 들어갔습니다. 음식점의 방 안에 다 같이 들어가 2-30분 동안 길을 열어달라고 계속 기도와 찬양을 드렸습니다. PDA로 달린 책의 노래를 들으며 다 같이 찬양하고 기도하는데 강한 어조로 계속 명령하는 기도가 나왔습니다.

'우리는 하늘과 땅을 다스리시는 예수 그리스도의 전권 대사다. 어둠의 세력들아.. 여기가 어디라고 얼쩡거리고 있느냐. 예수의 대사들이 여기 왔으니 너희는 길을 열어라. 당장 너희 손을 놓고 이 거리를 떠나라!'

이렇게 명령하며 선포할 때 우리가 하늘과 땅의 모든 권세를 지니신 예수님의 대사들이라는 확신이 너무나 강하게 들었습니다.
그리고 어둠의 세력이 어찌할 바를 몰라 떨며 막고 있던 길을 열어주고 있다는 뚜렷한 확신이 들었습니다. 기도가 끝난 후 G자매가 아주 놀란 표정으로 말하기를 '있지.. 도청 앞 길.. 틀림없이 열렸을 거야.. 아까 막 았던 길을 열라고 기도할 때 말이야.. 그 때 상상 속에서 내가 번쩍 번쩍 빛나는 갑옷을 입고 칼로 마귀들을 막 베어버리고 길을 열었는데.. 어찌나 선명한지.. 꼭 실제 같았어.' 하는 것이었습니다. 우리는 다 같이 확신 속에 밖으로 나갔고 정말 열려있는 길을 발견할 수 있었습니다.

우리는 환호성을 지르며 음식점에서 함께 들으며 익혔던 달린 첵의 찬양 Every Day를 부르며 신나게 도청 주변을 밟으며 걸어갔습니다.

우리는 드디어 도청 앞에 도착했습니다. 이상한 냄새가 진동했습니다. 얼마 전에 도청 앞에서 버스 네 대가 불에 탔다고 하더니 아마 그 냄새인 모양입니다. 썰렁한 도청 앞, 건너편 건물 계단 위에 긴장된 모습으로 줄줄이 늘어앉은 전경들의 모습을 보고 그 앞에 서 있자니 왠지 모르게 긴장이 되었습니다. 모든 사람들의 눈이 우리를 향하는 것 같았습니다. 하지만 긴장하면 지는 것이지요. 우리는 다 같이 둥그렇게 둘러서서 찬양을 불렀습니다. "주는 평화... 우리의 평화... 염려다 맡기라.. 주가 돌보시니.. 주는 평화.. 우리의 평화..."

아름다운 화음과 함께 전주 밤하늘을 울려 퍼지는 찬양.. 찬양을 부르니 서서히 힘이 나면서 긴장이 풀리는 것 같았습니다. 그리고 계단 앞에 긴장된 모습으로 앉아있는 전경들이 왠지 측은하게 여겨지면서 저 사람들을 좀 재밌게 해 주고 즐겁게 해 주고 싶다는 생각이 들었습니다. 그래서 우리는 달린 첵의 Every Day를 신나게 다시 불렀지요

Every Day It`s You I Live For (날마다 나는 주를 위해 살리라)
Every Day I`ll Follow After You (날마다 나는 주를 따라가리라)
Every Day I Walk With You My Lord (날마다 주와 함께 걸으리)
It`s You I Live For Every Day (내가 매일 사는 이유는 오직 주님..)

경쾌한 리듬의 Every Day를 몸을 흔들며 손뼉을 치며 손가락으로 딱딱 소리를 내어 박자를 맞추며 입으로 악기 소리를 내며 그렇게 신나게 노래를 부르다 보니 어느 새 사람들의 시선에 신경 쓰지 않게 되고 점점 신바람이 나기 시작했습니다. 정말 긴장하고 사람들 눈을 의식하는 것도.. 영적인 눌림과 억압에 의한 것이며, 영을 제압하고 싸움에서 승리할 때 자유와 기쁨이 몰려온다는 사실을 다시 한번 확인할 수 있었습니다.

계단 앞에 앉아있던 전경아저씨들 뿐 아니라 지나가던 사람들도 멈춰 서서 우리 모습을 지켜보기 시작했고 심지어는 건물 창문이 하나 둘 씩 열리더니 사람들이 창 밖으로 빼꼼히 고개를 내밀고 우리를 지켜보기 시작했습니다.
우리는 찬양을 마무리하고 다 같이 소리를 질렀습니다. 내가 선창하면 나머지 사람들은 다 같이 따라했는데 우연히도 데모를 하는 사람들이 하는 짓이랑 비슷한 짓을 하게 되었지만 우리의 메시지는 데모대들과는 전혀 달랐습니다.

나 : 전주 시민 여러분 ~ / 일동 : 전주 시민 여러분 ~
나 : 축복합니다 ~ / 일동 : 축복합니다 ~
나 : 평안하세요 ~ / 일동 : 평안하세요 ~
나 : 전주여 ~~ 평안하라 ~~ / 일동 : 전주여 평안하라 ~
나 : 여러분 ~ 사랑해요 ~ / 일동 : 여러분 ~ 사랑해요 ~
나 : 안녕히 계세요 ~ / 일동 : 안녕히 계세요 ~

건너편 건물에서 창문을 열고 고개를 내밀고 쳐다보는 사람들.. 계단에 앉아서 신기하다는 듯 바라보는 전경 아저씨들.. 길거리를 지나가는 시민들을 향해 사랑과 축복의 인사를 하고 우리는 뿌듯한 마음으로 도청 주변 길을 걸어나왔습니다.

2. 전주의 한 초등학교에서

(중략) 초등학교의 선생님으로 계시는 J집사님이 근무하시는 초등학교로 가서 기도를 드리기로 하였습니다. 기도 중에 J집사님을 위한 대언이 많이 나와서 집사님을 중간에 앉히고 다 같이 집사님을 위해서 기도하였습니다.
위로의 메시지와 강한 용사가 되도록 격려하시는 메시지가 많이 나왔습니다. 다 같이 울면서 J집사님을 위해, 그리고 학교를 위해 기도하였습니다. 학교를 위한 중보의 용사로 J집사님을 사용하시겠다는 느낌이 들어서 집사님께 두 손을 들고 강하게 부르짖도록 부탁을 드렸습니다.

으아아아아! 하고 강하게 부르짖고 외치면서 주님께 집사님을, 그리고 이 온 학교를 올려드리는 기도를 드렸습니다.
"주님.. 이 학교에 임하소서. 이 학교의 주인은 주님이십니다."
우리는 이 학교의 모든 곳에 주님이 임하시도록 주님을 초청하는 기도를 드렸습니다.
아무도 없는 조용한 운동장에서 캄캄한 밤중에 학교 조회대 위에서 몇몇 청년들과 한 선생님이 손을 높이 들고 울면서 주님께 학교를 위해 간절히 부르짖었다는 것을 이 땅에서는 아무도 기억하지 못하겠지만 하늘에서는 주님은 기억하실 것입니다.

-J집사님의 글-

찬양과 기도회를 시작했는데 Y자매가 나를 위해 대언과 통변을 해 주었는데 가까이 계시며 나의 모든 모습을 보고 계시는 주님의 모습이 느껴져서 눈물이 났습니다. 이어서 H자매의 대언을 통해 교회를 세우라는 말씀과 학교를 위한 중보자로 보내셨다는 말씀을 주셨습니다. 그 말을 들으며 참으로 감격이 되었지요.

H자매가 팔을 뻗어서 주님의 빛을 내 보내라고 하기에 팔을 뻗어 주님의 빛이 퍼져 나가는 상상을 하는데 배 아래 쪽에서 부르짖음이 올라왔습니다. 우리는 그렇게 주님께서 밝는 땅을 다 주시겠다는 약속을 받고 기도회를 마쳤지요. 함께 모여 주님의 마음을 느끼며 기도하는 기쁨.. 정말 기도는 기쁨이었습니다. 이런 기쁨의 자리가 더욱 많아지기를..
이 모임을 통해 더 깊이 주님의 임재와 운행하심을 알아가길 소망하는 마음도 강해졌지요. 진정 부흥 선교단 이었습니다.
첫출발이 된 전주.. 이 곳이 주님의 기쁨이 넘치는 땅이 되길 축복합니다. 할렐루야!

3. 광주 도청에서

(중략) 우리는 광주를 위해 기도를 시작하였습니다. 어느 정도 기도가 쌓여진 지라 이제는 눌리지는 않을 것 같은 마음이 들어서 기도를 시작하였는데 갑자기 K자매의 배에 강한 통증이 와서 배를 잡고 괴로워하기 시작하였습니다.
자매에게 어떤 중보의 짐이 맡겨진 것이 아닌가 싶은 느낌이 들어서 가까이 다가가서 기도해 주면서 전체 기도를 인도하였습니다. 조금 후에는 H형제가 갑자기 쓰러져 누워서 통증을 호소하는데 갑자기 그 모습이 광주 사태 때.. 죽어가던 청년의 모습과 오버랩 되었습니다.

오, 그렇지요.. 바로 우리 또래의 청년들이었지요..
사랑도 하고 싶고 꿈도 많았을 젊은 청년들..
우리 나이의 그 청년들.. 당신들의 고통을 돌아보지 않았던 것을..
용서하세요.. 미안해요..

H형제는 뒹굴면서 통곡을 하고 있었습니다. 우리는 다들 같이 통곡하였습니다. 마치 우리가 그 청년들이 된 듯한 느낌이었습니다.

어느 정도까지는 그렇게 쏟아낼 때 시원한 느낌이 들었었는데 언제부터인지 갑자기 약간 눌리는 느낌이 들기 시작했습니다. 뭔가 억울해하고 원망하는 느낌.. 불순종의 영이 있으며 결박해야 한다는 느낌이 들었습니다. 우리는 불순종의 영을 결박하고 폭력과 어둠의 영을 결박하였습니다. 그리고 나서 주님께 헌신하는 기도를 다 같이 드렸습니다.

(중략) 우리는 서로 얼싸안고 울고 감격 속에 빠져 있다가 조금 쉬고 광주 도청으로 향하였습니다. 이미 시간이 많이 늦어서 밤 12시가 넘어가는 시간이었지만 광주까지 와서 도청을 그냥 지나칠 수는 없다고 생각하였습니다. 그래서 우리는 택시 네 대에 나눠 타고 도청으로 향하였습니다.
광주의 밤은 서울의 밤거리와는 달리 아주 조용했습니다. 지나가는 차도 거의 볼 수 없었고 인적도 극히 드물었습니다. 조용한 밤의 정적이 그때의 고통과 아픔을 그대로 토해내고 있는 것 같았습니다.
밤이라서 더 그랬을까요. 그 거리를 바라보는데 마치 우리가 정말 그 때 그 상황에 와 있는 것 같은 느낌이 들었습니다. 거리마다 고통스러운 비명과 신음소리가 실제로 귓전에 들려오는 것 같았고 피 흘리는 청년들의 모습이 정말 눈에 보이는 것 같았습니다.

우리는 도청 앞에 둥그렇게 둘러섰습니다. 처음에 그곳에서 찬양과 기도를 시작했는데 수위 아저씨의 제지를 받아 조금 떨어진 곳에서 찬양과 기도를 하게 되었습니다. 처음에는 달린 쳌의 찬양으로 시작하였습니다.

"내 영혼 구하시고 보혈로 덮으셨네 난 믿네 난 믿네
내 수치 걷으시고 보혈로 덮으셨네 난 믿네 난 믿네
난 깃발 들리 죽음을 이기신 주
나의 구세주 살아 계시네 나의 구속자 살아 계시네"

이 찬양을 다 같이 부르는데 특히 '내 수치 걷으시고.. 보혈로 덮으셨네.' 이 부분을 부를 때 속에서 강한 감격이 있었습니다.
그래서 우리는 이 부분을 계속 반복해서 부르고.. 부르고.. 또 불렀습니다. "오.. 주님.. 이 땅의 수치를 걷어주소서.. 오.. 주님.."
거리에 쓰러져 피 흘리고 있는 사람들이 보였습니다. 너무 괴롭고 너무 슬펐습니다. 아무도 자신들의 아픔을 같이 해 주지 않았던 것에 대한 원망.. 아픔.. 고통.. 슬픔.. 그리고 수치심이 느껴졌습니다.

"오.. 주님.. 이제 이 땅을 자유롭게 해 주십시오.."
우리는 광주 도청을 향해 피 흘린 거리를 향해 외쳤습니다.
"이제는 슬픔을 떠나보내세요.. 이제는.. 이제는.. 떠나보내세요.."

슬픔의 영이 떠나가지 않으려 하는 것 같았습니다.
그래서 선포했습니다.

"예수께서.. 그 보혈로.. 당신들의 수치를 걷으셨습니다.
당신들의 아픔을 담당하셨습니다.
이제는.. 모든 원망을 떠나보내세요.."

눈물이 쏟아져 나왔습니다. 그리고 갑자기 이 단어가 떠올랐습니다.
'부활의 능력!'

아. 그렇습니다. 죽었지만 죽지 않을 것입니다. 다시 살아 일어날 것입니다. 부활의 권능.. 죽음과 십자가를 이긴 부활의 권능..
우리는 다 같이 부활의 권능을 외쳤습니다. 그 빛과.. 영광이.. 그 부활의 권능이 이 땅위에 임하기를.. 영광스러운 부흥이 이 땅에 임하기를..
우리는 그 공간에 주님을 초청하는 기도를 다 함께 드렸습니다.

"주님.. 이 공간의 주인은 주님이십니다.
광주의 주인은 주님이십니다.
이 곳을 다스리고 통치하소서.
이 땅을 당신께 올려드립니다."

그 순간 갑자기 하늘에서 빛이 쏟아지기 시작했습니다. 눈에 보이지는 않았지만 그것은 눈으로 보는 것보다도 더 선명하게 느껴졌습니다. 빛이 쏟아지고 있었습니다. 온 거리거리에, 도청 앞 사거리.. 아픔의 거리에 빛이 쏟아지고 있었습니다. 나는 환호성을 질렀습니다.

"주님이 오십니다!
이 거리에! 광주에!
주님이 오십니다.
부활의 능력으로 오십니다!"

함께 있던 청년들이 다 같이 환호성을 지르기 시작했습니다. 빛이 쏟아지고 있었습니다.

"광주여! 너 빛의 고을이여!
이제 주님이 네게 임하신다.
광주여, 너 빛의 고을이여!
이제 자유하라!"

나는 보았습니다. 거리에 피 흘리며 쓰러져 있던 시체들이 빛에 감싸여 하늘로 올라가는 모습을.. 온 거리에 황금빛 물결이 출렁이는 모습을.. 광주는 참으로 빛의 고을이었습니다.
우리는 감격에 휩싸여 울고 웃다가 마지막으로 P목사님의 주변에 다 같이 둥그렇게 둘러서서 목사님을 위해 기도해 드렸습니다.

"이 땅에 당신의 사역자, 빛과 생명을 전하는 당신의 사역자들을 일으키소서.. 오, 주님..이 땅의 수치를 걷으신 주님.. 이제 이 땅에 부흥을 주소서.."

기도를 마치고 우리는 다시 택시를 잡아타고 집으로 돌아왔습니다. 갈 때는 그렇게 슬프고 우울하게 보이던 거리가 돌아오는 길에는 그렇게 맑고 밝게 보일 수 없었습니다. P목사님 집에 도착하자마자 쏴아! 하고 장대같은 비가 쏟아지는 소리가 들렸습니다.
아무도 들어주지 않아서 그저 오랜 동안 깊은 속에 담아두고만 있었던 마음의 슬픔을 쏟아내는 광주의 울음 같았습니다.

- P목사님의 글 -

청년들이 모두 밤12시에서 새벽 2시까지 거리 기도회를 하였습니다. 마지막에 부족한 종을 위해서 기도 할 때는 청년들이 내 주위에 기도하려고 모이자 나는 눈을 감고 있었는데 주님의 불같은 것이 주님의 빛인 것도 같은데 나의 주위를 빙빙 도는 것을 실제로 느꼈습니다. 주님께 감사와 영광을 돌려드립니다. 광주에서의 짧은 시간이었지만 너무나 뜨겁고 꿈같았던 청년들과의 만남과 기도회였습니다.

4. 대구 기도 모임에서

(중략) 기도 모임을 시작했지만 부르짖는 기도를 시키기도 어려울 정도로 전체 공간이 어둡고 꽉 막힌 느낌이 있었습니다.
안되겠다 싶어서 공간을 정화하는 기도를 시도하기로 했습니다. 나는 말했습니다.
"지난주에 서울에서 후원회원 모임을 가졌었는데요. 후원모임의 첫째 달 주제는 '발성기도와 공간의 정화' 였거든요. 목사님이 쓰신 저서 〈지금 이 공간에 임하시는 주님) 에 나와있는 내용을 토대로 주님을 이 자리에 초청하고 주님의 통치를 인정하고 감사할 때 공간의 느낌과 분위기가 실제적으로 어떻게 바뀌는지를 실습하는 것이지요.
저희도 오늘 후원모임을 겸한 기도모임으로 모였으니 한번 같은 주제를 실습해 보면 좋을 것 같아요."

대충 설명을 마치고 다 같이 공간에 주님을 초청하는 기도를 시작하였습니다.
'주님. 이 자리에 오소서.. 이 공간을 통치하소서. 이 공간의 주인은 당신이십니다.'
그렇게 고백을 하는데 1분도 채 지나지 않아서 즉시 공간의 흐름이 바뀌는 것이 선명하게 느껴졌습니다.
"주님이 이 자리에 계십니다."
하고 선포하자 갑자기 뻥~ 뚫리는 느낌이 들었습니다. 전체 공간에 달콤하고 밝은 기운이 흐르는 것이 너무 선명하게 느껴져서 모인 사람 모두가 거의 대부분 그것을 감지할 수 있었습니다.   그것은 너무나 분명한 변화였습니다. (중략)

5. 대구 월드컵 경기장에서

(중략) 우리는 정말 웃음의 영이 임했는지 아주 사소한 이야기에도 데굴데굴 구르며 허리를 잡고 웃음보를 터뜨리며 대구 월드컵 경기장에 도착했습니다. 정말 엄청난 규모의 공원과 경기장이었습니다. 서울의 월드컵 경기장보다 더 화려하고 예술적으로 지어놓은 느낌이었습니다.
월드컵 경기장 앞에 가서 딱! 서는 순간 주님께서 왜 올라오는 길에 우리에게 그러한 웃음을 주셨는지 그 이유를 알게 되었습니다.
월드컵 경기장 앞에 서는 그 순간부터 엄청난 위압감이 느껴져 웃고 즐기던 분위기가 싸아.. 하고 식어버리는 것이었습니다.

결국 주님께서 우리가 최대한 기죽지 않도록 하기 위해서 웃고 즐기고 떠들게 하셨던 것임을 알게 되었습니다.
웃음과 즐거움, 그것이 곧 영적인 파워임을 느끼는 순간이었습니다.

아무튼 우리는 일단 최선을 다해 기도를 시작하였습니다. 올림픽, 월드컵 경기, 유니버시아드 대회 등등, 운동경기에 열광하는 사람들의 배후에는 헬라의 신들.. 인간의 육체를 드러내고 인간의 힘을 자랑하는 인본주의의 영들이 있음을 느꼈습니다.
유니버시아드 대회의 상징인 횃불이 경기장 위에서 열심히 불타오르고 있는 모습을 보면서 주님의 거룩한 불이 아닌 인간이 만든 가짜 불이라는 생각이 강력하게 들었습니다. 나는 인간의 불이 소멸되고 주의 거룩한 권능의 불이 경기장에 불타오르는 상상을 하였습니다.

그런데 이상하게 자꾸 힘이 빠지고 의욕이 상실되는 것이었습니다. 나뿐만이 아니라 다들 동일하게 그런 느낌을 가지고 있었습니다. 특히 지나가는 사람들이나 주변 상황을 자꾸 신경을 쓰게 되고 마음이 분산되는 느낌이었습니다. 안되겠다 싶어서 잠깐 다들 기도를 멈추게 하고 눈을 감고 경기장의 모습을 영적인 눈으로 보게 해 달라고 기도하였습니다.
다들 경기장에 뱀이 득시글거리는 모습.. 마귀가 경기장을 손에 쥐고 있는 모습.. 등등을 보았습니다. 우리는 일단 작전상 후퇴를 하고 잠시 휴식을 취하기로 하였습니다. 그 동안 특히 많이 힘이 딸리고 불안해하던 자매들 몇 명이 우르르 화장실에 갔습니다.

여기서 물러나면 안 되는데, 어떻게 하지.. 생각하며 잔디밭에 앉아 조용히 기도하고 있었는데 화장실 갔던 사람들 중에 S형제가 멀리서 기타를 치면서 오는 것이었습니다.
'주 앞에 엎드려 다른 신이 아닌 오직 당신께~'
하며 찬양을 부르며 걸어오는 S형제를 보는데 왠지 힘이 나고 에너지가 충전되는 느낌이 들었습니다. 그래서 '좋다! 다시 한번 싸워보자! 하고 다시 일어나서 전투 태세를 갖추게 되었습니다. 우리는 같이 외치기 시작했습니다.

"주님! 이 공간을 당신께 드립니다! 이 곳에 임하소서!
이 곳은 주님이 다스리신다! 원수들아! 너희는 아무 힘이 없다!
예수는 왕! 예수는 왕! 예수는 왕! 할렐루야!"

아까는 사람들의 눈치가 보여서 크게 외치는 것이 이상하게 부담이 되었는데 이번에는 앞뒤 안 가리고 미친 듯이 외치기 시작하였습니다. "으아아아!" 하고 부르짖는데 눈에 보이지는 않지만 선명한 압박감이 느껴졌습니다.
강력하게 대치하고 있는 어떤 힘이 분명히 존재함을 선명하게 느낄 수 있었습니다.' 내가 밀리나 봐라!' 하는 마음으로 "으아악!" 하면서 계속 외치는데 갑자기 배가 끊어질 듯이 아프기 시작했습니다. 뒤 허리를 누군가가 칼로 마구 찌르고 있는 듯한 느낌이 들었습니다. 소리를 더 낼 수 없을 정도로 아파와서 다른 청년들에게 원조를 요청했습니다.
"저를 위해 기도해 주세요!"

그러자 다들 내 주변에 몰려와서 한 사람은 다리를 붙잡고 또 한사람은 허리를 또 한사람은 팔을 붙잡고 같이 힘을 다해 기도하였습니다. 같이 기도해 주니 통증이 서서히 약화되면서 어느 순간 뻥! 하고 뚫리는 느낌이 들었습니다. 우리는 같이 포효하기 시작했습니다.

"우와아!"
"승리했다!"
"할렐루야!"

동시에 여러 명이 승리를 외치기 시작했습니다. 뭔가가 뚫렸다는 것을 다들 뚜렷하게 느낄 수 있었습니다. 힘이 번쩍 번쩍 나고 신이 났습니다. 승리의 함성을 외치며 눈을 떠보니 아! 방금 전까지만 해도 온 경기장에 환하게 켜져 있던 불이 다 꺼져 있는 것이었습니다.
시간이 되어서 불을 끈 것이겠지만, 우연치고는 참 공교롭게도 우리가 승리의 함성을 외침과 거의 동시에 경기장의 불이 꺼진 것이었습니다. 그것은 우리가 승리했다는 증표로 여겨졌습니다.

바로 그 경찰 아저씨 둘이 어슬렁어슬렁 걸어오시더니 "신고가 들어왔는데요.. 너무 소리가 커서.." 라고 말씀하시는데 내가 느끼기엔 신고가 들어온 것 같지 않고 그냥 지나가다가 너무 큰 소리가 나서 와보신 것 같았습니다.
"아, 네. 이제 다 끝났어요. 조용히 할 께요. 정말 수고가 많으십니다."
다들 껄껄껄 웃으며 아저씨들을 위로 칭찬 격려해드리며 보냈습니다.
그리고 나서 화장실에 갔던 자매들이 돌아왔는데 벌써 다 끝났다고 하니까 '엉? 끝났어? 흑흑..' 하더니 화장실이 엄청 먼 곳에 있어서 저 멀리까지 갔다왔다고, 그런데 그렇게 먼 곳까지 우리 함성이 쩌렁쩌렁 울렸다고 하는 것이었습니다.

돌아오는 길 Y형제의 차에서 다들 신나게 찬양을 드렸습니다.
차창으로 쏟아지는 시원한 바람, 나무.. 풀.. 밤 풍경..
그리고 손뼉을 치면서 발을 구르며 머리를 흔들며
 '마지막 날에 내가 나의 영으로 모든 백성에게 부어 주리라'
이 찬양을 부르는데 정말 하늘을 날아갈 것 같은 기분이었습니다.
그렇게 신나고 멋진 밤 드라이브는 정말 처음이었습니다.
승리의 영이란 기쁨의 영임을 다시 한번 느낄 수 있는 시간이었습니다.
(중략)

2장 정팅에서의 대화, 메시지

내가 대표로 운영하고 있는 〈정원 목사 독자모임〉 카페에서는 매주 목요일 밤마다 정팅을 가지고 있습니다. 정팅이란 인터넷에서의 정기 모임을 말하는 것이지요. 화상 대화방같이 보이는 것도 아니고 목소리가 들리는 것도 아닙니다. 그냥 대화 창에 자판을 쳐서 글자를 올림으로써 대화를 나누는 것이지요.
나는 거의 참여하지 않고 홍윤미 자매가 주로 인도하고 있습니다. 회원들의 일상적인 이야기나 간증도 나누지만 주로 채팅을 통해서 기도를 하기도 하고 여러 가지 영성의 훈련을 같이 나누기도 합니다.

채팅으로 대화를 하는 것이기 때문에 영성의 훈련이 될까 생각하는 이들도 있겠지만 그러나 그럼에도 불구하고 주님의 풍성한 임재가 나타나고 있지요. 그래서 모임 중에 주님의 강한 임재로 인하여 어지러움을 느끼기도 하며 시원함과 후련함, 감동, 전율.. 등의 현상들을 체험하기도 합니다. 참여자의 영적 상태가 별로 준비되지 않고 어두울 경우에 인도자가 그것을 느끼게 되기 때문에 심한 고통을 받기도 하지요. 아무튼 단순히 글자를 주고받는다고 하더라도 그것을 통해서도 영적인 흐름이 나타날 수 있는 것입니다. 나는 거의 참여하지 않고 있는데 내가 참여한다고 알려지면 사람들이 너무 많이 와서 대화 자체가 어려워지기 때문입니다. 그래서 가끔 살짝 예고 없이 들어가기도 합니다.

하루는 이 책을 쓰고 있다가 카페 회원들이 보고 싶어져서 갑자기 들어가게 되었습니다. 여러 대화를 나누는 중에 책에 대한, 천국의 중심원리에 대한 메시지를 조금 나누게 되었습니다. 마침 이 대화의 내용을 다 기록한 이가 있어서 조금 참고가 될 것 같아서 여기에 수록하기로 하였습니다. 대화체이고 즉흥적인 이야기라 주제가 조금 왔다 갔다 하는 면도 있지만 자연스러움을 살리기 위해서 거의 그대로 실었습니다. 조금 중복이 되는 이야기가 있겠지만 정리에 도움이 되지 않을까 싶습니다.

2003. 9.18. (목요일) 정팅 방에서

밤 11시경에 정팅 방에 들어갔습니다. 이미 십 여명의 회원들이 대화를 나누고 있었습니다.

회원들 : 우와! 목사님 오셨다!
정원 : 안녕하세요? 여러분에게 주님의 임재와 평강이 있기를 기원합니다.
회원들 : 평안하셨어요?
정원 : 음. 글을 쓰고 있는데 조금 힘들어요.
회원 : 글을 쓰시면 힘이 드신가 봐요.
정원 : 글을 쓰게 되면 항상 그 글에 관계된 영이 와요. 내가 쓰는 글에 대한 것을 직접 체험해야 그 글이 실제가 되기 때문이지요. 지금은 〈천국의 중심원리〉를 쓰고 있기 때문에 천국의 영이 수시로 임해요. 그러면 힘들어지지요.

회원 : 천국이 임하면 좋은 것 아닌가요?
정원 : 천국의 영이 임하게 되면 영의 느낌은 참 좋은데 몸은 아주 약해집니다. 손가락 하나 움직이는 것도 힘들지요. 나른하고 행복하면서도 몸은 솜을 먹은 물과 같아요. 그래서 글을 조금 쓰다가 누워서 쉬고 그래야 돼요. 속에서는 글이 한없이 나오는데 몸이 말을 안 듣지요.
이럴 때 은사와 권능을 구하면 능력이 임하고 몸이 생생해지지요. 하지만 그렇게 되면 영감이 약해지기 때문에 글을 쓰기가 어렵지요. 성령의 내면의 역사와 외면의 역사는 그렇게 확실히 달라요.

은사는 육에 속한 것. 그래서 성질과 욕심을 처리하지 못해요. 음란과 악성과 같은 요소들이 오히려 강해지게 되지요. 그래서 은사 사역자들의 말로가 비참한 경우가 많아요. 그래서 빨리 그 은사의 단계, 은혜의 초기 단계에서 벗어나야 돼요. 잠시 집회에서 흥분하지만 은혜를 받는 것만큼 범죄하고 넘어지게 돼요.

천국은 내면의 세계예요. 내면의 영광, 평화, 사랑, 순결... 거룩함과 영광의 세계예요. 그것은 외부적이고 부분적인 은사와 비교할 수 있는 게 아니에요. 영혼의 감각이 열려서 심령을 보고 읽어야 돼요.

많은 사람들의 심령이 망가져 있어요. 겉으로는 멀쩡하지만 내면을 보면 속이 공허하고 불안하고 그런 경우가 많아요. 그런 상태에서 속을 처리받지 못하고 겉으로 도피하고 겉에 머물러 있어요. 속에는 불안, 분노, 긴장이 많은 데 겉에만 은혜가 임한 상태이지요.

그래서 내면이 열려서 자신의 속을 보아야 하고 주님의 깊은 터치가 있어야 해요. 속이 처리되지 않으면 외적 노력을 아무리 해도 열매가 없어요. 힘들기만 할 뿐이죠. 이 시대 사람들이 너무 외적 터치, 외적인 기름부음만 알아서 속이 너무 망가져 있어요. 은사, 권능은 기계적 원리에 속하고 내면 세계는 인격적인 측면이 있어요.

지금 쓰고 있는 것이 천국의 구체적 원리에 대한 것이에요. 핵심은 주되심이라고 할 수 있어요. 주님의 주되심에 굴복되는 것만큼 내면세계에 천국이 와요. 일생동안 주님의 주되심, 주권이 이뤄지는 만큼 천국을 누리게 되어요. 멋대로 살수록 지옥이지요. 아무리 구원의 확신이 많고 사역을 많이 했다 해도 그 영이 천국과 멀리 있는 사람이 많아요.

천국은 오직 주님을 높이는 곳이에요. 자신을 드러내고 높이고 자신에게만 신경을 쓰면 그 순간 지옥의 밥이 되요. 사역자들, 영적 지도자들의 영이 어두운 경우가 많은데 그것은 자신을 드러내고 싶어 하는 성향 때문이에요.

자신의 성격, 기분, 취향, 모든 부분들, 생각, 감정, 눈, 뇌, 심장, 손 발..
그 모든 것에 주님의 주되심이 이뤄질수록 천국을 경험해요. 인간관계,
건강, 또한 무엇이든지 간에 주되심의 고백과 선포가 있는 곳에 주님의
임재와 처리가 있어요. 영계는 인격의 원리이기 때문에 모든 사람은 자
신이 원해서 지옥을 끌어들이지요. 자신의 감정, 자신의 명예, 성공, 이
런 것을 추구할수록 지옥과 가까워져요.

우주의 모든 질서에서 항상 가운데는 행성이 있고 다른 별들은 그 중심
을 돌죠. 모든 원자, 우주.. 모든 구조들이 그래요. 그런데 중심을 돌지
않으면 그 우주, 원자 분자가 파괴되지요. 그것이 지옥이에요. 무질서와
파괴가 있는 곳이 지옥이지요.
모든 아름다움은 주님의 통치속에 있는 것이고 그것이 천국이죠. 그것이
무너지고 각자가 주인이 되는 것이 지옥이에요. 그러므로 이 땅에 살면
서 주님의 주되심이 실제로 이루어질수록 무한한 영계가 열리는 것이지
요. 자녀가 집을 나갔든, 배우자가 바람을 피든, 몸이 아프든 무슨 문제
이든 간에 그러한 모든 문제들은 주님의 주되심을 회복하기 위해서 생기
는 거예요.

이 책에서는 지금 왜 구체적으로 교회와 집회 가운데 천국이 부족한지,
지옥의 영들이 왜 돌아다니는지 그 근본을 밝히는 것이에요. 어떻게 하
면 구체적으로 이 땅에서 천국을 경험할 수 있는지 그것을 설명하고 있
는 것이지요.
지옥과 천국의 영들은 너무나 선명하게 구분돼요. 이 땅에서도 교회에서
도 천계에 속한 이와 지옥에 속한 이들은 너무나 선명하게 구분돼요. 그
원리를 분명히 발견하고 천계에 서야 해요.
영이 열릴수록 어떤 단어를 사용할 때 그것은 단어가 아니고 실체가 되
요. 실제로 그 영들이 와요.. 그래서 천국에 대한 글을 쓰면 천국의 영들
이 오기 때문에 좋기도 하지만 힘이 들기도 해요.

이 땅에는 천국을 거스르고 방해하는 영들이 너무 많고 그 영들을 선명하게 느끼게 되니까 많이 힘이 들지요. 분명한 것은 천국이 너무나 실제적이라는 것..
주님이 임하시지 않는 것은 무엇인가가 방해가 있는 것이죠. 그것은 체질이 속한 것이 아니에요. 지옥에 속한 요소, 천국을 방해하고 주님의 통치를 방해하는 요소를 발견해야 해요.

애굽에 나타난 하나님의 역사는 은사의 세계입니다. 광야는 자신 속의 지옥을 발견하는 세계예요. 애굽의 역사는 기능적 원리적이죠. 그러나 인격적인 것은 아니에요.
첫 번째 영역의 은혜는 열정만 있으면 임해요. 사모하기만 하면 그래서 예언도 신유도 쉽게 와요. 하지만 그런 은사가 아무리 많이 와도 여전히 잘난 척 하고 바람을 피고 나쁜 짓하고.. 그럴 수 있어요.
그것은 주님이 겉사람을 터치한 것이고 속의 중심이 주님께 붙들린 것이 아니기 때문이죠.
두 번째 영역의 은혜는 사모함으로만 안 되고 인격적 파장이 맞아야 해요. 두 번째 영역에서 주께 굴복됨의 분량만큼 세 번째 영역에서의 연합이 있어요. 그것이 가나안의 상태이며 주님과 연합되는 상태이지요.

아. 다행이군요. 설명을 열심히 하다 보니 조금 힘이 나는군요. 영이 많이 소멸되어서.. 하하.
뇌를 자꾸 사용해서 설명하려고 하면 영이 소멸되지요. 그래서 집회를 할 때는 영을 소멸시키지 않으려고 설명을 하지 않고 그저 주님의 인도와 감동을 따라 자꾸 단순한 시인과 선포를 하는 거예요.
영이 소멸되면 힘이 생기죠. 아주 생생해져요. 내면의 영은 육체의 힘과 서로 반비례하니까요. 다시 영의 기름부음이 오면 몸에 힘이 빠지죠. 그래서 단순히 깊은 기름부음을 원할 때는 저항하지 않고 조용히 굴복되어 있으면 강하게 주의 영이 임하시고 사로잡게 되지요.

움직일 수도 없고 숨도 멈춰지게 되요. 그러면 차츰 몸이 마비되고.. 이 땅의 감각이 사라져요. 그리고 영계를 보게 되죠. 하지만 그러한 경험을 얻기 위하여 지나치게 방법적으로 하는 것은 좋지 않아요. 자신의 삶 속에서 주님께 굴복된 수준의 영계로 가기 때문에 그렇기 때문에 억지로 훈련이나 방법을 통해서 영계로 가려고 하는 것은 좋지 않아요. 많은 사람들이 그 마음의 중심에 자기 자신으로 가득하고 주님께 감정이나 마음이 드려진 상태가 아니기 때문에 그 수준에서 영계를 가면 어두운 곳에서 고생하다 오거든요.

그래서 처음에는 은사를 받아야 하지만 그 다음에는 광야 훈련을 통과해야 하지요. 그만큼 천계의 빛을 감당할 수 있으니까..
많은 사역자들이 초기의 은사적인 수준에서 더 이상 자라지 않는 것은 내적 굴복의 역사들이 부족해서 그래요. 예를 들어서 예언 운동들이 많이 진행되지만, 그것들도 필요한 측면이 있지만 생명적인 차원에서는 그리 도움이 되지 않아요.

어떤 사역을 하면, 예를 들어 예언을 하면 그 예언이 맞느냐 틀리느냐에 집중하게 되요. 주님에 대한 관심이 소멸될 수 있지요. 그것은 사역이지만 생명자체는 아니에요. 행위와 존재 자체는 다른 것이거든요.
지금 교회에서 사람들이 내적으로 죽어 가는 것은 외적인 사역과 행함은 가르치지만 주님의 마음, 심장을 가르치는 사역이 부족하기 때문에 내면적으로 약하고 주님의 마음으로 나아가지 못하는 거예요. 외적 사역은 중요하고 필요하지만 거기에서 멈추어서는 안 되요.
그래서 겉보기에 열심인 영혼들도 그 중심을 보면 마치 해골처럼 비참하고 울고 있는 상태가 많아요. 심장 안에서의 연합이 무엇인지 모르기 때문이지요. 신앙의 중심은 예수의 심장, 주의 마음을 알아주는 것.. 이러한 인식이 만 가지 일보다 중요해요.

탕자의 형은 아버지 명을 어김이 없었지만 아버지의 마음을 몰랐지요. 그래서 주님은 말씀하시는 거예요. '이 백성이 입술은 존경하지만 그 마음은 멀다.'
외적으로는 탕자보다 낫지만 율법을 잘 지키고 말씀을 준수하려 애쓰고 아주 성실하지만 그 중심에서는 주님의 고독을 몰라요. 기도할수록 전도할수록 멀어져가요. 중심, 시작에서 다른 방향에 있으니까. 많은 사람들이 중심에서 너무 공허해요. 비어 있어요. 불안해요. 분노, 슬픔으로 채워져 있지요.
아까 카페에서 누가 글을 쓴 것을 보니까 비를 좋아한다고 하더군요. 그러한 것은 마음의 중심에 슬픔이 가득한 것을 보여주는 것이에요.
그 비워진 중심.. 그 곳에 주님의 터치가 필요해요. 바깥으로 뛰면 안 돼요. 자매들은 자신을 채워줄 이성을 찾으며 많은 세월을 낭비하다 인생의 후반부가 되어서야 주님의 심장을 구하게 되죠. 많은 실망을 경험하고 비로소 간절한 마음으로 주를 구하게 되며 그렇게 주를 통하여 심장에서 천국을 경험하게 될 때 인간은 유일하게 만족을 느낄 수 있어요.

움직이는 것보다 가만히 있어서 자신의 영혼을 발견해야 해요. 가만히 있으면.. 하나님의 하나님 되심을 알 수 있고 자신의 속의 상태를 알게 되고 그 속의 내적인 기름부음을 경험할 수 있어요. 그래서 밖으로 도망가지 말아야 해요.
모든 중독, 열정은 다 속이 비었기 때문에 생기는 것이지요.
천국은 속의 가득함, 충만함 이예요. 지옥은 겉으로 굉장히 화려하지요. 하지만 속은 비었어요. 날마다 호화로이 연락하지만 그러나 속이 비었고 공허해요.
나사로는 누더기를 걸치고 있는데 속이 채워졌어요. 그러니 세상에서는 아무도 보지 못해요. 겉모습으로는 알 수가 없는 거예요. 누가 천국을 소유하고 있는지.. 그것이 알곡과 쭉정이의 차이이고 바람이 불어서 날아가기 전까지는 겉으로는 알 수 없는 거예요.

이제 그만하죠. 혼자서 설교하는 것은 재미가 없는 데, 같이 이야기하고 싶은데.. 무슨 질문할 것이 있나요?

회원 : 심령의 주님의 터치를 받으려면 어떻게 해야 하죠? 심령의 터치.. 정말 받고 싶어요. 공허하다는 걸 정말 많이 발견하는데 어떻게 해야 할지 몰라서 그냥 계속 울어요. 울고 심장이 후련해졌다가, 다시 나아졌다가 또 허무함을 발견하고, 또 울고.. 계속 반복해요.
심장이 뜨거워졌다가.. 다시 허무하고.. 그러면 또 울고 그래요. 그것밖에 제가 할 수 있는 게 없어요.

정원 : 지금 쓰는 책에서 천국의 임함에 대해서 원리와 함께 적용하는 방법에 대해서 쓰려고 해요. 천국의 임함을 위해서 주님의 주되심을 고백하고 터치를 따라가면 주님께서 실제적으로 임하시기 때문에 여러 역사들이 나타나게 돼요.
회원 : 주되심 고백.. 기다림..
정원 : 수 없이 고백해야 돼요.
회원 : 수 없이 고백.. 아, 그렇구나. 엉엉엉..

정원 : 천국은 두 가지, 주님을 높이는 것과 주의 왕 되심을 고백하는 것으로 이루어지지요. 아침부터 밤까지 주님의 왕 되심을 고백하는 곳이 바로 천국이에요.
회원 : 주님.. 주님.. 주님..

정원 : 고백하면 할수록 내면의 권능이 오게 돼요. 귀신들은 알아서 다 나가요. 왜냐하면 내적으로 충만할 때 귀신을 소리지르고 쫓고 할 필요도 없는 것이 영계에는 공백이 없기 때문이지요.
사울이 한때 성령 충만했다가 자기 입장을 세우고 주님의 왕국이 아닌 자기 왕국을 세우려하니 주님의 부리신 악령이 그를 지배했잖아요.

그와 같이 어떤 이들이 자기 멋대로 살려고 하면 귀신들은 합법적으로 그를 지배할 수 있어요. 그러니 잘난 척하고 스스로를 높이고 주님을 중심으로 섬길 마음이 없는 이들에게서는 아무리 소리를 질러도 결코 귀신을 쫓아낼 수 없어요. 쫓아주는 사람에게 재앙만 임하게 되지요. 영계의 법칙을 어겼으니까..

귀신도 영의 파장이 맞고 통하는 이들에게만 갈 수 있어요. 재앙이나 귀신이 아무에게나 무조건 들어갈 수 있는 게 아니니까요.

중심으로 찬양을 드려야 해요. 천국은 곧 예배당이라고 할 수 있어요. 주를 높이면 주님이 임하시는 것은 물이 높은 곳에서 밑으로 흐르는 것과 같아요. 성질을 내면서 왜 나에게 안 오시냐고 하는 사람은 자신이 왕이기 때문에 주님은 오실 수가 없지요. 사모함, 낮아짐, 갈망의 수준만큼, 티끌이 되는 만큼 주님은 임하실 수 있어요.

영계의 법칙에 대한 책을 언젠가 쓰려고 해요. 사람들이 영계의 법칙과 원리를 몰라서 주를 제한하고 방해할 때가 너무 많아요. 스스로 재앙을 자초하기도 하고.. 예를 들면 준비되지 않은 이들에게 함부로 진리와 영성에 대하여 가르치는 것도 재앙을 뒤집어쓰는 비결이지요.

영의 법칙대로 하지 않고 육의 마음으로 하면 안돼요. 복음은 주님께 지배되는 것이고 복음을 전하는 것도 역시 주님의 지배 속에서 전해야 하는 거예요. 아무 때나 하는 것이 아니지요. 자기 마음대로 복음을 전하면 오히려 영의 역사를 소멸시킬 수가 있어요.

빌립보의 감옥에서 사도바울이 간수에게 복음을 전하지 않았어요.
간수가 바울을 우습게 알았고 갈망도 없었으니까요.
그런데 상황이 바뀌고 간수가 땅에 엎드리면서 선생님, 어떻게 해야 구원을 얻으리이까? 하고 물으니까 비로소 복음의 말씀을 전했지요.
물은 높은 데에서 아래로 흐르는 것처럼 사람이 낮은 상태가 되어야 비로소 말씀과 진리를 먹을 수 있어요. 그러니 억지로 하면 안 되고 주를 방해하지요. 그런 것들이 다 영계의 법칙들이에요. 마음 속에 화가 나는 것은 이미 악한 영들이 침투한 것이에요. 그건 내가 화를 내는 것이 아니고 지옥의 영들이 둘러싸고 있는 것이지요. 주님의 통제를 받지 않으면 귀신의 지배를 받는 것도 영계의 법칙이에요.

대부분의 사람들은 정도의 차이가 있지만 지옥의 영들의 지배 속에서 억압을 받고 있어요. 내가 주님의 통제 속에 있느냐 아니냐 하는 것은 얼마나 자유로우냐를 보고 알 수 있지요.

귀신들은 항상 사람을 묶고 괴롭혀요. 부자유에는 항상 배후에 악한 영들이 있지요. 그래서 그 결과로 수 없이 망설이고 헤매고.. 감정도 생각도 너무나 부자유하고.. 스스로 정죄하고.. 그런 것들이 다 악한 영들에게 눌린 결과로 오는 거예요.

사사기에 나오는 이스라엘의 영적 상태는 대부분의 그리스도인들의 상태를 보여주고 있는 거예요. 여러 왕들을 섬기는 것, 30년 동안, 40년 동안 성공의 왕을 섬기기도 하고 애정의 왕을 섬기기도 하면서 지옥처럼 묶여져 있지요. 많은 이들이 사랑이라고 생각하는 것들이 지옥의 묶임에서 와요.

오직 유일한 해방을 얻는 길, 그것은 우리의 세포 하나하나 까지 주님의 손안에 드려지는 것.. 그 실제적인 분량만큼 천국을 경험하지요.. 완전한 평화.. 완전한 기쁨.. 죽음을 초월한 자유와 평화를 경험하게 돼요.

하지만 많은 사람들이 어둠의 영계에서 지옥의 영들에게 채찍질을 당하고 살지요. 지옥의 영들이 그럴 듯하게 속이니까.. 그들은 우리의 욕망을 만족시켜 줘요. 그들은 그렇게 우리를 속이고 우리 안에서 역사할 수 있어요.

이 우주 안에서 오직 주님의 종만이 완전한 자유를 누리지요. 성장이란 더 깊이 주님께 사로잡히고 귀를 뚫은 종이 되어 가는 것이에요.

회원 : 회개를 해야 하나요?

정원 : 회개도 해야겠지만.. 그보다는 무지해서 속고 있는 거니까.. 그냥 주님께 자꾸 자신을 드린다고. 주님은 나의 왕이고 주인이시라고 고백하면 돼요. 그러면 주님의 수술과 다루심이 시작되니까요.
회원 : 아직 그런 수준이 안 되더라도 그런 소망을 고백하면, 그러면.. 주님이 수술을 시작해 주실 까요?
정원 : 그냥 종입니다. 자꾸 그러면 돼요.
회원 : 아.. 단순해요. 자꾸 그러면 되는 구나.

정원 : 인간관계에서 문제가 생기면, 오. 주님.. 이 관계에서 주님의 주되심을 잊었습니다. 죄송합니다. 하면 돼요.
회원들 : 아아.. 우와아!
정원 : 머리가 아프면 오, 주님.. 제 모든 생각의 주인은 주님이십니다. 하고 고백하면 되요. 그러면 머리가 맑아지지요. 아이가 집을 나가면 오, 주님.. 당신이 저 아이의 주인입니다.. 그렇게 고백하는 거지요. 일생동안 그렇게 고백과 주권의 확장이 이루어질 때 주님의 역사를 실제로 경험하게 되요.
회원들 : 할렐루야!
회원 : 실수하고 실패해도 그것을 통해 새롭게 고백하게 되면..그러면 되는 거군요..

정원 : 그렇지요. 우리가 경험하는 모든 실패에서 다시 주되심을 고백하면 천국이 이루어져요. 이를 위해서 주님은 우리에게 실패를 허용하시는 것이지요. 지옥은 인간 멋대로 하는 곳이고, 천국은 주님이 통치하시는 곳이에요. 세상의 모든 재앙은 주님이 통치하지 않으시기 때문에 와요. 악한 영들이 통치하게 되니까 엉망이 되지요.

내 이야기를 할까요. 오랫동안 나는 바둑에 중독되어 있었어요. 그 때 신학교 다니던 시절이었는데 은사도 많이 받고, 기도도 많이 하고.. 금식도

하고 그랬는데.. 전도도 많이 하고.. 체험도 많이 했는데.. 그래도 그것은 해결되지 않았어요.
회원 : 목사님도 그런 시절이 있었군요.

정원 : 사람들을 상담해주고 기도를 해주면 사람들은 도움을 받고 울고 난리가 났는데 나 자신은 자유함이 없었어요.
방학을 했는데 자꾸 기원에 가게 되고.. 바둑은 거의 아마추어로서는 정상급이었기 때문에 기원에 가면 왕 대접을 받았지요.
동네에서 소문이 났으니까.. 그래서 나하고 한판 두어보는 것이 소원인 사람도 많았어요. 사람들이 나에게 어떻게 그렇게 바둑을 잘 두느냐고 물으면 농담조로 대답했어요. 예수를 믿으면 수가 잘 보인다고.
회원들 : 하하하..

정원 : 기원의 근처의 아파트에 살던 아줌마들이 나에게 바둑을 한번 배우더니 너무 재밌다고 가르쳐 달라고 아우성을 쳐서 그래서 말하기를 나는 바둑도 좋지만 성경을 더 잘 가르친다 그렇게 되어서 성경 공부모임을 하기로 한 적도 있었어요.
회원들 : 하하하하

정원 : 그래서 전도도 하니 주님께 영광도 될 거라고 생각이 들기도 했지요.. 어떻게 생각하면 말이 되기도 하니까.. 하지만 깊은 속에서는 기쁨이 없었어요. 기도하면 괴로웠지요.
회원 : 엉엉.. 맞아요. 그게 문제예요.. 흑흑.. 목사님도 그런 적이 있다니 위로가 되네요.

정원 : 아무리 합리화를 시키고 갖다 붙여도 괴로운 것은 괴로운 거예요.
회원들 : 맞아요.

정원 : 내가 끊지 못했던 것들이 많이 있었어요. 예를 들면 나는 영화를 참 좋아했어요. 책들도 지나치게 좋아했지요. 문제는 주님이 그만두어라 할 때 그만두기 어렵다는 것이었어요. 그런 문제들이 참 많았지요. 내가 그것들을 해결하려고 얼마나 금식을 하고, 수 없이 결단하고.. 그리고 실패하는 자신에게 절망하고.. 그런 과정을 얼마나 많이 반복했는지 몰라요. 사람들은 그런 경우에 꾸짖고 잔소리해서 고쳐주려고 하지만 그것은 소용이 없는 일이에요. 그게 나쁘다는 것을 가장 잘 아는 사람은 자신이니까.. 그런데 그 핵심이 바둑이었어요.

많이 기도하고 밤에 교회에서 기쁨이 가득해서 내일은 기원에 다시는 안 갈 거야. 그렇게 결심했는데, 그런데 아침에 보니 이미 기원을 향해 가고 있는 나 자신을 발견했지요. 그것도 아주 열심히 뛰어가고 있더라고요. 하지만 그러면서 속으로는 생각했지요. 오늘까지만 가고.. 오늘밤에는 정말 열심히 기도할 거야. 그랬지요. 그런데 그렇게 오래 시달렸던 것이 지금 여태껏 이야기했던 내용으로 간단하게 끝이 났어요.

'주님의 주되심, 주님은 왕..
나는 당신의 소유입니다.
나는 당신의 통치 안으로 들어갑니다..'
그렇게 고백하고 끝이 났어요. 수많은 기도 금식, 결단.. 그래도 해결되지 않았던 것들이 그냥 끝이나 버렸어요. 바둑 두기가 싫어졌거든요. 재미가 없는 걸 어떻게 하겠어요.
그 다음에도 바둑을 두기도 했어요. 그러나 그 다음에는 전혀 달랐지요. 언제든지 그만 둘 수 있었고 별로 문제가 되지 않았어요. 거의 안 두게 되었지요. 재미가 없어졌으니까..

옛날에 영화를 아주 좋아했다고 했었지요. 고등학교를 다니다 그만 두고 일찍 사회에 나가서 생활을 하다가 하루는 돈이 좀 있어서 혼자서 청계천에 있었던 중앙극장에 갔었는데 열 대 여섯 살쯤인가.. 그런데 극장 안에서 너무나 행복한 느낌이 들었던 것이 아직도 기억이 나요. 그 정도로 좋아했지요.
그래서 신학교 다니던 시절에도 가끔 극장에 갔었는데 그 때는 괴롭더군요. 내 안의 주님과 부딪치니까.. 하지만 괴로워도 끊지는 못했지요.
그때는 그러한 원리를 확실하게 알지는 못했어요. 하지만 결국은 비슷한 방법으로 해결되었지요. 오직 주님의 왕되심 앞에 굴복될 때 세상의 모든 빛들은 사라져버린다는 것을 그래서 깨닫게 되었지요.
모든 무질서, 모든 질병, 모든 모순들이 주님의 주되심을 고백하고 주 앞으로 내려갈 때 주의 통치가 회복되며 모든 것은 새롭게 된다는 것을..

회원 : 목사님은 한번 고백해서 그 어려운 바둑 문제가 해결되었다고 했잖아요. 한번 고백해서 안 되는 것은 여러 번 하면 되는 거예요? 아니면 중심의 고백이 아니어서 안 되는 걸까요?

정원 : 나도 한 번에 끝이 난 것은 아니에요. 그런 적도 있었지만 계속적인 고백이 필요하기도 했지요. 또 계속적으로 그렇게 고백하면 또 고백해야할 부분을 가르쳐주서요.
그러한 고백이 빛과 영광을 계속 일으키기 때문에 우리 안에서 주님께 드려지고 굴복되어야 할 부분을 주님은 계속 깨닫게 해주시는 거예요.

주를 높임과 주께 굴복되는 것은 조금 다릅니다.
굴복이 먼저이고 그것을 적용하는 것이 주를 높이며 경배하는 것이지요.
권능을 받는 것은 첫째 영계인 애굽의 차원이며 주님께 굴복이 되는 것이 둘째 영계인 광야의 차원이며 주님께 경배하는 것은 세 번째의 영계인 가나안의 차원이라고 할 수 있어요. 그것은 연합의 의미를 가지는 것입니다.
거룩과 영광, 순결, 사랑.. 그 모든 것들은 사람에게서 나오는 것이 아니고 주님의 선물인데 그것은 오직 주님과의 연합, 주의 임하심을 통해서만 가능하고 그러한 연합이전에 주께 대한 굴복과 높임이 있는 것이에요. 그러니 그런 과정을 통해서 천국을 경험하지 않고 스스로 열매를 맺으려 애를 쓰는 것은 스스로 지혜로우려하고 사랑하려고 하고 처녀가 혼자서 애를 낳으려 하는 것과 같은 것이에요.

가나안은 모든 것이 저절로 이루어지는 영적인 상태를 의미하는 것이지요. 거기에는 내가 기를 쓰고 노력하는 차원이 아니고 매사에 주님이 이끌고 가시는 것이지요. 그것을 거스르면 고통스러워서 살수가 없어요. 다윗이 말하기를 주의 손이 나를 누르시므로 진액이 마른 것 같이 되었다고 했지요. 그것은 환경의 고난을 말하는 것이 아니에요.
심령의 상태가 그렇게 숨도 쉴 수 없다고.. 그렇게 조금만 주님의 뜻을 거스르게 되면 견딜 수 없고 살 수 없는.. 그러한 상태가 영적으로 가나안의 상태예요. 자기 멋대로 화를 내고 기분 나빠하고 근심하고.. 그런 것과는 아주 거리가 먼 세계지요.

애굽에서는 그렇게 살아도 사는데 별 지장이 없어요. 감각이 죽어 있으니까 잘 모르죠. 하지만 영적으로 가나안의 상태에서는 그렇게 살면 물고기가 물을 떠난 듯이 마른 땅에서 진액이 빠지는 것처럼 고통스럽고 힘들게 되어요. 그러므로 다시 주되심, 주 사랑을 고백하고 주의 앞에 서게될 때 해방과 회복이 오게 되지요.
애굽에서 많이 부르짖어야 하고 광야에서 항상 굴복해야 하며 주되심을 고백하듯이 가나안에서는 사랑의 고백을 많이 하게 되요.

그러나 영적으로 애굽이나 광야의 상태에 있는 사람은 사랑을 고백하면 아직 뭔가 좀 부자연스럽고 그 맛도 잘 모르지요. 어린아이가 엄마에게 사랑해요.. 하고 말은 하지만 그 진정한 의미는 모르는 것 같이 그 내면속에서 영혼의 울림이 아직 부족한 느낌이 들지요.
대체로 주님께 대한 애정을 많이 고백하는 상태는 감상적인 젊은 이들이 채워지지 않는 이성에 대한 정서적인 애정이 그렇게 나타나는 경우가 많아요.
회원 : 어떻게 구분하나요?
정원 : 구분이요. 때가 되고 자라면 그냥 아는 거예요. 주님이 우리에게 그러한 사랑을 요구하실 때가 있어요. 그때 주님의 원하심을 따라 고백할 때는 바로 천국의 느낌.. 기쁨을 얻게 되지요. 주님이 알게 하시는 거예요. 주님의 알게 하심에 대해서 예를 들어 설명하자면, 지도자에 대해서 이야기해볼까요.

지도자란 만들어지는 것이 아니고 주님이 세우는 것이에요. 지도자의 영을 받게 되면 주님은 그 부분에 대해서 빛을 주십니다. 여론을 듣고 결정하게 하시지 않고 직접 말씀하십니다. 주님이 맡기신 부분에 대해서 그냥 알게 되어요.
사람들은 그거 어디서 배웠어요? 신학교 어디서 나왔어요? 하고 묻기를 좋아하는데 주님께 어떤 부분을 받으면 그냥 알게 되요. 지도자의 영을 받지 않으면 뭐가 뭔지 모르지요. 주님이 주시지 않았을 때는 아무리 책을 보고 공부해도 몰라요.

애굽에 위기가 있었지요. 그 때 주님께서 요셉에게 지도자의 영을 부으셨어요. 그래서 요셉은 알았어요. 문제가 무엇인가, 어떻게 하면 해결되는가. 그에게는 애굽의 살길이 선명하게 보였어요. 그것이 지도자의 영이지요.
주님께 받은 이는 사명에 관한 한 그냥 아는 것입니다. 주님이 원하실 때 그는 보여주시고 이루십니다. 감추인 것을 드러내십니다. 그래서 리더는 훈련을 통해서 되지 않습니다. 주님이 처음부터 만드시지요.
처음부터 머리와 심장과 손과 발은 따로 있습니다. 그러므로 주의 영을 받고 사명을 받으면 보게 되고 알게 되고 자기의 역할을 기뻐하게 됩니다. 그것을 즐거워하지요.

모든 열매는 주의 임하심입니다. 계시, 깨달음, 모든 것들이 오직 주님께로 옵니다. 주님이 원하시는 것은 때가 되면 자연히 깨닫고 알게 되는 거에요. 주님의 주권이 회복될 때 주님이 주시고자 하시는 모든 복락이 이루어집니다.

모든 재앙의 시작은 자기 멋대로 사는 것이죠. 그러므로 오직 죽든 살든 모든 것을 내려놓고 오직 내 안에서 주님만이 존귀케 되기를 원할 때 천국의 역사가 이루어지는 것이지요.

회원 : 그런데 멋대로 사는 것도 과정이지요?

정원 : 멋대로 사는 것이 과정이라면 그건 좀 곤란하지요. 지옥에서 헤매는 과정이니까.. 자신의 한계를 깨닫기 위해서 그런 과정도 필요한 면이 있겠지만 할 수 있는 한 빨리 주님 발 앞에 와야 합니다. 그래야 지옥이 끝나고 천국이 시작되니까요. 주님은 모든 선과 아름다움과 지혜의 근원이기 때문입니다.

회원 : 아이고.. 다운되었다가 왔어요.. 중요한 부분을 놓쳤어요.. 엉엉..

정원 : 지도자는 주님이 세우신다는 이야기를 했어요. 훈련을 통해서 되는 것이 아니라는 이야기, 주님이 세우시는 지도자는 그 맡은 부분에 대해서 요셉이 애굽의 문제와 해결책을 알듯이 선명해진다는 이야기..
지도자의 영을 부으시는 순간. 모든 것이 확실해진다고 했지요.
그러나 지도자의 영을 받았더라도 때가 되지 않았다면 아직 모릅니다. 기드온도 사울도 주님이 임하실 때 비로소 대적에 대해서 화가 나고 싸울 용기가 생기고 기름부음을 받았어요. 그처럼 머리와 손과 발의 역할들도 다 각자 주님이 만드십니다.

역할은 주님이 주시지 사람과 의논해서 주시지 않아요. 그러므로 거기에 순종하고 굴복되는 것.. 그것이 천국입니다.
굴복이 어려운 것은 어둠의 영을 많이 받아들였기 때문입니다. 광야에서 이스라엘 백성이 다 죽은 것은 그것은 그들이 애굽에서 430년 동안 살았던 것과 관련이 있어요.
회원 : 애굽에서 살면서 가지게 되었던 노예 근성을 말하는 것인가요?

정원 : 문제가 되는 것은 애굽의 노예근성이 아니에요. 애굽은 택하신 백성의 거할 곳이 아니라는 것이 중요하죠. 애굽은 세상의 영들이 거하는 곳입니다. 그런데 기근의 문제로 들어가서 약속의 땅이 아닌 곳에서 430년 동안 살았어요. 야곱의 후손인 이스라엘 백성이 애굽에서 쓸데없이 많은 시간을 보냈지요. 그래서 세상의 영향력을 많이 가지게 되었습니다. 그러니 평생을 악한 세상, 마귀가 지배하는 세상 속에서 살던 사람들이 능력과 기적을 조금 체험했다고, 애굽에서 나왔다고 그 마음 속 깊은 곳의 속성까지 바뀌겠어요?

애굽은 바깥의 문제, 환경의 문제를 처리하는 곳이에요. 그러나 환경의 문제가 해결되어도 사람의 속에는 여전히 자기 중심적인 사고, 제 멋대로의 악으로 충만해요. 그러한 내면의 악성이 드러나고 처리받는 곳이 광야예요. 환경의 문제가 아니고 내부의 악을 처리 받는 곳이지요.
광야의 죽음은 성도의 죽음이 아니에요. 사람의 안에 있는 악한 요소들이 다 죽는 겁니다. 그래서 속의 악성이 다 처리된 후에 가나안에서의 주님과의 연합과 결혼이 이루어지는 것이지요.
애굽에서는 바깥이 처리되고 광야에서는 내면, 주권의 문제가 처리 되요. 그래서 가나안의 천국을 맛보게 되요.
그러니 굴복이 안 되는 것은 내 속에 남아 있는 지옥의 영들 때문이라는 것이죠. 문제는 오직 내 안에 있어요.
부르짖고 외치고 토해서 속이 시원해지면 귀신이 다 부서진 것으로 알면 오해예요. 잠깐 동안 악한 영들이 나가있는 거에요. 사람의 안에 있는 성질은 은사를 조금 받고 하나님의 능력 조금 체험하고 고생을 조금 했다고 그렇게 쉽게 죽지 않아요. 조금 있으면 악한 영들은 돌아와요.

주님께 굴복되면 영이 천계로 가고 교통이 되기 때문에 근본적인 승리가 이루어지죠. 그러므로 근본적인 승리를 원하면 마귀를 패고 욕하고 저주해서 되는 것이 아니고 오직 자신이 주님께 드려져야 해요. 우리가 천계의 빛을 많이 받으면 악령들이 그 빛을 견디지 못해요. 천계의 빛을 견디지 못해요.

자신이 빛의 상태에 있으면 남을 자신이 있는 곳까지 올릴 수 있지요. 문제는 우리가 주님께 속하여 빛의 세계로 가는 것이죠.

마귀는 사람들에게 항상 그럴 듯한 제안을 해요. 항상 사람의 욕망을 만족시키려 하죠. 그러나 주님은 우리에게 순종하겠느냐고 물으시죠.

원리는 아주 간단해요. 주인이 되라는 마귀의 제안을 거절하고 주님의 종이 되는 것. 그것을 지속적으로 고백하고 적용하면 우리가 주님의 종인 것을 아침부터 밤까지 계속 고백하면 주님의 임하심을 아주 선명하게 경험하게 되요.

참된 예배란 자신을 드리는 것이지요. 살아있는 제물로 드리는 것.. 그것이 바로 천국이에요. 처음에는 기본적으로 영혼의 감각을 깨워야 하기 때문에 부르짖는 기도, 호흡기도, 상상의 기도. 많은 방법을 가르치지요. 그러나 그 다음의 단계 두 번째 단계에 가려면 예배와 드려짐 순복이 없으면 한 걸음도 갈 수 없어요. 거기서 얻어지는 열매들은 너무나 거룩하고 아름답기 때문에 이것은 주님으로부터 오는 것이며 도저히 이러한 것들이 내게서 올 수 없다고 알게 되요.

굴복은 순간적인 사건이 아니고 지속적인 사건이에요. 날마다 호흡하듯이 계속 나아가는 길이죠.

회원 : 매 순간의 작은 선택들.. 호흡, 걸음, 사소한 모든 선택들.. 양심에 거리끼는 것을 내려놓고, 내 입장을 내려놓고, 작은 선택의 순간에서 계속 주님을 구하는 것인가요?

정원 : 맞아요. 그렇게 천국을 만들어 가는 거예요.

회원 : 죄를 사랑하면 더 나가지 못하고 자꾸 시간을 버리고 오래 머무르게 되는 것 같아요. 시간을 오래 끌어도 주님은 인격을 존중하시니까.. 막 억지로 하지 않으시니까 제가 동의할 때까지.. 기다리시는 것 같아요. 그래서 죄송해요.
정원 : 그래요. 주님은 우리의 의지를 존중하시고 영계의 중요한 원리가 인격적인 것이죠. 거기에는 억지와 거스름이 없어요. 모든 것이 속성에 자연히 끌려가요.
누구나 자기 안에서 감동이 오는 방법으로 경배를 표현할 수 있어요. 하루 종일 엎드려 있을 수도 있고.. 나는 많은 세월을 무릎 꿇고 잠이 들기도 했지요. 그저 자기만의 방법으로.
회원 : 아.. 많은 세월을..

정원 : 나는 그게 좋았어요. 억지로 참은 것이 아니고 그렇게 하는 것이 즐거웠지요. 내 안에 주님을 방해하는 요소가 너무나 많이 있어서 내가 주님께 드려지는 데에는 시간이 참 많이 걸렸거든요.
회원 : 목사님도 그랬어요? 정말예요?
정원 : 나는 모든 종류의 실패를 다 경험했어요. 애당초 내가 괜찮은 사람이었다면 별로 할 말이 없을 텐데 모든 악과 증상을 다 가지고 있었어요. 자살의 충동, 폭발적인 분노, 온갖 악들, 미움, 증오, 좌절.. 그런 것들을 내 안에 많이 가지고 있었어요.
중학교 2학년 때에 썼던 일기가 생각나요. 이런 내용이었죠. '나는 증오한다. 모두를 증오한다. 모두가 너무 싫다..' 참.. 내 마음은 많이 비뚤어져 있었어요. 성품도 나쁘고 비난도 참 많이 받았지요. 이런 이야기를 하자면 너무 많지요. 하지만 자유롭게 되었어요. 나는 다른 이에게 친절하게 사랑한다고 말을 하는 것보다 차라리 죽는 것이 더 쉽다고 느꼈던 사람이었어요. 남에게 부드럽고 따뜻하게 대하려면 그것은 정말 너무나 어색하고 힘들었지요.
회원들 : 할렐루야.

정원 : 하지만 지금은 아주 쉬워요. 재미있고.. 하지만 전에는 나는 많은 사람 앞에 갈 수 없었어요. 모르는 사람 앞에서는 너무나 불편했지요. 나는 어디나 왕따였어요.
회원 : 믿어지지 않아요.

정원 : 그런데 지금은 아주 쉬워요. 나는 학교를 다니며 친구와 같이 집에 간 적이 없어요. 항상 혼자였어요. 누가 나와 같이 갈 사람이 있으면 얼마나 좋을까 생각했죠.
하지만 모두가 두 셋이 가는데 나와 이야기할 사람은 없었어요. 내가 아주 나쁘기 때문에 아무도 나와 같이 하지 않을 거라고 느꼈죠. 지금은 그냥.. 자유롭다는 것. 내가 예전과 너무 다르다는 것이 신기해요.
항상 죽음을 생각하던 내가 인생이 행복하다고 느낄 줄은 정말 몰랐죠. 내가 그런 사람이었기 때문에.. 애당초 모범생과는 거리가 먼 사람이었는데 주님께서 나를 바꾸어주셨기 때문에.. 나 같은 사람도 가능하다면 다른 이들도 변화될 수 있다고 믿어요.
회원들 : 믿어요. 아멘!

정원 : 그런데 주님의 변화는 너무 놀라왔어요. 죄를 끊으려고 애쓰는 것이 아니라 재미가 없어져 버렸지요.
택하신 백성이 애굽에서 평생 살며 악한 영들의 지배를 받듯이 주님의 백성도 일시적으로 악한 영들에게 고통을 겪어요.
주님이 말씀하셨죠. 나보다 먼저 온 자들이 있다, 그들은 도적이다. 그래서 그 도적과 악한 영들을 쫓고 해결해야 해요.
그 과정이 우리의 인생을 향하신 주님의 프로그램이에요. 애굽에서는 먼저 보혈의 능력과 주의 이름의 권세를 배우고, 그 다음에 광야에서는 인생의 주인이 누구신자를 배워요.
주님은 끝없이 물어보시죠. 내 아들아.. 누가 주인이냐?
외로워서 울 때 물으시죠. 아들아 누가 주인이냐?

배고파서 힘들 때 물으시죠. 얘야.. 누가 주인이냐? 혼자라고 느낄 때, 오해를 받고 마음이 아플 때 그분은 계속 물으시죠. 얘야.. 누가 주인이냐? 그러면 울면서 때로는 마음을 찢으면서 대답하는 거예요.
'예.. 주님.. 당신입니다. 예.. 오직.. 당신입니다. 제 삶의 주인은 당신입니다.' 아시겠어요? 그렇게 할 때 주님이 우리에게 임하시고 우리는 주님의 사람이 되어 가는 거예요. 그리고 변화가 시작되는 것이지요.
회원들 : 주님.. 당신입니다.. 엉엉엉..

정원 : 그것은 피와 눈물로만 고백할 수 있는 것이에요.. '아들아. 죽음의 주인이 누구냐?' 그 질문을 받기 위해서는 죽음에 근접해야 해요. 주님께서 '관계의 주인이 누구냐?' 하고 물으시기 전에 먼저 버림받음을 경험하게 되지요.
먹을 것이 없을 때 '너는 사람을 의지하겠느냐?' 하고 물으시죠.
억울한 일을 겪을 때 '하소연을 하고 싶으냐? 원망을 하고 싶으냐? 너는 통과하겠느냐? 아니면 돌아서 가겠느냐' 물으시죠.
돌아가면 지금은 편하지만 다시 몇 년을 낭비해야 해요. 그 모든 광야의 프로그램이 인생이에요.

가나안은 실제적인 영광의 임재, 천국을 맛볼 수 있는 곳이에요. 그 곳이 너무나 놀라운 세계이기 때문에 주님은 그 곳으로 인도하시기를 원해요. 길을 가고 나면 여태까지 온 길을 이해할 수 있지요. 그러나 과정에서는 도무지 모르니까 헤매지요.
그래서 어느 정도 주님의 다루심을 받고 그 길을 통과한 사람들은 다른 이들을 보면서 아.. 저 사람이 지금 어디 쯤 가고 있구나.. 하고 느끼는 거예요.
그것은 신앙 경력이나 나이나 지위와는 아무 상관이 없어요. 오직 주님의 손에서 합격하고 통과하면 자신이 그것을 알지요.

회원 : 목사님.. 먼 길을 걸어오셨군요. 멋진 여행이셨어요. 부러울 정도로 아름다운 인생이에요. 그렇게 살고 싶어요. 멋진 여행의 선배가 있다는 건 정말 행복한 일이에요.

정원 : 인생은 결국 천국을 향한 여행이죠. 나아갈수록 순결해지고 아름다워지고 빛에 가까워지고 행복해지지죠.
주님의 사랑에는 한 점의 어두움도 없어요. 한없는 희락.. 끝없는 희열.. 행복.. 그렇기 때문에 그 사랑을 경험하고 나면 사람에게서 난 것은 애정이든 무엇이든 불결하게 느껴지게 되요.

사람은 창조주가 아니기 때문에 스스로는 아무런 아름다움도 만들 수 없어요. 그러므로 오직 주를 의지해야 하며 주님께 자신의 가장 귀한 것, 애정, 의지를 드려야 해요.
자연계는 주님께 복종하죠. 그래서 우주는 질서가 있고 아름다워요. 그러나 우주는 인격이 없어서 기계적 순종이므로 그 아름다움은 깊지 않아요. 그러나 천사도 동물도 귀신도 의지와 인격이 없지만 사람에게는 자유가 있어요. 드릴 것이 있어요.

그래서 성장한 만큼, 깨달은 만큼 더 깊이 더 깊이 드리게 되요. 그 드린 만큼 거룩과 영광의 세계를 그래서 한없이 드리려고 하게 되지요. 모든 의지를, 죽음도 환란도 사랑도 모든 것을 한없이 좀 더 주님께 드릴 수 없느냐고 경배할 수 없느냐고 면류관을 던지면서 애원하는 거예요.
문제해결이나 편하기 위해서의 차원이 아닌 이 우주의 영광이신 그분을 얻기 위해서, 하나님의 끝없는 거룩과 영광을 얻기 위해서 드리는 것이죠.
주님도 그 생명과 영광을 주시기 원하시므로 우리에게 그 프로그램을 작동시키시는 것이지요. 우리에게만 그 생명을 부으실 수 있어요.

이제 밤이 늦었네요. 오늘 많이 몸이 힘들었는데 이야기하다가 많이 회복되었어요. 그런데, 다시 영이 오면 또 힘들어져요. 천국의 영을 이야기하면 사로잡힐 수밖에 없어서 좋기는 한데, 몸이 움직일 수가 없으니 일을 하기는 힘들지요.

힘이 생기면 영이 안 와요. 육체가 힘이 생기면 활동적이 되고 좋기는 하지만 깊은 내면의 감격은 조금씩 소멸되요. 하지만 그렇다고 내면적인 깊은 영의 기름부음을 지나치게 많이 받으면 자꾸 살기가 싫어지게 되죠.

그 영광의 세계가 너무나 기가 막히기 때문에 바깥 세계에 대한 매력을 잃어버려서 일을 하는 것이 힘들게 되지요. 천국의 영광에 접할수록 이 세상이 정말 재미없어지니까..

베드로도 주의 영광을 보고 나니까 그저 그곳에 머물러 있고만 싶을 뿐 아무 생각이 나지 않았지요.

회원 : 목사님이 하신 말씀.. 아주 조금이라도 경험하게 되었으면 좋겠어요.

정원 : 주님을 높이고 주권을 고백하면 자꾸 체험하게 되요.

회원 : 그렇게 할 게요. 포기하지 않을 게요.

정원 : 오래 믿은 이들이 낮아지지 않고 자신의 신앙을 좋은 것으로 여기면 주님과 멀어지게 되어요. 주님께 잡히면 그 사랑에 감격하지만 자신을 대단한 존재로 생각지 않게 되요.

가르치고 싶어 하지도 않고 남에게 인정받고 싶은 마음도 없고 오직 주님을 기쁘시게 하고 싶고 주님의 눈치만 보게 되요. 그래서 내적인 만족이 있고 자유롭죠.

이스라엘이 다하는 날까지 병에 기름이 끊어지지 않는데 무슨 문제가 있겠어요? 안 되는 것을 고백하지 말고 주님의 선하심을 신뢰해야 해요. 우리는 아무 것도 아니고 잊어먹지만 주님은 우리를 잊으시지 않으시니까.
밤이 깊었네요. 이제 그만 가봐야겠어요.
오직 예수를 높이고 그 손에 자신을 맡기세요.
오늘밤에 주님의 수술이 이루어지기를,
우리의 머리.. 심장.. 온 몸..
온전히 주님의 통치가 이루어지기를 기도하고 기다리면서 주무세요.

모두들 안녕히 주무세요.
주님의 사랑과 은총이 여러분들 모두와 함께 하기를 빕니다.
모두 사랑해요. 샬롬..
오직 예수님.. 오직 주님..
아멘. 할렐루야.

일동 : 할렐루야.

3장 주되심에 대한 고백과 적용의 일지

〈정원 목사 독자 모임〉 카페에서 활동하는 한 자매가 주님의 주되심에 대한 고백의 기도를 드리며 자신 안에서 나타나는 변화와 현상과 느낌들을 보내왔습니다. 조금 참고가 되지 않을까 싶어서 여기에 수록하였습니다.

1. 실제적인 주되심의 경험을 위해 -H자매-

목사님. 감사드립니다. 어제 전화로 해 주신 말씀을 종이에 열심히 적어서 전화를 마친 후에 바로 컴에 쳐서 저장해 두었어요.
천국의 빛은 주님의 주권과 통치, 주님의 주권 아래 굴복하는 것.. 낮아지는 것.. 의지와 중심 인격을 주님께 드리는 것, 매 순간의 인격적인 순복이라는 것.. 그것이 자유와 해방이라는 것.. 언제 들어도 너무나 신선하고 아름다운 말씀이에요.
전화기를 통해 목사님의 메시지를 듣는 동안 심장이 막 뜨거워지고 머리부터 발끝까지 온 몸에 전류가 좌아악 지나가고 호흡이 편안해지고 눈물이 날 것 같았어요. 그저 목소리만 듣는데도 이렇게 영혼이 신선하게 충전되다니 참 신기했어요.
세상에서 가장 아름다운 것은 인간이 자신의 의지를 드려서 주님께 굴복하는 것이라는 말씀은 정말 아멘이에요.

지난 월요기도모임에서도 주님의 통치를 인정하고 높이는 기도가 얼마나 귀하고 풍성한 열매를 가져오는지를 경험했어요.
낮에 식사하고 나서 서로 대화를 나누었는데 여러 사람이 나누는 이야기를 듣다 보니 분위기가 가라앉고 어두워지는 것이 느껴졌어요. 원인은 두 가지였는데 첫째로는, 사람들이 자신을 높이고 드러내는 말을 할 때, 그리고 둘째는 자신을 비하하고 열등감을 드러내는 말을 할 때 현저히 마음이 무거워지면서 답답해지는 것을 느낄 수 있었어요.
그래서 대충 대화를 정리하고 피아노 앞에 앉아서 찬양과 기도를 다시 시작했어요. 그리고 주님을 높이는 고백을 하도록 인도했어요.

'주님.. 당신만 높임을 받으시길 원합니다. 주님.. 존귀와 영광과 찬양을 받으소서.' 그렇게 기도할 때 공간에 다시 달콤하고 가벼운 기운이 흐르기 시작하는 것이 느껴졌어요.
지지난 주 월요기도모임 인도할 때도 식사 시간 전, 오전 기도모임 시간에 시편 115편 1절의 말씀
'여호와여, 영광을 우리에게 돌리지 마옵소서. 우리에게 돌리지 마옵소서. 오직 주의 인자하심과 진실하심을 인하여 주의 이름에 돌리소서'
이 구절을 반복해서 선포하면서 기도를 인도하는데 영광을 우리에게 돌리지 마옵소서.. 할 때 마음 깊은 곳에서 눈물이 쏟아지면서 모인 사람들 모두가 엉엉 울고 오직 주의 이름에 돌리소서. 할 때는 가슴속에 벅찬 기쁨과 감격이 몰려왔어요.

주님의 이름에 영광을 돌리는 것, 그것은 정말 얼마나 기쁘고 영광스러운 일인지.. 얼마나 행복하고 개운하고 뿌듯하고 감미로운 것인지.. 지방에서 월요기도모임을 했을 때도 처음엔 공간이 너무 빡빡하고 답답하고 머리가 아프고 많이 힘이 들었거든요. 그래서 공간 정화에 대해 조금 언급한 후 다 같이 주님을 높이는 기도를 했었어요.

"주님, 당신이 이 공간의 주인이십니다. 주님.. 이 자리에 오셔서 통치하소서.."
이렇게 함께 고백하는데 그 몇 마디의 고백만으로도 순식간에 선명한 기

쁨과 달콤함이 좌중에 흐르기 시작하는 것을 보고 참 놀랐었어요. 주님의 주되심을 고백하는 것, 그것이 이렇게 구체적인 실제라는 것을 예전엔 정말 몰랐었거든요.

〈심령의 기독교는 아주 간단합니다. 모두가 와서 주의 이름을 높이고 외칩니다. 주를 찬양하고 구합니다. 예수의 영광을 소리 높여 외치고 선포하고 주의 임하심을 구합니다. 아주 간단합니다.
그리고 나면 그 공간에 주님이 임재하시며 영광과 천국이 임하게 됩니다. 그것은 해방이며 영광이며 기쁨이며 자유입니다. 이것은 모두가 다 알고 있는 쉽고 간단한 진리입니다. 하지만 그 간단한 진리가 현재 우리 눈 앞에 나타나게 되면 모든 것이 달라집니다.
기독교는 개념이 아닌 실상인 것입니다. 〉
　　　-정원의 글방: 자유의지와 갈급함에 대하여-

개념이 아닌 실상.. 정말 너무 너무 중요한 것 같아요. 제가 목사님의 글과 책을 그토록 사랑하고 사모하는 이유 중 하나는 실제적인 적용을 할 수 있다는 점, 그리고 적용을 할 때 반드시 내적인 변화를 경험할 수 있다는 점이거든요.
제자훈련을 통해서도 로드쉽, 주권, 우선권을 주님께 드림에 대한 얘기를 많이 듣기는 했지만 그것이 실제적으로 어떻게 적용되어야 하는지에 대해서는 혼란이 많이 있었어요.

제자훈련을 하면서 주권에 굴복하기 위해서 우선권을 주님께 드리기 위해서 사용했던 주된 훈련 방법은 매 주 있는 성경공부 모임과 금요 예배와 기타 선교단체의 모임에 빠지지 않고 참석하는 것이었어요.
시험기간이든 아니면 다른 중요한 약속이 생기든 어떻게 되든 간에 무조건적으로 시간을 내어 선교단체의 모임에 우선적으로 참석하는 것, 그것이 주님의 주권을 인정하는 실제적인 유일한 훈련이었지요.

물론 그 훈련을 통해서 실제적인 경험을 하게 되는 면도 있었어요. 예를 들면 시험과 기말 리포트 준비로 한창 바쁜 상황이지만 우선권을 주님께 드리는 마음으로 성경 공부 모임에 참석하거나 일대일 양을 만나서 상담해 주거나..
그렇게 시간을 사용하게 되면 갑자기 시험이 쉽게 나오거나, 아니면 시험 날짜가 뒤로 미뤄지거나, 아니면 답안을 엉터리로 쓴 것 같은데 이상하게 학점은 잘 나온다거나 하는 일이 있었고,
반대로 공부나 일에 쫓겨 양육이나 전도나 성경공부 모임을 소홀히 하면 아무리 오랜 시간 머리를 짜내면서 리포트를 쓰려고 해도 도저히 아이디어가 떠오르지 않아서 일주일 내내 고생하다가 도저히 안 되어 '에라, 모르겠다. 성경공부 모임에 나가는 게 낫겠다' 하고 빠듯한 시간을 쪼개 모임에 다녀오고 나면 그렇게 오래 동안 떠오르지 않던 착상이 순식간에 번뜩! 떠올라 일주일동안 끙끙거리던 리포트를 3시간 만에 후딱 끝내버리기도 하고 그런 식의 경험들이 있었던 것은 사실이었어요.

그런데 그런 식의 훈련을 받으니 주되심에 굴복하는 것이 기쁨이나 행복으로 여겨지기보다는 재앙을 피하기 위한 모종의 조치로 여겨지고, 주님과의 친밀감을 불러일으키기 보다는 율법적인 의식이나 두려움을 일으키는 쪽에 가까웠던 것 같아요.
그래서 저 자신에 대해서도, 양육하는 다른 사람에 대해서도 굉장히 엄하고 철저하게 다루게 되었거든요.
주님께 감정을 굴복시킨다는 당위 하에 제 자신의 감정을 많이 억압하고 무시하게 되었구요.

그래서 처음에 감정을 자유롭게 풀어놓으라는 목사님의 말씀이 참 이상하고 혼란스럽고 잘 이해를 못하고 그랬었어요.
그게 아마 심령이 아니라 머리로 주되심을 훈련하려는 오랜 시도에 의한 부작용이었겠지요?

내 조건과 상황과 감정에 상관없이 주님께 순종한다, 굴복한다는 것은 참 아름다운 일이었는데도 그것이 내적인 순복의 경험을 통해 자연스럽게 흘러나오는 것이 아니라 악으로 깡으로 하는 것이었기 때문에 그렇게 딱딱하고 냉철하고 힘든 것이 되었던 것이겠지요?
그런데 목사님이 가르쳐주시는 주님의 주권에 대한 순복은 분명 같은 말인데도 어렵고 힘들고 괴로운 것으로 느껴지지 않고 참 달콤하고 감미롭고 행복하고 기쁜 것으로 느껴지니 참 신기해요.

얼마 전에 어떤 상황에 부딪혔는데 갑자기 기분이 나쁘고 심장이 답답해졌어요. 제 입장을 막 주장하고 싶고, 왠지 모르게 억울하고, 섭섭하고.. 그런 마음이 드는 거예요. 분명 머리에서는 이러면 안 돼.. 하고 말하는데 심장은 아랑곳 않고 현저하게 다운되기 시작했어요.
그 순간, 번뜩 깨달았어요. 아.. 개념적으로, 생각으로 주님께 순복해야지.. 하는 것과 실제로 심장과 감정이 주님의 손에 굴복되고 잡히는 것은 전혀 다른 것이구나.. 하고 말예요.
예전 제자훈련의 패턴 같았으면 아예 느낌 자체를 부정해 버리고 강하게 억압해 버려서 심장이 아예 마비되도록 만들어버리니까 실제는 그렇게 순복된 수준이 아니라 해도 의지적으로, 억지로, 표면적인 행동으로 순복이 된 것처럼 위장할 수 있었는데.. 감정을 무시하지 않고 그대로 드러내 보니 제 실제 상태가 어떤지가 여실히 드러나는 것 같았어요.

순간 예전처럼 감정을 묵살하거나 아니면 막 죄책감을 느끼고 싶은 마음이 들었지만 그렇게 하려니 속이 너무 답답해서 혼자 울고 기도하면서 '주님.. 주님..' 하고 매달리고 속에 있는 마음을 솔직하게 털어놓고.. 그랬거든요.
그러다보니 저도 모르게 어느 새 문제의 핵심이 무엇이었는지가 깨달아지고 자연스럽게 속이 편안해지는 것을 느꼈어요.
그리고 알게 되었어요. 아.. 이렇게 했어야 하는 거구나.. 억지로 감추거나 눌러놓고 머리와 의지로 순복하려고 용을 쓰는 게 아니라 연약함을 그대로 인정하고, 심령을 쏟아내고.. 그리고 주님 앞에 엎드릴 때 그 분량만큼 그렇게 조금씩 심장이 주님께 지배되어 가는 것이구나.
목사님이 어제 그러셨잖아요. 모든 인간의 문제는 주님을 떠나 멋대로 사는 데 있다고.. 그래서 문제해결의 키워드는 주님의 주되심을 인정하는 데 있다고..
그래서 사소한 부분에서도 주님께 굴복하는 것이 중요하다고.. 또 여전히 잡히지 않은 부분이 발견되면 또 새롭게 더 굴복되고 잡히고.. 그렇게 평생을 성장해 가는 것이라고..
아.. 정말 너무 좋아요. 예전엔 그렇게 굴복되지 않은 부분이 발견될 때 너무 괴롭고, 비참하고, 절망스럽고.. 그래서 스스로 정죄감을 느끼거나 아니면 어떻게든 그런 부분을 감춰보려고 막 억압하고 그랬는데 근데 그냥 자연스럽게 그 모습을 인정하고, 빛으로 드러내고, 새롭게 다시 주님의 주권을 인정하고 고백하고.. 그렇게 자라 가는 것이라니.. 정말 너무 좋아요.

어제 목사님의 말씀을 듣고 오늘 아침에 일어나 무릎을 꿇고 앉아서 깊은 호흡과 함께 주님의 주권을 고백하는 기도를 했어요. 마침 오늘따라 새벽같이 잠이 깨었거든요. 새벽 바람이 솔솔 불어오는 창가를 향해 얼굴을 들고 주님께 고백했어요.
먼저 심장에 대해서 '주님.. 당신은 제 심장의 주인이십니다. 제 감정을 당신의 도구로, 통로로 사용해 주세요.' 이렇게 고백하는데 심장이 포근하고 따스해지기 시작했어요.
슬픔도, 기쁨도, 외로움도, 행복도, 그 모든 감정이 주님의 손에 붙들려 주님의 통로로 사용될 것을 믿고 고백했어요.
그리고 나서 머리에 생각을 집중하며 기도했어요.
'주님.. 당신은 제 머리의 주인이십니다. 제 생각을 당신이 주관하시고 당신이 편하신 대로, 당신의 뜻대로 사용해 주세요.'

이렇게 고백하니 머리에 서서히 어떤 기운이 감돌기 시작했어요. 정수리에서 시작된 기운이 서서히 머리 전체를 맴돌았어요. '주님.. 제 삶의 주인은 주님이십니다. 제 눈이, 제 손이, 제 발이 제 유익과 이기적인 필요를 위해 멋대로 움직이지 않게 하시고 주님의 입장과 주님의 마음을 대변하는 통로로만 사용되게 해 주세요.'

그렇게 기도하는데 정말 주님께서 제 눈과 손과 발을 통해 드러나실 것이 믿어지기 시작했어요. 그리고 온 몸에 빛이 환하게 비춰드는 느낌이 들었어요. 참 행복했어요..

아, 정말.. 주님의 주권을 고백하는 기도는 얼마나 실제적이고 놀라운지.. 목사님.. 제 존재 전체가, 제 생각이, 제 의지가, 제 감정이, 마음의 중심이 주님께 굴복되었으면 좋겠어요. 그래서 정말 주님과 하나가 되었으면 좋겠어요.

모든 고통은 주님과 분리될 때 일어나는 것이라고 하셨지요. 제 안에 주님과 떨어져있는 모든 부분이 드러나게 되기를.. 고통스럽고 창피할지라도 제 안의 어두움이 드러나고 그리고 주님의 주권 안에 날마다 새롭게 굴복되어 가기를, 정말 그렇게 되기를 원해요.

목사님.. 감사해요. 주님을 경험하는 것이 개념이 아닌 실상임을 알려주셔서.. 그리고 주님께 굴복하는 것이 세상에서 가장 아름답고 놀라운 행복임을 가르쳐 주셔서..   H 자매 드림.

2. 주되심의 고백 3일차

사랑하는 목사님..
목사님께서 주되심의 고백이 실제적인 것이라는 말씀을 전해주신 그 날부터 계속 자기 전에, 아침에 일어나서 또 낮 동안 수시로 주님께 제 자신을 드리고 굴복하는 고백을 하고 있어요.

첫날 아침에 이불 위에 앉아서 기도했을 때 있었던 일들은 지난 번에 메일로 보내드렸잖아요. 그 이후에 일어난 일들도 있어서 조금 적어 보려구요..

둘째 날, 그러니까 어제 아침에 일어나서 주님께 '주님.. 오늘 하루의 시간을 당신께 드립니다. 제 생각과.. 감정과.. 온 몸을.. 당신께 드립니다. 당신이 저를 다스리시고 통치해 주세요..' 라고 기도하며 주님께 엎드렸어요.

그 즉시로는 별다른 변화가 일어나지 않았어요. 그런데 하루 온 종일 그 효과가 나타났어요. 아침에 어머니랑 우연히 대화하게 되었는데 약간 부딪힐 뻔했어요. 그런데 제가 그 순간 말을 딱 멈추고.. 물러나는 것이었어요. 원래는 끝까지 설득해 보려고 하다가 부딪히곤 했었거든요. 제가 그렇게 조용히 물러나자 어머니도 그냥 잠잠해 지셨어요.

그 다음에도 또 한 번 어머니랑 대화하다가 약간 틀어지려고 하는 순간 제가 또 말을 멈출 수 있었어요. 그래서 얼마 가지 않아서 조용해졌어요. 그렇게 하고 나서부터 심장이 엄청나게 뜨거워지기 시작했어요. 그 이후로 몇 시간 동안 내내 심장이 계속 불이 붙은 듯 뜨거웠어요.

그리고 논문 쓰는 것이 무지하게 재밌어지기 시작했어요. 논문 자료를 읽으면서도 심장이 뜨겁고 감격이 있고, 글을 쓰는 것이 참 재밌고 논문 정리하는 것이 참 즐거웠어요.

그리고 어제 밤 카페의 정팅을 마친 후 무릎을 꿇고 엎어져서 목사님께서 가르쳐주신 대로 '주님.. 제 머리와 심장과 손과 발과.. 이 모든 것은 당신의 것입니다. 제 모든 사랑하는 사람들도 당신의 것입니다.' 이렇게 고백을 하다가 잠이 들었어요.

아침에 일어났는데 이상하게 머리랑 눈이 아팠어요. 꿈 내용은 좋았던 것 같은데 왜 머리가 아픈지 잘 모르겠어요. 그래서 또 이불 위에 앉아서 주님께 고백했어요.

'주님.. 제 머리는 당신의 것입니다. 제 눈은 당신의 것입니다.' 그렇게 고백하면서 기다리는데 처음에는 머리가 약간 더 아픈 것 같았어요. 머리가 살짝 묵직해지고.. 그래서 계속 고백했어요.
'주님.. 제 생각은 당신의 것입니다. 저의 권리는 아무 것도 없습니다. 저는 당신의 종입니다. 당신의 통치 안으로 지금 들어갑니다.' 그렇게 고백하는데 제가 주님께 드리지 못한 것들이 막 떠올랐어요. 그래서 믿음으로 계속 주님께 드리겠다고 고백했어요.
아.. 그랬더니 온 몸에 빛이 비취는 것 같은 느낌이 들었어요. 그리고는 심장에서 어떤 기운이 술렁 술렁 움직이더니 머리에도 어떤 기운이 움직이고 그렇게 앉아 있다가 일어났는데 지금은 머리가 안 아파요.
대신 왼쪽에 뭔가 찌르르 하는 기운이 흐르고 심장도 속에서 뭐가 움찔 움찔 움직이고 뜨겁고 그래요. 주님의 통치 안에 들어가는 기도를 하고 나면 참 개운하고 행복하고 신선한 것 같아요.

목사님. 어제 정팅에서 목사님께도 과거에 많은 실패와 어두움, 넘을 수 없는 장벽들이 많이 있었다고 말씀하실 때 예전에도 들었었지만 너무나 새롭고, 놀랍고, 감격스럽고, 위로가 되었어요.
목사님의 그러한 과정과 경험들이 주님께 나아가는데 있어서 우리에게 정말 너무 큰 빛을 주시는 것 같아요. 마치 큰 나무 그늘처럼 그렇게 편안하고 쉼이 되고, 격려가 되고, 그래서 다시 일어서서 걸어갈 힘을 얻게 되거든요. 정말 감사드립니다.

3. 주되심의 고백 4일차

목사님.. 안녕히 주무셨어요? 저도 어제 너무 잘 잤어요. 그리고 잠들기 전에 목사님의 글을 떠올렸어요.

〈어떤 난해한 질문도 우리 안에 던지기만 하면 그것은 곧 우리의 의식으로 올라옵니다. 꿈이든 예감이든 환경을 통해서든 그것은 우리에게 해답을 제시해줍니다.〉 (잠언, 내면의 능력)

그래서 궁금했던 점에 대해 주님께 질문을 던지고 잠이 들었는데, 그런데 우와.. 정말 꿈에서 해답을 얻었어요. 아주 선명하고 분명한 해답이었어요. 그 꿈이 끝나면서 아주 자연스럽게 잠이 깨었는데.. 새벽 다섯시였어요. 꿈의 내용을 음미하면서 조용히 누워서 호흡을 했어요.
행복한 기분으로 꿈에서 깨어나니 오전 7시, 창문으로 햇빛이 쏴아아 쏟아져 들어오고 사방이 너무 고요해서 참 편안한 느낌이 들었어요. 호흡하면서 '주님.. 오늘 하루도 저를 다스려 주세요. 주님의 통치 안으로 들어갑니다. 주님.. 제 머리는 당신의 것입니다. 제 눈도, 당신의 것입니다.' 이렇게 고백하면서 누워있는데 우와아.. 눈이 편안해지고 머리통 전체가 어떤 기운으로 감싸였어요.
(아참, 주되심의 고백을 했더니 눈이 좋아졌다는 얘기를 제가 썼었나요? 갑자기 길을 가다가 눈이 너무 밝아져서 안경을 벗어버렸거든요.)

그리고 나서 '주님.. 제 심장도 주님의 것입니다.' 하고 기도하는데 아아.. 심장에 뭔가 표현할 수 없는 부드럽고 섬세한 입자들이 소로록 스며들었어요. 그 순간 몸이 펄떡! 뛰다시피 움직였지요. 그리고 나서는 계속 아름다운 장면들이 보였어요. 특히.. 하늘, 구름.. 아름답고 맑은 하늘이 눈앞에 펼쳐졌어요. 심장이 술렁 술렁.. 그리고 나서 좀 지난 후에는 심장이 시원하다가 지금은 다시 따스해졌네요.
오늘 하루 주님께 경배하고 주님의 손안에 붙잡히는 주님의 임재 안에 거하는 그런 하루가 되었으면 좋겠어요. 일에 몰두하지 않고 오직 주님을 의식하고 주님과 교제하는 하루가 되었으면 좋겠어요. 목사님의 글이 떠올랐어요.

〈천국의 대기 안에서 살며 그 기운을 항상 호흡하며 사는 이들은
그렇지 않은 왕국을 접하면 곧 그것을 감지하며
심한 고통을 느끼게 됩니다.〉 (잠언, 천국의 대기)

지금은 그 말이 무슨 뜻인지 알 것 같아요. 전에는 행복이 무엇인지, 또 밝고 즐겁게 사는 것이 무엇인지 사랑 받고 용납 받는다는 것이 무엇인지 전혀 몰랐었기 때문에 어두운 것에 고통을 전혀 못 느끼고 그냥 그렇게 사는 것이 당연한 줄 알았거든요.
그런데 지금은 밝고 즐겁고 행복한 것이 무언지 그것을 경험하게 되니까 그렇지 않은 것, 정죄적인 것, 어두운 것, 교만한 것.. 그런 분위기들이 고통스럽게 느껴지는 것 같아요.

〈무엇보다 가장 중요한 분별의 원리는 천국의 빛과 영광을 충분히 경험하는 것입니다.
그 아름다움과 거룩함과 사랑스러움과 따뜻함을 충분히 맛보고 누린 자들은 그렇지 않은 지옥의 대기를 아주 쉽게 느낄 수 있기 때문입니다.〉
(잠언, 천국의 대기)

분별을 위해서는 천국을 충분히 경험하는 것이 가장 중요하다는 말씀, 정말 정말 아멘이에요. 천국의 사랑.. 천국의 기쁨.. 천국의 행복.. 천국의 웃음.. 천국의 향취..천국의 공기를 공급해 주셔서 너무 감사해요.
저도 언젠가 그렇게 천국을 나눠줄 수 있는 사람, 그런 사람이 되고 싶어요. 감사드립니다.

4. 주되심의 고백 5일차..

목사님..오늘도 주님께 굴복하고 경배하는 기도로 하루를 시작했어요.

아침에 일어났을 때 약간 아프던 머리가 주되심의 고백을 할 때 많이 개운해졌어요.
"주님.. 제 눈이 주님이 원하시는 것만 보게 해 주세요."
하고 기도했더니 눈에 기름부음이 많이 느껴졌어요.
특히 심장을 주님께 드릴 때,
"주님.. 제 심장을 소유해 주세요. 주님이 사랑하시는 것을 사랑하고 주님이 미워하시는 것을 미워하게 해 주세요."
이렇게 기도할 때 심장에 부드러운 가루가 스며드는 듯 했어요.

행복했어요. 그리고 이제 주님께 엎드리고 순복하는 기도로 하루를 마감해요. 그래서 행복해요.
목사님..
감사합니다. 안녕히 주무세요.
H자매 드림.

결언

이제는 이 긴 책을 마무리지어야 하겠습니다.
사람이 이 땅에서 태어나고 살고 있는 이유는 무엇일까요? 그것은 천국에 가기 위한 것입니다. 흔히 죽은 사람을 '돌아가셨다'고 표현합니다. 우리가 죽는 것은 우리의 영원한 본향에 돌아가기 위한 것입니다.
사람은 천국을 위해서 만들어졌습니다. 결코 지옥을 위해서 만들어진 존재가 아닙니다. 사람은 본성적으로 빛을 기뻐하며 행복을 느낍니다.
사람은 사랑하고 사랑을 받을 때 행복감을 느낍니다. 남에게 화를 내고 남을 미워하면서 즐거워하는 사람은 없습니다.

우리는 이 땅에 살면서 천국의 생활에 합당한 사람이 될 수 있도록 준비하기 위해서 이 땅에 있는 것입니다. 그것이 바로 영적인 성숙인 것입니다.
천국의 시민이 되기 위한 첫 번째 걸음은 물론 천국의 주인이신 주님을 영접하고 구원자로 믿고 받아들이는 것입니다. 그러나 그것은 시작이지 끝이 아닙니다. 아직 우리 안에는 육신에 속한, 자아에 속한, 죄와 어둠에 속한 것들이 많이 들어있기 때문입니다.
우리는 이 땅에 사는 동안 그 모든 육의 요소들을 잠잠케 하고 영혼에 속한, 주님께 속한 삶을 배우며 천국의 삶에 합당한 준비를 해나가야 합니다.
종종 사람들이 많이 오해하는 것은 천국의 입국 자격에 대한 것입니다. 사람들은 누구나 주님의 이름을 부르기만 하면, 교회에 한번이라도 나가기만 하면 천국에 다 들어갈 것이라고 생각하는 경향이 있습니다.
그러나 과연 그럴까요? 성경에는 그러한 말씀도 있지만 또한 그것을 지지하지 않는 말씀도 또한 있습니다.

내가 너희에게 이르노니 너희 의가 서기관과 바리새인보다 더 낫지 못하면 결단코 천국에 들어가지 못하리라 (마5:20)

나더라 주여 주여 하는 자마다 천국에 다 들어갈 것이 아니요 다만 하늘에 계신 내 아버지의 뜻대로 행하는 자라야 들어가리라 (마7:21)

분명한 사실은 자기의 신앙이 좋다고 확신하던 자들을 주님께서 인정하지 않고 너희를 모른다고 말씀하시는 장면이 여러 번 있었다는 것입니다.

내가 주릴 때에 너희가 먹을 것을 주지 아니하였고 목마를 때에 마시게 하지 아니하였고 나그네 되었을 때에 영접하지 아니하였고 병들었을 때와 옥에 갇혔을 때에 돌아보지 아니하였느니라 하시니
저희도 대답하여 가로되 주여 우리가 어느 때에 주의 주리신 것이나 목마르신 것이나 나그네 되신 것이나 벗으신 것이나 병드신 것이나 옥에 갇히신 것을 보고 공양치 아니하더이까
이에 임금이 대답하여 가라사대 내가 진실로 너희에게 이르노니 이 지극히 작은 자 하나에게 하지 아니한 것이 곧 내게 하지 아니한 것이니라 하시니라 (마25:42-45)

그들은 자신들이 주님을 잘 믿는다고 생각했지만 주님께서는 그들의 삶과 중심을 보시며 그들의 믿음을 인정하지 않으셨던 것입니다.
나는 구원의 확신을 가지고 있으며 자신이 주님께 속해있다고 믿고 있는 이들의 확신을 굳이 무너뜨리고 싶은 마음이 없습니다.
구원이란 주님의 은혜와 긍휼의 결과이지 우리의 행위나 애씀에 있지 않기 때문입니다.
그러나 그것이 진정 주님의 값없는 사랑과 은총의 결과이기 때문에 우리는 확신과 함께 더 깊은 엎드림과 감사와 순복이 필요한 것입니다.

나는 자신의 구원에 대하여 염려하고 걱정하는 이들이 있다면 그들은 진정 주님께 속한 사람일 것으로 믿습니다. 주님은 사랑의 하나님이시며 긍휼과 자비의 왕이시기 때문입니다.

그러나 구원을 마치 자신의 권리인 것 같이 당당하게 얻은 것처럼 높은 마음을 가지고 있는 자세라면 그것은 바른 상태라고 할 수 없습니다.

우리는 끝없는 엎드림과 순복을 통하여서만이 더욱 더 주님의 소유가 되어가고 천국의 빛을 향하여 나아갈 수 있기 때문입니다.

우리가 사는 목적 자체가 날마다 좀 더 빛에 가까이, 주님께 가까이 나아가는 것이 되어야 할 것입니다.

사람들은 흔히 자신의 상태가 어떠하든지 무조건 천국에 가기만 하면 즐겁고 행복할 것이라고 생각합니다. 그러나 과연 그럴까요? 우리가 우리 안에 천국의 속성을 별로 가지고 있지 않다고 해도 천국이 우리에게 즐거울 수가 있을까요?

바퀴벌레는 어두운 곳에서 삽니다. 그들에게 과연 빛은 즐거운 것일까요? 그들은 빛이 비춰지게 되면 열심히 어둠 속으로 도망을 갈 것입니다. 그들에게는 빛이 고통이 되기 때문입니다.

어떤 아름다운 집에서 행복하고 즐거운 파티를 열었습니다. 그런데 이곳에서는 모두 서로에게 예의를 지키고 아름다운 말씨를 사용하며 서로 격려와 축복의 말만을 해야 합니다.

자, 그런데 그 파티에 거만하고 공격적이며 항상 비뚤어진 말을 하고 거칠은 언사를 사용하며 남의 험담을 하는 데 익숙한 사람이 참여하게 되었다고 합시다. 과연 그곳에서 그는 편안함을 느끼고 행복해질까요?

아마 그렇지 않을 것입니다. 그는 구역질이 나고 불편해서 자기 집으로 돌아가는 것이 낫다고 여길 것입니다. 그는 파티가 너무 불편했으며 파티에 참석한 다른 사람들은 모두 다 위선자라고 욕을 하면서 자신과 비슷한 사람에게 가는 것을 더 좋아할 것입니다.

이처럼 그 심령이 천국에 합당하게 준비되지 않은 이들에게 천국이란 행복한 장소가 될 수 없습니다. 자기 마음속에 있는 어두움이 소멸될수록 그는 천국의 빛을 즐길 수 있는 것입니다.
예수님께서 말씀을 전하실 때 많은 이들은 그것을 즐겁게 들었습니다.

다윗이 그리스도를 주라 하였은즉 어찌 그의 자손이 되겠느냐 하시더라 백성이 즐겁게 듣더라 (막12:37)

하지만 바리새인들과 서기관들은 주님의 말씀을 즐겁게 듣지 않았습니다. 아니 오히려 분노하여 주를 대적했습니다.

회당에 있는 자들이 이것을 듣고 다 분이 가득하여 (눅4:28)

그 이유는 무엇일까요? 그들은 주님의 말씀에 오히려 고통을 느꼈기 때문입니다. 그것은 그들의 안에 어두움이 가득했기 때문에 주님의 말씀과 그 빛이 그들에게 아픔을 주었던 것입니다.

나도 너희가 아브라함의 자손인 줄 아노라 그러나 내 말이 너희 속에 있을 곳이 없으므로 나를 죽이려 하는 도다 (요8:37)

바리새인들의 안에는 주님의 말씀이 거할 곳이 없었습니다. 그들의 안에는 악과 거짓과 미움과 분노가 가득했기 때문에 주님의 빛과 진리와 생명 되신 말씀이 그들에게 들어갈 수 없었고 오히려 분노와 적개심만을 일으켰던 것입니다.
어떤 이가 주님의 말씀을 아주 달콤하게 느끼고 받는다면 그의 안에는 빛이 거하는 것입니다. 그러나 그것을 지루하고 따분하며 불편하게 느낀다면 그의 안에는 그 빛을 방해하는 요소가 있는 것입니다.
천국은 진리를 사모하고 주를 추구하는 이들에게는 아주 기쁨과 행복의 장소가 될 것입니다. 그러나 진리를 싫어하며 육체 중심으로 살며 악과 거짓 속에 거하는 자들에게는 고통의 장소가 될 것입니다. 그러므로 우리는 이 땅에 살면서 우리 안에 있는 지옥의 요소를 소멸시키고 천국의 빛과 영광을 즐기며 누리는 훈련을 받아야 하는 것입니다.

우리는 날마다 천국을 사모하고 주님을 사모하며 천국의 영으로 살아야 합니다. 천국은 결코 멀리 있는 것이 아니며 우리는 날마다 그 천국의 기름부음 속에서 살 수 있습니다.
오늘날 많은 그리스도인들이 있지만 천국의 빛과 기쁨을 잘 누리지 못하는 것은 그들이 천국의 원리를 따라 살지 않기 때문입니다.
세상을 사랑하고 자아를 사랑하며 육체와 물질을 추구하며 자기 중심적으로 살기 때문입니다.
악과 거짓을 사랑하며 쾌락과 사람의 영광을 원하기 때문입니다. 그러한 것들은 다 지옥적인 것으로서 그렇게 지옥을 추구하는 이들이 동시에 천국을 맛볼 수는 없는 것입니다.

사람은 천국에 속한 존재입니다. 사람은 결코 지옥을 통해서 만족을 얻을 수 없습니다. 스스로 자신을 자랑하고 높이며 영광을 받는 이들은 결코 행복하지 않습니다. 자기 마음대로 사는 이들은 결코 행복하지 않습니다.
사람은 진리를 위해서, 천국을 위해서 만들어졌기 때문에 주님을 발견할 때 주님 앞에 굴복할 때 오직 주를 추구하며 주님께만 영광을 돌릴 때 진정한 행복을 경험하게 됩니다.
누구든지 천국의 영광, 주님의 살아 계신 임재를 경험하게 될 때 바로 그것이 진정한 삶의 방향이며 목적인 것을 깨닫게 되는 것입니다.

우리는 천국을 추구해야 합니다. 그리고 이를 위해서 천국의 질서와 그 운행하는 원리에 따라서 움직이고 살아가야 합니다.

우리의 안에 천국의 흐름을 거스르고 방해하는 것이 있다면 우리가 겉으로 아무리 좋은 모습을 가지고 있다고 하더라도 우리 안의 악들은 천국의 영을 소멸시킵니다. 그러므로 우리는 천국의 질서와 원리를 이해해야 하며 우리의 삶에 받아들여야 합니다.

그 천국의 원리와 움직임이 우리 안에서 익숙해져야 합니다. 우리는 천국에 익숙한 사람이 되어야 합니다. 그리하여 천국의 방식으로 살아가는 사람이 되어야 하는 것입니다. 그리고 그렇게 함으로서 천국의 빛과 영광이 우리 삶의 모든 부분에 나타나야 하는 것입니다.

신앙생활 때문에 봉사 때문에 싸우고 갈등을 하는 이들을 나는 많이 보았습니다. 음식을 준비하는 문제라든가 아무튼 그리 본질적이지 않는 문제들 때문에 사람들이 상처받고 마음의 벽이 생기는 것들을 많이 보았습니다.

그것은 천국의 원리에 의한 것이 아닙니다. 천국은 외형적인 것이 아니라 내면의 상태를 더 중요시하기 때문입니다.

이러한 오류들은 천국의 운행과 질서와 원리에 대해서 무지하기 때문입니다. 그러므로 열심을 내고 나름대로 오래 동안 신앙생활을 하면서도 그 마음속에 천국의 빛을 경험하지 못한 채 지옥의 기운으로 가득한 이들이 많이 있는 것입니다.

그러므로 우리는 이러한 오류와 무지에서 벗어나서 진정 천국의 기쁨을 맛보며 천국의 삶에 날마다 가까워질 수 있도록 천국의 영으로 살아야 하는 것입니다.

우리는 천국의 원리를 따라 천국의 영을 따라 살아야 합니다. 오직 주님께만 영광을 돌리고 오직 주님의 원하심 가운데 순복하며 오직 모든 것의 근원으로서 주님 자신을 추구하며 빛의 의식 속에서 사랑하고 섬기며 봉사하는 자세로 그렇게 날마다 주와 함께 걸어가야 합니다.

우리는 지금껏 부분적으로 은혜를 받고 많은 주의 은총을 누려왔습니다.

하지만 더 좋은 것들이 아직도 남아있습니다.
내가 처음 주를 경험하게 되었을 때 나는 너무 놀랐습니다.
그리고 그것이 너무나 기가 막힌 것이라고 느꼈습니다.
하지만 그 후에 좀 더 놀라운 것들이 있음을 알게 되었습니다.
그리고 그렇게 십 년, 이십 년.. 걸어가면서 주님께서는 우리가 성장할수록 날마다 더 깊고 놀라운 천국의 은총을 베풀어주신다는 것을 알게 되었습니다.
사도바울은 말했습니다.

나의 간절한 기대와 소망을 따라 아무 일에든지 부끄럽지 아니하고 오직 전과 같이 이제도 온전히 담대하여 살든지 죽든지 내 몸에서 그리스도가 존귀히 되게 하려 하나니 이는 내게 사는 것이 그리스도니 죽는 것도 유익함이니라
그러나 만일 육신으로 사는 이것이 내 일의 열매일진대 무엇을 가릴는지 나는 알지 못하노라 내가 그 두 사이에 끼였으니 떠나서 그리스도와 함께 있을 욕망을 가진 이것이 더욱 좋으나 그러나 내가 육신에 거하는 것이 너희를 위하여 유익하리라 (빌1:20-24)

사도바울은 주님께 사로잡힌 사람이었습니다. 주님의 사명을 받아 주를 위하여 걸어가면서 일생동안 수고하며 주의 영광을 보고 주와 동행한 그에게 이제 삶과 죽음은 아무 것도 아니었습니다.
그 자신으로서는 오히려 어서 이 삶을 마치고 주님과 함께 있는 것이 더 행복한 일이었습니다. 그것은 천국의 빛과 영광의 일부를 경험한 모든 이들의 공통점일 것입니다.
그러나 그는 다른 이들에게 유익을 주기 위해서 자기의 삶이 필요하다는 것을 알고 있었습니다.
그는 오직 주님을 사모하며 함께 있기를 원했지만 아직 생명이 남아있는 동안 좀 더 봉사하며 그가 가진 주님을 나누어주고 싶었던 것입니다. 생

명이 있는 동안에는 주를 나누어주고 그의 풍성한 생명을 공급하며 그 생명이 다하게 되면 그토록 그리워하던 주님께로 가서 함께 거하는 삶 - 그것이 사도바울의 삶이며 소망이었습니다.

이제 우리도 우리에게 주어진 삶을 주를 위해서 사람들을 위해서 사용해야 합니다.
주님이 부르시는 날까지 사랑하며 봉사하며 걸어가야 합니다.
우리가 진정 주를 사모하며 순복하며 나아갈 때 천국의 임재는 우리에게 날마다 더욱 더 확실하게 될 것입니다.
그리고 언젠가 우리의 여행이 끝나는 날 그 천국의 빛은 우리 안에서 더욱 더 아름답고 찬란하게 빛나게 될 것입니다.
나는 이 책에서 천국의 중심원리에 대하여 느끼고 깨달은 것을 기록하였습니다. 천국은 살아있는 실제이며 지금 이 순간에 누리고 경험할 수 있다는 것을 나누었습니다.

우리는 자신을 낮추고 오직 주님을 높이고 영광을 드러내어야 합니다.
그리고 그분 앞에 철저히 굴복되고 순종해야 하며
주님의 주인 되심을 날마다 순간마다 고백하고 시인함으로써
주님의 실제적인 임하심과 통치가
우리의 삶에 나타나게 해야 합니다.
그리고 오직 모든 것보다 주님 그분 자신을 구해야 합니다.
그리고 천국의 원리를 따라
날마다 주님을 붙들고 빛으로, 사랑으로,
섬김으로, 봉사로 살아야 합니다.

우리가 충실하게 날마다 이것을 적용해 나간다면
우리는 분명히 천국의 빛을 경험할 수 있게 될 것입니다.
더 깊은 주님의 친밀하신 사랑을 누리게 되며

천국의 새로운 영역을 여행할 수 있게 될 것입니다.
부디 사모하고 간절한 마음으로
이 아름다운 여행을 위해서 꾸준히 나아가십시오.
주님께서는 반드시 당신과 동행하시며
새롭고 놀라운 길을 보여주실 것입니다.

주님.. 주를 향해
천국을 향해 걸어가는 우리의 여행이
아름답고 풍성한 것이 되게 해주시옵소서.
날마다 더 깊은 천국의 영광 속에
거하게 해주시옵소서.
주님.. 너무나 감사드립니다.
주님을 찬양합니다.

주님을 갈망하며 천국을 갈망하는 모든 이들에게
주님의 은총이 충만하게 임하시기를..
할렐루야!

도서구입신청

도서 구입을 원하시는 분들을 위한 안내입니다.

1. 도서 목록 확인

페이지를 넘기시면 정원 목사님의 도서 전권이 안내되어있습니다.
도서 목록을 참조하셔서 필요로 하시는 책을 선택하십시오.
각 도서의 자세한 목차와 내용을 원하시면 정원목사 독자 모임 카페의 [저자 및 저서소개] 코너를 참조하십시오. (http://cafe.daum.net/garden500)

2. 책신청

구입하실 도서를 결정하신 후에, 영성의 숲 출판사로 전화를 주세요.
(02-355-7526 / 010-9176-7526. 통화시간: 월~금 오전 9시~저녁 7시)
신청 도서 목록을 알려주시면 입금하실 금액을 안내해 드립니다.
신청하실 때는 책을 받으실 주소와 전화번호를 함께 알려주세요.
책신청은 전화 외에도 영성의 숲 홈페이지의 [책신청] 코너,
출판사 이메일(spiritforest@hanmail.net)을 사용하실 수 있습니다.

3. 송금

안내 받으신 도서 대금을 아래 계좌로 입금해 주세요.
(국민은행: 461901-01-019724, 우체국: 013649-02-049367, 예금주: 이혜경)
신청자 성함과 입금자 성함이 일치하지 않는 경우에는 입금자 성함을
꼭 알려주셔야 확인이 가능합니다.

4. 배송

입금 확인 후에 바로 발송 작업을 하는데, 발송후 도착까지 보통 2-3일 정도가 소요 됩니다. 책을 급하게 필요로 하실 경우에는 일반 서점을 이용해 주세요. 해외 배송을 원하시는 분은 총판을 담당하고 있는 생명의 말씀사로 문의해주시기 바랍니다. (생명의 말씀사 080-022-1211 www.lifebook.co.kr)

<기도 시리즈>

1. 하늘의 권능이 임하는 부르짖는 기도 1
영성의 숲. 373쪽. 13,000원 / 핸디북 10,000원
부르짖는 기도는 모든 기도의 형태 중에서 가장 기본적이고 중요한 기도입니다. 이 기도를 바르게 배우고 적용한다면 하늘의 권능이 임하는 것을 경험하게 되며 모든 면에서 강건한 그리스도인이 될수 있을 것입니다.

2. 하늘의 권능이 임하는 부르짖는 기도 2
영성의 숲. 444쪽. 14,000원 / 핸디북 11,000원
부르짖는 기도 1권은 발성의 의미, 능력과 부르짖는 기도의 전체적인 원리를 다루 었으며 2권은 부르짖는 기도의 실제로서 구체적인 기도의 방법과 적용원리를 다루고 있습니다. 3부에 수록된 다양한 승리의 간증은 독자님들에게 좋은 도전이 될 것입니다.

3. 대적기도의 원리와 능력
영성의 숲. 400쪽. 14,000원 / 핸디북 11,000원
대적기도 시리즈 1편. 대적기도는 주님께 간구하는 기도가 아니며 우리에게 주어진 권세와 능력을 발견하고 사용하여 능력과 승리를 경험하는 기도입니다. 이 기도를 알게 될 때 당신의 삶은 진정 달라지게 될 것입니다.
휴대를 위한 작은 사이즈의 핸디북도 있습니다.

4. 대적기도의 적용 원리
영성의 숲. 424쪽. 14,000원 / 핸디북11,000원
대적기도 시리즈 2편. 대적기도에도 원리와 법칙이 있습니다. 그 원리와 법칙을 잘 익혀서 실제의 삶에 적용한다면 우리는 풍성한 삶을 살 수 있습니다. 이 책에서는 그 원리들을 구체적으로 제시해 주고 있습니다.
휴대를 위한 작은 사이즈의 핸디북도 있습니다.

5. 대적기도를 통한 승리의 삶
영성의 숲. 452쪽. 15,000원 / 핸디북 12,000원
대적기도 시리즈 3편. 대적기도를 인간관계, 가정에서의 삶, 복음 전도와 사역에 구체적으로 적용하는 방법을 제시하였습니다. 여기서 제시된 원리를 잘 읽고 적용한다면 삶과 사역에 있어서 많은 변화와 승리를 경험할 수 있게 될 것입니다.
휴대를 위한 작은 사이즈의 핸디북도 있습니다.

6. 대적기도의 근본적인 승리 비결
영성의 숲. 454쪽. 15,000원 / 핸디북 12,000원
대적기도 시리즈 4편. 완결편. 1부에서는 악한 영들을 근본적으로 완전하게 제압하고 승리할 수 있는 원리와 비결을 제시하고 있습니다. 2부에서는 대적기도를 적용하고 경험한 성도들의 사례가 실려 있는데 이것은 각 사람의 적용과 승리에 좋은 참고가 될 수 있을 것입니다. 휴대를 위한 작은 사이즈의 핸디북도 있습니다.

7. 아름답고 행복한 기도의 세계
영성의 숲. 279쪽. 9,000원
〈기도업데이트〉의 개정판. 자연스럽고 편안하게 기도의 아름다움과 행복에 잠길 수 있도록 돕는 책입니다. 기다리는 기도, 듣는 기도, 안식하는 기도 등 다양하고 풍성한 기도의 원리들을 일상의 예화들을 통하여 쉽게 정리하였습니다.

8. 주님의 마음에 이르는 기도
영성의 숲. 309쪽. 10,000원
기도의 원리와 방법에 대한 200개의 조언을 담았습니다. 주님의 마음을 향하여 가는 것. 그것이 기도의 방향이며 목적임을 보여주는 책입니다.

9. 주님의 임재를 경험하는 길
영성의 숲. 308쪽. 10,000원
〈주님을 경험하는 100가지 방법〉의 개정판. 주님의 살아계심과 임재를 경험하기 위한 100가지의 실제적인 방법을 제시하고 있습니다. 사모하는 마음으로 이 방법들을 시도한다면 누구나 쉽게 그분의 역사를 경험하게 될 것입니다.

10. 예수 호흡기도
영성의 숲. 460쪽. 15,000원 / 핸디북 11,000원
호흡을 통한 기도가 주님의 임재와 영적 실제에 들어가는 중요한 비밀이며 열쇠임을 보여주는 책입니다. 이 책에 제시된 원리와 방법을 충실히 시도해 본다면 누구나 놀라운 변화를 경험하게 될 것입니다.

11. 방언기도의 은혜와 능력 1
영성의 숲. 459쪽. 16,000원 핸디북 12,000원
방언기도 시리즈 1편. 방언에 대한 성경적이고 균형잡힌 설명 뿐 아니라, 저자의 개인적인 경험과 간증, 방언을 받는 과정과 통역을 시도하는 과정에 대한 구체적인 설명, 여러 경험자들의 실례가 풍성하게 실려있어, 방언의 은혜에 대해 이해하고 적용하는 데에 실제적인 도움을 주는 책입니다.

12. 방언기도의 은혜와 능력 2
영성의 숲 403쪽. 14,000원 / 핸디북 11,000원
방언기도 2편에서는 방언과 통역이 발전해 나가는 과정과 그 영적인 의미를 깊이있게 다루었습니다. 방언의 가치와 의미를 바르게 이해하고 적용하게 될 때, 오래 동안 방언을 사용하면서도 주님의 은총를 누리지 못하던 이들이 주님의 가까우심과 아름다우심을 풍성히 경험하게 될 것입니다.

13. 방언기도의 은혜와 능력 3
영성의 숲 489쪽. 15,000원 / 핸디북 12,000원
방언 기도 시리즈의 결론적인 부분을 다룬 책입니다. 방언에 대한 부정적인 견해와 원인들, 방언을 통해 어떻게 부흥이 시작되는지, 은사의 바른 방향과 의미, 목적 등을 정리하였고, 전체적인 요약정리와 함께 경험자들의 구체적인 사례들을 첨부하여 실제적인 적용에 도움이 되도록 하였습니다.

<영성 시리즈>

1. 영성의 실제를 경험하는 길
영성의 숲. 357쪽. 12,000원
〈그리스도인의 아름다운 영성〉의 개정판.
많은 은혜의 도구들이 있지만 그것들이 다 주님을 접촉하는 것은 아닙니다. 참다운 영성과 주님을 경험하는 원리를 제시하는 책입니다.

2. 생각의 자유를 경험하는 길
영성의 숲. 228쪽. 8,000원
〈그리스도인의 생각 다스리기〉의 개정판. 우리가 겪는 삶의 대부분의 고통들은 스스로 만들어낸 생각의 감옥에 지나지 않으며 생각을 분별하고 관리함으로써 풍성하고 행복한 삶을 살 수 있다는 메시지를 다양한 예화와 함께 설득력 있게 제시하고 있습니다. 많은 교회에서 훈련 교재로 사용되기도 했습니다.

3. 영성의 중심은 사랑입니다
영성의 숲. 243쪽. 8,000원
하나님의 은혜를 받아들이고 누림으로써 진정한 사랑과 따뜻함의 세계를 경험할 수 있도록 돕는 책. 신앙의 따뜻함과 아름다움을 회복하고, 영혼들을 이해하고 도울 수 있는 관점을 제시하고 있습니다.

4. 영성의 원리
영성의 숲. 319쪽. 11,000원
영성에도 원리가 있습니다. 이 책은 영성의 발전을 위한 다양한 원리들, 영의 흐름, 영의 인식, 영적 승리를 위한 중보 등의 원리를 실제적인 예와 함께 잘 설명해 줍니다. 영적 부흥과 충만함을 사모하는 이들에게 좋은 참고서가 될 수 있을 것입니다.

5. 문제는 주님의 음성입니다
영성의 숲. 227쪽. 9,000원
우리의 삶에 다가오는 여러가지 어려움들, 문제들은 우연이 아닙니다. 거기에는 주님의 배려와 가르치심이 있으며 반드시 우리가 배워야 할 것이 있습니다. 이 책은 그 문제들에서 주님의 뜻과 음성을 발견하는 원리를 가르쳐 주고 있습니다.

6. 영성의 발전은 어떻게 이루어지는가
영성의 숲. 254쪽. 8,000원
〈영성의 상담〉의 증보 개정판. 영성에 대한 여러 질문과 답변을 통해 다양한 영적현상의 의미와 삶 속에서 영적 성장을 이루는 구체적인 방법들을 소개하고 있습니다.

7. 지금 이 공간에 임하시는 주님
영성의 숲. 340쪽. 12,000원
주님은 믿을수 없을만큼 가까이 계시지만 사람들은 흔히 그분을 무시함으로 그의 임재를 소멸시킵니다. 이책은 그분의 가까우심과 구체적인 공간을 통한 임재, 나타나심을 경험할수 있도록 실제적인 지침을 제시하고 있습니다.

8. 심령이 약한 자의 승리하는 삶
영성의 숲. 228쪽. 9,000원
영혼의 힘이 약하고 마음이 여리고 민감하여 고통을 겪고 있는 이들을 위한 책. 영혼의 원리 및 기질과 사명을 이해함으로써 이전에 알지 못했던 자유와 해방과 놀라운 행복감을 누리게 될 것입니다.

9. 천국의 중심원리
영성의 숲. 452쪽. 14,000원
천국은 사후에만 갈 수 있는 장소가 아닙니다. 이 땅에 살면서 천국의 임재, 그 천국의 빛과 영광을 경험할 수 있습니다. 이 책에서는 내면세계의 천국을 경험하기 위한 길과 원리를 제시해 주고 있습니다.

10. 행복한 신앙을 위한 28가지 조언
영성의 숲. 348쪽. 12,000원
〈자유롭고 행복한 그리스도인 1〉의 개정판. 묶여 있고 창백한 의식의 틀을 벗어나, 자유롭고 풍성한 믿음의 삶으로 나아가도록 돕는 책입니다. 28가지 조언속에 행복한 신앙을 위한 영적 원리들을 담고 있습니다.

11. 성숙한 신앙을 위한 30가지 조언
영성의 숲. 340쪽. 12,000원
〈자유롭고 행복한 그리스도인2〉의 개정판. 의식이 바뀔 때 천국의 자유와 기쁨을 누릴 수 있음을 보여주는 책입니다. 묶여있는 사고와 습관, 잘못된 의식에서 해방되는 원리를 제시해 주고 있습니다.

12. 의식의 깨어남을 사모하라
영성의 숲. 239쪽. 9,000원
잠과 꿈과 깨어남의 실체를 보여주며 진정한 깨어있음의 세계로 인도하는 책입니다.
의식과 영혼을 깨우기 위한 방법과 원리들을 제시해 주고 있습니다.

13. 주님의 마음, 주님의 임재 속으로
영성의 숲. 348쪽. 11,000원
오늘날 주님의 마음에 대한 많은 오해가 있어서 주님의 깊으신 임재에 들어가지 못합니다. 이 책은 그 오해를 풀어주며 우리를 향한 주님의 사랑을 보여주고 그 사랑의 임재 속에 들어가는 길을 안내해주고 있습니다.

14. 영성의 발전을 갈망하라
영성의 숲. 292쪽. 10,000원
영성의 진리 시리즈 1편. 영성을 깨우고 발전시킬 수 있는 다양한 이야기, 원리, 법칙들을 묶은 36가지의 메시지가 수록되어 있습니다. 영혼의 각성에 도움이 되는 지식과 도전을 얻게될 것입니다.

15. 집회에서 흐르는 주님의 은혜
영성의 숲. 254쪽. 8,000원
이미 출간되었던 [집회 가운데 임하시는 주님]을 새롭게 개정하였습니다. 회원들의 간증을 줄이고 더 많은 분량을 추가하였습니다. 집회 가운데 나타나는 주님의 생생한 역사와 이에 관련된 여러 영적 원리를 기술하였습니다. 읽을수록 집회 현장에 있는 듯한 감동과 은혜를 얻을 수 있을 것입니다. 은혜를 사모하는 이들, 영성 사역에 관심이 있는 사역자들에게 좋은 참고가 될 것입니다.

16. 삶을 변화시키는 생명의 원리
영성의 숲. 348쪽. 값 12,000원
삶 속에서 열매를 맺을 수 있는 비결과 원리를 시편 1편의 말씀과 요한복음 15장의 말씀을 중심으로 제시하고 있습니다. 포도나무이신 주님과 가지로서 항상 연결되는 삶이 열매를 맺는 원리이며 은총의 비결인 것을 명쾌한 논지로 설명하고 있습니다. 신앙의 기초와 방향을 분명히 밝히는 책으로서 풍성한 삶과 승리하는 삶을 갈망하는 그리스도인들에게 귀한 도전이 될 것입니다.

17. 낮아짐의 은혜1
영성의 숲. 308쪽. 값 11,000원
쉽게 하나님의 임재를 경험하며 그 은혜 가운데 머무르는 사람이 있습니다. 그 은총의 비밀은 무엇일까요? 그것은 바로 낮아짐이며 이를 통하여 주의 무한한 은혜와 천국의 풍성함을 누릴 수 있음을 본서는 증명합니다. 사람을 파괴하는 높아짐의 시작과 타락, 은혜의 회복, 열매의 풍성함 등을 다루고 있으며 누구나 그 은혜의 세계에 쉽게 이르도록 길을 제시하고 있습니다.

18. 낮아짐의 은혜 2
영성의 숲. 388쪽. 값 14,000원
낮아짐은 감추어진 비밀이며 천국의 문을 여는 보화입니다. 마귀는 낮아짐을 빼앗을 때 그 영혼을 사로잡을 수 있으므로 온갖 유혹으로 이 보화를 가로챕니다. 하나님은 천국의 풍성함을 주시기 위하여 낮아짐을 훈련하시며 인도하십니다. 2권은 적용을 주로 다루며 구체적으로 풍성한 은총을 누릴 수 있도록 권면하고 있습니다.

19. 그리스도를 갈망하는 삶
영성의 숲. 268쪽. 값 10,000원
부흥과 영적 깨어남, 영성의 다양한 원리에 대한 이야기. 삶 속의 이야기와 함께 자연스럽게 풀어서 정리하였습니다. 일상의 사소한 삶에서 영적 원리를 발견하고 적용하도록 도우며 그리스도에 대한 갈망이 증가되도록 도전하고 있습니다.

20. 영이 깨어날수록 천국을 누린다
영성의 숲. 236쪽. 값 8,000원
독자들과 일대일로 마주 앉아서 대화를 하듯이 영적 성장과 풍성한 삶을 누리는 원리에 대해서 메시지를 전달하고 있습니다. 사랑하는 삶, 영성의 깨어남에 대한 새로운 통찰력을 제공해주며 기쁨으로 주님을 따르는 길을 제시해줍니다.

<생활 영성 시리즈>

1. 주님과 차 한잔을
영성의 숲. 220쪽. 6,000원
신앙의 귀한 진리들, 주님을 사모하고 가까이 나아가는데 도움이 되는 원리들을 유머를 통해 밝고 즐겁게 전달해주는 책입니다.
주님과 같이 차를 한잔 마시는 기분으로 부담없이 읽다 보면 자연스럽게 영적 통찰을 얻을 수 있을 것입니다.

2. 일상의 삶에서 주님을 의식하기
영성의 숲. 280쪽. 8,000원
일상의 사소한 삶 속에서 주님을 의식하며 살아가는 이야기. 신앙과 영성은 기도할 때만이 아니라 일상의 모든 삶 속에서 나타나야 한다. 작고 사소한 모든 일에서 주님을 의식하는 것이 진정한 행복의 원리인 것을 이 책은 보여주고 있습니다.

3. 일상에서 경험하는 주님의 사랑
영성의 숲. 277쪽. 8,000원
일상의 묵상 시리즈 2편. 사소한 일상의 삶에서 주님의 임재와 사랑을 느끼고 주님의 메시지를 경험하는 이야기. 항상 모든 것에서 주님의 마음과 시선으로 삶과 사람을 보고 느껴야 하며 이를 통해서 날마다 천국을 경험할 수 있음을 사소한 삶의 이야기를 통하여 부드럽게 전달해주고 있습니다.

4. 삶이 가르치는 지혜
영성의 숲. 212쪽. 6,000원
〈삶이 가르치는 지혜〉의 개정판. 우리의 삶에서 경험하는 많은 즐거운 일, 힘든 일들이 결국 우리 영혼의 성장을 위하여 주어진 일임을 보여줍니다. 가슴을 따뜻하게 하는 소박한 이야기들을 통해서 사랑의 중요성을 다시 한번 깨닫게 합니다.

5. 사랑의 나라로 가는 여행
영성의 숲. 156쪽. 5,000원
〈사랑의 나라〉의 개정판. 어른들을 위한 우화로서 한 청년이 여행을 통하여 삶의 목적과 방향을 깨달아 가는 과정이 흥미진진하게 전개되고 있습니다. 즐겁게 이야기를 읽어나가다보면 영적 성장의 방향과 중심, 영적 세계의 에너지와 원리, 흐름을 이해하는데 도움이 될 것입니다.

6. 하나님의 뜻을 발견해 가는 여행
영성의 숲. 269쪽. 신국판 변형 8,000원
성경에 등장하는 입다, 다윗, 암논의 삶과 사건들을 통하여 하나님의 아버지 마음과 하나님의 의도와 훈련을 이해하고 발견하도록 안내하는 책입니다. 등장인물들의 마음과 정서가 드라마처럼 녹아있어 흥미와 감동을 전달해 줍니다.

7. 일상에서 경험하는 주님의 은혜
영성의 숲. 253쪽. 값 8,000원
일상시리즈 3편입니다.
가족 이야기, 모임 이야기, 일상에서 경험하는 여러 가지 일들을 통해서 영적 원리와 교훈을 정리하였습니다.
일기와 이야기 형식으로 기록되어 있어서 즐겁게 읽는 가운데 주님과 같이 걷는 삶의 흐름 속으로 들어갈 수 있게 될 것입니다.

<묵상 시리즈>

1. 맑고 깊은 영성의 세계를 향하여
영성의 숲. 140쪽. 5,000원.
잠언시리즈 1편. 내 영혼의 잠언1을 판형을 바꾸어 새롭게 만들었습니다. 순결하고 맑은 영혼으로 성장하기 위한 진리의 묵상들이 간결하게 정리되어 있습니다.

2, 주님은 생수의 근원 입니다
영성의 숲. 196쪽. 6,000원
〈내 영혼의 잠언2〉의 개정판. 맑고 투명한 영성의 세계로 안내하는 영성 잠언집. 새벽녘의 신선하고 향긋한 바람처럼 우리 영혼을 달콤하게 채워주는 묵상의 글들을 모아서 정리했습니다.

3. 묻지 않는 자에게 해답을 던지지 말라
영성의 숲. 156쪽. 5,000원
삶과 사랑과 영혼의 진리를 담은 잠언 시집.
인생의 의미와 진리, 영성의 발전과정을 예리하면서도 부드러운 시각으로 표현하고 있습니다. 불신자에 대한 전도용으로도 좋은 책입니다.

4.영혼을 깨우는 지혜의 샘물
영성의 숲. 180쪽. 6,000원
〈영적 성숙으로 향하는 여행〉의 개정판
인생, 진리, 마음, 영성 등 중요한 8가지의 주제에 대한 짧은 묵상을 담았습니다. 맑은 샘물이 흐르듯이 간결한 지혜의 메시지가 영성을 일깨워주는 책입니다.

천국의 중심원리

1 판 1쇄 발행	2003년 12월 15일
1 판 3쇄 발행	2008년 6월 7일
2 판 1쇄 발행	2008년 7월 20일
2 판 6쇄 발행	2016년 11월 25일
지은이	정원
펴낸이	이 혜경
펴낸곳	영성의숲
등록번호	2001. 7. 19 제 8-341 호
전화	02 - 355 - 7526 (영성의숲)
핸드폰	010 - 9176 - 7526 (영성의숲)
E - mail	spiritforest@hanmail.net (영성의숲)
홈페이지	cafe.daum.net/garden500 (정원목사 독자 모임)
국민은행	461901 - 01 - 019724
우체국	013649 - 02 - 049367
예금주	이 혜경
총판	생명의 말씀사
전화	02 - 3159 - 8211
팩스	080 - 022 - 8585,6

값 14,000원
ISBN 978 - 89 - 90200 - 50 - 1 03230